U0548547

编委会

主 任：

尹 田

委 员：

陈 欣　陈华彬　初北平　樊启荣　管晓峰

贾林青　韩长印　温世扬　施天涛　宋晓明

王治超　杨华柏　姚大锋　姚 军　邹海林

顾　问：（按姓氏拼音顺序）

江朝国
台湾著名保险法专家、台北大学法律系教授

施文森
台湾著名保险法专家、台湾"司法院"大法官

覃有土
中南财经政法大学教授、原副校长

王利明
中国人民大学教授、副校长，中国民法学研究会会长

赵旭东
中国政法大学教授，中国商法学研究会会长

张新宝
《中国法学》总编辑、中国人民大学法学院教授

序

在既有的法律体系中，保险法历来被划入"商法"的范围，与公司法、证券法、票据法、海商法以及破产法并列作为支撑商法体系最为基本的六个特别法之一，很少有人想过这种安排是不是真的合适？其实，现代意义上的保险制度，早就越出商人之间的交易关系范围，成为与社会公众日常生活最为密切相关的一种法律交往，无论商业保险抑或社会保险，越来越具有社会生活必需品的性质，由于保险合同而发生的民事纠纷，也越来越成为民事审判必须着力应对的司法实务。但在我国庞大的民商法理论体系中，保险法理论似乎始终被放逐于研究领域的边缘：就研究民法的学者而言，保险法整体上被置于商法的领域，保险契约在立法上也被合同立法所当然排斥，所以，研究合同法的学者通常不去考虑保险契约的特别规则，甚至不屑于将保险契约中的那些脱离既定"常规"的古怪现象作为合同规则中的例外来加以深究，有关意思自治和利益平衡的一般原理，也很少被导入保险契约关系中加以评判和衡量。即便是有关侵权责任的理论，也多半人云亦云地惊呼几句"责任保险的兴起导致侵权责任法的衰落"就算完事，至于侵权责任的法理究竟应当怎样在责任保险的规则中得到正确的运用和贯彻，却是没有人愿意再向前走半步的；就研究商法的学者而言，商法一般原理的构建，基本上是对建立在公司及其相关制度基础之上的商法一般特征的分析，而鲜有考虑过现代保险法的指导思想与基本原则，亦很难说清保险法的有关事体。事实上，作为商业保险主干的财险和寿险契约，更像是一个纯粹民法的问题，而社会保险当然应属社会保障法的对象，至于保险业监管制度，则无疑应划归行政法去关照。由此，保险法虽然是公认的传统商法学科的基本组成部分，但其在国内商法世界中长期以来似乎并未得到足够的重视。在具有影响力的商法学者群之中，也很难找出几个愿意在自己的脑门上贴上"保险法专家"字样的人来。于是，保险法便渐渐成了众多民法和商法学者共同"遗忘"的领域。

保险法为法学界"遗忘"，原因很复杂，除了法学学科之间的森严壁垒、保险法的综合性、技术性和应用性使相关的研究难以成就理论名家或者教授职称的追求、保险法在法律本科教学中非独立必修课程以及中国保险业的发展一度相对滞后等内外交织的因素之外，保险法学本身的特性，也是阻碍其理论研究得以充分展开的重要因素。沿着一条相对独立的道路，保险法很多制度逐渐发展并形成了其特有的规则系统和适用方法，这些规则和方法首先是由聪明的商人们自己而非由法学家或者立法者所发明的,即便它们在后来被整理成为固定的法律规范,但其却使这些为各国保险业所遵循的规则具有特别强大的针对性、实用性和灵活性。由此,在民法学者那里,保险契约法很像是一个不太守规矩的另类顽童,如不拒之门外,很可能毁坏民法家庭摆放有序的贵重家具和教条严谨的生活秩序;而在商法学者那里,这个顽童的商法血统似乎远不如公司法来得纯正,并无加以特别宠爱和培育的价值,即使继续收留家中,也只能任随其自娱自乐、自生自灭。尽管人人都说混血儿最漂亮、最聪慧,但对于保险法这个眼睛有点发蓝、头发有点偏黄的法学学科,很少有知名的或者自认为知名的学者表现出真正的热爱和欣赏。

法制建设 30 多年来,经中国法学会和司法部等批准陆续设立的五十多个法学专业研究会中,保险法学会是在 2011 年最后一个成立的全国性学术研究机构,这似乎可以用来作为证明我国保险法理论研究相对落后的证据之一(尽管能获批成立本身已能说明其研究已成熟到一定程度)。但令我惊讶不已的是,在保险法学会已经举办的几次学术研讨会上,我不仅见到了好多默默耕耘、沉稳低调的中老年学者,而且见到了一大群朝气蓬勃、才华出众的年轻学者、法官、律师和保险业界的法务精英,听到了很多高水平的专业报告和争先恐后的讨论。感慨之余,我不得不开始重新审视此前对于中国保险法理论研究状况的评估,同时发自内心地深信,在已经积蓄充分的学术力量和实务经验的推动之下,富有生命力的保险法学理论研究将很快会迎来它生机勃勃的春天。

是为序。

尹 田

2012 年 11 月 4 日

目 录

保险市场法制报告

2015年中国保险市场法制报告／耿胜先 3

专 论

从审判实务谈保险法的修订／刘竹梅 33
诉讼财产保全责任保险之适用范围的拓展与比较／贾林青 贾辰歌 42

专题研究

相互保险在中国：理念、特征与挑战／刘 燕 李 敏 58
大陆相互保险发展与监管研究／常 鑫 68
互联网保险监管制度变革研究
　　——从"限制竞争"到"开放竞争"／涂 晟 80
互联网保险费率监管的革新与困境／石安其琛 涂晟 曹阳硕 95
投保人制度初探／刘清元 118
不丧失价值选择之制度构建／梁 鹏 125
修订《保险法》法律责任的必要性及其建议
　　——兼评《保险法修订草案送审稿》／刘 锐 143
我国农业气象指数保险法律保障的制度安排
　　——以投保主体分层设计为视角／刘慧萍 张 帆 156
法学视野中保险业国际化与FTA的新机遇／王 萍 168

1

比较法视野下保险商品推介之适合性规则
　　——基于对德国、日本、我国台湾地区的比较分析／张晓萌　181

审判前沿聚焦

意外伤害保险中近因原则的法律适用
　　——从一起"猝死"拒赔案件谈起／于秀丽　193

保险法修订专题

《〈保险法〉（第三次重大修订）专家建议稿》最终成果／尹　田　等　205

研究综述

2015～2016年中国保险法学研究综述／王天凡　王洁琼　317

保险法人物

邹海林　研究员　333
温世扬　教授　334
稿　约　335

保险法前沿（第四辑）

保险市场法制报告

2015 年中国保险市场法制报告

耿胜先[*]

目 录

一、2015 年中国保险市场法制建设概述

二、修订法律和出台司法解释，完善保险法

三、完善市场体系，强化公司治理监管

四、按部就班，推进保险费率市场化改革

五、实施"偿二代"，健全资本补充机制

六、加强监管，规范人身保险公司行为

七、强化制度建设，保护保险消费者权益

八、深化保险资金运用改革，完善监管制度

九、争取政策支持，拓宽行业发展空间

十、加大检查力度，维护保险市场秩序

2015 年，保险行业实现快速发展。全国保费收入 2.4 万亿元，同比增长 20%，行业发展速度创近 7 年来新高。保险业总资产达到 12.3 万亿元，净资产 1.6 万亿元。保险业的快速发展离不开法制的护航，而保险业的发展也推动了保险法制建设的稳步推进。

一、2015 年中国保险市场法制建设概述

2015 年，《保险法》的修改工作仍在继续。4 月，第十二届全国人民代表大会常务委员会第十四次会议决定，对《保险法》等 5 部法律予以修改，其中《保

---

[*] 耿胜先：中国保监会消费者权益保护局职员。

险法》最为突出的修改涉及保险销售人员管理的规定。10月14日，国务院法制办公室决定，将中国保险监督管理委员会（以下简称保监会）起草的《关于修改〈中华人民共和国保险法〉的决定（征求意见稿）》及其说明全文公布，征求社会各界意见。

司法解释方面，《最高人民法院关于适用〈中华人民共和国保险法〉若干问题的解释（三）》（以下简称《解释三》）经多次修改，终于在年底出台，这是人身保险合同纠纷法律适用方面的重大成果。

行政法规方面，2015年没有新的法规出台，与保险有关的行政法规仍主要是《农业保险条例》《机动车交通事故责任强制保险条例》《中华人民共和国外资保险公司管理条例》和《中华人民共和国道路交通安全法实施条例》。

部门规章和规范性文件方面，保监会继续加强制度建设，出台或修改了11部部门规章和60多个规范性文件，进一步加强了对保险市场的监管。

二、修订法律和出台司法解释，完善保险法

（一）《保险法》的修订

（1）4月24日，第十二届全国人民代表大会常务委员会第十四次会议决定，对《保险法》等5部法律予以修改，其中《保险法》将第111条中"保险公司从事保险销售的人员应当符合国务院保险监督管理机构规定的资格条件，取得保险监督管理机构颁发的资格证书"修改为"保险公司从事保险销售的人员应当品行良好，具有保险销售所需的专业能力"。同时，将第122条"个人保险代理人、保险代理机构的代理从业人员、保险经纪人的经纪从业人员，应当具备国务院保险监督管理机构规定的资格条件，取得保险监督管理机构颁发的资格证书"修改为"个人保险代理人、保险代理机构的代理从业人员、保险经纪人的经纪从业人员，应当品行良好，具有从事保险代理业务或者保险经纪业务所需的专业能力"。其实质就是取消保险监督管理机构对保险销售人员资格的限制。2013年7月1日起实施的《保险销售从业人员监管办法》规定，从事保险销售的人员应当通过保监会组织的保险销售从业人员资格考试，且报名参加资格考试的人员，应当具备大专以上学历和完全民事行为能力。然而过去了不到两年，在国务院要求简政放权的统一部署下，通过修法取消了对保险销售从业人员的资格审批，"品行良好"和具有"专业能力"其实就是没硬性限制。从实践来看，取消对保险销售从业人员的资格审批以来，保险销售从业人员的数量激增，质量也良莠不齐，亟须通过行业和公司自律的方式加强控制和管理。

（2）保监会《关于修改〈中华人民共和国保险法〉的决定（征求意见稿）》目前尚处于征求意见阶段，但从中也可看出保险监管机构的修法意图。《征求意见稿》主要修改内容如下：

一是放松管制，改革创新，释放市场发展动力。在人身保险业务范围中增加年金保险，在保险公司的业务范围中增加年金业务。允许保险资金投资股权、保险资产管理产品和以风险管理为目的运用金融衍生品。取消财产保险公司自留保费限额。明确保险公司保证金为"资本保证金"，资本保证金按照公司注册资本总额的10%提取，达到2亿元后可以不再提取。

二是加强消费者保护，完善投保人、被保险人和受益人权益保护措施。建立人身保险合同犹豫期法律制度，明确规定保险期间超过1年的人身保险合同应当约定犹豫期，期限不少于20日。增加规定保险公司、保险代理人、保险经纪人及其工作人员不得对保险产品作引人误解或者与事实不符的宣传或者说明，并设定行政处罚。

三是科学监管，防范风险，推进保险监管现代化。将"偿二代"在保险法中确立下来。规定中介从业人员的执业登记制度。规定保险公估人的定义及业务范围，授权国务院保险监督管理机构制定管理办法。强化中介机构事中事后监管，明确重要事项变更应当符合规定的条件、开业后自行停业连续6个月以上的撤销业务许可等事宜。适度调整罚款幅度，提高违法成本。增加规定应受处罚的违法情形。

《征求意见稿》主要针对保险监管法部分予以修改，对保险合同法部分基本未触及。

（二）司法解释

《解释三》是对《保险法》保险合同章人身保险部分有关法律适用问题的解释，共26条。其主要内容有：

1. 关于以死亡为给付保险金条件的保险合同

为防止他人为谋取保险金杀害被保险人，《保险法》第34条规定，以死亡为给付保险金条件的合同，未经被保险人同意并认可保险金额的，合同无效。实践中，该要求并没有得到很好落实。针对该问题，《解释三》第1条规定："当事人订立以死亡为给付保险金条件的合同，根据《保险法》第34条的规定，'被保险人同意并认可保险金额'可以采取书面形式、口头形式或者其他形式；可以在合同订立时作出，也可以在合同订立后追认。有下列情形之一的，应认定为被保险人同意投保人为其订立保险合同并认可保险金额：（1）被保险人明知他人代其签名同意而未表示异议的；（2）被保险人同意投保人指定的受益人的；（3）有证据足以认定被保险人同意投保人为其投保的其他情形。"

《保险法》第 31 条规定，投保人不得为无民事行为能力人投保以死亡为给付保险金条件的人身保险，保险人也不得承保；父母为其未成年子女投保的人身保险，不受前款规定限制。实践中，未成年人父母之外的其他人也可能为未成年子女投保死亡险，一律不承认这类保险合同的效力并不尽合理。鉴于此，《解释三》第 6 条规定："未成年人父母之外的其他履行监护职责的人为未成年人订立以死亡为给付保险金条件的合同，当事人主张参照《保险法》第 33 条第 2 款、第 34 条第 3 款的规定认定该合同有效的，人民法院不予支持，但经未成年人父母同意的除外。"

2. 关于人身保险的保险利益

根据《保险法》第 31 条，保险合同订立时，投保人需对被保险人具有保险利益，否则保险合同无效。人身保险合同期限较长，投保人与被保险人的关系可能在合同存续期间发生变化，从而使在保险合同订立时对被保险人有保险利益的投保人丧失了保险利益，对此时保险合同效力是否受到影响，存在不同认识。《解释三》依据立法原意，明确保险合同的效力不因投保人在合同存续期间丧失保险利益受到影响。

3. 关于体检与如实告知义务的关系

被保险人根据保险公司的安排进行体检后，投保人是否仍需要如实告知，审判实践中存在不同观点。针对该问题，《解释三》第 5 条明确规定，被保险人在保险合同订立时根据保险人要求到指定医疗服务机构进行体检，投保人如实告知义务不能免除，鼓励最大诚信；保险人知道被保险人的体检结果仍同意订立保险合同，构成弃权，不得再以投保人未就相关情况履行如实告知义务为由要求解除合同。

4. 关于第三人代交保险费

实践中，有些保险公司收取了他人代交的保险费，但却在保险事故发生时以投保人未交付保险费为由主张保险合同效力中止，甚至要求解除保险合同，并拒绝承担给付保险金的责任。针对这种不诚信行为，《解释三》第 7 条规定，当事人以被保险人、受益人或者他人已经代为支付保险费为由，主张投保人对应的交费义务已经履行的，人民法院应予支持。

5. 关于保险合同的复效

《保险法》第 37 条规定，保险合同效力中止的，经保险人与投保人协商并达成协议，在投保人补交保险费后，合同效力恢复。该规定中的"保险人与投保人协商并达成协议",实际上剥夺了投保人申请复效的权利,使保险合同复效制度丧失了应有的功能。鉴于此,《解释三》第 8 条第 1 款规定,投保人提出恢复效力申请并同意补交保险费的,除被保险人的危险程度在中止期间显著增加外,保险人应予恢复效力。

6. 关于受益人的指定与变更

《解释三》第 9 条规定,当事人对保险合同约定的受益人存在争议,除投保人、被保险人在保险合同之外另有约定外,按照以下情形分别处理:(1)受益人约定为法定或者法定继承人的,以继承法规定的法定继承人为受益人;(2)受益人仅约定为身份关系,投保人与被保险人为同一主体的,根据保险事故发生时与被保险人的身份关系确定受益人,投保人与被保险人为不同主体的,根据保险合同成立时与被保险人的身份关系确定受益人;(3)受益人的约定包括姓名和身份关系,保险事故发生时身份关系发生变化的,认定为未指定受益人。《解释三》第 10 条规定:"投保人或者被保险人变更受益人,当事人主张变更行为自变更意思表示发出时生效的,人民法院应予支持。投保人或者被保险人变更受益人未通知保险人,保险人主张变更对其不发生效力的,人民法院应予支持。投保人变更受益人未经被保险人同意的,人民法院应认定变更行为无效。"

7. 关于保险单的现金价值

《解释三》第 16 条第 1 款规定,保险合同解除时,投保人与被保险人、受益人为不同主体,被保险人或者受益人要求退还保险单的现金价值的,人民法院不予支持,但保险合同另有约定的除外。《保险法》第 43 条规定,投保人故意造成被保险人死亡、伤残或者疾病的,保险人不承担给付保险金的责任,应当按照合同约定向其他权利人(而不是投保人)退还保险单的现金价值。此处的"其他权利人"如何确定,存在被保险人与受益人两种观点。《解释三》第 16 条第 2 款规定,投保人故意造成被保险人死亡、伤残或者疾病,保险人依照《保险法》第 43 条规定退还保险单的现金价值的,其他权利人按照被保险人、被保险人继承人的顺序确定。

8. 关于投保人的任意解除权

投保人与被保险人、受益人为不同主体时,投保人解除保险合同是否需要经过被保险人和受益人同意,理论界与实务界存在两种截然相反的观点。《解释三》第 17 条规定:"投保人解除保险合同,当事人以其解除合同未经被保险人或者受益人同意为由主张解除行为无效的,人民法院不予支持,但被保险人或者受益人已向投保人支付相当于保险单现金价值的款项并通知保险人的除外。"

9. 关于医疗费用保险的相关条款

《解释三》第 18 条规定："保险人给付费用补偿型的医疗费用保险金时，主张扣减被保险人从公费医疗或者社会医疗保险取得的赔偿金额的，应当证明该保险产品在厘定医疗费用保险费率时已经将公费医疗或者社会医疗保险部分相应扣除，并按照扣减后的标准收取保险费。"保险人如能证明其厘定医疗费用保险费率时已将公费医疗或者社会医疗保险部分相应扣除，并按照扣减后的标准收取保险费，给付保险金时可以扣减被保险人从公费医疗或者社会医疗保险取得的赔偿金额；未能举证证明的，其要求扣减被保险人从公费医疗或者社会医疗保险取得的赔偿金额的主张不能得到支持。

10. 关于医保标准条款

《解释三》第 19 条规定："保险合同约定按照基本医疗保险的标准核定医疗费用，保险人以被保险人的医疗支出超出基本医疗保险范围为由拒绝给付保险金的，人民法院不予支持；保险人有证据证明被保险人支出的费用超过基本医疗保险同类医疗费用标准，要求对超出部分拒绝给付保险金的，人民法院应予支持。"[1]

三、完善市场体系，强化公司治理监管

（一）相互保险组织

2 月 2 日，保监会发布《相互保险组织监管试行办法》，相互保险组织在我国踏上破冰之旅。这是我国保险主体立法的一大突破，可能会对未来保险市场的发展产生重要影响。相互保险是指有相同风险保障需求的投保人，在平等自愿、民主管理的基础上，以互相帮助、共摊风险为目的，为自己办理保险的经济活动。相互保险发展历史悠久，起源早于股份制保险，目前在国际保险市场仍占据重要地位，尤其在高风险领域如农业、渔业和中低收入人群风险保障方面得到广泛应用。据国际相互合作保险组织联盟统计，2013 年全球相互保险保费收入达 1.23 万亿美元，占全球保险市场的 26.7%，覆盖人群 8.25 亿人，相互保险组织总资产超过 7.8 万亿美元。

---

[1] 本部分主要参考杨临萍、刘竹梅、林海权："《关于适用保险法若干问题的解释（三）》的理解与适用"，载《人民司法（应用）》2016 年第 1 期。

《试行办法》规定了相互保险的发展方向及设立条件。根据《试行办法》规定，未来将从三个方向推动相互保险发展：第一类是一般相互保险组织，定位于按照公司化运作、在较大区域范围内开展业务的大型组织。第二类是专业性相互保险组织，定位于在特定行业或特定风险领域开展单一相互保险业务的专业相互组织。第三类是区域性相互保险组织，定位于为地市级以下特定区域范围内的居民提供专业保险服务的相互保险组织。根据国际经验，相互保险组织的融资难度相对较大。为培育相互保险这一新型市场主体，《试行办法》设置了相对较为宽松的准入条件。其中，一般相互保险组织需要满足"有不低于1亿元人民币的初始运营资金"及"有不低于500个初始会员"等主要设立条件，区域性、专业性相互保险组织需要满足"有不低于1000万元初始运营资金"和"有不低于100个初始会员"等主要设立条件。

《试行办法》是开展相互保险监管的统领性、基础性文件，更多体现的是相互保险监管的主要原则和核心理念，且仅仅是"试行办法"，未来仍存在着政策变动的可能性。[①] 而且在组织治理、信息披露、章程制定、偿付能力、分支机构以及风险处置等方面的配套细则也有待完善。

（二）互联网保险监管

7月27日，在人民银行会同有关部门下发《关于促进互联网金融健康发展的指导意见》后不到10天，保监会出台了《互联网保险业务监管暂行办法》（以下简称《办法》）。《办法》主要就参与互联网保险业务的经营主体、经营条件、经营区域、信息披露、监督管理等方面，明确了基本的经营规范和监管要求。

1. 主要内容

总则部分主要明确了互联网保险业务、保险机构、自营网络平台、第三方网络平台等概念的界定，以及保险机构经营互联网保险业务的基本原则要求。

经营条件与经营区域部分主要规定了保险机构经营互联网保险业务的集中管理要求，自营网络平台和第三方网络平台的经营条件，以及可扩展经营区域的险种范围等。

信息披露部分主要明确了保险产品、保险机构以及行业协会分别在信息披露方面的具体内容和要求。

经营规则部分主要规定了参与互联网保险业务相关机构的职责定位、产品管理、保费收取、交易记录、客户服务、信息安全、异常处理、反洗钱以及相关费

---

① 2016年6月，首批3家相互保险组织获得保监会批复筹建，分别为信美人寿相互保险社、众惠财产相互保险社、汇友建工相互保险社。目前有超过30家组织向保监会提出建立相互保险社的申请。

用结算与支付方面的具体监管要求。

监督管理部分主要规定了保险机构、第三方网络平台的禁止性行为及退出管理要求，明确了保监会、保监局的监管职责分工与监管方式。

2. 适用对象

《办法》适用的对象为保险机构和第三方网络平台。保险机构是指保险公司、全国性的保险专业中介机构。第三方网络平台是指除保险机构的自营网络平台外，在互联网保险业务活动中，为保险消费者和保险机构提供网络技术支持辅助服务的网络平台。

保险公司或保险集团下属的非保险类子公司或其他子公司、保险资产管理公司、区域性保险专业中介机构、保险兼业代理机构等，都不能经营互联网保险业务。

3. 经营区域

《办法》放开了部分险种的经营区域限制。如对人身意外伤害保险、定期寿险和普通型终身寿险；投保人或被保险人为个人的家庭财产保险、责任保险、信用保险和保证保险；能够独立、完整地通过互联网实现销售、承保和理赔全流程服务的财产保险业务等。除《办法》列明的险种外，其他险种不得跨区域经营。同时，《办法》也提出要求，保险公司必须向消费者明示没有设立分支机构的地区，以保证消费者的知情权。针对不能保证异地经营售后理赔服务、导致出现较多投诉的保险机构，监管部门将及时采取措施停止其相关险种的经营。

4. 第三方网络平台管理

《办法》明确了第三方网络平台的业务边界，强化了其参与互联网保险业务的行为约束：一是明确职责定位。第三方网络平台可以为保险机构开展互联网业务提供辅助支持。若第三方网络平台参与了互联网业务的销售、承保、理赔等关键环节，则必须取得相应的保险业务经营资格。二是强化合规管控。《办法》明确了第三方网络平台的业务规则，并要求保险机构加强对第三方网络平台等合作单位的管控责任，切实履行将保险监管要求告知第三方网络平台的义务。三是实施监督管理。《办法》明确规定第三方网络平台有配合保险监管部门日常监管和现场检查的义务，若有违反，保险监管部门可以责令保险机构终止与其合作。

（三）公司治理监管

1. 关联交易

为规范保险公司关联交易行为，增强信息公开透明度，防范保险经营风险，

4月7日，保监会印发了《关于进一步加强保险公司关联交易信息披露工作有关问题的通知》。

该《通知》重点对关联交易的识别、报告、信息披露和法律责任等方面予以明确和规范，主要内容包括：一是扩大披露范围。明确保险公司需在规定时限内，按照交易类型、交易金额分类，对重大关联交易、资金运用类关联交易及一般关联交易进行逐笔或合并信息披露，并对逐笔、合并披露的适用范围和条件分别予以明确。二是细化披露内容。明确各类关联交易需披露的具体要素、渠道和方式，保险公司需完整准确披露相关信息。三是提高披露标准。明确重大关联交易与保险公司总资产的比例关系或单笔交易金额标准，对重大关联交易的认定范围进一步扩大。四是强化法律责任。明确保险公司董事会对公司关联交易合规性负最终责任，董事会秘书是关联交易信息披露责任人，并分别对保险公司、信息披露责任人等明确了相应的监管措施。

2. 员工持股计划

6月18日，保监会发布了《关于保险机构开展员工持股计划有关事项的通知》（以下简称《通知》）。《通知》对员工持股计划实施主体的资质条件做了相应规定，主要要求公司具备一定经营基础，公司治理结构、薪酬体系及财务状况较为稳健，相应监管指标达到要求等，进而从源头上控制风险。为支持创新，根据资管行业和互联网行业的人力资源管理特点，《通知》规定保险资产管理公司及专业互联网保险公司等创新型机构可以不受经营年限等条件的限制。

《通知》对保险机构员工持股计划的规范。为切实发挥员工持股计划的激励作用，防范相关风险，《通知》对员工持股计划的要素作了具体规定。一是参加对象。主要为保险机构正式在岗且工作满2年的员工，独立董事、员工监事以外的监事不得参与员工持股计划，同时对保险集团公司员工参加持股计划作了相应规定。二是资金来源。《通知》要求参加员工持股计划的资金应来源于员工合法收入，保险机构不得为员工持股计划提供借款、担保等财务支持，不得为开展员工持股计划额外增加员工薪酬。三是股权来源。员工持股计划股权来源可以来自股东转让、赠与、公司增发股份、公司回购等多种形式。四是认购价格。除股东自愿赠与、转让或公司回购股份奖励员工外，认购价格应当以公允价值确定。五是持股比例。《通知》规定员工持股计划累计持有股权的上限确定为原则上不超过公司股本或注册资本总额的10%，单个员工持股上限为1%。保险资产管理公司及专业互联网保险公司等创新型机构的比例放宽至25%，单个员工持股比例放宽至5%。六是持股方式。可以通过公司制企业、合伙企业或资产管理计划持有和管理员工持股计划。七是持股期限。员工持股期限要求不得低于3年，保险机构实现上市的，自上市之日起，员工所持股权3年内不得转让或出售。八是期限届满后的权益处置方式。上市公司的员工持股处置主要通过二级市场出售方式实现，非上市公司处置的主要途径是股权转让。

3. 公司治理评价

为提升保险公司治理水平和监管针对性，12月15日，保监会发布《保险法人机构公司治理评价办法（试行）》（以下简称《办法》）。《办法》重点关注保险法人机构在公司治理方面的问题和风险点，建立科学系统的评价指标体系，对保险法人机构公司治理实施动态评价。

《办法》对保险法人机构公司治理评价机制、内容和方法、结果运用等方面做了全面系统规定。一是在评价机制上，《办法》采取公司自评和监管评价相结合的方式，分级赋值，将保险公司分为优质、合格、重点关注、不合格四级，并进行动态调整。二是在评价内容上，公司自评每年一次，涵盖职责边界、胜任能力、运行控制、考核激励、监督问责五个方面；监管评价每季度一次，注重合法合规性评价，将指标分为约束性、遵循性及调节性三类，基本涵盖公司治理相关规章制度要求。三是在结果运用上，建立红、黄牌警告制度，督促整改，并根据整改情况采取相应监管措施。对涉及公司治理内容的行政许可审核，如保险公司分支机构市场准入、保险资金运用创新等方面，将评价结果作为行政许可审核依据之一。公司治理评价结果作为分类监管的重要依据，是保险公司综合评价体系的重要组成部分。

《办法》作为首个由新兴国家制定的保险法人机构公司治理量化评价指标体系，引领了新兴市场保险法人机构公司治理监管新趋势，将进一步提升中国在制定国际保险监管标准中的影响力和话语权。

四、按部就班，推进保险费率市场化改革

（一）人身保险费率改革

2013年以来，保监会按照"放开前端、管住后端"的基本思路，推进人身保险费率政策改革。改革将前端产品定价权交还保险公司，产品预定利率（或最低保证利率）由保险公司根据市场供求关系自主确定；后端的准备金评估利率由监管部门根据"一篮子资产"的收益率和长期国债到期收益率等因素综合确定，通过后端影响和调控前端合理定价，管住风险。

根据这一思路，保监会确定了"普通型、万能型、分红型人身险"分三步走的改革路线图，并于2013年迈出第一步，放开了普通型人身险预定利率。2015

年2月和10月,又分别完成了万能险和分红险的市场化改革,全面建立起了符合社会主义市场经济规律的人身保险费率形成机制。

1. 万能型人身保险费率改革

保监会2月13日发布《关于万能型人身保险费率政策改革有关事项的通知》(以下简称《通知》),决定新《万能保险精算规定》自2015年2月16日起实施。

《通知》规定,取消万能险不超过2.5%的最低保证利率限制;最低保证利率由保险公司根据产品特性、风险程度自主确定。万能险的评估利率上限为年复利3.5%。保险公司开发万能险最低保证利率不高于保监会规定的评估利率上限的,应按照《人身保险公司保险条款和保险费率管理办法》(保监会令2011年第3号)的有关规定报送保监会备案。保险公司开发万能险最低保证利率高于保监会规定的评估利率上限的,应报送保监会审批。

本次改革通过降低初始费用和退保手续费,让利给消费者。根据《万能保险精算规定》(以下简称《规定》),未来期交万能险的基本保险费初始费用上限比例,第一年和第二年分别为50%和25%;趸交万能险的初始费用上限比例,5万元及以下部分和5万元以上部分分别为5%和3%。

退保费用比例限制方面,《规定》也有所下调,万能险退保费用第一年至第五年分别为5%、4%、3%、2%、1%,而2007年《万能险精算规定》的限制为,第一年到第五年分别是10%、8%、6%、4%、2%。

最为关键的是,相比2007年《万能险精算规定》,此次《规定》通过增加风险保额来提高保障额度,从而让万能险恢复其保障的"本来面目"。此次改革提高了保障责任要求,最低风险保额不低于保单账户价值的20%,较之前提高了3倍,体现了保监会回归保障的监管导向,保护消费者权益。

2. 分红型人身保险费率政策改革

经国务院批准,分红型人身保险费率政策改革于2015年10月1日正式实施,分红型人身保险预定利率上限完全放开。分红型人身保险预定利率上限的放开,标志着人身险费率形成机制完全建立起来。

分红型人身保险费率政策改革的主要内容如下:

一是形成市场化定价机制。在放开前端的同时管住后端,要求分红险责任准备金评估利率不得高于3%与预定利率的较小者,同时要求预定利率超过3.5%以上的分红产品报保监会审批。二是提高风险保障责任要求。分红保险死亡保险金额提高至已交保费的120%,最低保障要求与万能险持平。三是提高最低现金价值水平。改革后分红保险产品首年最低现金价值较原来普遍提高20%以上,有助于保护消费者利益,减少投诉纠纷。四是健全红利核算管理机制。形成了行业较为统一的分红险盈余计算方法,建立了红利分配约束机制,强化了账户独立性要求。五是提高分红保险的透明度。要求保险公司强化分红保险信息披露,增强红利演示水平的合理性,同时加强外部审计。

(二) 商业车险条款费率改革

为进一步保护投保人、被保险人合法权益,增强财产保险行业可持续发展能力,2月3日,保监会印发《关于深化商业车险条款费率管理制度改革的意见》(以下简称《意见》),推进商业车险条款费率管理制度改革。

《意见》吸收2010年以来商业车险改革试点的经验,参考国际上保险业发达国家车险费率市场化改革的路径,明确商业车险条款费率管理制度改革的指导思想、基本原则和主要目标,提出建立健全商业车险条款费率形成机制的意见。

《意见》围绕建立健全市场化的条款费率形成机制的改革目标,一方面强调"放开前端",逐步扩大财产保险公司定价自主权;另一方面坚持"管住后端",强化事中事后监管和偿付能力监管刚性约束。《意见》提出三方面的政策措施:一是建立以行业示范条款为主、公司创新型条款为辅的条款管理制度。中国保险行业协会拟定并不断完善示范条款,财产保险公司选择使用;鼓励财产保险公司开发创新型条款,建立健全公平、公开、透明的创新型条款评估机制和创新型条款保护机制。二是建立市场化的费率形成机制。中国保险行业协会按照大数法则要求,建立财产保险行业商业车险损失数据的收集、测算、调整机制,动态发布商业车险基准纯风险保费表,为财产保险公司科学厘定商业车险费率提供参考;由财产保险公司根据自身实际情况科学测算基准附加保费,合理确定自主费率调整系数及其调整标准。根据市场发展情况,逐步扩大财产保险公司商业车险费率厘定自主权,最终形成高度市场化的费率形成机制。三是加强和改善商业车险条款费率监管。建立健全商业车险条款费率回溯分析和风险预警机制,验证商业车险费率厘定和使用过程中精算假设的合理性、责任准备金提取的合规性和财务业务数据的真实性,防范因商业车险费率拟订不科学、不公平、不合理所带来的风险隐患。强化偿付能力监管刚性约束,完善偿付能力监管制度体系,提高偿付能力监管制度执行力。

自2015年6月1日起,各财产保险公司在黑龙江、山东、广西、重庆、陕西、青岛等6个试点地区全面启用新版商业车险条款费率。10月30日,保监会发出通知,决定在天津等12个地区启动商业车险改革第二批试点工作。

商业车险条款费率管理制度改革以来,截至2015年年底,首批6个试点地区消费者车均保费较改革前下降7.7%,保险公司车险综合成本率下降2.7个百分点。商业车险改革建立了以行业示范条款为主、公司创新型条款为辅的条款管理制度和市场化的费率形成机制,消费者的商业车险产品选择权得到更充分尊重,保险公司商业车险费率厘定自主权逐步扩大,商业车险保障范围进一步拓宽。

五、实施"偿二代",健全资本补充机制

(一)"偿二代"过渡期

2月17日,保监会正式发布中国风险导向的偿付能力体系(以下简称"偿二代")17项监管规则,以及《关于中国风险导向的偿付能力体系过渡期有关事项的通知》,决定自发文之日起,进入"偿二代"过渡期[①]。这标志着我国以风险为导向、具有自主知识产权、国际可比的新偿付能力监管制度体系基本建成。

保监会副主席陈文辉将"偿二代"的主要内容概括为"一个框架,三个特征,四类机制,八大工具"。

"一个框架"指《中国第二代偿付能力监管制度体系整体框架》。"偿二代"的框架为一个三支柱的框架,即分别从定量资本要求、定性监管要求和市场约束机制三个方面对保险公司的偿付能力进行监督和管理。定量资本要求包括一系列可以量化的风险资本要求,包括保险风险、信用风险、市场风险等;对于难以量化的风险,如操作风险、战略风险、声誉风险、流动性风险等,则在定性监管要求里予以细化;对于难以监管的风险,则采取市场约束、市场纪律、信息披露等市场力量进行约束。

"三个特征"一是"偿二代"将各种类型风险囊括在内,使得风险导向做到实处。二是新兴市场特征。三是国际可比性。

"四类机制"包括:定量监管与定性监管相结合的机制;保监会和分支机构上下联动的机制;外部监管和与市场约束相结合的机制;资本约束和资本补充相结合的机制。

"八大工具"包括:定量监管工具、风险评级工具、偿付能力风险管理能力的监管、压力测试、流动性风险的监管方式、系统重要性机构的附加资本等。

(二)资本保证金管理

4月27日,根据《国务院关于取消和调整一批行政审批项目等事项的决定》的精神,保监会印发了新的《保险公司资本保证金管理办法》(以下简称《办

---

① 2016年1月29日,保监会发布《关于正式实施中国风险导向的偿付能力体系有关事项的通知》,正式实施"偿二代"。

法》)。《办法》取消了资本保证金所有行政审批事项,将事前审批全部改为事后备案,体现了"放开前端、管住后端"放管结合的监管思路。《办法》主要修改了以下几方面内容:一是取消所有事前审批事项,保险公司可根据实际情况办理资本保证金处置事项后,向保监会报备,提高保险公司的主观能动性;二是调整部分资本保证金提存金额的要求,如增加注册资本或因汇率波动造成资本保证金总额低于法定要求的,可按实际增资金额或汇率变动差额的20%提存,有效降低保险公司资金流压力;三是在利率市场化背景下,适度放宽了存款银行的标准,在保障资金安全的前提下,扩大了存款银行的选择范围,增加了保险公司存款配置的灵活性;四是根据资本保证金除清算时用于清偿债务外不得动用的特点,规定在存放期限内不得变更资本保证金存款的性质,防止部分保险公司为盲目追求利益或将资本保证金存款作为发展业务关系的手段,频繁变更存放银行,对资金的安全存放带来一定隐患,也不利于对保险公司资本保证金的监管。

(三)资本补充债券

2015年,保监会按照"资本约束管住管好,资本补充放宽放活"的要求,不断完善保险公司资本补充机制。1月,中国人民银行与保监会联合发布公告,允许保险公司在全国银行间债券市场发行资本补充债券。资本补充债券是指保险公司发行的用于补充资本,发行期限在五年以上(含五年),清偿顺序列于保单责任和其他普通负债之后,先于保险公司股权资本的债券。推进保险公司在银行间债券市场发行资本补充债券有利于拓宽保险公司资本补充渠道,提高保险公司偿付能力和抵御风险能力。同时,保险公司长期以来主要作为投资主体参与银行间债券市场,引入保险公司发行债券,也有利于扩大银行间债券市场发行主体,丰富市场投资品种。公告的发布对丰富金融市场主体、完善金融市场体系、促进保险业持续健康发展具有重要意义。

六、加强监管,规范人身保险公司行为

(一)养老保障管理

养老保障管理业务是指养老保险公司作为管理人,接受政府机关、企事业单位及其他社会组织等团体委托人和个人委托人的委托,为其提供养老保障以及与养老保障相关的资金管理服务,包括方案设计、受托管理、账户管理、投资管理、待遇支付、薪酬递延、福利计划等服务事项。

2009年,保监会发布了《关于试行养老保障委托管理业务有关事项的通知》，允许养老保险公司试营团体养老保障管理业务。2013年，保监会出台了《养老保障管理业务管理暂行办法》（以下简称《暂行办法》），进一步规范了养老保障业务的发展模式。为更好地保护养老保障管理业务活动当事人合法权益，促进养老保障管理业务持续健康发展，配合行政审批制度改革，8月底，保监会出台了《养老保障管理业务管理办法》（以下简称《管理办法》）。

《管理办法》主要就养老保险公司开展养老保障管理业务的业务经营、投资管理、风险管控、监督管理等方面，明确了经营规范和监管要求。修订的重点包括以下几个方面：

一是建立个人养老保障管理业务经营门槛。统一要求开展个人养老保障管理业务的养老保险公司，应当具备2年以上的企业年金业务或保险业务经营经验。

二是建立短期个人养老保障管理业务资本约束机制。为强化该业务的养老保障属性，鼓励发展长期业务，将"短期"业务界定为产品期限在三年以内（含三年）的业务，要求养老保险公司合理控制短期个人养老保障管理业务规模，年度新增业务规模应与公司的资本实力相匹配；同时，针对养老保险公司业务特点的不同，分别建立资本约束机制，对于既经营企业年金业务、又经营保险业务的公司，封闭式短期个人业务年度新增规模不得超过上一年度末偿付能力溢额的10倍；对于仅经营企业年金等年金管理业务的公司，封闭式短期个人业务的年度新增规模不得超过上一年度末净资产的10倍。

三是规范团体养老保障管理业务。要求养老保险公司开展团体养老保障管理业务，应当要求委托人承诺资金来源、用途符合法律法规的规定；提供经董事会决议、职工代表大会等决策程序通过的养老保障管理方案，或有关政府部门对养老保障方案的批复、核准文件，防止个别机构和人员借该业务谋取私利。

四是根据行政审批改革要求，取消投资账户审批。原《暂行办法》中养老保障管理业务投资账户开设为审批制，产品为报告制，为配合行政审批改革需要，减少行政审批事项，《管理办法》取消了对投资账户的审批，将产品由报告制改为备案制。

五是加强投资管理。保险资金投资范围放宽后，对保险机构的投资管理能力提出了更高要求，相较原来的《暂行办法》，此次《管理办法》新增了"投资管理"一章内容。要求养老保障管理基金投资范围比照保险资金相关监管规定；投资账户的资产配置范围、分类和定义遵照保监会资金运用相关监管规定；明确了养老保险公司可以自行投资管理，也可委托给符合条件的投资管理人进行投资管理；对养老保障管理产品设立的投资组合区分开放式和封闭式；要求封闭式投资组合要满足产品和资产配置的独立性要求以及期限结构匹配性要求；增加封闭式投资组合投资另类金融产品的信息披露要求；增加对开放式投资组合的流动性管理要求。

六是将公司适用范围扩大至养老金管理公司。人口老龄化趋势和养老保险制度改革驱动下,养老保险市场前景被各方看好,保险、银行等金融行业以及民间资本发起设立养老保险公司、养老金管理公司这类养老保险专业机构的市场需求逐渐释放。考虑到养老金管理公司与养老保险公司性质相似,主要是名称不同,都有开展养老保障管理业务的需求,因此,《管理办法》的适用范围扩大至养老金管理公司。养老金管理公司开展养老保障管理业务也应遵守《管理办法》的规定。

(二) 赠送保险

1月29日,保监会发布《关于规范人身保险公司赠送保险有关行为的通知》,规范人身保险公司赠送保险的行为,主要内容如下:

人身保险公司可以以促销或者公益事业为目的赠送人身保险,但不得赠送财产保险。人身保险公司赠送的人身保险产品仅限于意外伤害保险和健康保险,且保险期间不能超过1年。对每人每次赠送保险的纯风险保费不能超过100元,以公益事业为目的的赠送保险不受此金额限制。人身保险公司赠送人身保险时,投保人对被保险人应当具有保险利益;赠送的人身保险为以死亡为给付保险金条件的,应经被保险人同意并认可保险金额;被保险人为未成年人的,死亡给付的保险金额应符合有关监管规定。人身保险公司总公司应加强对赠送保险行为的管控,赠送保险行为要经过总公司的批准。严禁以赠送保险为由,变相开展违法违规业务或进行不正当竞争。

(三) 团体保险

2月2日,保监会正式下发《促进团体保险健康发展有关问题的通知》(以下简称新《通知》),规范保险公司团体保险业务经营行为,促进团体保险业务持续健康发展,相比2005年下发的62号文(《关于规范团体保险经营行为有关问题的通知》),相关要求不少被"松绑"。

新《通知》所称团体保险,是指投保人为特定团体成员投保,由保险公司以一份保险合同提供保险保障的人身保险。新规定将成员数由旧规定中的5人下调至3人,特定团体成员的配偶、子女、父母可以作为被保险人。

除人数标准调低,在审批备案要求上也有松绑。新《通知》规定,团体保险应当使用经审批或者备案的保险条款和保险费率。保险公司以批单、批注或者补充协议形式进行变更的,应当由总公司统一批准和管理。但是,保险公司以批单、批注或者补充协议形式对保险期间不超过1年的团体保险进行变更的,不需要将保险条款和保险费率重新报送审批或备案,只需要在年度产品总结报告中进行专题报告即可。

但下述特殊情形承保团体保险必须经保险公司总公司审核同意，并每季度向承保机构所在地保监局报告：政府作为投保人为城镇职工和居民、新农合参保人群、计生家庭和老年人等特殊群体投保的具有公益性质的团体保险；投保时因客观原因无法确定被保险人，或承保后被保险人变动频繁，但是可以通过客观条件明确区分被保险人的团体保险，如建筑工程意外险、乘客意外伤害保险和游客意外伤害保险等；被保险人所属特定团体属于国家保密单位，或被保险人身份信息属于国家秘密的。

新《通知》对地域范围做了宽延，承保的保险机构设立在下列地区之一所在的省、自治区或者直辖市内即可：投保人的注册地或者住所所在地；投保人主要营业场所所在地；承保时50%以上被保险人住所所在地；承保时50%以上保费缴纳来源所在地。

（四）投资连结保险投资账户

4月1日，保监会发布《关于规范投资连结保险投资账户有关事项的通知》，规范投资连结保险投资账户的设立、变更等事项。

所谓投资连结保险是指包含保险保障功能并至少在一个投资账户拥有一定资产价值的人身保险产品。投资连结保险投资账户（以下简称"投资账户"）是指保险公司为投资连结保险产品设立的、资产单独管理的资金账户。投资账户应划分为等额单位，单位价格由单位数量及投资账户中资产或资产组合的市场价值决定。

通知规定，投资账户的资产配置范围包括流动性资产、固定收益类资产、上市权益类资产、基础设施投资计划、不动产相关金融产品、其他金融资产，同时应符合下列条件：符合保监会资金运用相关监管规定；具有合理的估值方法，以满足投资账户高频次估值的需要；具有公开交易市场或虽不具有公开交易市场但具有稳定收益预期。

通知要求，保险公司应加强投资账户的流动性管理，确保投资账户能够满足流动性需要。对于投资账户的流动性管理应符合以下要求：流动性资产的投资余额不得低于账户价值的5%；基础设施投资计划、不动产相关金融产品、其他金融资产的投资余额不得超过账户价值的75%，其中单一项目的投资余额不得超过账户价值的50%；针对投资账户特点建立相应的流动性管理方案。

通知明确，投资账户资产实行单独管理，独立核算。投资账户与保险公司管理的其他资产之间、投资账户之间，不得存在债权债务关系，也不得承担连带责任；投资账户与保险公司的其他资产之间、投资账户之间，不得发生买卖、交易、财产转移和利益输送行为。

（五）保险费率政策改革产品

8月10日，保监会公布《关于加强人身保险费率政策改革产品管理有关事项的通知》(以下简称《通知》)。《通知》明确,保险公司开发相关普通型、分红型和万能型人身保险产品的,应按照《人身保险公司保险条款和保险费率管理办法》的有关规定报送保监会审批。同时,保险公司还应满足相应要求,包括保险公司最近两个季度末偿付能力充足率处于充足Ⅱ类,最近3年未受到监管部门重大行政处罚,没有因涉嫌违法违规行为正在被监管部门调查,或者正处于风险处置、整顿或接管期间,产品预定利率和最低保证利率由保险公司按照可持续性原则审慎确定,应不超过公司过去5年平均投资收益率等。

《通知》提出,保险公司偿付能力充足率低于充足Ⅱ类时,应立即停止销售费率政策改革审批产品。对于开业时间不满5年的保险公司,其开业之前的投资收益率采用保险行业投资收益率。同时,保险公司应该说明产品拟配置资产组合的预期投资收益能够支持产品最低保证成本及相关费用等支出;对于分红保险产品,保险公司还应考虑未来红利分配的影响。

(六) 为未成年子女投保

9月16日,保监会印发了《关于父母为其未成年子女投保以死亡为给付保险金条件人身保险有关问题的通知》,对相关问题作出新规定:一是适当提高未成年人死亡保障限额,将未成年人死亡保险金限额调整提高至20万和50万元人民币。二是根据《民法通则》中对无民事行为能力人和限制民事行为能力人的界定,将不满10周岁的未成年人死亡保险金限额提高至20万元,已满10周岁但未满18周岁的未成年人死亡保险金限额提高至50万元。三是航空意外身故和重大自然灾害意外身故死亡保险金额不计算在死亡保障限额中。

七、强化制度建设,保护保险消费者权益

(一) 金融消费者保护

11月,国务院办公厅印发《关于加强金融消费者权益保护工作的指导意见》(以下简称《意见》)。这是我国第一部国家层面上的综合性金融消费者保护文件,虽然是指导意见,但仍具有重要意义。《意见》明确,金融管理部门要按照职责分工,切实做好各自职责范围内金融消费者权益保护工作;各类金融机构负有保护金融消费者基本权利,依法、合规开展经营活动的义务;金融领域相关社会组织应协助金融消费者依法维权,发挥其在金融消费者权益保护中的重要作用。《意见》提出金融消费者有财产安全权、知情权、自主选择权、公平交易权、依法求偿权、受教育权、受尊重权、信息安全权等八项权利,指出金融机构应当

将保护金融消费者合法权益纳入公司治理、企业文化建设和经营发展战略中统筹规划，建立金融消费者适当性制度。《意见》提出了建立金融知识普及长效机制、纠纷多元化解决机制等六项金融消费者权益保障机制，通过完善配套措施和各种手段，实现对金融消费者基本权利的全面保障。

（二）监管评价体系

目前，保监会建立了分类监管评价体系、服务评价体系、经营评价体系三个评价体系，分别从风险状况、服务水平和经营效果三个不同的角度对保险公司进行评价。分类监管从保险公司面临的各种风险、拥有的资本实力和风险管理能力来评价公司的风险状况。服务评价指标体系主要从销售、承保、理赔等保险消费者直接感知的服务环节评价保险公司的服务水平。经营评价指标体系主要从速度规模、效益质量和社会贡献三个方面评价保险公司的经营效果。三套指标体系既相互独立，又相互依存，一起构成"三位一体"完整的保险公司监管评价体系，共同促进保险业防范风险、科学发展、提升服务质量。

1. 服务评价

8月4日，保监会发布了《保险公司服务评价管理办法（试行）》。通过设置定量指标和定性指标，对所有开业满一年的财产保险公司和人身保险公司开展服务评价，评价涵盖保险公司总公司和省级（含计划单列市）分公司两个层级，覆盖保险公司销售、承保、保全、理赔、咨询、回访、投诉等全部业务流程。对于保险总公司将根据服务评价得分高低进行评级，对分公司只评分不评级。保险总公司服务评级设定为A、B、C、D四大类。[①]

2. 经营评价

8月26日，保监会印发了《保险公司经营评价指标体系（试行）》。经营评价体系的目的是引导保险公司提高管理水平，加快转变发展方式。其中，速度规模反映保险公司的发展态势；效益质量反映保险公司的经营结果，是市场经济的内在要求；社会贡献反映保险经营的社会效益，是保险公司发挥保险功能、服务经济社会发展大局的要求。速度规模、效益质量和社会贡献三者的权重分别为30%、50%和20%。经营评价体系包括法人机构和分支机构两个层面。为提高评价的客观性和可操作性，经营评价指标全部由定量指标组成。根据评价结果，将保险公司分为A、B、C、D四类。

---

① 2016年8月，保监会在行业内部公布了第一次保险服务评价结果。

(三) 承保、理赔服务

1. 机动车保险理赔

为保护投保人及被保险人权益，进一步提升机动车保险理赔管理水平和服务质量，保监会于3月6日印发了《机动车保险理赔基础指标第1号（试行）》（以下简称《基础指标》）。《基础指标》是保监会首次发布的系统性、规范化的机动车保险理赔管理和服务标准指标，对于解决车险理赔指标标准缺失、数据口径不一等问题，提高车险理赔相关数据的一致性和可比性，具有重要意义。《基础指标》的发布，为科学评价财产保险公司理赔管理水平和服务质量奠定了基础。

《基础指标》分为"理赔效率类"、"理赔管控类"、"理赔成本类"三大类，首批共设置16项指标，可监测机动车保险理赔流程各环节的管理质量和服务水平。其中，每个指标要素又进一步细化为"指标描述"、"指标计量"、"指标说明"三个方面，对机动车保险理赔基础指标的评价内容、指标定义、取数规则、计算方法等提出标准化要求。

2. 农业保险承保理赔

2007年中央实施农业保险保费补贴政策以来，我国农业保险发展迅速，服务"三农"能力显著增强。2014年，农业保险实现保费收入325.7亿元，同比增长6.2%；提供风险保障1.66万亿元，同比增长19.6%；参保农户2.47亿户次，同比增长15.7%；小麦、玉米、水稻三大口粮作物承保覆盖率分别达49.3%、69.5%和68.7%。

在快速发展的同时，农业保险由于缺乏统一的经营规范和流程标准，保险机构基层服务能力不足、业务流程不规范、风险管控薄弱等问题也逐步显现，影响了农业保险的持续健康发展。为此，2014年保监会和财政部组织开展检查，总结农业保险经验教训，深入查找和全面梳理农业保险管控薄弱环节和风险点，在此基础上制定《农业保险承保理赔管理暂行办法》（以下简称《办法》）。

《办法》是贯彻落实农业保险条例、加强农业保险监管的重要制度进步。一是强化对关键环节的管控，提出不少于3天的公示期、单证到户、24小时内现场查勘、将无害化处理作为理赔前提以及10日内支付赔款等要求。二是加强承保理赔信息的系统管控，明确各项信息采集和系统录入必需项，提高承保理赔数据质量。三是明确保险机构对协办业务的管理责任，填补了协办业务的监管空白。四是对保险公司完善内控提出要求，提高公司内控制度的规范性、完整性和有效性。《办法》首次对保险公司承保、理赔、协办和内控等关键环节确立规范。承保业务方面，明确投保信息采集和系统录入的内容，规范标的查验、公示及核保流程，提出见费出单、承保单证到户等要求。理赔业务方面，加强接报案管理，规范查勘定损、核赔操作，明确赔款支付方式和时效，确保支付到户且真实有效。协办业务方面，要求保险公司与协办机构签订合同，明确双方权利义务。加强协办费用管理，并组织对协办人员培训和协办业务的稽查。内控管理方面，进一步完善和细化客户回访、投诉处理、分级审核、内部稽核及档案管理等要求，加强业务系统和服务能力建设，夯实发展基础。

3. 小额理赔

11月3日，为提升全行业保险理赔服务水平，集中力量解决消费者关注的突出问题，保监会发布实施《保险小额理赔服务指引（试行）》（以下简称《指引》）。

《指引》所称车险小额理赔指发生事故仅涉及车辆损失（不涉及人伤、物损），事实清晰、责任明确，且索赔金额在5000元以下的车险理赔；个人医疗保险小额理赔指索赔金额在3000元以下，事实清晰、责任明确，且无需调查的费用补偿型、定额给付型个人医疗保险理赔。《指引》选定车险与个人医疗保险作为加强和改进保险理赔服务的突破口。

《指引》以单证简化为重点，以流程优化为主线，以服务创新为引领，突破目前行业理赔服务的短板和瓶颈。主要措施包括：一是推行单证电子化，减少纸质单证。二是合并索赔单证，减免理赔证明材料。三是推行全流程透明化，强化服务时效要求。四是创新服务手段，优化服务体验。

八、深化保险资金运用改革，完善监管制度

截至2015年年底，保险业总资产12.3万亿元，资金运用余额11.2万亿元。资金运用在保险经营中所占地位越来越高。保监会继续深化保险资金运用改革，完善资金运用监管体制。一是稳步拓宽保险资金投资范围。拓展保险资产管理机构受托投资范围及境外债券投资范围，放开香港创业板股票，落实境外投资业务风险责任，强化境外投资监管。二是推进产品注册制改革。正式授权中国保险资产管理协会履行基础设施债权投资计划注册职责，进一步规范注册机构的工作流程、标准，增加透明度，提高注册效率。三是创新保险资产管理产品种类。在基础设施债权投资计划的基础上，积极适应我国资产证券化趋势和机遇，支持保险机构发起设立资产支持计划、保险私募基金等，进一步丰富保险资产管理产品。组合类资产管理产品也在持续发展。四是推进保险资产交易平台建设。五是推进设立中国保险投资基金。国务院第96次常务会议原则同意设立中国保险投资基金，并批复有关方案。六是强化事中、事后监管。要求重点公司开展资产配置压

力测试,评估对收益率、现金流和偿付能力的影响,防范资产负债错配风险和流动性风险隐患,加强保险公司资产配置行为监管。推动建立健全资金运用内部控制制度,推进保险机构提升内部控制建设水平。2015年发布的规范性文件主要涉及以下方面:

1. 境外投资

2012年保监会发布《保险资金境外投资管理暂行办法实施细则》(以下简称《细则》)以来,保险资金境外投资步伐明显加快,投资规模持续增加。截至2014年12月末,保险资金境外投资余额为239.55亿美元(折合人民币1465.8亿元),占保险业总资产的1.44%,比2012年年末增加142.55亿美元,增幅为146.96%。保险机构逐步开始保险资产全球化和多元化配置,在国际金融市场上的活跃度与影响力日渐提升。为加强保险资金境外投资监管,进一步扩大保险资产的国际配置空间,优化配置结构,防范资金运用风险,保监会制定了《关于调整保险资金境外投资有关政策的通知》(以下简称《通知》),调整了保险资金境外投资的有关规定。

《通知》主要包括以下两方面内容:一是在风险管控方面,调整境外投资专业人员资质要求。由于保险资金境外投资采取了委托第三方专业机构进行投资的模式,该专业机构投资团队资质已有较高要求。因此,《通知》将委托人的境外投资专业人员数量和资质要求,改为保险机构应当参照《关于保险机构投资风险责任人有关事项的通知》实施境外投资风险责任人制度,至少配备2名境外投资风险责任人,落实境外投资业务风险责任。

二是适当拓宽境外投资范围,给予保险机构更多的自主配置空间。首先,拓展保险资产管理机构受托投资范围,将其受托集团内保险资金投资境外的市场,由香港市场扩展至《细则》允许的45个国家或地区金融市场;其次,扩大境外债券投资范围,将债券等固定收益类产品应具备的信用评级由发行人和债项均获得BBB级以上的评级调整为债项获得BBB-级以上的评级,以符合国际投资惯例;再次,增加香港创业板股票投资。2012年发布的《细则》放开了香港股票主板市场投资,经过两年多的运作,保险机构境外股票投资取得了一些经验,此时,放开香港创业板投资,能够给予保险机构更多的自主选择空间,有助于优化境外股票资产配置。

2. 资产支持计划

2012年以来,部分保险资产管理公司开展资产支持计划试点业务,丰富了保险资金服务实体经济的手段,取得较好效果。截至2015年9月,共有9家保险资产管理公司以试点形式,发起设立了22单资产支持计划,共计812.22亿元。投资平均期限5.5年左右，收益率5.8%~8.3%。为推动业务由试点转为常规化发展，进一步规范业务操作，保监会根据试点经验起草了《资产支持计划业务管理暂行办法》（以下简称《办法》）。

《办法》主要规范了四方面内容：

一是明确交易结构。按照资产证券化原理，以基础资产本身现金流作为偿付支持，构建业务运作框架。在产品特征上区别于现有的债权投资计划等保险资产管理产品。二是规范操作行为。明确业务当事人职责，建立相互制衡的运作机制，规范基础资产选择、受益凭证发行、投后管理等运作流程，明确重点操作环节。三是建立管理规范。在业务资质管理、发行机制等方面遵循市场化原则，建立基础资产负面清单管理机制，提高业务运作效率。四是强化风险管控。按照"卖者尽责、买者自负"原则，强化信息披露和风险提示，强调市场主体的风险管理责任。

《办法》的发布有利于扩大保险资产管理产品创新空间，满足保险资金配置需求，促进保险资金直接对接存量资产，进一步支持实体经济发展。也有利于进一步推动资产证券化业务创新，丰富产品形式，加快市场发展。

3. 保险私募基金

9月11日，保监会印发《关于设立保险私募基金有关事项的通知》（以下简称《通知》）。《通知》立足支持国家战略和实体经济发展，结合保险资金期限长、规模大、负债稳定等特点，对设立保险私募基金进行了具体规范。一是明确基金类别和投向。支持保险资金设立成长基金、并购基金、新兴战略产业基金、夹层基金、不动产基金、创投基金及相关母基金，重点投向国家支持的重大基础设施、战略性新兴产业、养老健康医疗服务、互联网金融等产业和领域。二是建立规范化的基金治理结构。借鉴市场惯例，基金发起人应当由资产管理机构的下属机构担任，基金管理人可以由发起人、资产管理机构或资产管理机构的其他下属机构担任。三是明确市场化的运作机制。要求基金管理人具备相应的投资能力，建立股权激励、收益分成、跟进投资等关键机制，充分发挥市场作用；规定资产管理机构及其关联方持股基金管理人比例，以及基金发起人及其关联方认缴基金比例不低于30%，落实管理责任。四是贯彻"放管结合"原则。对保险资金设立私募基金实行注册制度，提高市场效率；列明基金管理人的管理责任，明确报告要求和禁止行为，建立负面清单制度，加强事中事后监管；建立保险机构与基金发起人之间的隔离机制，避免风险传导；要求基金配备专属管理团队，实现专业化运作；建立托管机制，保障基金资产安全独立；规范关联交易程序和限额，防范投资和操作风险。

4. 风险责任人信息披露

4月14日,为进一步强化保险公司资金运用信息披露,防范投资风险,保监会发布《保险公司资金运用信息披露准则第2号:风险责任人》(以下简称《2号准则》)。《2号准则》明确了披露风险责任人信息的具体业务范围及内容,落实了风险责任人、公司和法人代表三方责任,确定了信息披露的时间、方式和要求。同时,为增强信息披露格式的规范性和统一性,《2号准则》以附件形式确定了信息披露的具体格式。

5. 举牌上市公司股票信息披露

为规范保险资金举牌上市公司股票的信息披露行为,增加市场信息透明度,推动保险公司加强资产负债管理,防范投资运作风险,12月23日,保监会发布《保险公司资金运用信息披露准则第3号:举牌上市公司股票》(以下简称《3号准则》)。

《3号准则》对保险机构披露举牌信息进行了重点规范。一是列明披露的情形。保险公司举牌上市公司股票,应按照要求进行披露。二是明确披露内容。除披露相关股票名称、代码、公告日期、交易日期等基本信息外,还应披露资金来源、投资比例、管理方式等信息。运用保费资金的,应列明相关账户和产品投资余额、可运用资金余额、平均持有期及现金流情况。三是规范披露方式。明确披露的时间和要求,增强操作规范性。同时,为增强政策覆盖面和公平性,《3号准则》要求保险集团公司举牌上市公司股票适用本准则,保险资金投资境外市场上市公司股票,达到所在国家或地区法律法规规定举牌标准的,参照适用本准则。

6. 内部控制

12月15日,保监会印发了《保险资金运用内部控制指引》及《保险资金运用内部控制应用指引》(以下简称《指引》)(第1号至第3号),旨在推动保险机构建立全面有效的保险资金运用内部控制标准和体系。《指引》主要内容包括:

一是总指引明确了保险资金运用内部控制目标、原则和基本要素,并围绕资金运用内部控制的内部环境、风险评估、控制活动、信息与沟通和内部监督等要素,明确细化了关键控制点及主要控制活动等。二是配套应用指引主要针对保险资金具体投资领域的内部控制建设,主要包括职责分工与授权批准、投资研究与决策控制、投资执行控制、投资后管理等重点环节内部控制标准和要求。首批发布的配套应用指引包括《保险资金运用内部控制应用指引第1号——银行存款》《保险资金运用内部控制应用指引第2号——固定收益投资》以及《保险资金运用内部控制应用指引第3号——股票及股票型基金》。

7. 资产配置审慎性监管

为防范新形势下保险公司资产负债错配风险和流动性风险，加强保险公司资产配置行为的监管，12月11日，保监会印发《关于加强保险公司资产配置审慎性监管有关事项的通知》（以下简称《通知》）。《通知》的主要内容包括三个方面。一是设定标准，划定需要提交压力测试报告的公司范围。二是开展资产配置压力测试。要求公司进行规定情景下的资产配置压力测试，评估对资产收益率、现金流和偿付能力的影响。三是加强审慎性评估和后续监管。保监会对公司资产负债管理和压力测试情况进行审慎性评估，并视情况采取监管措施。

九、争取政策支持，拓宽行业发展空间

2015年，保监会积极与相关部委联合出台规定，为保险业发展争取更多政策支持。

（一）食品安全责任保险

2月2日，保监会会同国务院食品安全委员会办公室、国家食品药品监督管理总局联合印发《关于开展食品安全责任保险试点工作的指导意见》（以下简称《指导意见》），标志着我国食品安全责任保险制度初步建立，相关试点工作将在全国范围内启动。

《指导意见》要求各地结合实际开展食品安全责任保险试点，充分发挥保险的风险控制和社会管理功能，探索建立政府、保险机构、企业、消费者多方参与、互动共赢的激励约束机制和风险防控机制，为全面推行食品安全责任保险制度积累经验。首批纳入试点重点推进的食品企业是：食品生产加工环节的肉制品、食用油、酒类、保健食品、婴幼儿配方乳粉、液态奶、软饮料、糕点等企业；经营环节的集体用餐配送单位、餐饮连锁企业、学校食堂、网络食品交易第三方平台的入网食品经营单位等；当地特有的、属于食品安全事故高发的行业和领域。截至2015年年底，食品安全责任险试点省市21个，投保单位超过1.6万个，为食品企业提供超过400亿元的风险保证。[①]

---

① 数据来自《2016中国保险市场年报》，中国金融出版社2016年版。

(二) 会计师事务所职业责任保险

6月30日,财政部、保监会联合发布了《会计师事务所职业责任保险暂行办法》(以下简称《暂行办法》),规范会计师事务所职业责任保险。《暂行办法》主要内容包括:

一是规定投保范围。按照会计师事务所职业责任保险的一般理论和实践做法,明确职业责任保险承保的损失为"经济损失",不包括其他伤害。投保的业务范围包括审计业务和其他非审计业务。事务所在投保职业责任保险主险的基础上,还可以投保账册文件丢失险、首次投保追溯期扩展险等附加险。

二是规定与职业风险基金的政策衔接。会计师事务所投保的职业责任保险累计赔偿限额达到《暂行办法》规定的金额的,可以不再提取职业风险基金。

三是规定合同基本事项。从维护注册会计师行业利益、扶持注册会计师行业发展的角度出发,《暂行规定》明确保险责任范围为非故意行为造成的经济损失,此处的"非故意行为"应包括过失和重大过失;保险期间为1年及以上;约定合理的追溯期或报告期;仲裁或者诉讼费用以及其他必要、合理的法律费用由保险公司承担等。在订立合同和履行合同时,会计师事务所负有如实告知、及时通知等义务;保险公司负有如实说明合同条款、信息保密、规范理赔等义务。

(三) 个人税收优惠型健康保险

作为医疗保障体系重要组成部分的商业健康保险发展一直比较滞后、作用发挥有限,是全民医保体系中的短板。为推动商业健康保险的发展,国家决定对个人购买商业健康保险给予税收优惠政策。5月8日,财政部、国家税务总局、保监会印发《关于开展商业健康保险个人所得税政策试点工作的通知》,规定试点地区个人购买符合规定的商业健康保险产品的支出,允许在当年(月)计算应纳税所得额时予以税前扣除,扣除限额为2400元/年(200元/月)。8月,保监会印发《个人税收优惠型健康保险业务管理暂行办法》(以下简称《办法》)。

1. 《办法》对个人税优健康保险业务的经营条件提出了明确要求

一是除专业健康保险公司外,其他人身保险公司应设立健康保险事业部;二是要具备相对独立的健康保险信息管理系统,并与商业健康保险信息平台对接;三是要配备专业人员队伍,健康保险事业部具有健康保险业务从业经历的人员比例不低于50%,具有医学背景的人员比例不低于30%。

2. 《办法》对个人税优健康保险产品设计的规定

《办法》明确了个人税优健康保险产品管理原则,主要包括:一是保险公司应按照长期健康保险要求经营个人税优健康保险,不得因被保险人既往病史拒保,并保证续保。二是个人税优健康保险产品采取万能险方式,包含医疗保险和个人账户积累两项责任。三是医疗保险简单赔付率不得低于80%。医疗保险简单赔付率低于80%的,差额部分返还到所有被保险人的个人账户。这条规定主要是为了督促保险公司加强赔付管理,做到应赔尽赔,使被保险人最大限度上受益。

3. 试点产品仅限于医疗保险

试点产品仅限于医疗保险,主要是基于以下几个方面的考虑:首先,医疗保险是以医疗行为的发生为给付条件的险种,保险公司作为支付方,可以通过医疗保险介入到医疗行为的管控中,切实发挥保险公司的优势,规范医疗行为,降低不合理的医疗费用,真正参与到医改进程中。其次,当前人民群众排在第一位的保险保障需求就是医疗保险,且医疗保险的赔付概率比其他健康险要高,在试点期间,有利于满足人民群众的保障需求,从而有利于试点的顺利推进。

(四) 信用保证保险

为发挥保险功能作用,支持小微企业发展,保监会、工业和信息化部、商务部、人民银行、银监会公布《关于大力发展信用保证保险服务和支持小微企业的指导意见》(以下简称《意见》)。《意见》鼓励银行对购买保证保险的小微企业给予贷款优惠政策,允许具有一定小贷业务的保险公司接入人民银行征信系统。鼓励保险公司与银行合作,针对小微企业的还贷方式,提供更灵活的贷款保证保险产品;鼓励保险公司针对自主品牌、自主知识产权、战略性新兴产业等小微企业,细化企业在经营借贷、贸易赊销、预付账款、合约履行等方面的风险,创新开发个性化、定制化的信用保证保险产品;鼓励保险公司发挥专业化投资及风险管控的优势,投资符合条件的小微企业专项债券及相关金融产品;鼓励保险资产管理机构探索设立夹层基金、并购基金、不动产基金等私募基金,支持小微企业、科技型企业等新兴产业、新兴业态发展;支持保险资金投资创业投资基金。

(五) 船舶污染损害责任保险

保监会会同交通部海事局修订《防治船舶污染内河水域环境管理规定》,规定通过内河运输危险化学品的中国籍船舶的所有人或者经营人,应当向在我国境内依法成立的商业性保险机构和互助性保险机构投保船舶污染损害责任保险。

十、加大检查力度，维护保险市场秩序

保监会注重防范风险，不断完善风险防范体系。2015年，以"两个加强、两个遏制"专项检查为重点加大市场秩序规范力度。专项检查累计调阅保单80万份、赔案6.9万份、凭证14.4万份，保险市场主要问题得到充分揭示和及时整改。一年来，共派出2695个检查组，对2598家保险机构和保险中介机构进行了现场检查，直接检查总公司37家。对632家机构和958人实施了行政处罚，其中，责令撤销任职资格或从业资格44人，对机构和个人分别罚款6911万元和1704万元。

组织开展严厉打击损害消费者合法权益不法行为的"亮剑行动"。全年保监会及各保监局共派出753个检查组2132人次，对810家保险机构进行了现场检查，针对检查中发现的寿险销售误导和未按规定回访、产险未按规定时效支付赔款等违法违规行为，对41家机构、77人进行行政处罚，罚款422万元，下达监管函117次，开展监管谈话113人次。其中，保监会对10家总公司开展保险消费投诉处理专项自查工作督导并对2家总公司开展新渠道侵害消费者权益行为专项现场检查，针对检查中发现的公司电销渠道存在的欺骗消费者、隐瞒合同重要内容等违法违规行为进行了严厉处罚。

保监会联合公安部在上海、江苏等15个地区开展"安宁2015"反保险欺诈专项行动，保险监管部门及保险机构向公安机关移交违法犯罪线索10741条，公安机关立案636起，涉案金额1.2亿元，破案508起，打掉犯罪团伙99个，抓获犯罪嫌疑人685人，挽回经济损失5475万元。组织12个地区对48家保险公司省级分支机构开展反洗钱专项检查，检查保险机构履行反洗钱义务情况，重点关注高风险产品和渠道的洗钱风险。组织12个重点地区、13家重点机构开展反非法集资专项风险排查，重点排查"精英"营销员群体、基层高管人员参与非法集资风险。并发布《关于进一步做好保险业防范和处置非法集资工作的通知》，完善保险业非法集资风险防控体系和工作机制。

专 论

从审判实务谈保险法的修订

刘竹梅[*]

一、审判实务对保险法修订的需求

当前,从经济社会发展形势、保险市场发展状况以及司法审判自身等方面分析,保险纠纷案件审判工作面临的形势、任务较为严峻和突出。主要表现为:市场发育还不够成熟,诚信体系亟须建立;保险市场主体的各种违规行为导致保险纠纷增多;案件类型日趋复杂多样;各方利益相互交织,案件的处理难度增大;保险立法尚待完善。随着2009年新保险法的实施,有关法律适用问题正逐步在审判实务中显现出来,鉴于此,我们及时出台了《保险法》司法解释(一)(二)(三)。但在司法解释制定和对于保险纠纷案件审判指导的过程中,结合理论界的研究成果与争议,笔者认为审判实务中还面临以下亟须解决的问题。

(1)保险的本质特征尚不明确。早在各个国家的民法典产生之前,包括保险合同法在内的保险法即已经产生,19世纪、20世纪兴起的民商法典立法潮流也没能影响其独立性。相反,保险合同法自其产生时起就不断冲击着传统的合同法理论,并不断推进合同法理论的丰富和发展。保险合同立法独立存在的原因,毫无疑问在于保险合同具有不同于普通合同的特点,而该特点又是由保险这一特定的制度决定的。因此,明确保险的本质特征是保险合同立法的出发点。当前大多数保险立法都是从合同法的角度对保险进行界定,我国保险法也不例外。这种界定方式实际上是以"保险费"以及"保险给付"来界定保险制度,而由于对当事人提供的给付以及支付的对价是否属于保险给付或者保险费本身需要通过保险的界定来判断,该界定方式实际上是一种循环论证,没能体现保险制度的本质特征。因此,这种界定方式实际上无法为保险与非保险的区分提供判断标准。例如,对于保证保险是否属于保险,根据该定义是无法进行判断的。从经济学角度

---

[*] 刘竹梅:最高人民法院第五巡回法庭副庭长。

来看，保险是保险人运用以大数法则为基础的保险技术，分散或者转移危险的制度，但当前保险公司开发的保险产品已经不完全具备以上特征：有的保险产品虽是转移风险，但其运作并不是以大数法则为基础，例如地震险；有的保险产品甚至已经不再有转移风险的目的，例如投资连结险。这些保险产品是否仍然属于传统保险的范畴？保险立法如何应对这种变化？

（2）保险的技术性难以把握。技术性是商法的共同特征，保险法也不例外。保险经营行为中的保险费厘定、保险风险的选择、保险赔偿的计算、保险资金的运用以及各种准备金的提取等都需要以精细的数理计算为基础，保险法的许多规定是从技术角度对保险经营活动提出的要求。在保险立法以及保险审判实践中，如何把握这种技术性？以保险条款的设计为例，保险产品的开发要遵循大数法则，保险条款的内容要体现权利义务的平等，但是当前一些保险公司开发的保险产品，其合理性还有待研究，如何判断哪些条款违反《保险法》第19条的规定应认定为无效？哪些条款属于保险公司因正常经营所需要的条款？需要结合保险的技术性特点加以研究。

（3）保险合同如何定位。保险合同是以转移危险为目的的射幸合同，在订立、生效、履行等方面具有不同于普通民事合同的一些特征，需要在法律上作出不同于普通民事合同的规定，这是保险合同立法独立存在的基础。问题是，如何把握保险合同的这些特征？这些特征是否足以导致保险合同可以不适用普通民事合同的一些基本规则？例如，对于保险合同的成立，有观点认为，保险合同的订立通常是以投保人填写投保单，保险人核保的形式订立的，因此，保险合同的订立只有"投保人要约、保险人承保"的形式，这也是《保险法》第13条的出发点。另一种观点认为，保险合同属于民事合同的一种，其订立仍然要遵守合同法的一般原则，应允许存在"保险公司要约、投保人承诺"的订立形式。此外，保险合同立法规定了一些不同于普通民事合同的制度，这些制度与合同法上的相关制度处于何种关系？例如，《保险法》第16条规定的投保人违反如实告知义务的，保险人可以解除保险合同。根据我国《合同法》第54条的相关规定，当事人基于重大误解订立合同的，可以撤销合同。那么《保险法》第16条和《合同法》第54条是什么样的关系？《保险法》第16条是否排除《合同法》第54条的适用？或者当事人可以自由选择？这也要求我们研究保险合同不能脱离合同法的一般理论。

（4）如何协调保护保险消费者利益与平等保护各类市场主体的关系。随着现代保险从海上保险发展到陆上保险、从财产保险发展到人身保险，以普通消费者为投保人的财产保险以及人寿保险逐渐成为保险市场的主体，加强保险消费者权益保护成为当前世界各国保险立法的一项重要原则。从我国当前保险市场的发展来看，以个人为投保人的人身保险和机动车辆险在保险市场上占有非常重要的比重，加强投保人、被保险人和受益人等保险消费者利益的保护成为保险立法和保险监管的基本理念。但值得注意的是，保险公司作为商事主体，追逐营利性是市场经济的必然要求，过于强调保护保险消费者利益将会影响保险公司开发保险产品的积极性，从长远来看可能不利于保险行业的健康发展。在司法解释中不得不面临投保人与保险公司利益如何协调的问题。例如，为弥补投保人在信息上的弱势地位，《保险法》要求保险人对"免除保险人责任的条款"承担明确说明义务，但对保险人课以过高的明确说明义务，将极大地增加保险人的经营成本，该成本最终将以保险费的形式转嫁给投保人，而且过高的说明义务也会对新类型保险产品的开发产生影响，因此，只有综合考虑投保人与保险人的利益关系才能准确把握保险人明确说明义务的说明范围以及说明程度。

二、保险法修订需遵循的原则

基于以上的问题，对于此次保险法修订，建议遵循以下基本原则：

（一）立足本国国情，借鉴域外经验

保险法属于舶来法，域外相关保险立法和实践已经相对较为成熟，在保险法的修订解释制定中可以适当借鉴域外经验。当然，由于保险行业发展所处阶段不同，保险实践中出现的问题也不一致，故我们在借鉴域外相关经验时坚持从本国国情出发，根据国内保险业实际状况决定是否移植域外相关规定。例如，保险单是保险合同的载体，是确定保险合同各方主体权利义务关系的依据。从保险市场发展来看，具有现金价值的保险单所占份额逐步增加，围绕具有现金价值的保险单的转让与质押业务将逐步兴起。实践中，对于保险单转让与质押如何操作目前存在不少争议。《保险法》如能借鉴美国、德国等相关做法，将保险单界定为权利凭证，将有利于保险单相关业务的开展。

（二）立足行业现状，顺应时代发展

当前保险审判实践中出现的争议和问题，一方面是因保险市场尚不成熟、市场主体行为不够规范产生的，另一方面也与保险市场不断发展、保险产品不断创新有直接关系。保险法的修订首先要立足行业现状，解决具体问题，同时考虑保险行业未来发展的需要，引导保险市场规范发展。特别是互联网保险近些年发展迅速，《保险法》相关规定以传统的保险合同为规范模型，直接将所有规定适用于互联网保险将会产生一些严重的后果，应当为此设计相应的法律制度。例如电话销售与互联网销售是当前保险公司广泛采取的新的营销方式，但根据《保险法》第17条的规定，保险人在订立保险合同时应向投保人提供格式条款，对免除保险人责任的条款需在保险凭证上进行提示，并以书面或者口头形式进行明确说明。电话销售与互联网销售，不存在书面的格式条款，如何完成《保险法》第17条规定的一般说明及对免除保险人责任条款的提示和明确说明义务，如果严格依据第17条规定，网销产品中的免除保险人责任的条款均为未生效。建议《保险法》对互联网保险做出相应的规范，对于电话销售与互联网销售中的特殊问题，是否有必要通过法律予以特别规定。

（三）坚持诚信原则，合理保护保险消费者

诚信原则是民法的基本原则。保险合同以转移风险为目的，属典型射幸合同，对诚实信用的要求高于一般普通合同，故理论界将保险合同称为最大诚信合同。最大诚信原则要求保险合同的双方当事人在保险合同的订立和履行过程中，必须以最大的诚意履行义务。

加强对投保人、被保险人和受益人合法权益的保护，是2009年保险法修订的重中之重。保险监管部门也将加强保险消费者保护作为保险监管工作的重要内容。但加强保险消费者的保护也应当兼顾保险人的利益，尊重保险行业发展的客观实际，保障保险行业的健康发展。

（四）尊重保险特性，注意与其他法律的衔接

保险是以大数法则为基础的制度，具有很强的技术性。保险经营行为中保险费率的厘定、保险风险的选择、保险赔偿的计算、保险资金的运用以及各种准备金的提取等都需要以精算为基础，保险法的许多规定是从技术角度对保险经营活动提出的要求。

保险合同是以转移危险为目的的射幸合同，在订立、生效、履行等方面具有不同于普通民事合同的一些特征，需要在法律上作出不同于普通民事合同的规定，这是保险合同立法独立存在的基础。当然，保险合同法属于合同法的特别法，其仍应遵循合同法的基本原理。同时，鉴于保险法主要规范保险合同和保险业的经营行为，在修订时还需要考虑与其他相关法律如公司法、证券法、消费者权益保护法的衔接。

三、保险法修订的具体建议

本轮保险法的修订,有关部门提交的修改文本的修改内容主要集中在保险业法的部分。事实上,当前实践需求强烈的问题不仅仅局限于保险业法,保险合同法中也有不少地方急需修订和完善。

(一) 关于保险利益

(1) 保险利益的界定。保险利益界定是保险法适用中的重要问题之一,因为其涉及保险合同的效力认定。保险法将财产保险的保险利益界定为"投保人或者被保险人对保险标的具有的法律上承认的利益"。而"法律上承认的利益"是必须以实体法上的权利为基础,还是被保险人对保险标的物具有经济利益关系即可?"法律上承认"是指"保险利益"的"合法性"要求,还是要求宜以"法定权利"为基础?保险利益的"合法性"是否只有合法的保险标的物才具有保险利益?

(2)《保险法》第48条规定了被保险人在保险事故发生时没有保险利益的,不享有保险金请求权,但对于保险合同效力,尤其是保险事故未发生时保险合同效力是否受到影响没有明确规定。实践中,保险利益不存在或者消灭的情况则更为复杂。保险利益除了可能因与保险事故有关的事由消灭外,还可能因其他事由消灭;保险利益不存在可能是一时不存在,也可能是整个合同存续期间都不存在;一时不存在中,可能是保险合同成立时存在,合同存续期间消灭,也可能是成立时不存在,合同存续期间产生。此外,保险利益不存在的原因可能是当事人有意为之,也可能是无意产生的;当事人有意为之可能是善意,也可能是恶意。此情况是否可以借鉴其他国家和地区的做法在立法上予以规定。例如,可以参考我国台湾地区"保险法"第17条的规定。

(二) 关于被保险人

(1) 保险合同的当事人有哪些,在理论界和实务界都存在争议。被保险人、受益人在合同中有无法律地位,其权利如何保护,其义务有哪些?这些问题的解决对于合同的订立和履行具有重要意义,应当通过立法加以明确。

(2) 投保人与被保险人不一致时,是否应将被保险人也视为如实告知义务的主体?因为被保险人对保险标的物的风险状态更为清楚,对重要事实的了解程度高于投保人,对被保险人课以如实告知义务更有利于保险人准确评估危险,而且要求被保险人承担如实告知义务更有助于防范道德风险。仅规定投保人承担如实告知义务,导致实践中明知自己不符合承保条件的被保险人通过委托他人投保来规避如实告知义务。此外,要求被保险人承担如实告知义务,也符合其他国家和地区立法的趋势,如《德国保险合同法》第16条,我国台湾地区的"保险法"第64条。[①]

(3)《保险法》第32条规定了投保人对被保险人真实年龄的如实告知义务。对于保险人而言,年龄对于是否同意承保人寿保险以及相关费率有重要影响,但对于意外险、健康险等则可能不是特别重要,故建议将该规定限缩适用于人寿保险。

(4)《保险法》第15条规定投保人有可以任意解除保险合同的权利。实践中,投保人与被保险人为不同主体时,投保人任意解除保险合同会侵害被保险人的利益,应对被保险人对保险合同的期待给予适当保护。保险法司法解释三对此给予了一定程度的明确,建议借鉴德国、日本的相关规定,要求投保人解除保险合同时,应当通知被保险人;被保险人可以在限定时间内决定是否向投保人支付相当于保险单现金价值的款项,以维持保险合同效力;被保险人在限定时间内未表示同意解除保险合同的,投保人的解除行为发生法律效力。

(三) 关于投保人

(1) 投保人违反如实告知义务,合同解除与保险人拒赔的关系。关于投保人违反如实告知义务的法律后果,《保险法》第16条采取双轨制模式,规定解除合同和拒绝赔偿两种法律后果,并设置不同的构成条件。关于保险人解除合同与拒绝赔偿的关系,是保险人拒绝赔偿是保险人解除合同的法律后果,保险人拒赔必须以解除合同为条件,还是保险人解除合同与拒绝赔偿是相互并列的法律后果,二者相互独立,保险人拒绝赔偿无需以解除合同为条件?立法应予以明确。

(2) 违反如实告知义务,保险合同能否撤销。保险法如实告知义务制度与合同法可撤销制度都解决当事人订立合同时的信息不对称问题,那么如果投保人在违反告知义务的同时,符合民法上意思表示瑕疵的相关规定,保险人除了依据保

---

① 从其他国家和地区的相关规定来看,有的规定告知义务人为投保人,如《德国保险合同法》第16条,《意大利民法典》第1892条、第1893条。《日本商法典》则区分损失保险和生命保险而分别为规定,损失保险由投保人负告知义务(第644条),生命保险中投保人和被保险人均负告知义务(第678条)。美国保险理论界和实务界普遍认为,投保人和被保险人负告知义务。我国台湾地区的"保险法"第64条规定,订立保险合同时,"投保人对于保险人之书面询问,应据实说明"。依照该条规定,负如实告知义务的人,似乎不包括被保险人。但是有学者解释认为,投保人和被保险人不是同一人而订立保险合同时,投保人和被保险人均应当负如实告知义务。

险法的规定行使解除权外，是否还可以根据合同法的规定行使撤销权？允许其根据合同法上的相关规定撤销合同，是当前《德国保险合同法》所采取的观点。①

（3）《保险法》第33条规定仅允许未成年人父母为其订立死亡险保险合同，难以满足实践需要。保险法司法解释三将可以为未成年人投保死亡险的投保人扩张解释到经过未成年人父母同意的其他履行监护职责的人，建议《保险法》做出相应修订。

（四）关于保险人

（1）保险人明确说明义务的范围，上次保险法修改为第16条的"免除保险人责任的条款"。而"免除保险人责任条款"系狭义上仅包括保险单中责任免除部分，还是广义上的包括保险合同中一切约定保险人不承担或者少承担赔偿或者给付保险金责任的条款？从保险行业发展的角度来看，对"免除保险人责任条款"的界定采折衷观点可能更为妥当。

（2）明确说明义务的标准是实质标准还是形式标准，从立法目的来看，实质标准似更为妥当。保险人明确说明义务的立法目的在于防止保险人设置不合理的格式条款，以保护投保人的利益。基于该目的，应尽可能让投保人真正了解相关免责条款，以使其出于真实意愿订立保险合同。

但是，保险人如何证明其向投保人履行了明确说明义务呢？实践中，有保险人制作投保声明书，并由投保人在其上签字盖章。建议明确此视为保险人履行了明确说明义务。如果对投保说明书上投保人的签字盖章不予认可，将导致其守法成本高于违法成本，反而不利于激励保险人主动履行明确说明义务。

（3）《保险法》第17条第1款规定了保险人的一般说明义务，第2款规定了保险人的明确说明义务。对于保险人明确说明义务的履行方式和相关法律后果，第2款规定得较为详细，但对于一般说明义务如何履行以及违反一般说明义务的法律后果，第1款则没有规定，建议予以明确。

（4）《保险法》第37条规定保险合同复效的条件是"经保险人与投保人协商并达成协议"，这给保险人对保险合同是否复效予以较大的决定权，不利于保护投保人的合法权益。建议按照《司法解释三》第8条的规定做相应修订。同时，建议对保险合同复效时投保人是否仍需承担如实告知义务、保险人是否仍需承担明确说明义务等进行规定。

（5）《保险法》第65条对责任保险的相关问题做了规定。实践中，被保险人与第三人通过调解方式确定赔偿数额，保险人如果没有参与的，是否仍需按照调

---

① 《德国保险合同法》第22条规定："保险人基于对有关危险事项的欺诈所产生的撤销权不受影响。"

解的数额承担责任存在争议，建议予以明确。从理论上看，只要给予保险人在被保险人与第三人纠纷处理中的介入权，才能更好地维护保险人的利益，防止被保险人与第三人之间可能存在的欺诈，建议《保险法》修订时增加相关内容。

（6）关于溯及保险。实践中，有些投保人明知保险事故已经发生，但并未向保险人如实告知该事实，导致保险人同意承保并签发保单。保险人在保险事故发生后以投保人违反如实告知义务为由拒赔的，投保人则可能以保险人解除合同的权利超过两年不可抗辩期间为由进行抗辩，对此时保险人是否仍需赔偿存在较大争议。建议对从立法层面对保险合同订立前保险事故已经发生的情况进行规定，德国、日本以及我国台湾地区均对此类溯及保险做了规定，并区分不同类型给予不同法律后果，值得借鉴。

（五）关于受益人

（1）《保险法》第 41 条对受益人变更进行规定。对于受益人变更何时生效，建议按照《司法解释三》第 10 条规定做相应修订。

（2）《保险法》第 42 条对被保险人死亡后没有受益人的情形进行规定。鉴于实践中对于非人寿保险中，保险事故发生时，不存在受益人但被保险人仍然生存时，保险金如何给付存在争议，建议明确此时应以被保险人为受益人。

（六）关于保险标的

（1）《保险法》第 49 条规定了保险标的转让的后果。该条第 1 款规定，保险标的转让的，保险标的的受让人承继被保险人的权利和义务。该规定所采取的路径，法理上缺乏依据，实践中则引发更多问题，例如保险合同主体是原所有人还是受让人？原所有人是否可以随时要求解除合同？由谁承担继续交费的义务？等等。建议回归法律关系的本源，将其修订为，保险标的的受让人承继投保人的权利和义务。该路径以合同概括承受为法理基础，能够避免前面所述的问题。

（2）《保险法》第 51 条规定了被保险人在保险合同存续期间的风险维持义务，但其第 1 款仅规定被保险人承担该义务，第 3 款却认为投保人、被保险人均可能违反该义务，前后不一致，建议统一。另外，该条第 3 款虽然规定了投保人与被保险人违反风险维持义务时，保险人可以要求增加保险费或者解除合同，但对于已经发生的保险事故，保险人是否承担保险责任，没有规定，建议参照第 52 条规定增加相关内容。

（3）《保险法》第 55 条规定了定值保险和不定值保险，同时对超额保险做了规范。实践中，除了可能存在保险金额高于保险价值的差额保险之外，还可能存在保险合同约定的保险价值超过实际价值的超值保险，第 55 条对于超值保险的法律后果没有规定，实践中产生不少争议，建议明确。

(4) 关于现金价值。具有现金价值的保险产品在市场上所占的份额越来越多,保险实践对于现金价值如何计算、如何给付等均有不同做法,导致产生众多纠纷。建议通过立法形式对现金价值的计算、转让、质押等做较为详细的规范。

(5) 关于团体险。团体险在保险市场中占有相当大的比例。《保险法》相关规定以个体保险为规范模型,有些规定可能不宜直接适用于团体保险,且团体保险有一些自己特有的问题,实践中做法不一,争议较多,建议《保险法》对团体险给予专门规范。

(七) 关于近因原则

我国保险法和海商法虽未对"近因原则"作出明文规定,但理论界均将"近因原则"作为保险理赔的基本原则,审判实践中也根据近因原则认定保险案件中的因果关系。在审判实践中,如果保险标的物的损失是由承保风险、非承保风险、除外风险共同造成的,或者难以确定是由承保风险造成还是由非承保风险或除外风险造成的,如何处理?适用近因原则导致的"全有或全无"的模式是否应当打破,进而引入比例原则?

(八) 关于保险代位求偿权

保险代位求偿权的诉讼时效期间,是独立期间还是以被保险人的权利为基础?是自代位求偿权取得即保险人赔偿时为两年,还是应与被保险人对第三者的求偿权一致,即保险人向第三者行使代位求偿权的诉讼时效期间与被保险人向第三者行使赔偿请求权的诉讼时效期间相同?诉讼时效期间的起算,是保险人赔偿时还是被保险人知道权利被侵害时?

诉讼财产保全责任保险之适用范围的拓展与比较

贾林青 贾辰歌

诉讼财产保全责任保险作为专门适用于民商事诉讼活动的财产保全领域的新型责任保险产品,自2013年被基层法院尝试引入诉讼保全环节[①]后经过数年的迅速发展,表现出勃勃生机。截止到2016年3月已经有14家高级人民法院、30余家中级人民法院、1000多家基层法院在民商事诉讼活动中认可和运用此项保险,使其成为我国法院解决"保全难"问题的又一举措。它在我国民商事诉讼领域的适用不仅有利于维持正常的诉讼秩序,树立法院的权威性和严肃性,也与我国保险市场落实"新国十条"有关"鼓励保险产品服务创新"[②],培育保险业新的业务增长点的发展走向相吻合。但是,适用诉讼财产保全责任保险的实践证明,能否充分地发挥其对于我国民商事诉讼活动的稳定作用,使其在我国保险市场上平稳发展,尚有诸多的实践问题需要解决,需学界提供理论依据来指导实践活动。

其中,把握诉讼财产保全责任保险的适用范围,直接关系到该责任保险的适用效果。仅就诉讼财产保全责任保险的概念,已然表明它是专门适用于诉讼保全领域,以错误保全产生的责任风险为适用对象的责任保险类型,并因此而区别于其他各类责任保险。但随着诉讼财产保全责任保险的法律价值为人们所认识,其适用范围必然要突破现有的民商事诉讼的财产保全环节而日渐扩大。

谈到诉讼财产保全责任保险的适用范围,只能是我国民商事诉讼活动的诉讼保全领域。不过,设计和适用诉讼财产保全责任保险就必须与诉讼保全的诸多特点相匹配:首先是要与其目的指向性相一致。由于诉讼"保全程序是为了配合审判程序、执行程序或者其他权利保护程序中对权利人的保护而设置的程序,始终以实现本案权利为依归"[③],这意味着诉讼保全程序具有明确的目的指向性,则适用诉讼财产保全必须与保全的目的指向相一致。其次是要符合诉讼保全程序的相对独立性。因为,诉讼保全是现代民事诉讼中的一种独立制度安排,它有独特的

[①] 最早由诚泰财产保险股份有限公司于2013年在云南推出该新型责任保险。
[②] 参见《国务院关于加快发展现代保险服务业的若干意见》(国发〔2014〕29号)的第七点之第(十九)"鼓励保险产品服务创新"。
[③] 江伟、肖建国主编:《民事诉讼法》(第七版),中国人民大学出版社2015年版,第226页。

程序规则，不能简单地套用审判程序或执行程序，并体现着诉讼法理和非讼法理的结合。同时，诉讼保全又必须服务于本案，具有手段方法的性质，即它必须依赖于本案的诉讼程序才有存在的价值。所以，诉讼财产保全责任保险的保险标的和保险内容的确定和适用也就应当与此特性相吻合。最后是必须考虑诉讼保全的预防性和暂定性特点。相比较而言，诉讼保全不具有最终确定权利的性质，仅属于暂定权利的性质，这取决于"现代社会之法律思想，已经由传统之事后损害赔偿制裁之救济方法，进入以事先预防损害及实现权利之保护措施"[①]。从而，诉讼保全是针对保护权利的急迫性需要而为预防法律裁判实现的落空所形成的暂时性权利状态，无法与民事诉讼的最终裁判权力等同，为此，大陆法系民事诉讼法将诉讼保全制度概括为假扣押和假处分两大类[②]。相应地，诉讼财产保全责任保险着眼保护的便是此次暂时性权利，故其保险责任和保险期限的确立就需要与保全制度的该特性相适应。

进一步考察诉讼财产保全责任保险的适用范围，具体包括如下各个部分：一是民商事诉讼的当事人向法院申请保全的诉讼保险；二是当事人在诉讼程序开始之前向法院申请保全的诉前保全；三是仲裁案件的当事人申请的非诉讼保全；四是海事活动当事人以单纯的扣押船舶或者货物为目的的海事请求保全等。上述各类保全的适用情况和适用范围均不一样，却都是为了保护申请人之权益。不过，这些财产保全也无一例外地面临着错误保全而引起法律责任的风险，也正因为如此，才形成适用诉讼财产保全责任保险的客观需要。

当然，上述的诉讼财产保全责任保险的适用领域也存在各自的特点，需要在适用诉讼财产保全责任保险时予以关注，用以确保适用效果的发挥。

一、适用于诉讼财产保全领域的诉讼财产保全责任保险

应当说，诉讼财产保全是适用诉讼财产保全责任保险的典型形式。原因在于，根据我国《民事诉讼法》第 100 条第 1 款的规定精神，诉讼财产保全就是在受理案件之后的民事诉讼活动过程中，人民法院为确保将来的判决能得以实现，根据一方当事人（原告）的申请，或者由人民法院依职权决定，对当事人争议的有关财物采取临时性的限制处分等强制措施的制度。

在美国司法程序中使用的类似术语是 Attachment 诉讼保全，罗马法系称为

---

① 陈荣宗、林庆苗：《民事诉讼法》，三民书局 1996 年版，第 882~883 页。
② 张卫平：《民事诉讼法》（第三版），中国人民大学出版社 2015 年版，第 215 页。

"saisie conservatoire"，即出于对原告诉讼请求的保障，当被告无法在有关司法审判区域内找到时，允许对被告的特定财产（实物资产或私人财产，动产或不动产）由法院在"saisie conservatoire"的开始之际或诉讼中进行扣押。自1983年11月1日起，诉讼保全也存在于南非的罗马—荷兰法中。可见，我国《民事诉讼法》所规定的诉讼财产保全与西方国家的法律内涵是一致的，目的均是确保将来做出的民事判决的切实实现。

但出于平衡双方当事人之利益冲突的需要，人民法院在执行诉讼财产保全时，依据申请人的申请，在采取诉讼财产保全措施之前，可以责令申请人提供担保，并要求其所提供担保的数额应当相当于请求财产保全的数额。可以说，提供担保已经成为执行诉讼财产保全的必要条件之一。如果申请人不提供担保的，人民法院可以驳回诉讼财产保全的申请。因此，如果在发生诉讼财产保全错误给被申请人造成经济损失的情况下，被申请人可以直接从申请人提供担保的财产中得到赔偿。而在当前的民商事审判中，诉讼财产保全责任保险正是适应着进行诉讼财产保全的需要，应运而生的又一种保障措施，其作用与申请人提供担保相当。

当然，为了促进诉讼财产保全责任保险制度的稳定发展，将其适用于诉讼财产保全领域时，应当充分考虑到诉讼保全的诸特点，并处理好如下问题：

首先，诉讼财产保全责任保险只能适用于涉案争议存在财产纠纷，以财产给付为内容的民商事争议。因为，依据《民事诉讼法》的规定，能够采取诉讼财产保全的民商事案件必须是给付之诉，即该案原告的诉讼请求具有财产给付的内容。

其次，诉讼财产保全责任保险所涉及的诉讼财产保全，必须是发生在民事案件受理之后、法院尚未作出生效判决之前。无论是在一审或二审程序中，如果民商事案件尚未审结的，原告就可以申请诉讼财产保全。在此情况下，才会存在申请人面临着因错误申请财产保全而依法承担法律赔偿责任的风险，则为此而提供的诉讼财产保全责任保险才具有价值。如果是已经生效的法院判决，则当事人只可以申请强制执行，而不得申请财产保全，也就没有提供诉讼财产保全责任保险的需要了。

最后，诉讼财产保全责任保险只适用于诉讼当事人申请的诉讼财产保全。因为，诉讼中的财产保全一般应当是由当事人提出书面申请。显然，当事人申请诉讼财产保全，应当是出于其自身对于对方当事人有无毁损、灭失或者隐匿、转移财产的可能做出的判断，由此发生错误申请的原因在于其自身，从而，应当由其自行承担因错误申请财产保全引发的法律赔偿责任理所应当。与此相适应，诉讼财产保全责任保险就是为其转移法律责任风险而发挥作用的。如果民商事案件的当事人没有提出申请，人民法院在必要时也可以依照其职权来裁定采取财产保全措施。但是，根据国家赔偿法的规定，人民法院依职权采取财产保全的，应当由人民法院依法承担赔偿责任，故而，不存在适用诉讼财产保全责任保险的前提。

二、适用于诉前财产保全领域的诉讼财产保全责任保险

所谓诉前财产保全，就是我国法定的诉前保全的一部分，具体是指利害关系人因情况紧急，不立即申请财产保全将会使其合法权益受到难以弥补的损害的，可以在起诉前向人民法院提出申请，由人民法院依法采取的一种财产保全措施。需要强调，诉前财产保全属于应急性的保全措施，目的是保护利害关系人不致遭受无法弥补的损失。因此，利害关系人可以根据实际情况，选择在提起诉讼前向被保全财产所在地、被申请人住所地，或者对案件有管辖权的人民法院申请采取财产保全措施。但是，申请人依据《民事诉讼法》第101条第1款的规定，应当提供相应的担保，如果不提供担保的，人民法院则裁定驳回其财产保全申请。与此同理，申请人也可以选择诉讼财产保全责任保险来满足上述法律要求。由此可见，与诉讼财产保全相比较，《民事诉讼法》关于诉前财产保全的适用，就具有突出的紧迫性、须由利害关系人申请和必须提供担保等保障机制等法律特征[1]。

由于诉前保全有别于诉讼保全，故针对诉前保全而适用的诉讼财产保全责任保险也就应当与这些特点相适应，才能够达到预期的保障效果。

首先，诉讼财产保全责任保险的被保险人应当是涉案争议的利害关系人。诉前财产保全不同于诉讼保全的特别之处，在于申请财产保全时并未实际提起诉讼，而是针对将来提起的诉讼来申请财产保全。按照我国《民事诉讼法》的规定，该财产保全的申请应当是有争议的民事案件的利害关系人，即与被申请人发生争议，或者认为权利受到被申请人侵犯的人。例如，争议财产的所有权人，或者经营权人、使用权人，也可以是给付内容之债权债务关系中的债权人。这些利害关系人因其与涉案的民商事案件之间存在着必要的经济联系，具备在将来提起民事诉讼的资格，依法可以成为将来民事诉讼的原告。可见，上述利害关系人作为诉讼财产保全责任保险的被保险人，不仅对于诉前财产保全承担着法律责任风险，也与将来的诉讼判决结果存在着必然的经济利害联系，符合作为被保险人的保险利益。

其次，诉讼财产保全责任保险只能适用于具有给付内容的诉前财产保全。因为，依法得以适用诉前财产保全的，必须是有关的民事争议具有给付内容的，即

---

[1] 参见齐树洁：《民事诉讼法》（第四版），中国人民大学出版社2015年版，第136页。

申请人将来提起案件的诉讼请求具有财产给付内容。如果所涉及的民事争议不是有给付内容的，就是说，不是因财产利益之争，而是人身名誉之争，并无财产给付内容的，法院就不能采取诉前保全措施，也就无需提供担保或者诸如诉讼财产保全责任保险之类的保障手段。

最后，诉讼财产保全责任保险应当针对诉前财产保全之效力具有的可变性和延续性做出明确规定。由于诉前保全是利害关系人在提起诉讼之前申请执行的应急性保全措施，具有突出的快速、及时、简便的优势①。因此，法律要求利害关系人在向人民法院申请诉前财产保全被裁准后的法定时间（准予诉前财产保全裁定送达后 30 日）内，就起诉或不起诉行使选择的权利。申请人若在裁定送达后 30 日内未起诉，人民法院将解除诉前财产保全，裁定效力随之终止。此外，诉前财产保全裁定的效力也可因被申请人提供担保，或者因生效法律文书执行完毕，原申请人在诉讼中撤诉获准，实施诉前财产保全错误，申请人死亡没有继承人或继承人放弃诉讼权利等原因而终止。正所谓诉前财产保全的效力具有可变性。

但如果申请人向采取诉前财产保全的人民法院或其他有管辖权的法院提起诉讼的，则诉前财产保全的裁定在受理法院继续有效。由于我国《民事诉讼法》以及最高人民法院的司法解释并没有规定因申请人在诉前财产保全后 30 日内起诉而应解除诉前财产保全或者应当由审判合议庭另行制作财产保全裁定，表明现行立法没有关于诉前财产保全裁定有效期限的规定，参照最高人民法院关于适用《民事诉讼法》的司法解释的第 109 条有关诉讼中财产保全裁定的效力维持到生效法律文书执行时止，该规定精神同样适用于诉前财产保全裁定的效力，不妨称其为诉前财产保全的效力具有延续性。因此，诉前财产保全实施后，申请人在法定期间起诉的，该诉前财产保全裁定继续有效，其效力也应维持到生效法律文书执行时止。

因此，适用于诉前财产保全的诉讼财产保全责任保险条款应当就适应诉前财产保全特有的可变性和延续性，做出相应的约定。其中，关于诉讼财产保全责任保险的保险责任期间和保险效力期间条款必须具有科学性和针对性。

三、适用于仲裁领域的诉讼财产保全责任保险

众所周知，现代仲裁制度是一种民间争议的解决机制，其处理民商事纠纷的正当性源于当事人的自由意志，而不同于国家的司法裁判行为，后者是构成一国

---

① 根据我国《民事诉讼法》规定，对于准予的诉前保全申请，人民法院应当在 48 小时内作出裁定并开始执行。这一措施的快速实施，可以更完整地避免利害关系人因民事纠纷可能造成的经济损失。

司法制度的重要组成部分。1994年《仲裁法》的颁布和实施为我国现代仲裁制度的建立和运用提供了法律依据。随着市场经济的日益成熟，仲裁制度日趋普及，越来越多的民商事主体出于对国际贸易交易惯例的尊重，隐匿自身商业信息的需要（如上市公司、公众人物等），抑或是出于争议能够得到高效解决的考虑，选择仲裁作为纠纷解决的机制。

而出于确保仲裁申请人的合法利益依据仲裁裁决能够切实得以实现，仲裁活动同样涉及仲裁财产保全环节。所谓仲裁财产保全，是指为了防止出现裁决不能执行或者难以执行的情况，根据当事人的保全申请，由法院对争议的标的财产或当事人的财产采取一定的保全措施，限制其对财产进行处分或转移的一项法律制度。虽然，仲裁财产保全只是一个临时措施，但是对于最终落实权利人的权利、保证仲裁裁决的实现，保护当事人的合法权益具有重要的意义。当然，当事人申请仲裁财产保全所应具备的诸条件之中，就包括提供担保。按照前文所述理由，仲裁财产保全责任保险同样能够成为另一种保障措施，并且，应当使用仲裁财产保全责任保险予以称谓。

不过，在适用仲裁财产保全责任保险的过程中，还必须与仲裁财产保全的特点相适应，才可能最大限度地发挥其保障作用。

首先，仲裁财产保全责任保险的适用范围应当与仲裁的适应范围相一致。根据我国《仲裁法》和《民事诉讼法》第101条规定的精神，仲裁财产保全只能直接适用于中国内地仲裁机构受理的国内仲裁和涉外仲裁。我国法律仅明确规定了法院对本国仲裁机构进行的仲裁依申请采取保全措施，而对外国仲裁机构的仲裁案件的当事人申请仲裁的事项未作规定，也未规定对于外国仲裁庭做出的临时保全措施的承认和执行。且《纽约公约》中亦无关于缔约国之间对于外国仲裁庭做出的临时保全措施的承认和执行的明确规定，所以，如果遇有外国仲裁机构的仲裁案件的当事人向中国法院申请保全时，或者申请中国法院执行外国仲裁机构做出的临时保全措施令时，由于没有法律依据而无法实现。这也表明针对仲裁财产保全提供的仲裁财产保全责任保险也适用于中国内地仲裁机构受理的国内仲裁和涉外仲裁。

其次，根据财产保全提起的时间不同，它又分为仲裁前财产保全和仲裁中财产保全两种。值得一提的是，我国《民事诉讼法》经过2013年修改后，在原有的仲裁中财产保全的基础上增加了仲裁前财产保全制度。这更具有现实意义，因为，当前的仲裁实践中，仲裁机构在仲裁立案后一般即行通知对方当事人，不必要等到仲裁财产保全完成以后。这明显地区别于诉讼活动中的诉讼财产保全[①]，

---

① 目前司法实践中，法院执行诉讼保全的做法是，立案后不预先通知被告立案事宜，在保全完成后才会通知被告，以便防止通知立案后发生隐匿、转移财产的情况。加之，诉讼立案程序的形式性审查，法院内部案件流转协调流畅，紧急的诉讼财产保全也能够很快得到处理，所以诉前财产保全的优势并不突出，很多情况下诉前财产保全直接被诉讼财产保全吸收。

也就直接影响到仲裁财产保全的效果。从而,增加仲裁前财产保全制度,能够在很大程度上弥补仲裁中财产保全的这一不足。可见,仲裁财产保全责任保险对仲裁前财产保全和仲裁中财产保全均可以适用。

最后,仲裁财产保全的执行机构与仲裁案件的审理机构是不同的司法机构。根据我国《民事诉讼法》第101条、《关于实施〈中华人民共和国仲裁法〉几个问题的通知》以及《执行规定》第11条、第12条的规定,我国仲裁财产保全的有权决定和实施仲裁财产保全的机构均是法院,而仲裁机构本身并不具有决定和实施财产保全的权力。因此,无论是仲裁前财产保全还是仲裁中的财产保全,依法均由财产所在地或者被申请人住所地的人民法院管辖;如果涉及国内仲裁的,由基层法院管辖,涉外仲裁的,则由拥有管辖权的中级人民法院管辖。

由于上述仲裁案件的审理机构和仲裁财产保全的执行机构的分置状态,不仅增加了仲裁财产保全的审查和执行上的难度,也无形之中加大了发生错误保全的可能性。鉴于此,仲裁财产保全所需的保障手段也就成为必备条件。根据我国现行《民事诉讼法》第101、102条以及《最高人民法院关于适用〈中华人民共和国民事诉讼法〉若干问题的意见》第317条的规定,所有的仲裁前财产保全必须提供担保。而对于仲裁中财产保全是否必须提供担保则应当分不同情况给予不同的处置:国内仲裁案件的仲裁中财产保全,法院可以根据案件情况决定是否要求申请人提供担保,但涉外仲裁的财产保全申请人则依法必须提供担保。如果法律规定应当提供担保或法院认定需要提供担保,但是申请人拒绝提供担保的,法院有权驳回保全申请,且法院作出的驳回财产保全申请的裁定不能上诉。不言而喻,仲裁财产保全责任保险作为又一种保障手段,在上述各类仲裁财产保全时被选择适用的比例也必然不断提高,用以降低仲裁财产保全申请人因错误保全申请而承担的法律责任风险。

四、适用于海事请求保全领域的诉讼财产保全责任保险

海事请求保全是我国《海事诉讼特别程序法》[1]规定的海事诉讼领域的一项独立的法律制度,表现为"海事法院根据海事请求人的申请,为保障其海事请求的实现,对被申请人的财产所采取的强制措施"[2],实质上属于海事性质的特殊民事诉讼制度。其中,我国的《海事诉讼特别程序法》规定的海事诉讼程序亦包含

---

[1] 《中华人民共和国海事诉讼特别程序法》经全国人大于1999年12月25日通过,并于2000年7月1日生效适用。

[2] 贾林青:《海商法》,北京大学出版社2013年版,第319页。

了海事请求保全部分。不过，海事请求保全作为海事诉讼的一部分与一般意义上的民商事诉讼中的诉讼保全既有相同属性，也存在自身特点。

从共性角度讲，海事请求保全也属于一种司法强制措施，"只要是为了保全海事请求，无论在诉讼前或诉讼中实施，均是海事请求保全"[①]，目的是保障申请人的海事请求权在既存的或者将来的海事诉讼中得以实现。因此，即使是保险实践中，将用于海事请求保全的该责任保险称为"海事请求保全责任保险"，其本质仍然属于诉讼财产保全的组成部分。

而着眼于在海事请求保全领域正确适用诉讼财产保全责任保险的要求，还必须把握海事请求保全的诸多特点。首先，海事请求保全的直接目的，在于取得被申请人提供的担保，为将来通过海事诉讼、海事仲裁或者协商和解等方式解决海事纠纷提供实现海事请求权所需的物质基础。因此，凡是请求权人申请海事保全的，不受海事纠纷当事人之间达成的管辖协议、仲裁协议、法律适用协议的约束。而且，海事请求保全的申请，可以是诉讼之前，也可以是诉讼之中，甚至是诉讼之外。其次，海事请求保全的对象，涉及被申请人所有或者光船承租的船舶，或者属于被申请人所有的货物、运费、租金等财产，也可以是被申请人的行为等。不仅如此，被申请扣押的船载货物、运费、租金等财产，申请范围需要控制在与海事请求权金额相当的合理限度内，但申请扣押的船舶，因其属于集合物，具有不可分割性，申请人不必因整艘船舶的价值超过海事请求权的金额而承担法律赔偿责任。可见，这些都是设计海事请求保全责任保险条款和适用该责任保险以及判定错误保全时，应当予以考虑和用于界定的法律标准。

不过，需要强调的是，诉讼财产保全责任保险仅仅是一种提供保险保障的保险产品，也不是万能的。也有人试图将其扩大到行政罚款等领域，笔者认为，这是不可取的，原因是不可能用一种民商事行为来取代依法对行政违法行为的处罚。

[①] 金正佳、翁子明：《海事请求保全专论》，大连海事大学出版社1996年版，第14页。

保险法前沿(第四辑)

专题研究

相互保险在中国：理念、特征与挑战

刘 燕 李 敏[*]

内容提要：相互保险组织作为一种企业组织形式，指不存在股东或股本投入，由被保险人为自己办理保险，具有一定合作性质的企业组织。我国正在建立多层次的资本市场，其中包括多层次、多种形态的金融机构组织形式。相互保险组织作为域外保险组织的一种成熟且重要的形态正引入我国，但我国当下的金融市场环境、法治状态以及社会传统观念等尚与相互保险对制度资源的需求有较大距离。本文拟从相互保险组织的逻辑与历史演进出发，描述相互保险组织"投保人所有而非资本所有"的核心特征，并对中国引入相互保险组织所面临的挑战及应对策略作出分析。

关键词：相互保险 企业治理 资本结构 组织创新

引 言

2016年6月，中国保监会正式批准众惠财险、汇友建工财险以及信美人寿三家相互保险社筹建，标志着历时两年的相互保险试点进入了一个新阶段。与此同时，监管层表示近期不会再批筹新的相互保险社，俨然给市场对相互保险的热情泼了一瓢冷水。

从2014年国务院文件的"鼓励"多种形式的互助合作保险、2015年的"加快发展"相互保险等新业务，到如今监管层的稳妥推进，政策趋冷的背后是我国金融市场环境的急剧变革与乱象丛生。由于近年来保险公司在金融市场长袖善舞，逐利资本也将相互保险视为"分享保险行业成长性机会的绝佳入口"，其中"相互保险公司设立门槛低，进入较容易"更成为这一组织形式最具吸引力之处。的确，相较于股份公司注册资本2亿元的门槛以及对股东的苛刻要求，《相互保

---

[*] 作者单位：北京大学法学院。

险组织监管试行办法》（以下简称《试行办法》）对相互保险组织似乎网开一面，"不低于1亿元的初始运营资金"及"不低于500个会员"的设立条件在今天互联网金融大热的背景下似乎唾手可得，于是各路英豪纷至沓来。《试行办法》出台仅半年，就有十余家相互保险公司在国家工商局做了名称预登记。至于某些网络平台推出的"互助计划"，更是在创新、忽悠与非法集资之间进行"刀尖上的舞蹈"。这些现象尽显资本逐利的本质，忽略了相互保险的基本逻辑并非以营利为目的，而是为投保人提供符合其需求的保险服务；也显示出社会大众对相互保险组织形式的陌生。

本文拟从相互保险组织的历史沿革入手，揭示相互保险组织的核心在于"互助"而非"资本"，并对中国引入相互保险组织所面临的挑战进行分析，提出相应的立法与监管对策。

一、相互保险组织的逻辑与历史演进

相互保险组织是相互组织原则运用于保险业经营所形成的特殊组织形式，"相互"（mutuality）[①]也被称为保险业的"内在基因"。这是因为，保险作为一种集腋成裘、分散风险并给予补偿的经济制度，本身就建立在"我为人人，人人为我"这一社会互助的理念上。经由保险制度，少数人的意外损失分散于社会大众，使之消化于无形，从而保障社会安定。另外，相互组织则是一种特定范围内的成员自愿联合、相互扶助、分担风险的组织形态，它与保险制度的功能具有天然的契合性。所以早期的文献采用"相互原则"与"保险原则"一致性来阐释相互保险的学理定位。[②]

1. 相互保险组织的起源与发展

从最宽泛的意义上说，相互保险组织的渊源可以追溯到古埃及石材切割手工艺人或者古罗马帝国瓦匠工人互帮互助的援助活动。[③] 在此后的中世纪，类似的

[①] "相互性"并没有法律上的明确界定，目前，学理上解释为它体现为投保人与相互保险公司之间的"社员与社团"关系以及保险合同关系的双重性。相互保险公司没有股东，保单持有人的地位与股份公司的股东地位相类似，公司为他们所拥有。投保人既是公司的成员，基于拥有公司而作为一个整体兼具保险人的地位，从而具有投保人与保险人的双重身份。因此，投保人既是公司所有人，又是公司的顾客；既是投保人又是保险人。

[②] 参见[德] D. 法尼：《保险企业管理学》，张庆洪、陆新等译，经济科学出版社2002年版，第130页。

[③] 在古罗马时代，工匠、士兵甚至角斗士都会组成俱乐部组织并向其捐款，以获取不同的好处。例如，这些俱乐部有时会在成员生病时对其提供帮助，为故去成员的孤儿寡母提供生活费用。

互助需求是由行会组织（guild）来满足的，当时的行会通常会在内部建立慈善基金来帮助体弱多病的成员及其遭遇困难的家属。中世纪的行会或者兄弟会组织都是高度社会化的组织体，成员之间关系融洽，彼此互称兄弟姐妹，与当时的宗教观念也有密切的联系。17世纪英国出现的友谊社（friendly society）继承并发展了中世纪行会组织互帮互助的理念。友谊社对处于生病和生活窘迫的社员提供援助，也减轻了教会的压力。[①]

工业革命的兴起瓦解了传统的家庭、乡村和小范围社区的风险救助模式，开始出现现代意义上的相互保险组织，它们尝试运用保险精算技术来合理确定保费水平。英国1756年出现的公平保险公司和德国汉堡地区1778年出现的Hamburgische Allgemeine Versorgungs-Arstalt通常被认为是相互保险公司形态的起源。此时尚不存在法律的明确约束，而是通过互助保险组织的章程或合同条款来确立投保人与公司之间的关系。

19世纪后半期，相互保险公司这种带有社会互助互利色彩的组织形式逐渐得到社会公众的认同。[②] 相互所有制的天然优势在于缓解投保人与保险公司、特别是其所有人之间可能出现的利益冲突，避免了股东过度将保费用于股利分配而损害投保人利益。按照企业理论的解释，在财产和责任险领域，相互保险公司可以为消费者（投保人）提供一个规避非竞争性价格剥削的途径；而在人寿保险领域，相互保险公司则可以在完善的契约保障无法建立的情况下防止保单的出售者实施机会主义行为、损害消费者的利益。[③] 实践中，英国、美国纽约州最早出现了针对互助社或相互保险公司的立法。德国、日本则在1901年分别制定了《保险监督法》与《保险业法》，正式确认了相互保险公司的组织形式。20世纪早期，由于股份保险公司的趋利动机暴露出诸多弊端，特别是以纽约州阿姆斯特朗委员会为首的一系列媒体与政府的调查报告，揭露了人寿保险业长期存在的欺诈性交易手段和管理层肆无忌惮的自我交易行为，并提出股份制保险公司都应转型为相互制的所有制形式，一些老牌股份制保险公司在舆论压力下纷纷转制为相互保险公司。仅美国从1900年至1936年，至少有15家股份制的人寿保险公司转变为相互公司，其中包括当时三家最大的保险公司：大都会、保平和保德信。[④] 至20世纪90年代，在美、日、英、德、法五大保险市场上，相互保险公司的保费

[①] Victoria Solt Dennis, Discovering Friendly and Fraternal Societies: Their Badges and Regalia, Shire Press, pp. 4–6.

[②] European Parliament's Committee on Employment and Social Affairs: "The Role of Mutual Societies in the 21st Century", 7 (2011).

[③] ［美］亨利·汉斯曼：《企业所有权论》，于静译，中国政法大学出版社2001年版，第417页。

[④] 参见凤凰财经："国外相互保险公司发展一瞥"，http://finance.ifeng.com/a/20151026/14039162_0.shtml，2016年7月14日访问。

收入占42%的市场份额，世界前十大保险公司中有6家是相互保险公司。①

2. 20世纪末的非相互化浪潮

20世纪90年代以来，国际上出现大型相互保险公司向股份公司转制的热潮，纽约大都会、保德信等著名保险公司均居其中。多种原因促成了这一非相互化浪潮。一方面，"二战"后各国普遍建立了保险监管制度，特别是偿付能力的监管要求，消解了传统相互保险基于其特殊的所有权结构而相对于股份公司的制度优势。②另一方面，相互保险组织缺乏资本市场融资手段，限制了快速增长或规模化经营的程度，在金融全球化竞争的压力下处于发展劣势。此外，一些外部因素，如新技术的出现，消费者需求的改变，并购热潮，企业经营行为模式的转变，对管理层的激励，宽松的金融监管环境，等等，也都刺激了大型相互保险公司选择非相互化道路。③

3. 2008年金融海啸后相互保险重获生机

2008年全球金融危机使人们对相互保险的独特价值又有了新的认识。英国审计署的数据显示，全球金融海啸给英国金融业造成了约8500亿英镑的损失，政府通过量化宽松等方式，在2009年至2014年花费了超过1120亿英镑来救助陷入财务危机的金融机构。所有被救助的公司均为股份制公司，没有一家相互保险公司申请救助或破产。④

研究表明，相互保险公司在此次金融危机中的信誉卓著，主要源于其与股份制保险公司存在如下的差异⑤：（1）稳健的资本结构，多数相互保险公司通常只有少量债务，多利用高质量的资本来吸收保险风险；（2）经营低风险的保险产品；（3）所有者和债权人（会员与投保人）利益的一致性，使得其追求更长远的发展；（4）不存在高额股权回报的压力，并且客户具有良好的忠实度；（5）多为非上市公众公司，财务信息披露的要求较少，应对新闻媒体和负面舆论的压力较小，有利于减少舆论对公司整体运营和财务健全的潜在消极影响；（6）对瞬息万

---

① 孙立娟、李莹蕾："日本相互保险公司的发展演变及其原因分析"，载《现代日本经济》2013年第2期。
② 20世纪以来各国普遍建立的保险监管机制强调保险机构的偿付能力的保持，对公司的保费的收入、使用与分配施加了诸多限制。尽管这些监管措施通常同时适用于相互制与股份制的保险公司，但它对降低后者的所有制成本效果更显著。强制性的准备金留存抑制了股份保险公司管理层以及股东对公司资产的滥用和其他利己行为，从而减少了投保人与保险公司股东以及管理层之间的利益冲突。这样，相互保险公司传统上基于特殊的所有权结构而产生的制度优势就极大地消解了。
③ Swiss Re, Are mutual insurers an endangered species?, Sigma, No. 4 (1999).
④ European Parliament's Committee on Employment and Social Affairs, Supra note 5.
⑤ European Parliament's Committee on Employment and Social Affairs, Supra note 5.

变的股票市场依赖较少。此外，小型的、地区性的、专业性的相互保险公司，由于信息成本较低，投保人对管理层的约束能力较强；投保人同质性较强，相互所有制的优势在这些保险公司中依然可以充分发挥。

因此，近年来相互保险组织在全球范围内又重新焕发了生机，其增长势头远远超过股份制保险公司。2014年，全球相互保险组织承保总额1.3万亿美元；相较于2007年，其保费收入增长31%，而同期全球保险市场的总增量仅13%；目前，相互保险组织在全球雇用人数超过110万人，拥有成员约9.2亿人。[1]

二、相互保险组织的核心特征
——投保人所有而非资本所有

相互保险不仅是一种同舟共济、风险共担的理念，更是一种组织形态，体现为所有权安排、治理、盈余分享等一系列制度。在股份制公司下，股东出资构成了公司的财产基础，投资者享有企业所有权，资本多数决原则贯穿始终。相反，相互保险组织的运作资金源于借款、捐赠或者保留盈余的积累等，投保人作为公司成员按照民主管理原则进行决策，在组织形式上具有鲜明的平等、互信、共治的特征。

1. 相互保险组织的所有者——投保人

相互保险组织没有股东，其所有权人即为保单持有人，称为会员或成员（member）。传统上，早期的相互保险组织并不允许向会员以外的人出售保单，投保人作为公司会员共同参与公司治理并分享经营利润，相互保险组织主要着眼于满足会员的保险需求而不是获得投资上的回报。随着保险行业的发展及与股份制企业的竞争，相互保险公司在监管部门的批准下亦可向非会员出售保单，但业务规模很小。

基于所有权上的差异，相互保险公司在控制权（内部治理）和剩余索取权（利润分配以及清算分配等）的行使方面也有别于股份公司。首先，在内部治理上，相互保险组织的表决权分配通常采取一人一票制，有些法域也会根据保单价

---

[1] The International Cooperative and Mutual Insurance Federation (ICMIF), Global Mutual and Cooperative Market Infographic 2015, See http://www.icmif.org/global-mutual-and-cooperative-market-infographic 2015. Last visit June 23, 2016.

值而适度增加大额投保人的投票权。[1] 另外，为彰显"直接民主"的治理模式，立法和实践中存在着强化投保人参与治理的制度设计，比如日本的投保人恳谈会和评议委员会设置。其次，在剩余权益的分配上，投保人作为相互保险组织的所有权人享有经营过程中的利润分配权以及清算时的剩余财产分配权，其实现方式也与保险业的特点相关。例如，投保人的利润分配有现金分红、增加保额或降低保费等多种方式。此外，不同于股份公司下股份的自由转让，相互保险组织成员/投保人享有的所有者权益份额不能转让，只能在退保的情况下取得终止红利，或者在公司清算、转制时通过变现或转换为新设股份公司的股份来体现。

2. 相互保险组织初始营运资金与再融资

任何组织形态的运作都无法离开财产基础，保险公司基于偿付能力的考量对于资本问题更加关注。相互保险组织的所有者为投保人而非股东，投保人所缴纳的保费并不构成"出资"或"权益资本"。由此带来相互保险企业特殊的资本结构与融资渠道，并进而影响到此类保险企业更为保守、谨慎的经营风格和投资理念。

相互保险之初始运作的资金或费用开支主要来源于借款或第三人提供的捐赠。早期的保险立法通常规定了初始营运资金的最低标准，但保险企业偿付能力监管出现后，传统的最低初始资金要求已经不复原来的意义。实践中，通过借款方式获得的初始运营资金一般在发行时规定了利息偿付和到期日等，类似于贷款，但在公司的资产负债表上计在"所有者权益"项下。

在持续经营过程中，相互保险公司已赚得的保费收入和投资收益都可以被用来补充运营资金。在美国和德国，追征金也被视作相互保险组织补充运营资金的方式。以纽约州为例，相互财产或事故保险公司的任何成员都负有缴纳追征金或有义务，除非根据公司获得监管者批准而发行了非追征保单。不过，实践中更为常见的是发行各种债务工具或混合性权益工具。在美国，相互保险公司可以使用的再融资工具包括因借款产生的临时负债（contingent liability for borrowings）、资本票据（capital notes）、存款票据、溢余票据（surplus note）、供资协议（funding

---

[1] 比如美国纽约州和马萨诸塞州。根据纽约州保险法，在相互财产/事故保险公司中，任何其所持保单在选举日属有效的会员均至少享有一票表决权，且任何会员不应享有多于十票的表决权。在马萨诸塞州，相互人寿保险公司签发的任何人寿或两全保险保单的被保险人、年金合约或纯粹的两全合约的持有人，均为公司的会员且享有一票投票权。并且，除变额人寿保单、变额养老保单以外，每超出5000美元就多享有一票；如果是年金合同，则除了变额年金合同以外，每超出150美元就多享有一票，每名公司会员最多享有20票。在获得溢余分配的权利方面，会员有权获得公司在符合法律规定要求前提下对溢余进行的分配，具体金额则取决于保单/保险合同及公司章程、细则的规定。

agreements）和认购人的溢余存款（仅交互保险社适用）等。① 德国的参与性凭证②以及英国的递延权益工具（deferred Share）③ 则属于典型的混合型权益工具。在日本，相互保险公司可以在成立之后通过修改公司章程增加设立基金总额，近年来还可根据《资产证券化条例》借助 SPC 来募集新基金。④ 此外，有的国家的相互保险公司还可以通过政府或第三方的担保来补充运营资金，这主要适用于补偿超额损失的情形。⑤

相互保险组织融资渠道的上述特点也导致其资本结构具有特殊性。以日本最大的相互保险组织——日本生命人寿为例，其核心资本主要由两部分构成，一是设立基金（foundation funds），即相互保险公司在设立时所募集的资金，如前所述它类似于贷款，到期须还本付息；二是公司为应对设立基金赎回（或偿还）而从利润中提取的储备金。这两部分在资产负债表中的权益项下计量，属于核心资本。核心资本加上投资储备和次级债就构成相互保险公司的全部资本。具体如下图所示：

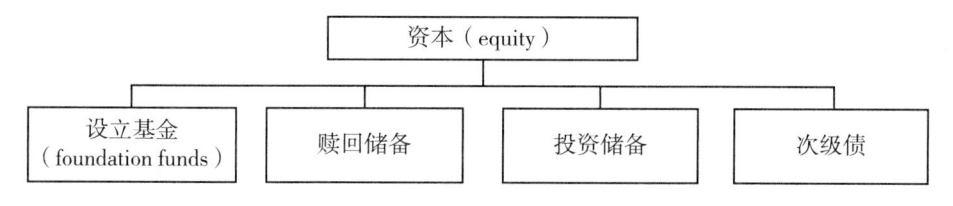

```
                资本（equity）
    ┌──────────┬──────────┬──────────┐
 设立基金      赎回储备     投资储备     次级债
(foundation funds)
```

---

① 发行"溢余票据"募集资金是美国相互保险公司最典型的融资渠道。按照加州保险法的规则，该类借款不同于一般的信贷，其特点是：（1）借款协议须获得保险监督官的批准；（2）该借款在会计处理上作为溢余而不是负债，可以用来支付相互保险公司的组织费用、提供溢余基金或业务发展资金；（3）借款协议必须约定一个溢余额，该借款只能从获得借款的相互保险公司超过该数额的溢余中偿还；（4）借款利息可以是固定的，也可以是可变的，但不能超过保险监督官允许的数额；（5）当相互保险公司破产清算时，该借款上的请求权仅优先于成员的剩余索取权。由此可见，该类票据持有人实际上处于一种债权人与股东之间的地位。

② 在德国，参与性凭证持有人有"享用权"，其内容包括参与利润分配、参与亏损、破产清算程序中的次级清偿顺序，但通常不具备公司的选举权和质询权。与此同时，参与性凭证的利息支付方式（固定或浮动、参与分红方式等），以及本金偿还方式、到期时间、还款方式、解约方式等，都可以由发行人根据实际情况与债权人商讨确定。参见 [德] D. 法尼，《保险企业管理学》，张庆洪、陆新等译，经济科学出版社 2002 年版，第 562 页。

③ 英国政府于 2015 年通过了 Mutuals' Deferred Shares Bill 2015，该法案试图通过授予相互保险组织发行递延权益工具来解决相互保险组织的融资困境。递延权益工具类似于权益工具，公司一旦发行就不可撤回，只能在公司解散或者终止时获得清偿，且清偿顺序劣后于公司承担的保险赔付责任。因此，递延权益工具筹集的资金可以纳入偿付能力 II 的计算范围之中。递延权益工具的持有人因持有递延权益工具而成为相互保险组织的会员，但是其投票权仍保持相互保险组织"一人一票"的惯有规则，与其所持有的递延权益工具对应的资金多少无关。除此之外，递延权益工具的投票权也并非与一般相互保险组织会员的投票权完全等同，而是受到更多的限制，如在涉及互助社合并、业务转让和转换的时候，并不具有投票权。

④ 具体做法是：相互保险公司和银行签署消费借贷合同，先由银行向保险公司提供贷款；然后，银行将该贷款转让给 SPC，SPC 再通过证券化产品权益份额销售向投资者募集资金。

⑤ 有关相互保险公司融资模式的比较研究，参见刘燕：《相互保险组织的运作与风险管理课题报告》，中国保险保障基金有限公司 2016 年课题。

综上，相互保险排除了股东，也就无需承受股东投资回报的压力。其资本结构以债务性质的资金为主，更加注重留存收益的积累，投资方面也较为保守，从而保证企业的稳定发展，为成员提供长期且可靠的服务。

三、我国引进相互保险组织面临的挑战

相互保险尽管有诸多制度优势，但它并非一个孤立存在的企业形态，其本身也有特殊的治理问题。从域外的经验来看，相互保险组织的健康发展受当地社会、经济和文化、宗教传统影响很大，同时也有赖于立法对其特殊地位的认可以及配套的制度支持。在法律移植的过程中，组织体的独特程序和规则的借鉴比较容易，但与之配套的价值观和理念的移植却殊非易事。这就意味着，我国引入这种根植于域外互助理念的全新组织形态会遭遇不小的挑战。

1. 中国缺乏支撑相互制保险组织运作理念的传统与文化土壤

在西欧，相互保险组织很大程度上沿袭了基督教文化中"关爱""分享"与"互助"的理念。学者对英国历史上行会组织的研究也表明，行会组织最初成立的主要目的是基于宗教和社会的需求，此后才演变为贸易行会和手工艺人行会。[1] 相互保险组织的运作，尤其是设立初期的运作大量依托于成员提供自愿无偿服务，以降低经营成本。最重要的是，相互保险组织奉行的价值观是"同舟共济"，在成员平等、共治的基础上追求实现全体成员的利益，不论亲疏、老幼、贫富。这种源自宗教传统的观念恰恰是中国社会文化的孱弱之处。传统上，我国的乡村社会是以血缘、家族为中心构筑民间互助网络。近年来进入城镇化和工业社会，传统的互助网络基本瓦解，但在原子化的个人之间建立新的合作、互助、奉献的关系也不可能一蹴而就，这从我国目前合作社组织运行的低迷实践可见一斑。

"徒法不足以自行"。当我国在法律规则层面引入相互保险后，这种组织形式的有效运作更需要依赖于具体执行法律规则的个人，而个人行为最终受制于自身观念的影响。在当下这种全民言商、"关爱""互助"观念匮乏的环境中，此种新型保险组织形式能否顺利生长颇令人担忧。制度可以快速移植，但是嫁接支撑制度有效运行的文化理念却不然，观念的树立和坚守将是一个长期的过程。

---

[1] M. Fothergill Robinson, "The Spirit of Association, being some account of the Gilds, Friendly Societies, Cooperative Movement, and Trade Unions of Great Britain", The Economic Journal, Vol. 23, No. 91, Sep., 1913. p. 423.

2. 相互保险组织"内部人控制"缺陷的放大

域外实践表明，由于没有股东，相互组织在公司治理上缺乏股份公司特有的制约机制，容易形成强大的内部人控制。换言之，相互保险企业的特殊所有权结构在消除了股东与投保人之间的利益冲突的同时，也使得另一种组织成本——投保人作为成员与管理层之间的利益冲突——凸显出来，这已成为全球公认的相互保险组织的治理难题。在我国，监管者传统上习惯以"股东"为抓手，但相互保险企业没有股东，其治理风险就更显突出。

即使相互保险组织的投保人可以通过行使投票权的形式参与公司经营与管理，它也受制于公司规模的影响。理论上，投保人投票表决选举董事组成董事会，再由董事会聘请适合的总经理和高级主管来执行董事会的决策以及管理公司的业务经营活动。对于小型、地域性的相互保险公司，尚可以期待由投保人来亲自参与；但对于大型的，或者投保人人数众多且地域分散的相互公司而言，投保人实际上很难介入公司事务的决策。大型相互保险公司的经营管理主要落在董事会及管理层身上，其内部组织与治理结构与股份保险公司已经区别不大，但"内部人控制"问题更为严重。首先，在市场竞争中，为了提高决策效率，相互保险组织的权限越发向经营者集中；"经营者支配"的色彩越浓，投保人对于其所有人的身份的认知也越淡薄。其次，由于相互保险组织不进入资本市场融资，资本市场无法发挥控制权争夺的功能，难以对经营不善的管理者施加惩罚。最后，保险业前置付费的方式将投保人锁定在保险合同中，使其很难以自由退出的方式应对管理者的不当行为。这样一来，相互保险组织的管理层极易处于一种自我任命、永久存续的状态。

因此，如何解决相互保险公司的"内部人控制"就成了我们在制度引进时首要面对的问题。域外解决这一问题的主要途径是法律对董事施加的信义义务，并辅以司法的事后追责。但我国公司法本身的历史也不长，缺乏董事信义义务的实践基础。可以预见，在相当长的一段时间内，相互保险组织"内部人控制"的弊端在我国会更加严重。

3. 混业经营下滋生的金融风险

现代社会的保险与整个金融体系有着越来越密切的联系，域外一些发达市场中，保险公司的经济功能甚至开始与银行和证券公司趋同。在我国，个别风格激进的保险公司探索金融业综合经营的道路也被市场主体艳羡追捧，安邦保险收购民生银行即为代表。近年来，体量巨大的保险资金在证券市场大肆收购、呼风唤雨，2015~2016年宝能系收购万科大战更是引发了市场主体对保险公司这一"现金奶牛"的垂涎欲滴。然而，保险公司的金融集团化在对金融市场的稳定性产生影响的同时，也使自身暴露于系统性风险之下。①

值得警惕的是，现实中股份制保险公司强烈的逐利性，有可能诱致刚刚进入我国的相互保险组织发生定位上的扭曲。典型的相互保险组织强调恪守保险主业——为投保人提供长期、稳定、高质量的保险服务。它虽然也会投资于金融资产获得"利差"，但根本目标还是全体投保人利益的最大化。然而，我国许多保险公司在混业经营的态势下，对资本市场的兴趣似乎更胜于保险主业。目前各路资本对设立相互保险公司趋之若鹜，恐怕更是看重了保险这块金融牌照以及大规模吸收资金的能力，以便借道进入资本市场。如果缺乏公共资金对相互保险组织初始营运资金的支持，加之配套法律制度、观念约束的不完善，相互保险这一组织形式难免吸引那些具有强烈营利导向、以资本市场为目标的主体和资金，并进一步扭曲该组织日后的行为范式。在此背景下，缺乏控股股东在责任承担方面的"背书"，相互保险组织的运营监管难上加难，防范其外部性引发金融市场的系统性风险也就成为监管者最迫切的一项任务。

4. 互联网金融带来的新挑战

当下互联网金融在我国大热，出现了类似于相互保险的经营模式——网络互助（如抗癌公社、e互助、壁虎互助等）。网络互助源于同质风险"草根"的自发组织，是利用互联网的信息撮合功能将同一风险类型的会员集合起来，会员之间通过协议承诺风险共担，并且采取小额收费以避免个人负担过重，因此被视为对商业保险、甚至保障模式的创新。② 这展现了互联网可以为风险同质人群迅速聚集起来进行自我风险管理的巨大潜力。

然而，网络互助也蕴含了极大的风险。网络互助虽然类似于相互保险组织自然发育的早期状态，但传统的相互保险组织成员在地域或行业上具有同一性，成员间彼此了解，所以其规模和发展阶段均可控。而互联网背景下成员的来源并不同一，这就使得网络互助的受众广泛，可以迅速成长为面向公众的相互保险组织，但却缺乏投保人作为成员的监督制约机制。甚至，有些机构打着互助保险的旗号进行非法集资或骗保，损害了公众的金融利益。这种潜在的巨大负外部性导

---

① Turk, Matthew C. "Convergence of Insurance with Banking and Securities Industries, and the Limits of Regulatory Arbitrage in Finance", Colum. Bus. L. Rev., 967 (2015).

② 网络互助平台主要以互联网公司的形式通过微信、手机APP等方式开展业务。各互助平台在其官网上对入会条件、保障内容、资金管理、运行监管、退出机制等方面进行了介绍。总体而言，互助计划的会员并不需要预交费用给平台，充值的金额还是归互助会员本人所有，当保险事故发生后依据赔偿总额度在会员之间均摊；平台均不直接管理互助金，而是选择由第三方金融机构托管，或是直接由捐助人将资金打入受助人账户。

致监管层多次发布风险提示,警示消费者注意"互助计划"中潜在的风险。[1]

因此,虽然与"互联网+"相结合的相互保险组织可以快速聚集初始营运资金,最大化降低保单获取成本,甚至可以利用大数据实现产品的创新和准确定价,但是随之而来的风险亦不可忽视。在财务方面,网络互助缺乏法律定位,也没有资本金、准备金,风险管控乏力;特别是完全依靠网络渠道招募会员,对会员身份核准、健康情况筛查等也带来很多挑战,道德风险巨大。在会员利益确认方面,由于缺乏精算技术支撑,会员间缴费额度、担责程度、盈余分配上的不透明,相互保险公司可能在解决成员和保险人身份之间的利益冲突之后,又陷入成员之间利益分配不公的困境。

四、应对挑战的相互保险立法与监管建议

在 2015 年 11 月 18 日召开"相互保险发展与监管国际研讨会"上,保监会副主席梁涛提出发展相互保险须坚持的五项原则,为我国推动相互保险业的发展勾勒出了一个系统的框架[2],反映出监管层对上述挑战的密切关注。2016 年 4 月 29 日,在韦莱韬悦主办的"中国相互保险发展国际论坛"上,保监会发展改革部官员在发言时也表示,要推进相互保险平稳起步,按照循序渐进、风险可控的总体原则,审慎选择符合条件、准备比较充分,而且有比较好的业务模式、比较好的发展潜力的主体开展试点,在不断的实践中,完善审核标准和准入机制,分阶段、有序推进相互保险发展。我们认为,虽然与相互保险配套的理念不可能快速建立,法律环境也不可能一夜之间改变,但可以通过在立法层面的定位引导和监管层面的制度设计,来推动观念的转变。

首先,在立法层面对相互保险组织清晰定位,给予市场主体明确的规范指引。我国引入的相互保险组织是域外比较成熟的、主流的相互保险组织形态——

---

[1] 风险提示的内容主要包括:警惕以相互保险名义骗取钱款;同时销售"互助计划"的经营主体并不具备合法的相互保险经营资质,并且未纳入保险监督范畴,部分经营主体的业务模式存在不可持续性,相关承诺履行和资金安全难以有效保障,且个人信息保密机制不完善,容易引发会员纠纷,蕴含一定潜在风险。

[2] 梁涛副主席强调,为了推进我国相互保险规范创新发展,必须坚持五条原则:一是坚持普惠特色,切实对接"十三五"经济社会发展对保险业的要求;二是坚持差异化发展,形成各类市场主体优势互补、相互促进的良好局面;三是坚持相互保险本质,切实维护会员权益;四是坚持创新发展,不断提升经营管理水平;五是坚持稳健发展,守住风险防范底线。
参见:"保监会副主席:探索有中国特色的相互保险发展模式",载《上海证券报》,http://www.cnstock.com/v_fortune/sft_bx/201511/3627265.htm,最后访问日期:2016 年 7 月 1 日。

如美国、英国、日本的相互保险公司以及德国的大型保险互助社等。由于其运作的核心理念与合作社相似，即为成员提供更好的服务而不是获得投资上的回报，这与我国目前由《公司法》和《合伙企业法》构筑的营利性商事组织制度尚难以形成有效衔接。对此，可以考虑借鉴域外立法经验，在《保险法》修改中引入相互保险组织这一新的保险企业形态，或者单独立法对相互保险组织予以规定，将其定位于企业法人，类似于合作社进行治理结构的设计。

其次，鼓励相互保险组织的设立依托行业组织展开，发展针对特定风险人群的行业自保机构。围绕特定行业成立的自保公司，其成员由于属于某一特定行业（如医疗、会计等），风险同质化高，有利于运用保险业大数法则厘定适度的保险费率；还可以有效降低成员与保险人之间的信息不对称，减少双方的道德风险。此外，行业组织本身的自律监管和成员之间的相互监督还可以改善自保公司的内部治理，缓解相互保险组织的"内部人控制"问题。因此，从相互保险的本质属性出发，可以重点在具有同质风险的投保人群体（如特定行业、地区或者企业集团）中设立小型的相互保险组织，依托行业协会或者企业集团自身作为保险组织的初始资金来源与监督助力器，逐渐培育出相互保险组织的民主管理、社员监督的内部治理机制。

最后，对相互保险组织从发起人、内部治理、规模控制和偿付能力方面进行有针对性的监管。对发起人的资格审查可以减轻事前的道德风险；完善的内部治理结构设计以及强化民主管理的措施，可以实现相互保险组织内部的分权制衡，有效解决"内部人控制"问题；规模控制有利于相互保险组织的优势发挥；偿付能力监管是保障保险公司稳健运行、控制保险业风险、保护投保人利益的核心。兹分述如下：

（1）对设立相互保险组织的发起会员进行专门规制。在相互保险组织自上而下的设立方式下，由于投保人人数众多而带来的对内部治理的理性冷漠，使得发起会员实质上获得了相当于股份制公司中的控股股东或实际控制人的角色，相互保险组织的管理者沦为发起会员的代理人。在此背景下，"内部人控制"问题的有效解决，首先依赖于法律上对发起会员的合理规制。具体做法上，可以借鉴德国《保险企业监督法》对于向相互保险公司提供初始营运资金10%以上的人的监管审核制度。德国《保险企业监督法》要求初始运营资金的投资者必须具备使得保险机构能够进行健康而谨慎的管理所要求的条件，特别是要可靠。如果投资方是法人公司或合伙公司，那么同样的要求将适用于被委派代表保险机构并对其业务进行领导的自然人。此外，直接或者间接的通过一个或多个子公司或者类似的关系或者通过与其他人或者机构合并持有占相互保险组织初始运营资金10%权益的持有人，或者对管理层或者机构有重大的影响力的初始运营资金的权益持有人，应提交必要事实供监管机关评估他们的可靠性。这些做法值得我国借鉴，它可以在一定程度上缓解监管层对缺乏"股东"作为监管抓手的担忧。

（2）完善相互保险组织的内部治理结构。总体上，英美法系和大陆法系的相互保险组织在治理方面采用与股份制公司几乎相同的治理准则，即大陆法系采用二元治理模式，包括最高权力机构（成员大会）、董事会、监事会三级机构；英美法系国家虽然没有独立于董事会的内部监督机关，但其通过在董事会内部设立独立董事来发挥监督作用。我国对于相互保险虽未定位于"公司"，但也可以参照上述公司治理原则来构建规范的相互保险组织内部治理结构。

同时，考虑到大型相互保险组织中管理者的"一权独大"问题，还须强化成员自治，即加强相互保险组织所有权人（保单持有人）一端的权力以尽可能实现权力制衡。对此，可以考虑借鉴日本的投保人恳谈会和评议委员会制度。日本相互保险公司投保人恳谈会以向投保人提供经营情况、听取投保人的意见和要求为目的；评议委员会（Board of Trustees）作为相互保险组织的经营咨询机构，其由成员代表大会从成员或资深人士中选举。① 这种设置践行了客户所有的组织体对成员利益的尊重和维护，增强管理层对成员意见的吸收或者对成员组织治理权利的尊重，强化所有人对管理者的监督，从而直接或间接助益于"内部人控制"问题的解决。

此外，考虑到剩余索取权对于所有权的意义，我们也可以借鉴英国的分红委员会制度来保障投保人的分红权。英国在相互保险公司董事会下设分红委员会（With-profit Committee），其职责是依据英国1992年《互助社法》（Friendly Societies Act 1992，FCA）的规定扮演一个前瞻性的管理角色，对影响分红保单持有者的相关事项提出自己独立的意见，特别关注能否公平对待客户，有效地控制和管理业务，与客户顺畅沟通以及处理好利益冲突事项。② 分红委员会的设计是考虑到投保人的理性冷漠和搭便车行为可能带来的管理者滥用权力，从而在公司的治理层——董事会——中内嵌专门用于维护投保人之盈余分配权的机制，在制度保障上向投保人作为相互保险组织所有者适当倾斜，以更好地防范和解决"内部人控制"问题。

（3）控制组织规模，发挥相互制的传统优势。在行销即生产的保险事业中，保险企业必然寻求"营业额扩大"的发展方针。只要在有需要的情况下，其销

---

① 日本生命2014年年报，第55页。
② 以英国的相互保险公司Royal London为例，公司的分红委员会成立于2012年，委员会由5名成员组成，其中公司任命2名，另外3名属于独立人士。在2012年之前，分红委员会的职责通过独立人结构（Independent Person Structure）行使。分红委员会的职责是就下列事项进行评估、报告和提供清晰的建议：（1）分红保单基金的管理方式；（2）对于分红基金PPFM（Principles and Practices of Financial Management）条件的满足；（3）保单持有者的利益与公司的利益是否在分红保单基金的管理上得到了公平的对待，包括分红保单持有者之间、保单持有者与公司之间，保单持有者和公司成员之间的利益冲突；（4）其他涉及委员会的事务。

售量的增大几乎是无限的,以便保险企业能在更大范围内规避危险,充分发挥大数法则的作用。① 另外,保险企业的收益源泉主要为利差益、费差益和死差益,其中核心是依赖于保险企业资金运用带来的利差收益,而这在一定程度上与保险企业可用于投资的资产规模息息相关。所以,基于收益的考量,保险企业的经营一般都会采取扩大总资产的经营战略。现代大型相互保险组织中"经营者主权"日益凸显;加之偿付能力监管的出现,相互保险组织传统的所有权结构优势被削弱,因此,相互所有制的优势往往最集中地体现在小型相互保险组织身上。从这个角度看,我国更应该鼓励设立承保特定群体的投保人或特定条件下的风险的小型相互保险公司;此种组织中,投保人对于自己作为相互保险的所有者的身份有较强的意识以及参与决策的热情,更有可能对管理层进行监督和约束。

(4) 建立适应相互保险组织特点的持续经营监管模式

保险公司是提供契约型的金融产品和金融服务的重要媒介,也是以风险作为经营对象、以风险管理为盈利来源的专业机构,各国均对保险公司的投资资金运用以及偿付能力等进行持续经营监管。在域外相互保险组织自然演进的过程中,其持续经营也形成了一些特色。例如,相互保险组织由于资本募集不及股份保险公司便利,通常采取比较保守的投资策略,青睐具有长期、稳定收益来源的投资品种。在偿付能力方面,虽然相互保险公司没有股本,但溢余票据或其他类似的融资工具由于偿还顺位的限制,实际上扮演着股份公司的股本的角色。此外,由于相互保险组织都不是上市公司,在信息披露方式上也有其自身的局限,等等。因此,针对相互保险组织经营模式上的特点,我国的保险监管也应当有的放矢地设计监管规则,从而引导、帮助相互保险组织健康地发展。

五、结 论

保险通常被视为一种旨在实现公共利益的行业;相互保险因其追求全体投保人利益最大化而非以营利为目的,更被称为保险业的内在基因。目前,我国保险组织形式单一,保险品种覆盖率小、可得性低,社会保障体系也尚在初建当中,民众的大量基本保险需求得不到满足,这为相互保险组织的发展提供了很大空间。引入相互保险后组织形式的多元化竞争也可为保险市场带来更多活力,从而为投保人提供更好的产品与服务。然而,当下我国各路资本抢滩相互

---

① 王森:"寿险企业组织问题研究",中国社会科学院1998年博士学位论文,第35页。

保险业务，既有政策红利下保险业增长的预期，也有"借路"保险牌照获得资金的诉求，本质都是当前产业资本过剩、投资渠道匮乏的大背景下进入新产业谋取高额利润的表现。这与相互保险组织的基本理念相背而驰。当二者短期内难以调和时，立法者、监管者以及市场各方参与者都要清晰认识相互保险制度引进与借鉴中的风险和挑战，并积极应对，以便为相互保险组织在我国落地生根保驾护航。

大陆相互保险发展与监管研究[*]

常 鑫[**]

内容提要：相互保险发展历史悠久，在国际保险市场占据重要地位。《相互保险组织监管试行办法》的出台，标志着相互保险在中国大陆地区的发展进入了新的阶段。在此之前，相互保险在大陆地区已经有小规模的实践经验，并显露出监管部门分散、法律适用不明确等问题。在互联网技术发展的背景下网络"互助计划"快速传播，此类"互助计划"并非相互保险，监管部门不应完全抵制而应对其进行有效监管。

关键词：相互保险　网络"互助计划"　监管

依据国际合作与相互保险联盟（The International Cooperative and Mutual Insurance Federation，ICMIF）发布的统计数据，近年来相互保险业在世界范围内获得了快速发展。[①] 与股份制保险公司不同，相互保险组织主要特征在于其所有权人与保单持有人的利益合二为一。相互制保险组织以保单持有人为其所有权人，通过委托专业化经营团队对相互保险组织进行行政管理、资金运用，使得保单持有人的利益最大化。中国保监会 2015 年 1 月 23 日出台的《相互保险组织监管试行办法》，标志着相互保险在中国大陆地区的发展进入了新的阶段。

一、相互保险之缘起、特征及优势

（一）相互保险组织发展之缘起

早期的相互保险制度是在中世纪互助救济协会的基础上发展起来的，开始尝

---

[*] 本文是国家社科基金项目"诉讼财产保全责任保险制度研究"（16CFX031）的阶段性成果。
[**] 常鑫，法学博士，西北政法大学经济法学院讲师。
[①] International Cooperative and Mutual Insurance Federation (ICMIF), http://www.icmif.org/knowledge/financial-research，最后访问日期：2016 年 5 月 19 日。

试运用保险精算技术来合理确定保费水平。它基本上不存在法律的明确约束，而是通过互助保险组织的章程或合同条款确定保单持有人与相互保险组织之间的权利义务关系，更多地体现着人们在生产生活过程中基于"互助"观念形成的制度安排。此后，类似的互助需求是由行会组织（guild）来满足的，当时的行会通常会在内部建立慈善基金来帮助体弱多病的成员及其遭遇困难的家属。在这一时期，许多行会组织由手工业从业人员组成。与此同时，也有由不同职业成员组成的兄弟会组织（fraternity）。

在1666年著名的伦敦大火之后的17世纪末，英格兰地区的民众逐渐开始运用相互保险的形式抵御可能发生的火灾引发的风险[①]。18世纪中叶后，美国也出现了为了分散火灾风险而成立的相互保险组织。自19世纪至20世纪，相互保险组织在欧洲得到了较快的发展。如今，相互保险组织以不同的法律形式在全世界多数国家、地区均有存在。

根据国际合作与相互保险联盟（The International Cooperative and Mutual Insurance Federation，ICMIF）2014年对全球77个国家超过5000家保险组织统计各类相互保险组织的保险费收入为1.26万亿美元，占全球保险市场份额的27.3%。[②] 2015年1月23日中国保监会出台了《相互保险组织监管试行办法》，将相互保险定义为："具有同质风险保障需求的单位或个人，通过订立合同成为会员，并缴纳保费形成互助基金，由该基金对合同约定的事故发生所造成的损失承担赔偿责任，或者当被保险人死亡、伤残、疾病或者达到合同约定的年龄、期限等条件时承担给付保险金责任的保险活动。"

（二）相互保险的特征及其优势

相互保险组织最大的特征在于其保险消费者亦为该组织的所有权人。在一个相互保险组织中，保险消费者亦是该组织的所有者。因而与传统股份制保险公司相比，在没有股东获利的情况下，相互保险组织的保险费通常低于股份制保险公司的保险费。提供良好的服务与可负担的价格（afordability）是相互保险组织的经营目标，而并非为了获取利润。与传统股权式保险公司相比，互助保险组织具有以下特征。第一，相互保险组织由其保单持有人共同所有，保单持有人支付保险费后即成为互助保险组织中的成员，并同时获得相互保险组织权益的相应份额。第二，设立门槛较低。通常情况下，在相互保险组织形式下，监管部门对相

[①] Wright, Janet; Virginia Wadsley; Janice Artandi (1994). The History of the National Association of Mutual Insurance Companies, A Century of Commitment, 1895–1995. Indianapolis, IN: National Association of Mutual Insurance Companies. pp. 1–5.

[②] International Cooperative and Mutual Insurance Federation (ICMIF), https://www.icmif.org/，最后访问日期：2016年5月19日。

互保险组织的发起设立的资金要求较低。① 第三，利润处置方式不同。保单持有人依据所持有的保单参与相互保险组织的盈余分配并承担经营风险。当相互保险组织出现盈余时，其成员能够得到盈余的分配。相反，当相互保险组织偿付能力不足时，保单持有人负有追加保险费的义务。② 第四，保单持有人参与相互保险组织治理，具有决策投票权。在保单持有人与所有权人一致的情况下，相互保险组织的盈利能够降低保单持有人的保险费或得到分红。该机制强化了保单持有人参与组织治理的意识，促使保单持有人为了保护全体保单持有人的利益而实施对经理人的监督。③

（三）相互保险的优势

基于以上特征，相互保险组织通常体现出以下优势：首先，相互保险化解了保险公司股东与保单持有人之间的利益冲突，使得二者之间利益达成一致，实现以客户利益为中心。在股份制公司中股东投票权由其投入的资金量所决定，而在相互制保险组织中投票权是由保单持有人手中的保单所决定，打破了股份制公司资本多数决原则，不存在大股东侵害公司利益的行为。其次，销售渠道费用较低，核灾定损准确度较高，从而降低经营成本，更好地服务于保单持有人的利益。最后，由于没有股东盈利压力，其资产和盈余均用于被保险人的福利和保障，可以发展有利于被保险人长期利益的险种。

二、大陆相互保险组织发展与监管现状

在2015年《相互保险组织监管试行办法》出台以前，大陆地区的立法机关及监管部门并未给予相互保险组织明确的法律地位。唯有一家相互制保险公司，即阳光农业相互保险公司，于2005年经国务院同意、保监会批准并在国家工商总局注册正式成立。然而，该公司在随后经营的过程中相互制的特性并未充分体

---

① 《中华人民共和国保险法》第69条规定：设立保险公司，其注册资本的最低限额为人民币2亿元。《相互保险组织监管试行办法》第7条、第8条、第9条对相互保险组织的初始运营资金要求明显低于保险公司注册资本的要求。一般相互保险组织需要满足"有不低于1亿元人民币的初始运营资金"及"有不低于500个初始会员"等主要设立条件，区域性、专业性相互保险组织需要满足"有不低于1000万元初始运营资金"和"有不低于100个初始会员"等主要设立条件。

② Braun, A., Schmeiser, H. and Rymaszewski, P., 2015. Stock vs. mutual insurers: Who should and who does charge more?. European Journal of Operational Research, 242 (3), p.875.

③ 方国春："相互制保险公司治理的逻辑与价值"，载《保险研究》2015年第7期，第18页。

现出来。① 目前，国内正掀起一股"相互保险热"，特别是在中国保监会发布《相互保险组织监管试行办法》（以下简称《办法》）后，相互保险机构的筹建呈现井喷态势。② 在过去的实践中，大陆地区依然存在以"互助保险""相互保险"的组织形式经营相关保险业务的组织机构。③ 值得注意的是，中国相互保险组织的实践活动主要集中在农业生产、农村生活领域。

（一）相互保险之相关政策文件与法律规定

2002年和2009年两次修订《保险法》时，均未将相互保险纳入其调整范围。然而，中央政府以及立法机关陆续出台过关于相互保险、互助保险组织的政策意见及规范性法律文件。

1.《全国农业和农村经济发展第十二个五年规划》

2011年8月25日，农业部发布了《全国农业和农村经济发展第十二个五年规划》，强调要"加快发展农业保险，完善农业保险保费补贴政策。鼓励地方特色农业保险发展，探索推进涉农保险发展"。

2.《关于加快推进农业科技创新持续增强农产品供给保障能力的若干意见》

2012年，中共中央、国务院印发《关于加快推进农业科技创新持续增强农产品供给保障能力的若干意见》，第4条规定了"扶持发展渔业互助保险"。

3.《农业保险条例》

2013年3月1日起施行的《农业保险条例》第2条第2款中规定："本条例所称保险机构，是指保险公司以及依法设立的农业互助保险等保险组织。"

4.《关于全面深化农村改革加快推进农业现代化的若干意见》

2014年1月19日，中共中央、国务院印发了《关于全面深化农村改革加快推进农业现代化的若干意见》（以下简称《2014年中央一号文件》），第27条规定了，"鼓励开展多种形式的互助合作保险"。

---

① 庹国柱、朱俊生："对相互保险公司的制度分析——基于对阳光农业相互保险公司的调研"，载《经济与管理研究》2008年第5期，第27页；

王朋良、龙文军、杜正茂："相互制保险公司在中国的实践与启示——基于黑龙江阳光农业相互保险公司的调查"，载《中国农垦》2010年第5期，第61页。

② 详见吴韧强："'相互保险热'的动因及对保险业的影响"，载《上海保险》2015年第12期，第9页。

③《相互保险组织监管试行办法》第6条中规定了，相互保险组织名称中必须有"相互"或"互助"字样。

5.《国务院关于加快发展现代保险服务业的若干意见》

2014年8月10日,国务院以国发〔2014〕29号印发《关于加快发展现代保险服务业的若干意见》(以下简称"新国十条")。该意见第五部分"大力发展'三农'保险,创新支农惠农方式"中具体规定了"健全农业保险服务体系,鼓励开展多种形式的互助合作保险"。

6.《关于大力推进大众创业万众创新若干政策措施的意见》

2015年6月16日国务院发布的《关于大力推进大众创业万众创新若干政策措施的意见》。该意见第五部分"搞活金融市场,实现便捷融资"中具体规定了,"支持保险资金参与创业创新,发展相互保险等新业务"。

7.《农业法》

第四十六条 国家建立和完善农业保险制度。国家逐步建立和完善政策性农业保险制度。鼓励和扶持农民和农业生产经营组织建立为农业生产经营活动服务的互助合作保险组织,鼓励商业性保险公司开展农业保险业务。

(二)我国正在经营的相互保险组织

1. 中国职工保险互助会

中国职工保险互助会成立于1993年,是由中华全国总工会创办,经原劳动部(现人力资源和社会保障部)批准,在民政部注册登记的全国性非营利性社会组织,是各级工会组织和职工自愿参加、自筹资金、自我管理、自我服务、自我保障、非营利性的全国性互助保障社团组织,[①] 其功能定位为社会保险。

2. 交通部主管的中国船东互保协会

中国船东互保协会(以下简称中船保),是经中国政府批准的船东互相保险的组织,于1984年1月1日在北京成立。[②] 依照中华人民共和国国务院颁布的《社会团体登记管理条例》规定,中国船东互保协会作为全国性社会团体在中华人民共和国民政部注册登记,依法享有社团法人资格,接受交通部的业务指导和民政部的监督管理。

[①] 中国职工保险互助会,http://www.cwmia.com/html/guanyuhuzhuhui/danweijianjie/20120113133.html.

[②] 中国船东互保协会,http://www.cpiweb.org/xiehuijigou/aboutus.jsp.

3. 农机互助保险

农机互助保险是指对农机风险具有同一保障需求的个人或团体，采取合作互助的形式组织起来，以农机监管部门或政府为主导，农机协会经办，专家协同管理，由农民及合作组织等自愿参加，互助互保，形成的事故风险共担机制的非营利公益保险方式。

4. 渔业互助保险

中国渔业互保协会（原名中国渔船船东互保协会），是由农业部主管、民政部批准的，全国范围内广大渔民以及其他从事渔业生产经营或为渔业生产经营服务的单位和个人自愿组成，实行互助保险的非营利性的社会团体，于1994年7月成立，总部设在北京，是第一家全国性农业互助合作保险组织。[1]

5. 阳光农业相互保险公司

目前唯一一家相互制保险公司即阳光农业相互保险公司，它是2005年经国务院同意、保监会批准并在国家工商总局注册正式成立。

6. 浙江慈溪农村保险互助社[2]

内容略。

7. 互联网平台互助保险：e互助、抗癌公社、必互助等

内容略。

（三）我国相互保险组织形态与监管

通过上文对我国相互保险行业发展的梳理，能够发现除了阳光相互农业保险公司是公司法人外，其他经营互助保险的主体主要为非营利性社团法人组织。两类不同的类型组织分别由不同机关登记，公司的注册登记机关为工商行政管理机关，[3]而社会团体法人的注册登记机关为民政部门。[4]《相互保险组织监管试行办法》第5条规定："相互保险组织应当经中国保监会批准设立，并在工商行政管理部门依法登记注册。"我国《公司法》的相关规定并不包括相互保险的组织形态，因而工商

---

[1] 李彦山："广东省渔业互保协会的'前世今生'"，载《海洋与渔业》2007年第8期，第7~8页。
[2] 中国保险监督委员会："关于慈溪市开展农村保险互助社试点的批复"，http://www.circ.gov.cn/web/site0/tab5239/info171114.htm，最后访问日期：2016年5月19日。
[3] 《中华人民共和国公司登记管理条例》第4条。
[4] 《社会团体登记管理条例》第6条。

行政管理部门对相互保险组织进行登记时需要对原有的制度进行创新突破。

除了阳光相互农业保险公司与浙江慈溪农村保险互助社是由保监会进行监管外，其他相互保险组织主要由相应的行业主管部门，如农业部、交通部、农机主管部门、中华全国总工会作为业务主管部门。《相互保险组织监管试行办法》规定，中国保险监督管理委员会根据法律、法规和国务院授权，对相互保险组织和相互保险活动进行统一监管。现有相互保险组织的监管机关主体与《相互保险组织监管试行办法》中的规定并不一致。

（四）法律适用问题

通过对现有生效判决的梳理发现，阳光农业相互保险公司签发的保险合同发生纠纷时，法院对案件审判法律依据适用《中华人民共和国保险法》。[①] 此类保险合同纠纷审理过程中法律的适用与股份制保险公司适用法律方式一致。这体现出了相互制保险公司与股份制保险公司的不同之处主要在于所有权制度的不同，二者经营的业务类型及保险合同属性均无差异。然而对于其他类型的相互保险组织，如渔业互助组织与农机互助组织订立的保险合同，情况则发生了较大差异。[②] 在农机互助保险合同纠纷案件中，一部分案件是依据互助保险合同的约定确定赔偿责任，[③] 另一部分案件的判决书中载明裁判结果依据《中华人民共和国保险法》第65条，[④] 还有案件判决书中明确说明互助保险"不属于《中华人民共和国保险法》规定的商业保险机构，互助保险亦不属于商业保险，故本案纠纷不适用《中华人民共和国保险法》，涉案保赔合同应作为无名合同适用《中华人民共和国合同法》等相关法律规定"。[⑤] 可见，各地法院在审理此类案件过程中显现出了对此类互助保险的属性及法律适用问题产生了明显分歧。

（五）评析

1. 监管部门

《中华人民共和国保险法》第9条规定："国务院保险监督管理机构依法对保

[①] 笔者以中国裁判文书网中2014年至2015年涉及阳光农业相互保险公司及其分支机构的362份一审民事案件判决书为依据得出此结论。

[②] 笔者以"互助保险"为关键词在中国裁判文书网中搜集到2014年至2015年共计124份一审民事判决书并以此为依据得出此结论。

[③] 例如：宝鸡市陈仓区人民法院一审（2015）陈民初字第00107号，景泰县人民法院一审（2014）景民三初字第261号，陇县人民法院一审（2014）陇民初字第00625号。

[④] 例如：浏阳市人民法院一审（2015）浏民初字第01376号，嘉禾县人民法院一审（2015）嘉民一初字第59号，华县人民法院一审（2015）华民初字第01426号。

[⑤] 广东省高级人民法院二审（2014）粤高法民四终字第128号，烟台市中级人民法院再审（2014）烟民申字第248号。

险业实施监督管理。"目前大陆地区的相互保险组织分别由不同的主机关进行监管。由于此类保险业务涉及保险基础原理、保险法律制度、保险精算等专业事项,现有模式下监管机关是否具备监管能力并非无疑。本文认为此类相互保险组织应当统一由国务院保险监督管理机构依法对保险业实施监督管理。

2. 未充分体现出相互保险的特征

相互保险制度重要特点在于不以营利为目的,依据经营情况,相互保险组织在盈余出现时向保单持有人返还利润或亏损时向保单持有人追加收缴保费。然而,以《陕西省农业机械安全协会安全互助管理办法》为例,其第19条规定了"财务管理按照当年安全互助会费收入减去补助支出和业务费用后,结余部分专户储存"。由此规定可以看出,当经营出现结余时,相互保险组织并未向保单持有人分配利润部分。

3.《保险法》适用问题

《相互保险组织监管试行办法》将相互保险组织依据规模大小与经营范围之不同区分为三类,即"一般相互保险组织""专业性、区域性相互保险组织""涉农相互保险组织"。本文认为对于第一类相互保险组织与保单持有人订立的保险合同应主要遵循《保险法》中关于保险合同规制的内容。这是由于第一类相互保险组织主要定位为公司化的运作模式,此类相互保险组织与股份制保险公司区别之处主要在于所有制的不同,而日常经营和业务规则等方面没有明显差别,[①]因而其签发的保险合同基本适用《保险法》中关于保险合同部分的相关内容。对于第二、三类相互保险组织,其更加凸显出人合性、封闭性色彩,因而此类相互保险组织订立的合同主要依据合同约定的权利义务关系适用《合同法》的相关规定。

三、大陆地区网络"互助计划"相关问题

自2015年年初开始,以抗癌公社、e互助、壁虎互助等平台为代表的网络互助平台发展势头迅猛。[②] 目前,此类平台均以互联网平台或微信作为获取会员的主要渠道,类似平台已有十多家,会员总人数接近100万。在《相互保险组织监

[①] "保监会就《相互保险组织监管试行办法》答记者问",http://www.circ.gov.cn/web/site0/tab5168/info3949714.htm,最后访问日期:2016年5月19日。

[②] 抗癌公社、e互助、壁虎互助分别由众保(北京)科技有限公司、深圳点燃信息科技有限公司、北京必互科技有限公司运营。

管试行办法》出台之后，其中一些平台也在积极主动地申请互助保险牌照。然而，至今未有一家此类平台获得监管部门许可经营相关业务，并且保监会数次向保险消费者发出风险提示，警示平台风险。

(一) 网络"互助计划"保险平台发展现状

在移动互联网发展的背景下，此类网络"互助计划"主要经营模式为，互助申请人通过充值并保证个人账户存有一定金额资金时获得会员资格，当某一会员发生互助事件，如重大疾病、意外伤害并提出互助金申请后，平台通过平摊互助金的方式从其他所有会员账户扣除资金。此类网络互助模式具有如下特点。第一，获得会员资格门槛低，多数平台仅需申请者出资几元即可获得会员资格；第二，互助事件发生后，每位平摊互助金的费用有上限，每次仅需数元；第三，此类平台运营体现出去中介化特点，会员账户中的资金用于互助，无会员外的第三人如公司制中的股东获取利润；[①] 第四，此类互联网平台会员招募成本、运营成本较低。

(二) 监管部门的否定态度

面对互联网互助平台会员数量的快速增长，监管部门对此类"互助计划"持反对态度。保监会2015年10月28日发布《关于"互助计划"等类保险活动的风险提示》，表示"目前销售'互助计划'的经营主体并不具备合法的相互保险经营资质，不受《中华人民共和国保险法》等相关法律法规保护。我会《相互保险组织监管试行办法》第5条规定相互保险组织应当经中国保监会批准设立，并在工商行政管理部门依法登记注册"。[②] 此外，2016年5月3日保监会以答记者问的形式继续表态，互联网互助平台"不具备保险经营资质或保险中介经营资质，互助计划也非保险产品"，"这些做法既扰乱了正常的金融市场秩序，也可能使消费者权益受到严重损害"。[③] 其他监管部门也均开始关注相互保险的问题。[④] 保监会对此类互联网平台"互助计划"持反对态度，并认为其并非保险，具体原因可以概括为：第一，不具备保险经营资质或保险中介经营资质；第二，没有基于保

[①] 平台运营过程中需要对提供服务商支付费用，如律师、公估等。
[②] 保监会："关于'互助计划'等类保险活动的风险提示"，http://www.circ.gov.cn/web/site0/tab5168/info3977859.htm，最后访问日期：2016年5月19日。
[③] "保监会有关部门负责人就'夸克联盟'等互助计划有关情况答记者问"，http://www.circ.gov.cn/web/site0/tab5207/info4028103.htm，最后访问日期：2016年5月19日。
[④] 2016年4月27日18部门"处置非法集资部际联席会议"召开"防范和处置非法集资法律政策宣传座谈会"，相关负责人表示"相互保险等领域涉嫌非法集资问题逐步显现"，详见http://www.legaldaily.com.cn/legal_case/content/2016-04/28/content_6607299.htm?node=33828，最后访问日期：2016年5月19日。

险精算进行风险定价和费率厘定;第三,没有科学提取责任准备金,在财务稳定性和赔偿给付能力方面没有充分保证。

(三)网络"互助计划"的法理分析

网络互助平台仅为"互助计划"中会员发挥信息撮合功能,并非是"互助计划"协议中的一方当事人。网络"互助计划"中的协议是由每一位会员作为独立的一方当事人共同订立的协议。此类网络"互助计划"协议的属性与商业保险合同有明显差异。《保险法》第 2 条规定:"本法所称保险,是指投保人根据合同约定,向保险人支付保险费,保险人对于合同约定的可能发生的事故因其发生所造成的财产损失承担赔偿保险金责任,或者当被保险人死亡、伤残、疾病或者达到合同约定的年龄、期限等条件时承担给付保险金责任的商业保险行为。"由此规定可知,《保险法》中所规定的保险合同法律关系,是投保人与保险人之间约定保险权利义务关系的协议。在此法律关系中民事主体是由双方构成,即一方为投保人,另一方为保险人。然而,网络"互助计划"所约定的法律关系中的民事主体是每一个单独的会员。因而,本文认为此类"互助计划"与《保险法》中所规定的商业保险并不一致。

本文认为网络"互助计划"并非相互保险。此类网络"互助计划"易与相互保险混淆,原因在于"互助计划"与相互保险均体现出去股东化的色彩。保监会在制定监管规则的过程中也认定,相互保险与股份制保险之间的本质区别在于所有制不同,而在日常经营和业务规则等方面没有明显差别,[1] 投保人向相互保险组织投保无异于向保险公司投保,即通过保险合同将自身风险转移至相互保险组织;而网络"互助计划"是将单独个体会员之风险分散至其他所有会员。此差异之外部特征表现为,股份制保险公司或相互制保险公司与投保人签订的保险合同,一方当事人为投保人,另一方当事人为股份制保险公司或相互制保险组织;而每一个网络"互助计划"协议,为全体会员共同签订的互助协议。此类网络"互助计划"的协议模式类似于美国交互保险(The Reciprocal Insurance Exchange)制度,应属广义上的保险制度。

(四)美国交互保险组织

自 1935 年至 1960 年,美国交互保险经历了一个稳步发展的过程。在 1960 年,交互保险的形式占到了全美财产保险及责任保险保费收入的 3.5%。[2]

---

[1] "中国保监会有关部门负责人就《相互保险组织监管试行办法》答记者问",http://www.circ.gov.cn/tabid/5171/InfoID/3949715/frtid/97/Default.aspx,最后访问日期:2016 年 5 月 19 日。

[2] Norgaard, R. L., 1964. What is a Reciprocal?. The Journal of Risk and Insurance, 31 (1), p.58.

Richard L. Norgaard 教授在 "What is a reciprocal?" 一文中对交互保险做如下定义："交互保险是由个人、合伙或公司作为会员联合签订协议而形成的组织，交互保险协议的内容约定了某一会员的风险由其他每一位会员作为联合承保人共同承担，从而使得会员的风险得以化解和分散。"[①] 因而，在交互保险组织中，每一位会员既是被保险人又是保险人。会员申请入会需缴纳一笔费用，用于对其他会员的赔偿金以及组织的行政管理开销。依据协议的约定，当交互保险组织经营过程中财务状况良好并有结余时，会员能够得到盈余（dividents）分配；相反，当运营过程中发生亏损时，会员将会被要求追缴保费。通常情况下，交互保险组织包括了两个重要的机构，决策委员会（Advisory Committee）和代理人（Attorney-in-fact）。决策委员会是由一部分会员共同构成用以监督代理人对交互保险组织的管理是否与协议相一致，且是否符合会员的利益。代理人的职责在于依据交互保险协议从事组织的运营管理事务。[②] 尽管美国各州对于交互保险的监管要求不尽相同，各州监管内容均主要体现在对会员利益的保护、对财务状况的监管。例如，宾夕法尼亚州的监管要求设立交互保险组织的最小资本公积金（capital surplus）为150万美元；在纽约州和佛罗里达州，为了保护会员的利益，监管部门规定了交互保险协议中必须包含的条款内容[③]。

（五）评析

《相互保险组织监管试行办法》中所规定的第一类相互保险组织与第二、三类组织形式有较大差异。第一类相互保险组织为相互保险公司，而第二、三两类保险组织可能为保险合作社或互助社而并非为相互保险（mutual insurance）。第二、三类保险组织在实践中的经营模式会有较多类型的表现形式，可以体现为台湾地区法律中的类似保险制度[④]、日本法上的共济社[⑤]以及美国法中的交互保险制度。监管部门对第二、三类组织可采取较为宽松的监管模式，因而不应采用对第一类相互保险公司的监管标准审视网络"互助计划"的运营模式。

网络"互助计划"具有进入门槛低，会员自治的特点。短期内会员人数的快速增长在一定程度上体现出其能够满足社会中特定人群，特别是低收入人群的需

---

① Norgaard, R. L., 1964. What is a Reciprocal?. The Journal of Risk and Insurance, 31 (1), p. 59.
② Haskel, M. A., 2003. Legal Relationship among a Reciprocal Insurer's Subscribers, Advisory Committee and Attorney-in-Fact, The. NY City L. Rev., 6, p. 35.
③ Haskel, M. A., 2003. Legal Relationship among a Reciprocal Insurer's Subscribers, Advisory Committee and Attorney-in-Fact, The. NY City L. Rev., 6, p. 38.
④ 参见罗俊玮："互助契约与类似保险之辨别——以'台湾高等法院台中分院101年度金上诉字第406号刑事判决'为中心"，载《检察新论》第15期，第201页。
⑤ 张冠群："互助契约是否为保险或类似保险——评'台湾高等法院一百年度上诉字第二八号刑事判决'"，载《月旦裁判时报》，2012年第2期，第48页。

要。监管者不应对其视而不见，或一味否定，因为在缺乏监管的情况下，一些不良平台可能会出现"跑路"、骗取赔偿金、与服务提供方关联交易等损害会员利益的行为。国务院保险监督管理机构应当对此类网络"互助计划"进行监管，重点关注运营模式、治理框架、财务状况、信息披露、偿付能力等问题以保护会员及公众之合法权益。如果加以有效监管并增强对民众的风险保障意识教育，网络"互助计划"能够积极发挥保障功能的作用。

四、结　语

相互保险发展历史悠久，在国际保险市场占据重要地位，尤其在高风险领域如农业、渔业和中低收入人群风险保障方面得到广泛应用。在大陆地区，此制度在缺乏监管规定的情况下已经有数年的实践经验。在互联网技术快速发展的情况下，网络"互助计划"的快速推广普及体现出了实际生活中人们对低成本风险分散机制的需求。《相互保险组织监管试行办法》并未明确第二、三类相互保险组织的法律属性、运营模式等问题。关于相互保险组织治理、信息披露、章程制定、偿付能力、分支机构以及风险处置等方面的配套规定逐步出台后才能逐步构建出系统、完整的监管制度体系。

互联网保险监管制度变革研究

——从"限制竞争"到"开放竞争"

涂 晟[*]

内容提要：传统保险监管法律制度主要推行牌照监管、机构监管和偿付能力、条款费率监管，然而，在基于大数据的互联网保险产业发展并颠覆传统保险自然垄断特征的背景下，原有保险监管制度不适应互联网保险发展。本文分别对自然垄断背景下的传统保险监管有效性，以及基于大数据的互联网保险颠覆传统自然垄断特征的背景下，原有保险监管制度的有效性进行对比研究。本文认为，设计互联网保险监管制度时要充分考虑互联网保险的特征，互联网保险监管制度应从"限制竞争"转变为"开放竞争"，减少行政性干预，发挥市场作用，增强监管的灵活性。

关键词：互联网保险　政府规制　保险监管制度

一、垄断与政府规制理论

政府规制（Government Regulation 或者 Regulatory Constraint）是指在市场经济体制下，以矫正和改善市场机制内在问题为目的的，政府干涉和干涉经济主体活动的行为。[①] 因此，政府采取的所有广义上以克服市场失灵为目的的行为均属于政府规制。

从规制手段上，政府规制可以分为直接规制和间接规制，其中不直接介入经济主体决策而仅阻碍市场机制发挥作用的行为决策属于间接规制，最典型的如制定的市场规制法律；直接规制则是直接介入经济主体决策的行为，如政府定价行

---

[*] 涂晟：对外经济贸易大学法学院博士研究生，中国政法大学资本金融研究院研究员。
[①] [日] 金泽良雄：《经济法概论》，满达人译，甘肃人民出版社1985年版，第45~63页。

为。从规制对象上，政府规制也可以分为经济性规制和社会性规制两种，前者针对"存在垄断和信息不对称的部门，以防止资源配置无效率和需要者的公平"，后者则针对"外部不经济、信息不对称和非价值物，以保护劳动者、消费者安全、卫生、保护环境、防止灾害为目的"。① 概而言之，利用如限制、禁止垄断型市场行为、设定、放开市场管制、公有化等②方式以克服市场可能出现的资源配置无效率和不公平，避免市场失灵因素的产生和负面影响而采取的措施均属于政府的经济性规制行为。针对垄断行为而进行政府规制行为即为垄断的政府规制。

行政垄断不同于垄断的政府规制。行政垄断是指行政机关通过使用行政权力以排除、限制企业进入市场和参与竞争的行为。其垄断的基础是行政权力。漆多俊（1997）指出："行政性垄断是指政府行政机关或其授权单位所拥有的行政权力，滥用行政权，而使某些企业得以实现垄断和限制竞争的一种状态和行为。"③ 过勇和胡鞍钢（2003）将行政垄断定义为"政府主动的行为，为了保护其原来所属企业的既得利益而主动'创租'"。④ 王俊豪和王建明（2007）提出："（行政垄断下的）企业实际上是受到政府保护和支持的特殊企业。一旦企业被割离了与政府（或其行政权力）的特殊关系，行政垄断便不复存在。因此从本质上看行政垄断的主体是政府。"⑤ 从各位学者对行政垄断的定义来看，首先行政垄断的主体为政府，其目的是主动"创租"，为某些特殊企业营造优越的竞争环境，其性质是对行政权力的滥用。

自然垄断指的是对于一些行业由于存在某些特殊特征而导致提供单一物品和服务的企业或联合起来提供多种物品和服务的企业形成一家公司（垄断）或极少数公司（寡头垄断）的概率很高。⑥ 这里所指的特殊特征包括：（1）成本弱增性、沉没成本而导致的规模经济；（2）成本次可加性和其产生的范围经济；（3）产业市场需求相对固定。

成本弱增性即企业的生产函数呈现出规模报酬递增、成本递减的状态，因而

---

① ［日］植草益：《微观规制经济学》，朱绍文、胡欣欣等译，中国发展出版社1992年版，第22页。
② ［美］曼昆：《经济学原理》（第六版），梁小民、梁砾译，北京大学出版社2012年版，第327页。
③ 漆多俊："中国反垄断立法问题研究"，载《法学评论》1997年第4期，第57页。
④ 过勇、胡鞍钢："不可低估行政垄断造成的经济损失"，载《中国经济时报》2002年7月13日。
⑤ 王俊豪、王建明："中国垄断性产业的行政垄断及其管制政策"，载《中国工业经济》2007年第12期，第50页。
⑥ ［日］植草益：《微观规制经济学》，朱绍文、胡欣欣等译，中国发展出版社1992年版，第23页。

最先进入该产业部门的企业生产规模越来越大，成本越来越低。[1] 后进入该行业的企业由于成本远高于原有企业并且投入短期难以变现会产生大量沉没成本，[2] 因而难以与先发企业竞争，这就是所谓的规模经济。成本的次可加性理论是现代经济学对传统的以"成本弱增性"为核心的自然垄断理论的修正：只要一个企业联合产出产品或服务的成本低于两个各自生产一种产品的企业的成本之和，即使不存在"成本弱增性"，则存在范围经济，自然垄断仍可能存在。[3][4] 成本的弱增性和次可加性导致自然垄断的前提是这一产业的市场需求相对固定，因而一个体量较大的公司即足以满足供给，而若市场需求足够大或者不断上升[5]，原本由单个或少数垄断企业即可满足的市场需求足以容纳原市场无法容纳的非垄断企业时，非垄断企业也将对原垄断企业产生竞争。

在自然垄断行业，因为：（1）产品弱增性、次可加性基础上的独家企业垄断或者寡头垄断使得社会生产成本最小并在技术经济上可以达到更高效率，符合帕累托最优原则；（2）单个或少数垄断企业足以满足所有市场需求，因此政府赋予特定的企业以垄断供给权，并通过限制其他企业进入（准入限制）来维持垄断性结构。政府的这种经济性规制措施，客观上促进了垄断的形成。

但是，当自然垄断行业的自然垄断特性发生改变，导致该行业的范围经济效应不再存在，即此时多个产品提供者的市场效率优于单个或少数提供者，则政府应当放开准入门槛，并鼓励市场竞争；倘若政府维持该门槛，客观上导致单个或少数产品提供者继续得以低效提供产品，则此政府规制行为属于行政垄断。如，在电力行业，杨淑云（2010）提出：电力行业在不同行业的自然垄断性质不一，但"电力行业的垄断本质上是行政垄断，是以自然垄断为名行行政垄断之实"[6]。于梁春和牛帅（2009）同样认为，电力产业存在的垄断是行政垄断。因为，产生自然垄断的主要原因已经不复存在。[7][8]

---

[1] ［美］格林沃尔德：《现代经济辞典》，《现代经济词典》翻译组译，商务印书馆1981年版。
[2] 参见于良春：《自然垄断与政府规制——基于理论与政策分析》，经济科学出版社2003年版。
[3] William J. Baumol, Selected Economic Writings of William J. Baumol (E. E. Bailey, ed., 1976)
[4] 参见李怀："自然垄断理论的演进形态与特征"，载《经济管理与研究》2006年第8期，第30~31页。
[5] 参见邵全权：《保险竞争的经济分析》，南开大学出版社2008年版，第62页。
[6] 杨淑云："行政垄断电价对地区能源效率影响的实证研究"，载《经济与管理研究》2010年第1期，第122~123页。
[7] 参见于良春、牛帅："中国电力行业行政性垄断的损失测算分析"，载《经济与管理研究》2009年第1期，第87~88页。
[8] 参见陈林：《中国行政垄断的经济绩效》，中国社会科学出版社2014年版，第55页。

二、互联网保险和互联网保险监管制度存在的问题

（一）传统保险①的自然垄断属性和政府规制

传统保险天生具有自然垄断特性。首先保险的实质是对风险的控制，而"大数法则"②作为计算保险费率的基础，突出地体现了传统保险"承保越多，风险概率越明确，收益越有保证"的成本弱增性；其次从营销渠道和交易费用上看，传统保险公司销售规模越大，在网点建设、代销关系维持等方面固定投资的需求就越小，并且规模越大，品牌效应也越强，保险公司在推广销售方面的花费也越低；再次从资本沉淀和融资效率上看，规模越大的传统保险公司从事金融活动的风险控制能力越强，融资能力也更强；最后，从市场深度和保险需求上看，中国保险深度仅为3%，保险密度③仅为1300元/人④，后者不足发达国家的1/10，从这里就可看出我国保险行业还处于产业生命周期的早期，需求不足。

根据保险业协会披露的2014年保险业经营情况数据（见表1）可以以年保费收入为依据计算出我国保险市场财险和人险市场集中率分别为73.36%和54.77%。即我国财险市场前四大保险公司市场份额（保费收入）将近3/4，人险市场超过1/2，垄断特征明显⑤。

表1 中国保监业协会2014年保险业经营情况表

财产保险			人身保险		
排序	名称	保费收入（万元）	排序	名称	保费收入（万元）
1	人保股份	25 241 923.87	1	国寿股份	33 124 220.12
2	平安财险	14 285 733.97	2	平安人寿	17 399 483.13
3	新华	9 283 733.24	3	新华	10 986 826.05

---

① 本文所指的"传统"保险均是相对于互联网保险而言的。

② 大数法则指的是在概率上如果同样风险类型的单位结合得越多，那么其出现危险的实际可能性会越稳定。而出现危险的波动可能性决定了保险公司的风险，所以越稳定保险公司风险越小，成本越低。

③ 保险深度是指某地保费收入占该地国内生产总值（GDP）之比，反映了该地保险业在整个国民经济中的地位；保险密度是指按当地人口计算的人均保费金额。

④ 李彤："保监会：我国保险密度仅为每人1300元"，载人民网2014年11月20日（http://finance.people.com.cn/money/n/2014/1120/c42877-26062629.html；2016年3月2日最后访问。）

⑤ 经济学家根据市场份额大小来划分市场的垄断类型，划分类型有植草益（《产业组织论》），贝恩（《新竞争格局中的障碍》）等，一般都将超过75%的市场划分为"高度寡占型"，将超过50%的市场划分为"中高度寡占型"。

续表

财产保险			人身保险		
排序	名称	保费收入（万元）	排序	名称	保费收入（万元）
4	国寿财产	4 039 742.42	4	太保寿	9 869 172.92
……			……		
总计	65 家	72 033 761.12	总计	71 家	130 314 344.7
CR4 = 73.36%			CR4 = 54.77%		

资料来源：中国保险业协会2014年保险业经营情况表。

在传统保险的自然垄断背景下，符合政府规制目标以克服市场失灵，降低社会成本，提高市场效率，促进帕累托最优的选择是通过赋予特定的企业以垄断供给权，实施准入限制政策以维持垄断性结构。因为在这一自然垄断结构下，传统保险产业处于效率最优状态，并能满足相对较低的保险需求，而国内保险政策也是这么制定执行的：（1）执行牌照控制政策，设定准入门槛。一方面从程序上要求保监会依法对拟设立保险公司进行核准，另一方面规定了较高法定资本金、股东适格等要求；（2）执行严格的费率监管制度，要求保险公司设计使用的费率均应由保监会进行核查或备案，保监会有权要求其修改或责令停止使用；（3）限制保险资金流向，限制运营资本保证偿付能力等。这些经济性规制政策客观上促成了我国保险高度垄断格局的形成，更不用说国内长期处于只有几家国有保险公司的局面。[1]

（二）颠覆传统的互联网保险

保监会2015年7月22日公布的《互联网保险业务监管暂行办法》将互联网保险定义为"保险机构依托互联网和移动通信等技术，通过自营网络平台、第三方网络平台等订立保险合同、提供保险服务的业务"。这一解释采用的是广义定义，其包括仅将互联网作为销售媒介的网销型保险和以基于大数据网络平台设计销售的保险。前者仅是传统保险利用"互联网"平台进行销售的行为，其并未脱离传统保险的特性，可以被看作互联网保险的初级阶段。[2] 而基于大数据网络平台所整合的保险相关数据，利用大数据技术手段进行数据分析，保单设计、销售，理赔的"大数据保险"则是未来互联网保险发展的方向。而基于大数据的互联网保险将对传统保险的自然垄断特征产生颠覆性的改变。

---

[1] 1986年前国内只有一家中国人民保险公司，1992年到2001年全国性保险公司不足10家。
[2] 参见宋怡青："互联网保险'初级阶段'"，载《财经国家周刊》2013年第25期。

1. 大数据破解"大数法则"

大数据和大数法则有天然的联系。大数法则就是在样本足够多的情况下追求接近整体的风险概率,而这与大数据不谋而合,大数据以整体性、全面性为基本特征[1],依据全体数据所得出的风险概率即为大数法则所苦心追求的目标。大数据不仅仅具有整体性,并且关注相关性,其不仅可以把握整体风险概率,也可以对不同细分人群进行准确定位。基于大数据的互联网保险天然可以破解初期保险客户较少而导致出险概率难以确定而成本较高的难题。

2. 场景化保险降低销售成本

传统的保险产品是由传统的线下场景伴生出来的,其开发、寻找目标客户、层层营销推广都需要耗费大量人力物力。[2] 而利用大数据分析、定位产品、需求、客户群出现的"线上场景",则可以改变传统保险创新乏力、成本高昂的情况。

我国第一家互联网保险公司众安保险推出的"众安支付宝账户安全险"即基于消费者网购场景,在消费者通过支付宝在天猫、京东商城支付购买商品后,会收到该保险的推送信息"0.88元的保费最高可赔付100万元",[3] 消费者在这一场景中就更容易购买保险。并且大数据分析可以保证保险费率的准确,为场景化营销保驾护航。此外,出行当日指定时间景区下雨即赔付的"众安天气险",利用航班管家实时获取航班延误数据自动赔付的"航班延误险",[4] 经该站检测认证的二手车均免费获得2万公里保修的"平安好车"[5][6] 均是利用大数据精确定位用户群,并将定制化保险产品准确推送给需要的客户所进行的场景化营销的典范。

---

[1] 国际数据公司IDC将大数据归结为"4V"特征:(1) Volume:数据容量一般在10 TB以上;(2) Variety:数据源多,种类广泛;(3) Vaule:价值密度低;(4) Velocity:增长速度快。事实上根据IDC 2012年研究报告《2020年的数字宇宙:大数据、更大的数字阴影以及远东地区实现最快增长》的预测,从2005年到2020年,数字宇宙(一年全世界产生、复制、利用所有数字化数据,包括图像、视频、金融数据、文本信息等)规模将从130 EB增长到40 ZB。

[2] 如产品开发首先要明确市场需求,其次作为保险产品,其设计还要控制风险,然后针对产品的营销,需要雇用成千上万的线下代理队伍。

[3] 随心:"竟有这么多人给自己支付宝上了保险",载驱动之家网站2015年7月1日(http://news.mydrivers.com/1/436/436914.htm,最后登录日期2016年3月2日)。

[4] "碎片和场景:'众安保险们'倒逼行业的两大'杀手锏'",载中华网财经2015年8月21日(http://finance.china.com/fin/bx/201508/21/5779620.html,最后登录日期2016年3月2日)。

[5] 参见平安好车官网:http://www.pahaoche.com/beijing/sellcar/ch=yy-bdpz-140508,最后登录日期2016年3月2日。

[6] 安树:"含金钥匙的平安好车其实只为了自家金融产业链",载钛媒体网站2015年7月10日(http://business.sohu.com/20150710/n416550398.shtml,最后登录日期2016年3月2日)。

3. 保险生活化、定制化做到精确衡量风险

基于大数据技术获得的大量客户数据，保险公司可以对客户进行定制化服务，并精确衡量风险。如根据消费者的上网习惯、浏览、购买内容记录可以对消费者的风险特质进行判断；根据车险客户的行驶里程、违章情况、驾驶倾向等信息，人身险客户生活饮食状况、作息情况、运动等情况对客户进行定期的保费调整。①

4. 细分保险发掘保险需求

与传统保险依据大数法则，针对整体设计适用于整体的最优保单，并面对主要客户群提供服务、进行营销推广的方式相比，互联网保险运用大数据的海量数据并通过数据分析技术对人们的行为模式、思维习惯、情绪进行分类，设计个性化保单以精确匹配某一细分保险消费者类别，实现对保险需求的挖掘。

如根据大量网上购物交易数据，可以向目标商户或购买者推荐退货险；根据各类社交群、兴趣圈的留言和讨论等信息，可以向目标客户推荐离婚保险、解雇保险、美容保险、牙齿保险、眉毛保险等。② 在保险细分化趋势中，相互保险这一国外保险传统组织形式有望重新散发活力，成为细分领域保险的主要组织形式。③

（三）"行政垄断"阻碍互联网保险发展

基于大数据的互联网保险是未来保险的发展方向。通过破解"大数法则"，改变传统销售方式，精准风险测量和发掘保险需求，"大数据保险"得以改变传统保险的"成本弱增性""成本次可加性"以及有限制的需求，因而改变保险业原本具有的自然垄断属性，以更加充分地发挥市场效率、促进消费者从中受益。而这一趋势的兑现却可能被现实的障碍所限制。

大数据时代，保险公司不再因为其大体量所带来的"规模效应"和"范围经济"而具有竞争优势。在这一背景下，政府原为促进效率最优和消费者利益最大化的"牌照监管""准入限制""资本充实""资金使用限制"等规制手段不再具有克服市场失灵的正当化意义。反而变质为维护垄断利益、留下寻租可能的行政

---

① 参见王和：《大数据时代保险变革研究》，中国金融出版社 2014 年版，第 130 页。
② 同上书，第 130 页。
③ 相互保险是国外保险行业中一种历史悠久且具代表性的企业组织形式，指不存在股东或股本投入，由被保险人为自己办理保险的具有一定合作性质的企业组织。相互保险的优势在于避免了股东过度将保费用于股利分配而损害投保人利益，消除了股东和投保人的利益冲突。

垄断行为，这些措施的代表即为保险公司设立核准制度和保险经营行为限制制度。

三、保险行政垄断法律规制

传统保险受大数法则、经营成本、风险承受能力、国内保险市场需求薄弱等因素的影响而具有自然垄断特性，因此中国保险业监管通过高门槛、多审批的政府规制手段促进大型保险公司的成型，事实上有利于促进国内保险市场效率的最大化。[①] 另外，大型保险公司的监管适当性和便易性也符合保险业审慎监管和保护投保人的根本目的。

在大数据时代，传统保险的自然垄断特征不断淡化，仍坚持原有政府规制手段，制造行政准入门槛，限制经营，就会导致原有政府规制措施向行政垄断行为过渡，导致如下后果：不断扩大的保险市场无法被满足，缺少创新动力[②]，为权力寻租留下了空间[③][④]，造就保险业的"大而不倒"。[⑤]

（一）传统保险监管的限制竞争制度

根据 2015 年 8 月 18 日保监会发布的《中国保监会关于取消和调整一批行政审批事项的通知》（保监发〔2015〕78 号），现行由保监会实施的行政审批事项总计 18 项（见表 2）。审批事项涵盖保险机构的设立、保险机构人员资格审批、产品申报费率审批以及资金运用等各个方面，使得保险市场成为进入门槛较高，经营监管较严的行业。

[①] 参见［美］曼昆：《经济学原理：微观经济学分册》（第七版），梁小民、梁砾译，北京大学出版社 2012 年版，第 22 页。

[②] 出于垄断地位的保险公司沿用原有面向主要保险需求人群的保险计划、费率就可以获利，没有创新动力。

[③] 诺贝尔经济学奖获得者缪尔达尔说："对企业管制增加官员决策权的范围，由此产生官员贪污蔓延，这反过来又使官员对保持这种权力有直接的利益，于是贪腐进入一个有因果关系的循环圈。"

[④] 参见李有祥："中国保险业发展、监管的透明度研究"，载《保险监管与保险发展：十年的思索与探索》，中国金融出版社 2010 年版，第 193 页。

[⑤] 大而不倒（Too Big to Fail）是美国国会议员斯图尔特首次提出的，意指一些体量过分庞大相互联系的，一旦"倒下"会给整个经济系统带来灾难的金融机构，由于其对经济系统的决定性影响，其潜在风险政府必须给予各方面的支持；见 Tom Lin, Too Big To Fail, Too Blind To See (80 Mississippi Law Journal 355, 2010)。

表2 中国保监会行政审批事项目录（18项）

项目编码	审批部门	项目名称	子项	审批类别	设定依据	共同审批部门	审批对象	备注
45001	保监会	保险公司及其分支机构设立、保险公司终止（解散、破产）审批	无	行政许可	《中华人民共和国保险法》第67条："设立保险公司，必须经国务院保险监督管理机构批准。"第74条："保险公司在中华人民共和国境内设立分支机构，应当经保险监督管理机构批准。"	无	企业	
					第89条："保险公司因分立、合并需要解散，或者股东会、股东大会决议解散，或者公司章程规定的解散事由出现，经国务院保险监督管理机构批准后解散。"第90条："保险公司有《中华人民共和国企业破产法》第二条规定情形的，经国务院保险监督管理机构同意，保险公司或其债权人可以依法向人民法院申请重整、和解或者破产清算。"第185条："中外合资保险公司、外资独资保险公司、外国保险公司分公司适用本规定；法律、行政法规另有其他规定的，适用其规定。"			
45003	保监会	保险资产管理公司及其分支机构设立和终止（解散、破产和分支机构撤销）审批	无	行政许可	《中华人民共和国保险法》第107条："经国务院保险监督管理机构会同国务院证券监督管理机构批准，保险公司可以设立保险资产管理公司。保险资产管理公司的管理办法，由国务院保险监督管理机构会同国务院有关部门制定。"《国务院对确需保留的行政审批项目设定行政许可的决定》（国务院令第412号）附件第403项"保险资产管理公司及其分支机构设立和终止（解散、破产和分支机构撤销）审批"。	无	企业	
45004	保监会	专属自保组织和相互保险组织设立、合并、分立、变更和解散审批	无	行政许可	《国务院对确需保留的行政审批项目设定行政许可的决定》（国务院令第412号）附件第409项"专属自保组织和相互保险组织设立、合并、分立、变更和解散审批"。	无	企业	

续表

项目编码	审批部门	项目名称	子项	审批类别	设定依据	共同审批部门	审批对象	备注
45005	保监会	外国保险机构驻华代表机构设立及重大事项变更审批	无	行政许可	《中华人民共和国保险法》第80条："外国保险机构在中华人民共和国境内设立代表机构，应当经国务院保险监督管理机构批准。代表机构不得从事保险经营活动。"《国务院对确需保留的行政审批项目设定行政许可的决定》（国务院令第412号）附件第429项"外国保险机构驻华代表机构设立及重大事项变更审批"。	无	企业	
45006	保监会	保险集团公司及保险控股公司设立、合并、分立、变更、解散审批	无	行政许可	《国务院对确需保留的行政审批项目设定行政许可的决定》（国务院令第412号）附件第402项"保险集团公司及保险控股公司设立、合并、分立、变更、解散审批"。	无	企业	
45007	保监会	保险公司重大事项变更审批	无	行政许可	《中华人民共和国保险法》第84条："保险公司有下列情形之一的，应当经保险监督管理机构批准：（一）变更名称；（二）变更注册资本；（三）变更公司或者分支机构的营业场所；（四）撤销分支机构；（五）公司分立或者合并；（六）修改公司章程；（七）变更出资额占有限责任公司资本总额百分之五以上的股东，或者变更持有股份有限公司股份百分之五以上的股东；（八）国务院保险监督管理机构规定的其他情形。"	无	企业	
45008	保监会	保险资产管理公司重大事项变更审批	无	行政许可	《国务院对确需保留的行政审批项目设定行政许可的决定》（国务院令第412号）附件第404项"保险资产管理公司重大事项变更审批"。	无	企业	
45010	保监会	关系社会公众利益的保险险种、依法实行强制保险的险种和新开发的人寿保险险种等的保险条款和保险费率审批	无	行政许可	《中华人民共和国保险法》第136条："关系社会公众利益的保险险种、依法实行强制保险的险种和新开发的人寿保险险种等的保险条款和保险费率，应当报国务院保险监督管理机构批准。"	无	企业	

续表

项目编码	审批部门	项目名称	子项	审批类别	设定依据	共同审批部门	审批对象	备注
45013	保监会	保险集团公司、保险控股公司及专属自保、相互保险等组织高级管理人员资格核准	无	行政许可	《国务院对确需保留的行政审批项目设定行政许可的决定》（国务院令第412号）附件第405项"保险集团公司、保险控股公司及专属自保、相互保险等组织高级管理人员资格核准"。	无	企业	
45014	保监会	保险资产管理公司高级管理人员资格核准	无	行政许可	《国务院对确需保留的行政审批项目设定行政许可的决定》（国务院令第412号）附件第406项"保险资产管理公司高级管理人员资格核准"。	无	企业	
45015	保监会	保险公司的董事、监事和高级管理人员任职资格审批	无	行政许可	《中华人民共和国保险法》第81条："保险公司的董事、监事和高级管理人员，应当品行良好，熟悉与保险相关的法律、行政法规，具有履行职责所需的经营管理能力，并在任职前取得保险监督管理机构核准的任职资格。保险公司高级管理人员的范围由国务院保险监督管理机构规定。"	无	企业	
45016	保监会	保险公司次级定期债发行审批	无	行政许可	《国务院对确需保留的行政审批项目设定行政许可的决定》（国务院令第412号）附件第408项"保险公司次级定期债发行审批"。	无	企业	
45020	保监会	保险公司拓宽保险资金运用形式审批	无	行政许可	《国务院对确需保留的行政审批项目设定行政许可的决定》（国务院令第412号）附件第439项"保险公司拓宽保险资金运用形式审批"。	无	企业	
45024	保监会	设立保险公估机构审批	无	行政许可	《国务院对确需保留的行政审批项目设定行政许可的决定》（国务院令第412号）附件第412项"设立保险公估机构审批"。《保险公估机构监管规定》（保监会令2009年7号）第81条："经中国保监会批准设立的外资保险公估机构适用本规定。"	无	企业	

续表

项目编码	审批部门	项目名称	子项	审批类别	设定依据	共同审批部门	审批对象	备注
45025	保监会	保险代理机构设立审批	无	行政许可	《中华人民共和国保险法》第119条："保险代理机构、保险经纪人应当具备国务院保险监督管理机构规定的条件，取得保险监督管理机构颁发的经营保险代理业务许可证、保险经纪业务许可证。"《保险专业代理机构监管规定》（保监会令2013年7号）第92条："经中国保监会批准设立的外资保险专业代理机构适用本规定。"	无	企业	
45026	保监会	保险经纪机构设立审批	无	行政许可	《中华人民共和国保险法》第119条："保险代理机构、保险经纪人应当具备国务院保险监督管理机构规定的条件，取得保险监督管理机构颁发的经营保险代理业务许可证、保险经纪业务许可证。"《保险经纪机构监管规定》（保监会令2013年6号）第91条："经中国保监会批准设立的外资保险经纪机构适用本规定。"	无	企业	
45030	保监会	保险代理机构高级管理人员任职资格核准	无	行政许可	《国务院对确需保留的行政审批项目设定行政许可的决定》（国务院令第412号）附件第418项"保险代理机构高级管理人员任职资格核准"。	无	企业	
45031	保监会	保险经纪机构高级管理人员任职资格核准	无	行政许可	《中华人民共和国保险法》第121条："保险专业代理机构、保险经纪人的高级管理人员，应当品行良好，熟悉保险法律、行政法规，具有履行职责所需的经营管理能力，并在任职前取得保险监督管理机构核准的任职资格。"	无	企业	

资料来源：保监会网站。

1. 设立核准制，实施牌照监管

我国对保险公司的设立实行设立核准制度，并且实施牌照监管。一方面从程序上要求保监会依法对拟设立保险公司进行审查，[①] 并根据其对设立条件的满足情况，基于保险业发展和公平竞争需要的考虑，对保险公司的筹建、开业申请进

---

① 《保险法》第67条规定，设立保险公司应当经国务院保险监督管理机构批准。国务院保险监督管理机构审查保险公司的设立申请时，应当考虑保险业的发展和公平竞争的需要。

行核准，并且发放经营保险业务许可证以确认其许可经营保险业务范围和许可经营保险业务区域。① 另一方面从实体上要求设立保险公司应当满足较高的法定资本要求，② 主要股东应当适格等。③

除了对保险公司准入施以设立核准制度之外，对于保险公司的分支机构设立也同样施以核准要求：保险公司申请应由保监会逐项核准，并要求申请者须满足设立时间要求（2 年）、一定的资本充足性要求④以及盈利方面的要求⑤。

传统保险销售主要依靠较为庞大的线下保险代理团队或者通过第三方销售渠道，而保险中介机构则是传统保险销售的重要渠道。我国保险监管对于专业保险代理机构和保险经纪机构均同样施以牌照管理体制，要求其设立需向保监会申请并予以核准，满足相当的实缴资本要求，并要求其实施牌照复审制度。⑥

2. 经营监管制度

传统保险监管限制也包括对保险业务经营的限制，主要包括营运资本限制、资金运用限制和条款、费率限制。

（1）营运资本限制。对于保险公司的业务经营，除了规制保险合同之外，还对保险公司用于业务经营的资本范围进行限制，以保证保险公司具有足够的偿付能力和持续经营能力。具体制度包括偿付能力制度、准备金和保障基金制度等。

偿付能力是保险公司进行赔偿或给付保险金的能力，保监会通过规定偿付能力充足率⑦并采用实施监控手段以确保保险公司达到最低要求：保险公司被要求其具有的偿付能力充足率不得低于100%。⑧ 保监会根据保险公司偿付能力状况将

---

① 根据《保险公司管理规定》（2009），设立保险公司应当①首先向保监会提出包括筹建申请书、可行性研究报告、投资人股份认购意向书等文件在内的筹建申请材料；②经保监会核准后应在 1 年内完成筹建，并向保监会提交包括开业申请、公司设立及公司治理相关文件、拟经营保险计划书等文件在内的正式申请，经保监会核准并颁发经营保险业务许可证才可完成工商登记并营业。

② 《保险法》规定及《保险公司管理规定》（2009）规定，设立保险公司应当满足实缴最低注册资本 2 亿元的要求；根据保险公司业务范围、经营规模，保监会可以调整保险公司注册资本的最低限额，但不得低于人民币 2 亿元。

③ 《保险法》第 68 条要求主要股东具有持续盈利能力，信誉良好，最近三年内无重大违法违规记录，净资产不低于人民币 2 亿元。

④ 如《保险公司分支机构市场准入管理办法》规定，保险公司注册资本为两亿元的，在其住所地以外每申请设立一家省级分公司，应当增加不少于两千万元的注册资本。

⑤ "18 家寿险公司成立 8 年未盈利不得新设省级分公司"，载中国新闻网，2013 年 6 月 6 日；http://finance.ce.cn/rolling/201306/06/t20130606_17123963.shtml.

⑥ 《保险专业代理机构监管规定》（2013）、《保险经纪机构监管规定》（2013）规定，设立保险专业代理机构、保险经纪机构最低注册资本实缴 5000 万元；其牌照有效期限为 3 年，到期需复审。

⑦ 即保险公司实际资本/最低资本；后者是保监会根据保险公司不同保险业务的资产风险、承保风险、保费收入而规定具体计算数额；前者等于认可资本减认可负债。

⑧ 《保险公司偿付能力管理规定》规定，经营商业保险业务的保险公司和外国保险公司分公司应当具有与其风险和业务规模相适应的资本，确保偿付能力充足率不低于 100%。

保险公司分为三类，实施分类监管：①不足类公司：偿付能力充足率低于100%；②充足Ⅰ类：偿付能力充足率在100%到150%的保险公司；③充足Ⅱ类公司，偿付能力充足率高于150%的保险公司。对于不足类公司保监会采取对应措施以限制经营活动，督促其提高偿付能力充足率。① 偿付能力监管的实质是对保险公司资本充足率的监管。②

在偿付能力要求之外，保险公司还被强制要求提取各项责任保险准备金，③缴纳保险保障基金。④ 保险公司的责任准备金是保险人为了履行未来的赔偿或给付责任而在每一会计年度末提存的资金准备，⑤ 其目的同样是保证保险公司具有足够的保险金偿付能力；保险保障基金是由保险公司缴纳形成的基金，当保险公司破产或被撤销，若其有效资产无法全面履行其保单责任时，保险保障基金根据确定的规则，向保单持有人提供全额或部分救济，实现减少保险持有人损失、维护社会对保险业信心的制度。

（2）资金运用限制。保险公司的资金运用关系到保险公司的偿付能力和公司持续经营能力，因而《保险法》第106条规定，保险公司的资金运用必须稳健，遵循安全性原则：保监会不仅对保险公司的保险资金运用范围以列举的方式进行规定，⑥ 并对各投资工具的最高投资比例做了限定。⑦ 在此之外，我国一直推动建立专业化资金运用模式，督促保险公司由分散运用资金向法人集中管理资金、统一调度、统一划拨、统一运作转变（目前全行业资金集中度已达90%以上；已成立18家保险资产管理公司，⑧ 资产管理公司管理全行业80%的资产）。⑨

（3）条款、费率限制。保险条款是保险合同的核心内容，保险费率是保险人

---

① 《保险公司偿付能力管理规定》第38条规定：对于不足类公司，中国保监会应当区分不同情形，采取下列一项或者多项监管措施：（一）责令增加资本金或者限制向股东分红；（二）限制董事、高级管理人员的薪酬水平和在职消费水平；（三）限制商业性广告；（四）限制增设分支机构、限制业务范围、责令停止开展新业务、责令转让保险业务或者责令办理分出业务；（五）责令拍卖资产或者限制固定资产购置；（六）限制资金运用渠道；（七）调整负责人及有关管理人员；（八）接管。
② 江先学：《保险公司偿付能力监管研究》，上海交通大学出版社2013年版。
③ 《保险法》第98条规定保险公司应当根据保障被保险人利益、保证偿付能力的原则，提取各项责任准备金。
④ 《保险公司财务规定》第47条规定，保险公司应当按当年自留保费收入的1%提取保险保障基金，达到总资产的6%时，停止提取。财产保险、人身意外伤害保险、短期健康保险业务、再保险业务提取保险保障基金；寿险业务、长期健康保险业务不提取保险保障基金。
⑤ 中国保险学会：《中华人民共和国保险法释义》，中国法制出版社2009年版。
⑥ 《保险法》及《保险资金运用管理暂行办法》均有规定。
⑦ 《中国保监会关于加强和改进保险资金运用比例监管的通知》将保险公司投资资产划分为流动性资产、固定收益类资产、权益类资产、不动产类资产和其他金融资产等五大类资产，并针对不同的资产类型，分别规定保险资金运用上限比例，如投资权益类资产的账面余额，合计不高于本公司上季末总资产的30%。
⑧ 数据来自保监会网站http://www.zanbuy.com/news/127.html，最后访问日期：2016年3月2日。
⑨ 周道许：《中国保险业和保险监管》，中国金融出版社2010年版，第109页。

按照单位保险金额向投保人收取保险费的计算标准。对于格式化保险条款,保险监管机关主要负责对其保险条款的拟定或审核、对保险费率的厘定进行审查。[1] 保监会根据保险险种的不同,对保险公司保险合同的条款和费率采取要求提交审查和备案的措施:依法实施强制保险的险种、新开发的人寿保险险种、保监会认定的其他关系社会公益的险种应报保监会审批,其他险种则应进行备案。保监会在进行审批备案时,可以根据保护社会公众利益和防止不正当竞争的原则要求保险公司对保险条款和保险费率进行修改,责令停止使用。[2][3]

(二) 传统政府规制的消解途径

1. 放松机构监管制度

消解行政垄断,放宽市场准入,允许小、微型保险公司甚至互助保险组织的存在和蓬勃发展才能满足各种细分保险人群的潜在保险需求。原有的设立核准制严重阻碍了互联网保险机构的发展。

2015年颁布执行的《互联网保险业务监管暂行办法》第二章对保险机构从事互联网保险业务进行了规定,要求相关保险机构应当具备一定的资质,[4] 而并没有对于专门互联网保险公司的设立进行特别化规定。建议对于专门互联网保险公司采取区分化的准入门槛,酌情降低对注册资本的要求,而将监管主体转变为对动态资本情况的监管。

2. 建立分类监管制度

现行以费率监管、资金投向监管、营运资本限制为主的经营行为监管制度并不适合互联网保险公司和小、微型保险公司的发展需求。以相互保险公司为例,通过数据分析可以明确定位细分保险需求并实现精确化费率,而且相互保险公司投保人和所有人合一的组织特征又可以保证保险公司的资金的充分利用。对于一个小范围数百人组成便可良好运行的互助保险保险公司施以注册资本2亿元的规定,费率审查备案、资本充足率要求实在有些强人所难。

因此建议实施分类监管制度,对于专门互联网保险公司和以相互保险公司为代表的新型保险自助机构,取消原有较为严苛的注册资本要求、费率审查备案等监管要求。

---

[1] 参见黎健飞:《保险法新论》,北京大学出版社2014年版,第405页。
[2] 《保险法》第136条、第137条,《保险公司管理规定》均有规定。
[3] 中国保险学会:《中华人民共和国保险法释义》,中国法制出版社2009年版。
[4] 具有支持互联网保险业务运营的信息管理系统、互联网信息安全管理体系、互联网行业主管部门颁发的许可证,专门的互联网保险业务管理部门等。

互联网保险费率监管的革新与困境

石安其琛 涂 晟 曹阳硕[*]

内容提要：保险费率监管以实现社会福利最大化，减少市场和监管的双重成本为目标。在传统保险中，保险定价存在信息不对称导致的道德风险和逆向选择问题，监管者不得不审批合同和价格条款，以减少市场成本。随着保险业进入了大数据时代，保险定价突破了传统的精算方式，可以在更大的数据范围和维度上施行动态预测，根据个性化风险进行实时调整，降低了信息不对称的负效应。同时，营销场景化和业务流程自动化减少了附加费率，市场成本大幅下降。在此变革中，传统费率监管模式已远不能满足市场需求，反而会带来额外的监管成本，阻碍大数据技术的运用和社会福利的最大化。因此，大数据保险费率监管应从审批制转化为以数据库和算法为基础的注册制，并建立数据共享平台。但是，大数据定价的算法及评分来源，可能会嵌入某些歧视性偏见，导致运算结果不能反映投保人的真实风险，差异化费率还会侵犯金融消费者的公平权，因此，如何应对上述困境成为未来费率监管的重中之重。

关键词：大数据 保险费率监管 费率注册制 歧视性偏见

引 言

保险监管者费率监管与保险公司产品精算定价应该相辅相成，随着高科技的运用，保险行业进入了大数据时代，保险公司产品定价在更大的数据范围更广的维度运用更高效的处理手段动态监控预测保险费率，对不同客户按照不同风险实时调整费率，同时，由于精准营销和业务流程的自动化将会减少定价时的附加费

---

[*] 石安其琛：对外经济贸易大学保险学院博士研究生，研究方向：互联网金融与保险。
涂 晟：对外经济贸易大学法学院博士研究生，中国政法大学资本金融研究院研究员，研究方向：保险法、金融法。
曹阳硕：对外经济贸易大学保险学院硕士研究生，研究方向：互联网保险。

率，因而由精准定价使得市场成本下降。在这种情况下，传统的监管方式已经远远不能胜任海量数据带来的甄别强度和难度，变革已箭在弦上。大数据改变了传统监管什么？大数据监管又会有什么问题？

一、保险费率监管必要性的理论分析——社会福利最大化

（一）保险费率对社会影响的重要性

保险是一类特殊的商品，是保险主体保险人与投保人之间的权利义务关系，保障的是保险利益。[①] 而保费是保险这类特殊商品的价格，由保险金额、保险期限和保险费率决定，这三者中，保险期限和保险金额都可以由投保人自行决定，唯独保险费率是保险公司事先精算的。所以，保险费率的高低决定了投保人和保险人的利益分配。

投保人都希望在相同的风险分担下获得更低的保险费率；而保险人出于获取超额利润的考虑，总体上希望保险费率可以更高一些，但是在短期内，基于拓展市场、扩大业务量、打压竞争对手的目的，也会订立更低的保险费率。[②]

然而，保险费率过高或者过低也会对社会产生不良影响：过高的保险费率会加重投保人的负担，使潜在的投保人不愿意投保，已经投保的也可能会退保，无疑对风险保障工作是不利的；过低的保险费率则会打击保险公司经营的积极性，除了影响偿付能力，增加破产风险之外，还可能引发惜赔现象，同样不利于社会生产的风险保障。因为保险费率是保险公司事先精算的，保险行业比其他行业更容易出现恶性价格竞争。[③]

（二）从福利经济学角度，分析保险费率对社会的影响机制

从福利经济学的角度，检验保险费率制定是否合理，保险市场是否能够均衡、健康、有序、高效地发展，消除保险业中的种种不良现象，使得社会福利最大化。

社会福利包括生产者剩余和消费者剩余，因此费率监管的目的是实现两者之和的最大化，而不是其中某一方的最大化，市场出清价格 P^* 是最有利于供给双

[①] 魏华林、林宝清：《保险学（第三版）》，高等教育出版社 2011 年版。
[②] 魏华林、蔡秋杰：“保险费率监管研究——兼论中国保险费率监管的悖论”，载《金融研究》2005 年第 8 期，第 171~181 页。
[③] 张晓宇：“保险监管有效性分析——从成本受益的视角”，武汉大学 2013 年博士学位论文，第 58~82 页。

方的价格，即帕累托最优价格，监管者需要引导市场转变为"完全市场"。我们引入保险供求分析来说明费率监管后社会福利的变化。①

如图 1 所示，由保险需求曲线 D 和保险供给曲线 S 决定的竞争市场均衡价格为 P^*。如果保险市场恶性竞争的结果是形成价格 P_2，较低的价格导致有的保险公司退出市场或减少供给数量，市场的保险供给量为 Q_1，消费者的愿意购买的需求为 Q_4，生产者剩余减少了 P^*EFP_2，消费者剩余增加了 P^*BFP_2，减少了 BCE。因此生产者剩余和消费者剩余共减少 CFE 的面积，即社会福利减少了 CFE。

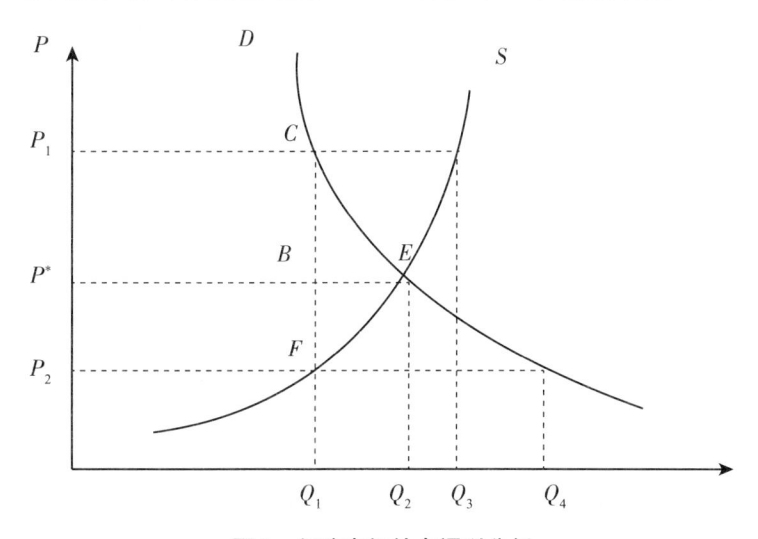

图 1　保险市场社会福利分析

如果保险公司费率联盟，形成价格 P_1。较高的价格刺激更多的公司进入保险市场或者现存保险公司增加保险供给量 Q_3，而消费者愿意购买的数量减少为 Q_1，对比市场均衡价格 P^*，消费者福利减少了 P_1CEP^*，生产者福利增加了 P_1CBP^*，减少了 BEF。因此生产者剩余和消费者剩余共减少了 CEF 的面积，即社会福利减少了 CFE。

为了解决"市场失灵"的问题，政府开始监管费率。政府的费率监管同样会出现"政府失灵"的问题。如果政府将价格制定为 P_2，P_1，同样会出现社会福利的减损。政府监管价格是为了提高经济效益，增加社会福利。从消费者保护的角度，费率监管的目标是寻找 P^*。

保险监管机构和各个单独的保险公司可能都没有能力获得 P^*，这需要全行业数据的汇聚、分析整理。

---

① 阿瑟·塞西尔·庇古：《福利经济学》，金镝译，华夏出版社 2007 年版。

(三) 保险费率监管：是市场自发调解，还是保险机构监管？

社会福利 CFE 的损失，从成本收益的角度来看，主要是成本的增加。我们的目的是使这部分福利损失尽量减少。这凭市场的自身调节机制亦可完成，通过漫长而艰辛的价格机制对保险市场供求关系的调节，最终也会达到长期均衡。

既然如此，为何不单纯采用市场自发调节的手段对保险市场进行纠偏呢？与保险监管相比，显然前者的直接成本更低，既无需专业的监管部门，对保险市场的参与者也少了许多约束，交易成本也因此降低，各国的决策者为何舍易而求难，一定要采用保险监管这一形式呢？对于这个问题，要从保险商品的特殊性入手来解答。①

保险是一种特殊的商品，它承诺为投保人和被保险人因风险而遭受的经济损失提供经济保障，具有"稳定器"的功能，这种因经济补偿而带来的安慰作用将会极大地促进社会的稳定。因此，只由保险市场机制自身进行调节，发挥作用的过程将变得缓慢，会出现反复，一些乱象无法及时被终止，会有相当数量的个体在该过程中损失惨重，不满情绪会从受损个体开始酝酿，引发种种社会负面效应，进而爆发出对政府不作为的指责，带来庞大的社会成本，造成社会的不安定。

这时解决市场失灵，还可以引入政府监管，在减少社会成本的同时，但也带来了监管成本。这时，社会福利最大，从成本收益的角度来看，总成本＝间接成本（社会成本）＋直接成本（监管成本）。

市场机制调节的直接成本很低，远远低于监管所需的直接成本，而另一方面，市场机制调节的间接成本即社会成本却很高。保险市场自行纠偏成本过高。

相比较而言，政府监管可以对保险市场上的种种问题迅速作出反应，由专业的管理部门关注保险业、保险主体和保险市场的动态，制定种种"防患于未然"的政策，是可行性和操作性都较好的方法。

所以两者结合起来，找到合适的政策边界，降低市场调节途径的间接成本和监管措施的直接成本，应该是决策者的最佳选择。即费率监管的目的是寻找 P^*，其他国家的保险费率监管改革的过程告诉我们，想要费率制定更科学，更接近这个帕累托最优的价格，需要全行业数据的汇聚、分析和整理，大数据就可以起到重要的作用。

---

① 张晓宇："保险监管有效性分析——从成本受益的视角"，武汉大学 2013 年博士学位论文，第 58~82 页。

二、传统保险定价与费率监管

保险公司的主要价值是提供保险产品、实现风险共担，通过经济补偿与保险金给付来满足人们面对不同风险时的财务保障需求。保险公司的经营管理中，精算定价能力和风险管理能力尤为重要。针对保险产品的客户出险概率，事先定出适宜的费率同时降低自身的运营成本从而制定合理的保险产品价格无疑会使保险公司更适应市场需求、提高自身核心竞争力。

以下将从大数定理出发，介绍传统保险的定价方式、存在的问题和监管的演进。

（一）传统定价方式

1. 传统保险定价

保险公司制定保险费率时考虑两个方面的内容：一是纯费率，也被称为净费率，它是保险费率的主要部分。纯费率的确定是保险公司根据损失概率的结果而确定的，按照纯费率收取的保险费也叫作纯保费，主要用在保险事故发生后对被保险人的赔偿与给付。附加费率在保险费率居于次要位置，习惯上将按附加费率收取的保费称为附加保费。附加保费的计算基础是保险人的营业费用，主要用途是弥补保险人的业务费用、手续费用。在传统定价方式下，纯保费费率厘定主要是利用大数定律基于样本数据进行的。

（1）纯保费费率厘定——大数定律下基于样本数据的费率厘定。保险保障的是各种风险损失。所谓风险，是引致损失的事件发生的可能性，基于一种可能，该风险事件可能发生也可能不发生。那么发生的概率是多少，就需要数据的支持。所以大数法则是保险的数理基础，只有研究的样本数目足够大，才能从中找出规律得出各种风险事件发生的概率。大数法则又称"平均法则"或"大数定律"。此法则的意义是：测量的风险单位数量越多，实际损失的结果会越接近根据概率统计的损失可能结果。根据大数法则，保险公司就可以比较精确地预测各种风险事件发生的概率，合理确定保险费率。保险公司正是利用在个别情形下存在的不确定性将在大数中消失的这种规则，来分析承保标的发生损失的相对稳定性。

产品精算定价能力是保险公司的核心竞争力，当前保险精算基本思想是遵循"收支相抵"原则。即根据以往历史损失数据，测算保险标的的损失概率和损失程度，并以此为基础制定保险产品费率。对寿险产品而言，就是保险公司基于样本生命表数据，结合利率、费率等信息，基于精算模型来确定实际保费；对非寿险而言，就是保险公司基于历史损失数据来获得损失模型，分析各因素作用，从而确定实际保费。然而，随着时间的推移和社会的发展，保险标的的风险状况不断变化，而保险费率一经确定，一般在保险期限内固定不变。基于大数据的保险产品则可根据保险对象实时的风险信息变化及时调整保险费率，使得保险产品更具有个性化。[1]

（2）附加保费。在传统技术中，保险行业中大量因信息不对称导致的逆向选择和道德风险不可避免，纯保费费率厘定的结果往往使得保费较高，而费率市场化情况下，各保险公司竞争加剧，使得总费率下降的方法就集中在了附加保费下降中。

附加保费主要是费用，包括管理费用和销售费用。管理费用会随着竞争和管理自动化程序化程度的提升而降低，但是占大头的销售费用反而会随着竞争而增加。为了保护消费者，保监会对保险公司的费率监管主要集中在了费用监管上，尤其对销售费用做出了细节监管。

2. 传统保险定价的困境

（1）信息不对称问题严重，道德风险、逆向选择相伴相生。保险市场就是典型的信息不对称市场。信息不对称（Information Asymmetry）是指交易双方所掌握的信息在数量和质量上存在差异，即一方掌握的信息数量较多、质量较高，而另一方则恰好相反。早在1953年阿罗（Arrow）[2]就指出，信息不对称是妨碍保险机制顺利运转的主要障碍，并对此进行了研究；之后，斯蒂格利茨（Stiglitz）[3]也对保险市场的不对称信息进行了分析，他指出：保险公司事前不知道投保人的风险程度，从而使保险水平不能达到对称信息情况下的最优水平；梅耶森（Myerson，1991）主张把保险市场的不对称信息简单分为两类，即逆向选择（adverse selection）和道德风险（moral hazard）。

保险学中的逆向选择问题是指由于保险人和投保人之间的信息不对称，从而导致的次品驱逐良品的现象；道德风险是保险公司不能观察到投保人投保后的个人行为而产生的风险，是一种事后机会主义行为。保险市场的信息不对称现象是由两方面的因素造成的：从供给方面来说，由于保险商品是一种知识含量较高、涉及多方面要素的特殊商品，而具备从业经验的保险人对于该商品的了解和认知程度要远远高于保险消费者，因此信息不对称现象在保险商品的交易和消费过程中表现得尤为突出。从需求方面来说，保险消费者对保险知识的了解十分有限，特别是对我国这样一个现代保险发展相对滞后的国家来说，消费者的保险知识就更加缺乏。

---

[1] 毕征："运用大数据捕捉保险需求"，载《中国保险报》2013年第8期。

[2] Kenneth J. Arrow, Social Choice and Individual Values. New York: John Wiley & Sons, Inc.; London: Chapman and Hall, Limited [Toronto: University of Toronto Press], 1951.

[3] Stiglitz. E. Monopoly, Non-Linear Pricing and Imperfect Information: The Insurance Market. Review of Economic Studies. 1977, 44: 407–430.

另外就是投保人对保险人的信息不对称：潜在的投保人总是比保险人更了解保险标的风险状态，保险双方存在信息差别是难以避免的。尤其是在保险定价中，保险人通常使用分类计算法厘定保单价格，这种方法尽管简便，但却不能区别具有不同风险程度的保险标的，从而也就不能确定适合于投保人的保费水平，其最终结果是高风险类型消费者把低风险类型消费者"驱逐"出保险市场，即所谓的逆向选择问题。另外，由于保险人不了解投保人的真实情况，投保人风险意识降低，甚至诈保、骗保，也往往会造成保险公司因居高不下的赔付率而陷入困境。

（2）对于保险定价的不良影响。一方面，纯保费的增加促使次品驱逐良品现象的产生。信息不对称，保险人事前不能准确知道投保人的风险程度，保险公司只能按照危险发生的平均概率厘定保单费率，当保险费处于一般水平时，低风险类型的消费者投保后得到的效用可能低于他不参加保险时的效用，因而这类消费者会退出保险市场，只有高风险类型的消费者才会愿意投保。当低风险消费者退出后，如果保险费率不变，保险公司将亏损，为了不出现亏损，保险公司不得不提高保险费，这样，那些不大可能碰到事故的顾客认为支付这笔费用不值得，从而不再投保，最终结果是高风险类型消费者把低风险类型消费者"驱逐"出保险市场。长此以往，会导致保险市场的逐渐萎缩，使整个保险业的效益大受损失。

另一方面，交易费用的增加使得附加保费攀升，减少保险业的经营利润。交易费用是指信息不对称条件下的交易过程产生的费用，保险市场的信息不对称使内部化的外部收益趋小，导致交易费用不合理增大，并呈上升趋势。信息不对称一方面使保险公司厘定保险费率成为一大难题，同时也增加了保险人承保、理赔时的调查取证费用。虽然保险合同有最大诚信原则的约束，但这不足以规避投保人逆向选择和道德风险的产生。投保人为了以最少的保费获得保险人最大的保险保障，会尽量隐瞒或回避危险事实和实质，从而迫使保险人不得不加大调查取证的力度，增加调查取证的费用，降低其利润。可见，信息不对称不仅会抑制保险需求，而且还会导致保险业的经营利润的减少。

（二）传统费率监管

费率监管随着不同经济体略有差异，随着时代的发展而与时俱进。但其不论到什么时候都以社会福利最大化为目标且与保险公司的定价模式相匹配，使得间接成本（市场成本）+直接成本（监管成本）最小化。

1. 发达国家保险费率监管的模式

美国保费监管历史：（1）19世纪中期之前，消费者寻求低保费保护加剧了保险公司的恶性竞争。（2）19世纪中后期到20世纪初，消费者通过反托拉斯法反对保费联盟产生的高费率。（3）20世纪初到中期，消费者通过州定费率的形式寻求保护。(4) 1946年以后，各类行业协会参与保险消费者保护，共同确定保险费率。保险定价必须有损失次数分布、损失金额分布等行业性的经验数据支持，但是数据统计是一种单调、重复、耗时和成本昂贵的事务性工作，是保险监督官个人不可能完成的。1946年美国全国保险监督协会（NAIC）制定了"全行业定价法案"。① 规定：保险监督官可以指定一个或多个保险费率组织或其他机构协助收集及汇编数据，在保险监督官公布的合理规则限度内，保险人及保险费率组织可以获取此汇总数据。

美国保险费率改革的过程充分说明保险市场上存在两种类型的市场失灵②：一是恶性价格竞争；二是保险公司经常结成价格联盟，导致费率过高，侵害消费者利益。美国保险费率改革的过程中某些州为了保护消费者利益严格监管费率，然后保险公司大批撤离，导致经济发展受到严重制约、消费者利益最终受损的情况。保险费率监管是为了实现"帕累托最优"——社会福利最大化。社会福利包括生产者剩余和消费者剩余。

2. 我国保险费率监管的发展

1980年我国全面恢复保险业务，当时市场上只有一家保险公司——中国人民保险公司，市场上不存在竞争者，消费者完全不知道保险是什么。当时的费率和条款都由人保总公司制定，没有保险监管。

1985年我国开始了保险监管，当时的监管机构是中国人民银行，职责之一就是审定条款和费率。虽然当时的监管属于事先审批的性质，但是管理宽松。后来随着新疆兵团保险公司、平安保险公司以及太平洋保险公司的相继成立，保险公司之间的价格战日趋激烈，个别险种甚至出现全行业的亏损。于是1993年中国的保险费率监管进入由中国人民银行统一制定条款和费率来限制恶性费率竞争的严格监管阶段。

1980年我国保费收入4.6亿元人民币，人均保费0.46元。1993年保费收入为499.6亿元，人均保费42.16元。从1980年到1998年我国保费收入保持了年均35.36%的增速，这与我国保费的宽松监管是有很大关系的。宽松监管下保险公司的高回报刺激其他的公司进入保险行业，从长远看是有利于消费者的。

1993年为了遏制恶性价格竞争，开始严格费率监管，结果是高手续费、高返还、低费率等不规范的销售现象非常普遍。原因是保监会制定的统一价格高于市场均衡价格，因此在这个价格下保险企业的供给量高于市场均衡水平，保险公司就以各种形式变相压低价格抢占市场。价格战也在一定程度上误导了消费者认为

---

① 马宜斐："美国保险费率监管变革及对我国的启示——以消费者保护为视角"，载《金融与经济》2015年第4期，第84~89页。
② 高鸿业：《西方经济学——微观部分（第五版）》，中国人民大学出版社2011年版。

越低的保费越值。保险管理机构遏制恶性价格竞争的动机既是为了保护保险公司也是为了保护消费者。但是统一制定价格不仅耗费了保监会大量的人力物力，而且也没有实现监管的目的。随着消费者的经济能力和保险意识的增强，保险市场需求不断增加。全国统一保险费率已经不能满足消费者多样化、个性化的保险需求。同时，保险公司自主定价的能力得不到锻炼，经营的灵活性受到限制。

于是从2001年，我国的保险费率监管从集中统一的管理模式转向了市场化的管理模式。保监会不再制订任何保险条款和费率，只对关系社会公众利益的保险、强制保险和新开发的寿险基于保护社会公众利益和防止不正当竞争的目的审批条款和费率，其他险种的条款和费率备案即可。保监会以最小干预的方式促进市场上保险产品的多样化，是有利于消费者的。

放松费率和条款监管的同时，我国保监会从2012年开始正式启动"偿二代"建设，在国际接轨、结合国内行业特点方面取得了很大的进步。维护保险公司经营的安全性是从根本上保护消费者。经过十几年的改革，我国保险业费率市场化改革已经取得了很大的成就。

2014年我国保费收入超过2万亿元，保费规模全球排名第四。产险费率市场化的程度要高于寿险市场化的程度。目前产险的所有险种费率的制定权都在保险公司，只是强制险种、机动车辆保险、投资型保险和期限超过一年的保证保险信用保险还需要报批。寿险中的长期人身保险产品的费率制定仍然处于严格的管理阶段。[①]

3. 传统保险费率监管模式启示

样本数量的不充足，会导致保费精算工作的不准确，再加之道德风险和逆向选择引起的信息不对称，使得传统定价方式下的市场成本很大，福利损失更加严重，因而监管者的监管压力就变得很大，监管任务更加艰巨，而且由于信息技术发展不足，对应地，监管就变得更困难，成本更高。总成本＝间接成本（社会成本）＋直接成本（监管成本），这样无疑增加了总成本，这离社会福利最大化的目标还相差甚远。

三、大数据带来保险定价与监管的变革

保险定价是基于大数定律进行的，而大数定律的运用会受到样本数量、可获数据内容的限制。由于逆向选择、道德风险等信息不对称问题，传统保险定价的

---

① 马宜斐："美国保险费率监管变革及对我国的启示——以消费者保护为视角"，载《金融与经济》2015年第4期，第84~89页。

市场成本与监管成本居高不下。近年来，随着互联网的突飞猛进与大数据技术的发展，信息不对称问题在一定程度上得到改善，保险定价与保险费率监管也随新技术的应用而发生变革。

（一）大数据背景下对保险定价的变革

1. 大数据的特点[1]

随着大数据时代的到来，数据已经成为每个行业的重要生产要素，人们利用移动互联网、云计算等信息技术对数据进行挖掘、处理与分析，使其成为更有竞争力的资产。具体来看，大数据具有以下几个特点。

（1）数据量大。现在互联网公司的数据量都是从 TB 级别上升到 PB（1 PB = 1024 TB）级别，相对地，人类目前为止生产的所有印刷材料的数据量仅仅为 200 PB，而一家大的互联网公司的数据量已经接近 EB（1 EB = 1024 PB），也就是说人类所有印刷品数据总和也仅仅相当于一家大的互联网公司的数据存储量。而随着互联网的深入，不仅仅国家机构、传统企业等纷纷无纸化办公，向互联网进军。个人的日常生活也越来越多地涉及互联网，各种数据都能被记录下来。每天浏览的网页地址、点击的标题、在网页上逗留的时间、购买的商品、邮寄地址等都是大量的数据；还不包括每天的通信记录、聊天信息、观看的电视节目等。总而言之，随着互联网融入日常生活，人们越来越多地依赖于网上消费，无论是企业还是个人，其活动信息都能被有效地记录，这个数据是海量的。

（2）数据类型的多样性。进入互联网时代以来，数据类型变得多样化。从整体而言，多样化的数据可以分为两类，即结构化数据和非结构化数据。结构化数据能够通过软件进行统一的处理和分析，例如文本形式；在大数据时代，数据更多的是以非结构化的形式存在，包括微博日志、视频短片、语音记录、图片、地理位置信息等。

（3）数据处理速度快。面对着如此多的数据，大数据要求数据处理能力异常强大。面对海量数据，处理数据的效率直接影响到分析的结果。从时间纵向来说，同一个消息源产生的历史数据具有一定的延续性，具有一定的逻辑性，这就可以分析其内在关联。而从时间横向来说，同一时间内网上产生的数据各种各样，而且存在一定联系，但是这种联系是有时效性的，要平衡好数据的延续性和时效性。

（4）数据的价值密度低。以十字路口上的监控录像举例，在一天 24 小时连续不断的监控视频中，有用的数据可能仅仅有两三秒，而且根据不同的分析需求，有价值的地方很可能不一样，但在分析中却需要处理整个视频过程，或者处

---

[1] 维克托·迈尔－舍恩伯格、肯尼斯·库克耶：《大数据时代——生活、工作与思维的大变革》，盛杨燕、周涛译，浙江人民出版社 2013 年版。

理一定的时间段内的每一帧。通过大数据要实现如此海量的信息提纯。

总的来说，大数据具有数据量大、数据类型多样、数据处理速度快等显著优势，为人们的生活生产提供充足的数据基础。保险是典型的以数据为生产资料的产业，大数据使得互联网保险从简单的销售模式向互联网保险方向进阶。

2. 大数据背景使纯保费定价更加精确

保险原理和保险经营的特点与大数据高度吻合，可能是融合得最好的行业之一。由于云计算、搜索引擎、互联网、人机智能等技术的实现，大大提升了保险行业有关风险数据的搜集获取与深度挖掘的能力。

（1）保险的海量数据规模为定价精确提供了数据保证。随着信息技术的发展，保险公司每时每刻都要积累大量的数据信息，形成海量数据库。大数据带来数据从子样本升级到全样本[1]，可以帮助保险公司从"样本精算"升级至"全量精算"。我们可以分析更多的数据，有时候甚至可以处理和某个特别现象相关的所有数据，而不再依赖于随机采样。与局限在小数据范围相比，使用越多的数据将为我们带来越高的精确性，也让我们看到了一些以前无法发现的细节——大数据让我们更清楚地看到了样本无法揭示的细节信息。而且，还会通过各种移动智能终端实时获得保险标的的实时风险信息，为动态定价——费率持续监控与调整提供数据支撑。

（2）高科技手段应用为定价模式的变革提供了技术支持。由于云计算、搜索引擎、大数据等技术的运用，互联网参与方获取和深度挖掘信息的能力大幅提高，消费者交易行为逐步实现可记录、可分析、可预测，保险行业的定价模式也可能深刻变化[2]，从传统保险精算以以往历史损失数据为基础的固定纯风险费率的精算模式转为潜藏在大量数据里的风险因子判断、预测，并以此为依据确定或调整保险费率。

产品例子：①融合可穿戴设备的大数据健康保险。融合可穿戴设备的大数据保险的理论基础是个人运动健康信息优良的被保险人可获得保费优惠。保费取决于每天的运动状况、睡眠状况等个人运动和健康数据或者这些数据的综合考量。为记录被保险人的运动健康数据信息并关联理赔风险，保险公司为被保险人提供一个可穿戴设备。②融合小型车载远程通信设备的大数据汽车保险。融合小型车载远程通信设备的大数据汽车保险的理论基础是驾驶行为表现较安全的驾驶者获得保费优惠。保费取决于实际驾驶时间、地点、驾驶方式或者这些信息的综合考

---

[1] 维克托·迈尔-舍恩伯格、肯尼斯·库克耶：《大数据时代——生活、工作与思维的大变革》，盛杨燕、周涛译，浙江人民出版社 2013 年版。

[2] 孙飞洋："基于大数据的保险创新及其盈利模式的探讨"，载《经济研究导刊》2014 年第 35 期，第 207~208 页。

量。为记录驾驶员的行为并关联理赔风险，保险公司在车上安装一个小型远程车载通信设备。③涵盖个人全面信息的寿险产品。保险公司在长期经营过程中可以积累大量的历史数据和信息，同时个人的工作、消费、休闲娱乐生活也会产生海量数据。保险公司运用大数据技术，收集个人生活信息数据，并以此为基础进行分析处理，实现每个不同个体的"个性精算"，从而创新寿险产品。①

（3）以车险费率定价为例说明"从车"到"从人"的定制化费率变革。目前我国的车险费率还是统一制定的"按照车辆用途、被保险人类别、车辆的座位/吨位数/排量/功率、车辆的使用年限、新车购置价"来确定统一的基础保费和费率。家庭自用车保险费计算相对简单，网上有车险计算器、财险公司的电子商务投保网站等信息，输入车辆购置价、车牌号、保险到期月份等就可以计算出保费。保费浮动的主要因素是事故率。目前保险公司一般把车险客户分为四类：第一类是连续两年没有出事故的，第二类是过去一年未出事故的，第三类是过去一年出了一次事故的，第四类是过去一年出了两次及以上事故的。不同类别的客户续保时享受不同程度的优惠。这种车险费率制定模式虽然简便易行，但对风险类别的划分不够细，导致同一类别保险费率与风险不完全匹配。如同样连续两年无事故的车辆，有的每年开 3 万公里，有的开 3000 公里，车辆使用频率的差别很大，出事故的风险差别也很大。还有驾驶员的驾驶习惯、年龄、驾龄，甚至学历、性别等，都会对风险系数的厘定形成影响。

随着互联网的普及，汽车数字化已是汽车产业发展的趋势。在互联网及 IT 技术盛行的时代，汽车必将成为能移动的互联网计算机。汽车数字化将实现自动驾驶、汽车的自我状态检测、自动导航等功能，包括维修、驾驶路线、事故录像、关键部件的状态，甚至驾驶习惯，如刹车和加速，都将记录存储，以便进行数字化分析利用。在保护隐私的前提下，一旦数字化汽车产生的大数据通过互联网存储和分享，势必引发车险商业模式的重构。保险公司通过数据分析，可以掌握客户车辆主要用途、基本行车路线、路途的风险程度、驾驶习惯、事故发生频率等信息，还可以掌握客户车辆的使用状况，如是否定期保养、胎压是否保持正常、刹车是否符合标准等信息。有了这些信息，保险公司就可测评出该客户车辆的风险指数，从而实现对该客户车险费率的"私人定制"。

在大数据的支持下，保险公司可以真正以客户为中心，把客户分为成千上万种，每个客户都有个性化的解决方案，这样保险公司经营就完全可以实现差别费率，对于风险低的客户敢于大胆降低费率，对于风险高的客户提高费率甚至拒绝承保，这样保险公司之间就可以实现真正的差异化竞争。而拥有大数据技术并能利用大数据的保险公司将拥有压倒性的竞争优势，大数据的运用能力将成为保险

---

① 中国保监会副主席王祖继在第 14 届中国精算年会上指出。

公司最核心的竞争力。保险要基于风险概率评估，大数据是准确评估风险概率最有力的工具。

在美国，购买汽车保险的价格由投保者所拥有的汽车的价格、性能、居住地区、汽车数量、每天的开车里程、年龄、婚姻状态、有无子女、驾驶记录以及拥有驾驶执照的时间等若干因素来决定。现在国内几家大型财险公司已开始利用大数据技术对车险费率进行调整，如人保财险网上投保车险时，引入了多项参考指标综合评定费率系数，费率可"从人、从车、从地域"等多角度综合评定，建立了基于投保人因素的差异化浮动制费率体系。伴随大数据时代的来临，保险经营更多依靠数据支持，不断进行风险细化，不久的将来完全可能通过个人的公共数据情况、信息体系、社交网络、健康数据、性格等信息，得出个人的风险情况，从而投保时实现费率从人。[①]

基于大数据，可差异化定制保险产品与服务（见图2）。在车险领域，基于车载诊断系统OBD，把车辆相关数据上传至保险公司，以此为基础建立行车数据应用模型，进一步降低保险产品的成本并为用户精准厘定保费；在健康险领域，通过可穿戴设备、便携式检测设备获取用户健康大数据，深度介入和参与用户的疾病诊疗与健康管理流程，提升商业健康保险的运行效率和服务针对性。

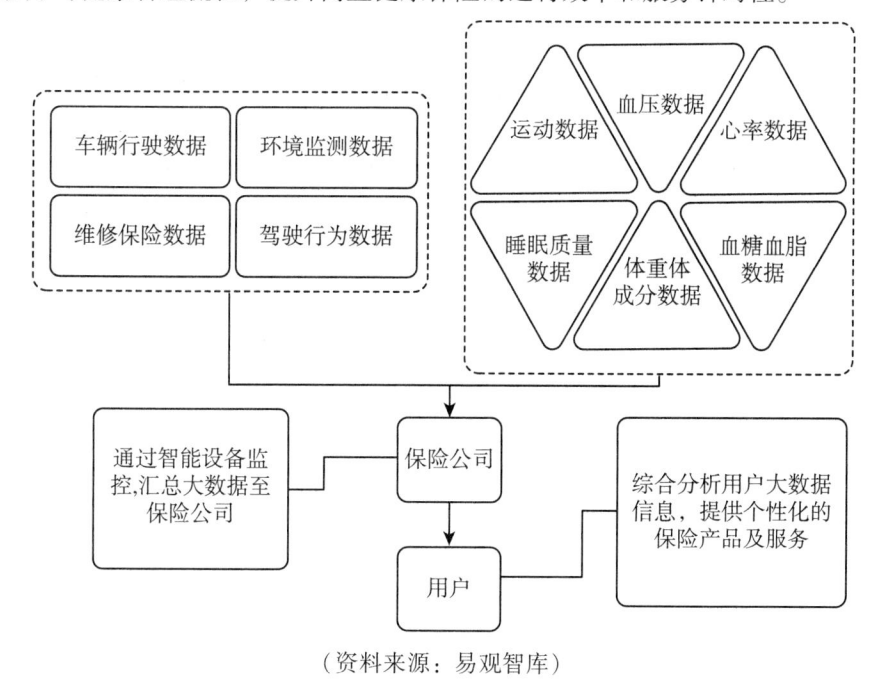

（资料来源：易观智库）

图2 基于大数据差异化定制保险产品与服务

---

① 尹会岩："保险行业应用大数据的路径分析"，载《上海保险》2014年第12期，第10~16页。

3. 大数据可帮助减少附加保费

（1）互联网大数据提高了营销精度，减少了销售费用的成本。大数据背景下，可多维度挖掘和分析用户的行为特征，准确预测潜在需求，使保险客户定位更精准，较传统保险，大大减少了搜集数据的时间与成本，提高了营销效率。之后，利用互联网能够与潜在客户进行接触，特别是随着精准广告的运用和发展，保险公司可以有针对性地进行营销。这样，保险公司可以扩大保险营销覆盖面，提高市场占有率，也更符合"大数法则"这一保险经营的基本原理，有利于控制风险。

（2）互联网大数据节约运营成本。互联网保险业务流程自动化，使得各流程风险得到控制的同时，各环节处理时间明显缩短，效率提高。[1] 可以显著地减少运营成本：①利用互联网进行，从时间上来说，能够实现每周7天24小时服务；从空间上来说，可以利用少量的网点提供全国的服务，不像传统业务模式那样受到地理因素的限制，减少租用网点的成本；②网上受理业务，通过计算机数据中心进行处理，可以免去大量重复的人工劳动，能够大幅减少劳动力成本；③互联网保险可以削减保险中介机构，减少中间环节，让产品直接从保险公司到客户的手中，没有了大量保险代理人员，大幅降低运营成本；④保险险种、公司评价等方面信息电子化后同样可以节省掉保管费和印刷费等费用。

美国Progressive保险公司，通过开展互联网保险，保险代理人佣金得以大幅度削减。以国内的例子来说，最近成立的众安在线财产保险公司就是纯互联网保险公司，其公司总部在上海而没有任何分支机构，却可以面向全国开展业务。可以预见，它的成本控制是任何传统保险公司都无法比拟的。目前我国保险公司的销售主要通过代理人和经纪人来完成。研究表明，对于一份定期人寿保险保单，第一年保险公司需要付出的佣金占到了保费收入的42%~70%；如果从整个保单的生命周期来看，佣金也占到了全部保费收入的6%~10%。这个比例对于国内时常亏损的保险公司来说其重要性不言而喻，如果能通过互联网保险来减少这个部分的支出，对保险公司而言是一个巨大的收益。

（3）附加保费的降低与纯保费的降低形成良性循环。通过降低保险公司的销售费用和运营成本，附加保费的降低使得保险产品的费率也会相应地降低，这样就能更好地吸引客户，让更多的人以自己能够接受的成本获得保险保障。一箭双雕的是，保险公司在获得更多客户的同时，由大数法则定价的保险产品价格也会更精确，也提高保险公司的竞争力。保险公司就可以通过降低费率吸引客户，使更多的客户符合投保条件，大数定律更有效发挥作用，而客户以更低的费率获得

---

[1] 孙飞洋："基于大数据的保险创新及其盈利模式的探讨"，载《经济研究导刊》2014年，第207~208页。

同样的保障。于是，保险费率的降低将使更多的人享受到保险产品带来的好处，也就直接地刺激了保险的需求。

大数据不仅在产品设计定价时呈现出非常重要作用，而且渗透在保险经营的每个过程，如业务系统中的保单数据、核保理赔数据、投资经营的投资理财数据、精算部门的定价数据、各类风险管理数据、财务数据乃至宏观管理数据，充分进行数据挖掘，发挥精算在保险产品设计、投资管理、准备金提取、偿付能力评估等各个环节的优势，有效应对风险、提高经营效率、推动保险行业实现持续健康发展。

4. 保险定价面临的困境得到改善

基于大数据的保险使得保险人对保险标的的信息不对称改善。众所周知，信息不对称是保险领域的典型特征，也是保险发展难以逾越的瓶颈和障碍。保险公司经营的是风险，而由信息不对称所带来的风险无疑是保险公司最为重要的风险，保险经营中的核保核赔等流程主要是应对信息不对称所带来的风险。而伴随着移动互联网及移动智能设备技术（如可穿戴设备、智能汽车等）的快速发展，传统保险领域存在的信息不对称问题即将大大改变：移动智能设备实时收集被保险对象的综合信息并通过大数据处理，获得其准确且个性化的风险信息。[①]

大数据——通过提升保险欺诈预测的准确性，进而提升保险欺诈的识别、防范（见图3）。国际上对保险欺诈的定量研究主要有三个方面：保险欺诈测量（fraud measurement）、保险欺诈的识别（fraud detection）和保险欺诈的防范（fraud deterrence）。通过计算机进行统计识别方法，将保险欺诈的因子按其对保险欺诈行为的影响力赋予不同权重并代入识别模型，进行分析。如 Artis，Ayuso 和 Guillen（2005）开发了 AAG 模型[②]，对西班牙机动车保险欺诈行为进行识别；运用现场模拟方法重构出险时的现场信息，剔除投保方操纵的信号。如 G. Cowell 对贝叶斯网络方法进行改进，通过逆向寻找出险状况，重建现场信息，在识别保险欺诈上起到了很好的效果，更为精确地对保险欺诈进行识别，为识别欺诈指明可能疑点。

消费者保护。消费者获得更加公正且能更好控制自身保费的保险产品。基于大数据挖掘的互联网保险产品的前提是保险公司为客户提供移动智能终端，保险公司再基于移动智能终端收集的客户的风险信息开发保险产品。其结果是消费者得到一款他们认为更加与自身风险水平相匹配的保险产品，且客户还可根据智能终端所提供的信息不断改善自身的行为方式以降低保险费率。

---

① 孙飞洋："基于大数据的保险创新及其盈利模式的探讨"，载《经济研究导刊》2014年第35期。

② 汪兴："财产保险风险管理与控制"，载《现代经济信息》2014年第14期。

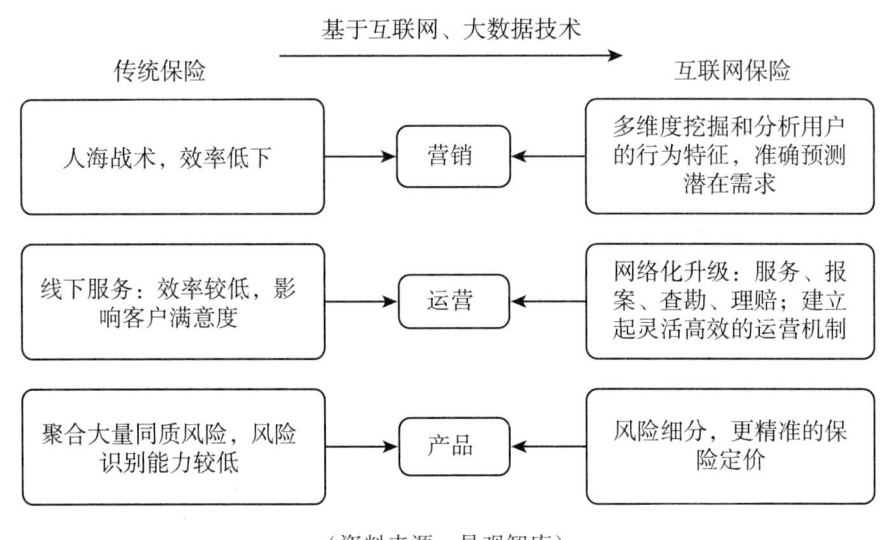

```
                    基于互联网、大数据技术
    传统保险       ─────────────────────▶     互联网保险

┌─────────────────┐              ┌─────────────────────┐
│ 人海战术，效率低下 │──▶ 营销 ◀──│ 多维度挖掘和分析用户 │
│                 │              │ 的行为特征，准确预测 │
│                 │              │ 潜在需求            │
└─────────────────┘              └─────────────────────┘

┌─────────────────┐              ┌─────────────────────┐
│ 线下服务：效率较低，│──▶ 运营 ◀──│ 网络化升级：服务、报 │
│ 影响客户满意度    │              │ 案、查勘、理赔；建立 │
│                 │              │ 起灵活高效的运营机制 │
└─────────────────┘              └─────────────────────┘

┌─────────────────┐              ┌─────────────────────┐
│ 聚合大量同质风险，风│──▶ 产品 ◀──│ 风险细分，更精准的保 │
│ 险识别能力较低    │              │ 险定价              │
└─────────────────┘              └─────────────────────┘
```

（资料来源：易观智库）

图 3　"互联网 + 保险"全面提升传统保险的各个环节

社会福利最大化。基于大数据挖掘的人身保险产品可以促使客户不断优化健康生活方式以降低保费，车险产品则可促使客户改善驾驶方式和降低汽车使用率等以降低车险费率，最终的结果就是客户健康水平提升，驾驶员驾驶习惯不断改良，而且这些都可以形成良性循环。与此同时，不断改良的风险因素降低风险事故的发生概率及损失程度，最终增加了社会财富。[①]

在保险市场运行得更加良性的情况下，保险监管的压力进一步减小，成本进一步降低，因而，在总成本 = 间接成本（社会成本）+ 直接成本（监管成本）公式计算下，总成本减小，进而增加社会福利。

（二）大数据背景下对传统保险费率监管的挑战

1. 费率监管需要与时俱进的理论基础——采用传统的监管方式甄别成本高

站在社会福利最大化的角度，既要保护消费者免受保险公司抬高费率的损害，又要保护保险公司有适当的利润，也要免于价格战的消耗，保护整个行业规范、有序地发展，适当的有效的监管是必要的。同时，又要给市场留有空间，在市场主体自身的调节与政府的监管之间找到合适的政策边界，降低市场调节途径的间接成本和监管措施的直接成本，应该才是决策者的最佳选择。

[①] 李海燕："财产保险公司财务风险的管理与控制措施"，载《财经界（学术版）》2013 年，第 156~158 页。

具体到费率监管,实则一种对于保险产品的价格监管,是以上保护理论更为直接更为深刻的体现。

根据规制经济学的理论,监管政策是监管者提供给社会的一种商品,和商品社会的其他商品一样,这种商品有生产成本,同时也有收益。[①] 那怎么衡量监管者的监管成本呢?当费率监管与保险市场定价同步发展的时候,我们认为此时的监管成本较小,如果定价已经采用高科技,而依然采用传统监管方式监管则效率不高。监管的受益是对各方的保护效果——社会福利,而监管的成本是监管行为实施过程中所耗费的人力、物力、时间。

我们设:

Y:监管机构实施费率监管的效率

X:监管数据处理复杂程度

$R(X)$:在费率监管之下的监管收益

$C(X)$:在费率监管下的监管成本

很显然,Y 和 X 之间存在着某种函数关系,保险监管数据处理复杂程度越高,则监管效率也越高。利用成本收益分析的方法,可得:

$$Y = F(X) = R(X) - C(X)$$

$$\frac{dR(X)}{dx} > 0; \frac{d^2 R(X)}{d^2 x} < 0$$

$$\frac{dC(X)}{dx} > 0; \frac{d^2 C(X)}{d^2 x} < 0$$

从这两个函数的性质我们可以得知,监管的收益与监管数据处理复杂程度相关,当监管数据处理复杂程度提高的时候,监管收益同时也在增加,但这种增加的速度在不断递减;当监管数据处理复杂程度提高的时候,监管成本在增加,而且是以递增的速度在增加。这种性质在图中表现为 $R(X)$ 曲线的形状向上凸出,而曲线 $C(X)$ 的形状则向下凹陷。

$F(X)$ 的极值出现在 $F'(X) = R'(X) - C'(X) = 0$ 时,换言之,若边际收益与边际成本相等时,保险费率监管的效率在存在约束条件下达到最大,此时对应的保险费率监管水平达到了约束条件下的最佳值,故而使保险费率监管呈现出最有效率的状态。如果对该函数求极值,可以找到最佳的效率水平(见图4)。

大数据背景下,保险定价方式更为多样,数据量信息量巨大,再运用之前的费率监管模式,监管成本急剧上升,现有的监管能力下,监管效率下降。

[①] 王雅莉、毕乐强:《公共规制经济学》,清华大学出版社2011年版,第5~30页。

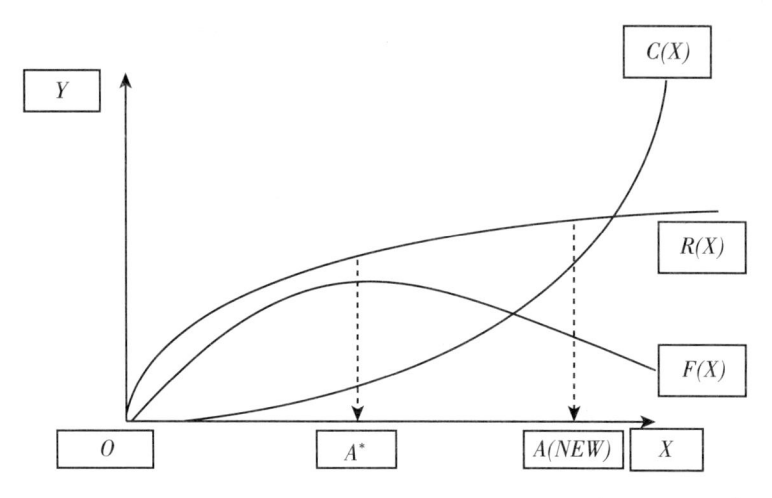

图 4　大数据下保险监管成本收益分析

2. 费率监管需要变革的现实情况

当前，中国保险业处于转型升级的关键时期，2014 年将扩大费率市场化的改革范围①，改革费率较为固定的历史情况，激发互联网保险带来的低成本的灵活性。

其一，保监会针对险种费率的价格管制不利于新技术的推广，在各类保险市场的产品竞争中，由于费率是固定的，保险公司不能随意改变保险费率，也不存在价格的竞争，商家只能通过提升服务质量或者分发赠品来吸引用户的眼球，不能体现互联网保险的优势。

其二，保监会对费率监管较严，则不利于消费者利益的保护。大数据云计算等互联网技术运用好的公司根据大数据的搜集挖掘针对不同风险客户进行保险产品费率的调整，互联网保险的大数据搜集挖掘的精算定价优势则很难发挥出来，很难让风险小的客户获得应有的利益，从而难以增加保险产品的需求。

其三，保监会对市场价格干预较多，不利于互联网保险行业发挥出活力。外界监管使得各大公司保险产品的费率差别不大，就像大锅饭一样，会削弱保险公司运用新技术改善价格与产品的动力（见图 5）。

如图 5 所示，大部分保险产品互联网化程度较低，需要更为宽松的环境激发其活力，促进技术的推广，增加消费者的需求。

所以保险监管机构应该逐步放开互联网保险费率的管制，让市场在保险定价中处于决定作用的地位，充分发挥互联网保险的低成本优势，鼓励创新，放开费率管制，促进互联网保险的健康发展。

---

① 中国保监会主席项俊波：2014 年全国保险监管工作会议。

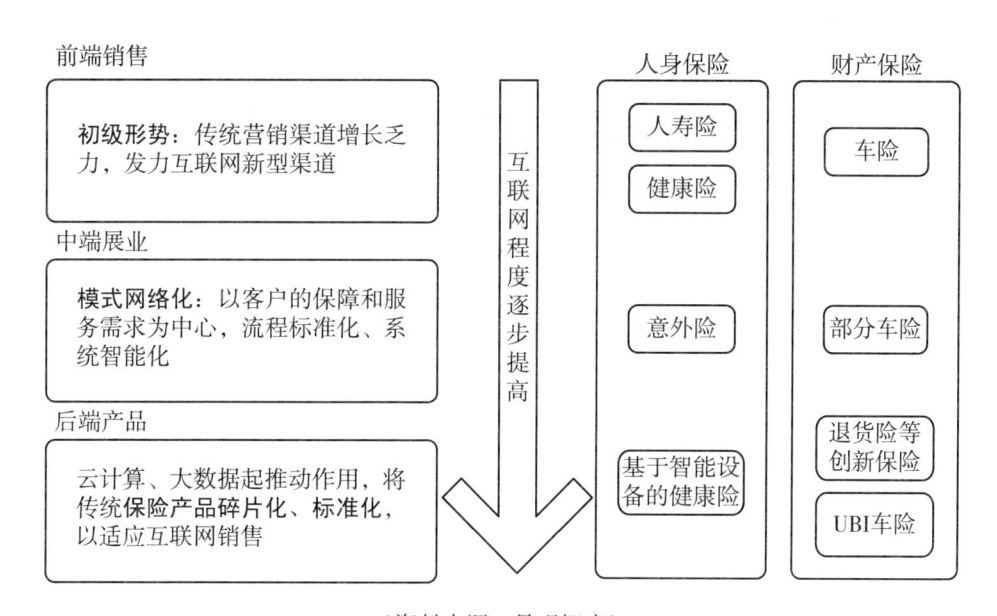

```
前端销售                              人身保险      财产保险
┌─────────────────────────┐          ┌──────┐    ┌──────┐
│ 初级形势：传统营销渠道增长乏    │   互     │ 人寿险 │    │ 车险  │
│ 力，发力互联网新型渠道         │   联     └──────┘    └──────┘
└─────────────────────────┘   网
中端展业                         程   ┌──────┐
┌─────────────────────────┐   度   │ 健康险 │
│ 模式网络化：以客户的保障和服    │   逐   └──────┘    ┌──────┐
│ 务需求为中心，流程标准化、系    │   步               │部分车险│
│ 统智能化                     │   提   ┌──────┐    └──────┘
└─────────────────────────┘   高   │ 意外险 │
后端产品                              └──────┘    ┌──────┐
┌─────────────────────────┐                      │退货险等│
│ 云计算、大数据起推动作用，将    │                      │创新保险│
│ 传统保险产品碎片化、标准化，    │        ┌──────┐    └──────┘
│ 以适应互联网销售              │        │基于智能设│    ┌──────┐
└─────────────────────────┘        │备的健康险│    │UBI车险│
                                    └──────┘    └──────┘
```

（资料来源：易观智库）

图5　大部分保险产品互联网化程度仍较低

所幸的是，寿险保费费率方面的限制政策在逐步松动，2013年8月5日普通型人身保险费率政策改革正式获得国务院批准，费率市场化迈出了最重要的一步。这次费率政策改革主要有两方面的内容：一是普通型人身保险预定利率将由市场来定，保险公司可以根据自身情况结合审慎原则自行决定预定利率，不需要再执行2.5%的预定利率上限。二是明确法定责任准备金评估利率标准，强化准备金和偿付能力监管约束，防范经营风险。虽然目前开放的仅仅是普通型人身保险预定利率，但是随着监管层的讨论，以后必然会开放更多的领域。在十八大三中全会报告上，首次出现了"使市场在资源配置中起决定性作用"的论述，这预示着保险行业也将进一步进行市场化改革。在2014年1月21日召开的"2014年全国保险监管工作会议"上，保监会主席项俊波就指出，扩大费率市场化的范围，力争年底前实现人身险费率形成机制的全面市场化。

因此可以预见，在这么多的针对互联网保险的对策方面，费率市场化最先取得进展。这对互联网保险尤其有利，因为互联网保险的一个重要特点就是费率较低，本来就应该降低产品的定价，只是限于监管规定，才使得保险费率较高，阻碍了互联网保险的发展。随着这一政策的落实和市场的竞争，可以预见未来互联网保险一定可以更加迅猛地发展。

四、互联网保险费率监管的对策

（一）互联网保险费率监管的对策建议

为了激发互联网保险市场活力，促进大数据收集和挖掘方面新技术的推广与应用，最终使得行业健康向上发展，放松的费率监管政策更受欢迎；但适当的费率监管又是保护消费者不受高价侵吞利益、保护保险公司健康发展、维持行业竞争秩序的必要保证，所以，合理适度的保险费率监管非常重要，制定出能够降低市场成本和监管成本的保险费率监管政策非常必要。怎么样才能制定出合理的政策？

1. 互联网费率监管由审批制监管向注册制监管转变

之前的费率监管主要是采用审批制的监管，这样监管成本较大，效率较低。随着现在互联网保险公司的数目不断增加，具体保险产品层出不穷，种类也更加多样，每一个产品这样去监管其合同是否公平、其价格是否合理将变得成本巨大，可操作性并不强，监管审批的时间也会大大延长，严重的可能使保险公司错过最佳的商机；再加上现在新技术发展迅猛，个人定制化的保险产品出现，数据量之多，任务量之大使得这样的监管方式越来越不现实。

在这种情况下，以保险产品费率信息报备为核心的注册制监管应运而生，由保险公司产品发行的申请人依法将产品信息（包含费率厘定）的资料公开，制成法律文件，送交保险监管部门审查，主管机构负责审查其是否履行了信息披露义务，这个过程会使信息披露更加公开透明，缩短审核周期，增加市场活力。

2. 由合同条款和价格监管向行为监管为主转变

之前的费率监管主要是采用合同条款的监管或者具体价格方面的监管，是适应当时保险公司少、保险产品比较固定、定价方式单一、精算数据较少的情况的，在当时的情况下起到了有效的监管作用。

但随着现在互联网保险的发展，保险公司数量增加，产品丰富，数据规模数以亿计，定价技术不断创新，在这种情况下，以保险产品费率信息报备为核心的注册制监管应运而生，从每一个产品的合同价格的审批转变为数据库及算法的报备与注册。随着大数据的广泛应用，各个保险公司为不同客户根据风险因子打分形成差异化的保险费率，监管部门只需监管保险公司采用的数据库是否合适，算法是否合理，而不必监管其具体价格和合同。经过监管机构备案的新产品，规定其保障范围和保险费率应作为同类保险产品的基础保障范围和基础费率，各保险公司开发的与新产品保障功能类似的产品，应统一使用该基础保障范围和基础保险费率，也可根据市场需求适当扩展保险保障范围并同时合理提高保险费率，但不得缩小保障范围或降低费率，也不得以增加特约条款等方式变相降低费率或采取其他规避管理的方式增加企业进行产品创新的灵活性。①

3. 由事前监管为主向事后规范、建立健全法律体系转变

从之前事前审核"前严"到准入之后监督"后松"的体系，逐步转变为事前注册制"前松"到准入后监督和惩罚机制"后严"的管制方法，事前的费率厘定更多地交给了保险公司完成，互联网已经为信息披露提供了最好的技术支持，但是需要保监会建立费用披露机制，并监督保险公司执行。建立更完善的信息披露机制，接受公开市场的检验，但保险监管者们的任务并没有减轻，他们仍然享有监督权，以防止不公平价格及歧视性行为，来监督市场运行的有效性，并增加立法，给保险欺诈等违法行为以严厉的惩罚。

4. 建立健全信息共享平台

降低进入壁垒本应是互联网保险的一个优势，因为互联网保险不需要庞大的资金和巨大的线下销售服务网络就可以进行全国性的业务。可现实是，我国的互联网保险集中在几家实力雄厚的保险公司和互联网巨头上，其他中小保险公司并没有竞争优势。这是因为大保险公司经历较长的经营历史使得它们积累着大量的客户数据，而互联网巨头把控着互联网的主要入口从而也存储着用户海量数据。而它们把这些数据当作商业机密不予公开，独享数据挖掘带来的巨大优势。因此，互联网保险面临着大保险公司和互联网巨头对数据的垄断问题。拥有海量数据的公司常常为了维护自己的利益而拒绝信息的流动，这不仅浪费了数据资源，而且会阻碍创新的实现。与互联网时代的数码鸿沟问题一样，大数据的应用同样存在着接入和技术的双重鸿沟。当然，也不能单纯地指责数据拥有者对数据的保密，毕竟这些数据的获取也花费巨大的资金成本和时间成本。进入大数据时代，数据的掌握者们是否会平等地交换数据，促进数据分析的标准化，在数据公开的同时如何与知识产权的保护相结合，不仅涉及政府的政策，也与企业的未来规划息息相关（见图6）。

---

① 柯甫榕："试论保险条款费率监管"，载《保险研究》2008年。

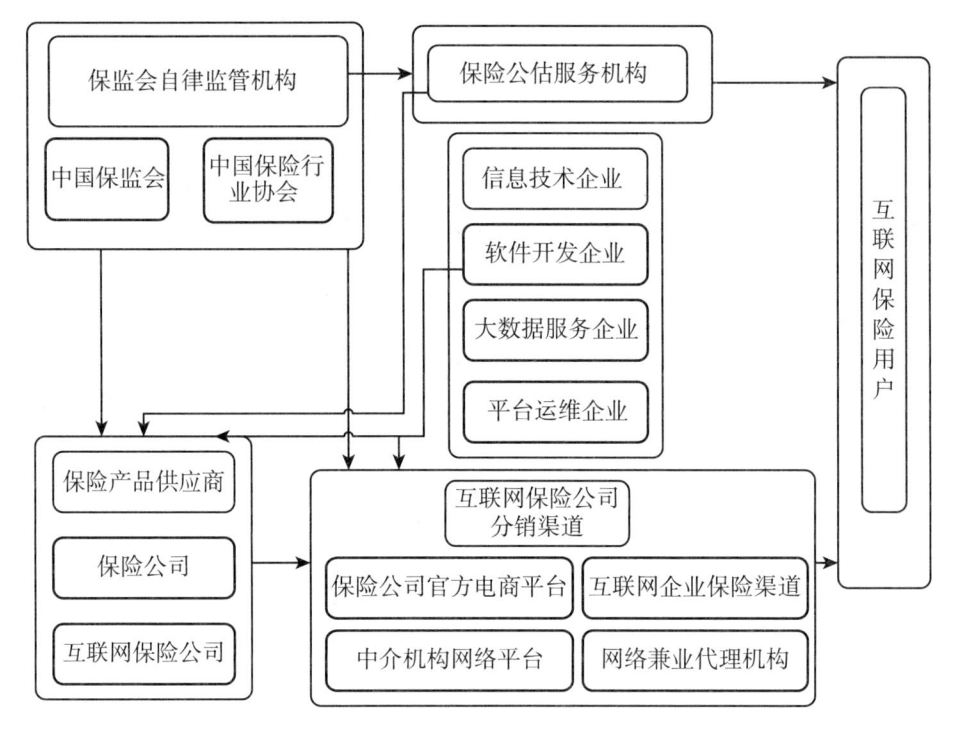

(资料来源：易观智库)

图6 互联网保险行业产业链

如何让更多的企业参与到互联网保险的竞争，减少行业垄断，从而激发互联网保险的创新和发展，这是互联网保险需要解决的问题。需要保险监管部门来进行各方利益平衡和推动。

建设和运营集中统一、设计科学、功能完善、安全高效的保险业数据信息共享和对外交互平台对引领保险业走向费率市场化、管理精细化、数据规范化，推动行业数据整合将起到非常重要的作用。

让信息共享平台成为行业与外部数据交互应用的重要基础和依托，引入公安、气象、医疗、教育、信用、移动通信等外部数据，主动与交管、税务、经侦、社保等公共管理部门进行数据交互，依托自身保险多维度数据支持保险自身信用体系建设，并纳入国家征信体系，发挥外部数据在行业内部治理中的独特作用，依托行业信息共享机制有效延伸保险参与社会治理的范围和触点。

形成费率市场化改革的重要技术支撑。依托平台数据、技术和资源，配合保监会开展数据提取和费率测算，未来可以依托平台实现费率测算常态化、费率监测动态化。同时，面对商改费率下行压力，加快推进反欺诈系统、数据分析系统等应用系统建设，促进保险公司反欺诈水平和成本控制能力提升。

产品和服务创新的重要数据支持。依托保险信息平台为保险产品和服务创新以及"大数据"应用提供技术支持服务。探索各类新型业务风险评估、数据采集与共享机制。积极探索新技术应用研究为保险产品创新、商业模式以及监督管理提供服务和支持。

（二）加强信息披露，防范出现大数据滥用

理想的情况下，大数据对我们帮助巨大。然而在现实中，随着科技的进步，监控摄像头、感应器、手机追踪软件等记录将我们变成量化的个体，随之形成的信息以史无前例的海量数据形式涌入数据库中，汇集成空前庞大且分类详细的文件系统。

保险公司将我们的数据进行转化后用于评分、评级和风险测算，形成差异化的费率。但我们在这个过程中并不知情，有些数据的搜集可能是我们无意造成的却成为其评分的来源，而其算法是否带有某种歧视性的偏见嵌入，随之形成的结果其实并不能反映真实的风险，却造成了费率的差异，由数据搜集和算法造成不公平的泛滥。[①]

要解决这个难题，需要监管者进行充分的信息披露，得到结论的数据库以及算法，并且把这些信息也都向公众全部公开，并接受监督。虽然有可能涉及商业机密而不能做到所有数据的公开，但是这个问题也应该是大数据背景下，监管者们需要考虑的一个问题。

[①] 弗兰克·帕斯奎尔（Frank Pasquale）：《黑箱社会——掌控信息和金钱的数据法则》，赵亚男译，中信出版集团2015年版。

投保人制度初探

刘清元[*]

内容提要：投保人制度并非保险合同产生初期就有，而是随着实践发展产生的，其产生原因是被保险人具有的不确定性、团体性、扩展性与可继承性等特征。投保人制度与代理人、利益第三人等相关制度具有显著的区别，并具有无因性和独立性的特征。

关键词：投保人　团体性　无因性　独立性

投保人制度是保险合同特有的一种制度。一般合同，主体为双方当事人，而保险合同的主体包括投保人、被保险人与保险人三方。为什么保险合同产生了投保人制度？这种制度与相关制度有什么区别？投保人制度具有什么特征？上述问题笔者从现有保险法著作中没有找到答案。由于投保人制度是鲜有人论述的问题，故笔者大胆尝试"初探"，以期抛砖引玉。

一、投保人制度产生的原因

1906年英国的《海上保险法》是对此前英国普通法的完整总结，被世界各国视为海上保险法的范本。[①] 在该法典中，保险合同的主体仅有双方当事人即被保险人与保险人。我国现行《海商法》中海上保险法部分就继承了1906年英国《海上保险法》，保险人的相对方只有被保险人，没有投保人。可见，投保人制度不是保险合同产生的初期就有的，而是随着实践的发展而产生的。笔者认为，投保人制度产生的原因是被保险人具有如下四个特征。

---

[*] 刘清元：安华农业保险股份公司董事会秘书兼法律合规部总经理。
本文为作者参与的国家社科基金项目"保险法的理念与制度实施研究"（项目编号：11BFX032）的阶段性成果。

[①] 参见汪鹏南：《海上保险合同法详论》，大连海事大学出版社2011年版，第12页。

(一) 被保险人的不确定性

海上货物交货地点大致包括买方指定的工厂交货（Ex Works）；离岸船边交货（FAS）；离岸船上交货（FOB）；到岸船内交货（Ex Ship）等。根据上述交货地点，货物运输的风险时间段可分为：卖方运输至工厂；工厂运输至离岸船边；离岸船边至离岸船上；离岸船上至到岸船内。理论上，从保险利益角度出发，根据不同的交货地点，买卖双方应该各自购买自己承担风险阶段的保险。如离岸船边交货，卖方购买货物运送至离岸船边前的保险，买方购买离岸船边后的保险。而实践中，一般由买卖的一方来购买保险，而另一方自然享有风险保障的权利。在此情况下，投保人既为自己投保也为他人投保，被保险人不确定。《德国保险合同法》第43条第1款规定，不论是否载明被保险人的名称，投保人可以自己名义为第三人购买保险。

(二) 被保险人的团体性

自20世纪初第一个现代团体保险计划问世以来，团体保险一直发展很快。团体保险与个人保险相比，最为明显的一个区别是，团体保险计划不是为某一个人或某一个家庭提供保险，而是为许多人提供保险。团体保险的双方当事人是保险公司与团体保单持有人（group policyholder）。团体保单持有人是一个人或一个组织，负责决定团体保险的保障类型，与保险公司商定保险条款并购买团体保险。在美国，受团体保险保障的个人称为团体被保险人（group insureds）。在加拿大，团体寿险保单承保的个人称为团体寿险被保险人，而团体健康险保单承保的个人被称为被保险的团体成员。团体保险的核保规则主要强调团体的特征，而通常不要求单个团体被保险人提供可保证明。在美国与加拿大，所有法律对团体人寿与健康保险都没有提出可保利益的要求。[1]

(三) 被保险人的扩展性

同时以列举法和描述法指出被保险人条款被称为"统括条款"。在机动车保险中，这种类型的保障通常是法律强制要求的，以确保驾驶员在财务问题上不负责任，事故受害人能够得到保障。典型的例子是：在车主所购买的责任保险中，被保险人的定义往往是得到指定被保险人同意而使用机动车的人。[2] 有些当事人

---

[1] 参见 Harriet E. Jones, Dani L. Long：《保险原理：人寿、健康和年金（第二版）》，赵凯译，中国财政经济出版社2004年版，第180~181页。
[2] 参见［美］小罗伯特·H. 杰瑞，道格拉斯·R. 里士满：《美国保险法精解》，李之彦译，北京大学出版社2009年版，第146~147页。

在普通分类中能被当作被保险人而承保的情况包括：家庭成员；家属；受雇人；法律代理人；高级主管及董事；根据与指名被保险人的个人或商业关系而规定于保单上的其他人。①

（四）被保险人的可继承性

一是被保险人随着保险标的物的转让而变更。《意大利商法》第1918条规定，保险标的物转让的，自转让后的第一个保险费期间届满时起的10日内，知道保险契约存在的受让人未以挂号信向保险人做出不替代被保险人在契约中的地位的意思表示，则被保险人的权利、义务转移于受让人。二是被保险人随着保险标的物所有权的转让而变更。《立陶宛民法典》第1011条规定，保险标的物的所有权从被保险人转移给其他主体，则保险合同相关权利义务也随保险标的物的所有权一同转让给新的权利人。《亚美利亚民法典》第1016条规定，被保险人将保险标的物所有权转让给其他主体时，保险合同的权利义务同时转由受让人承受。我国台湾地区"保险法"第18条规定，被保险人死亡或保险标的物所有权移转时，保险契约除另有订定外，仍为继承人或受让之利益而存在。《俄罗斯民法典》第960条规定，被保险的财产的权利移转于他人时，该保险合同的权利和义务也移转于对该财产取得权利的人。三是被保险人随着保险标的的转让而变更。《韩国商法》第679条规定，被保险人转让保险标的的，推定受让人承继保险合同的权利义务。我国《保险法》第45条规定，保险标的转让的，保险标的的受让人承继被保险人的权利和义务。

二、投保人制度与相关制度的区别

（一）投保人制度与代理人制度的区别

（1）名义不同。投保人是以自己名义订立保险合同；代理人是以被代理人（本人）的名义从事法律行为。代理，指代理人于代理权限内，以本人（被代理人）名义向第三人所为的意思表示或由第三人受意思表示，而对本人直接发生效力的行为。②《德国保险合同法》规定，与保险人订立契约的要保人得以其名义为第三人之利益，以指明被保险人姓名或不指明被保险人姓名的方式，订立保

---

① 参见 ERIC A. WIENING, CPCU, ARM, AU DONALD S. MALECKI, CPCU：黄静嘉、黄嘉若、吴月珑、孙芳文译，产物保险核保学会（台湾）1996年，第180页。
② 参见王泽鉴：《民法总则》，中国政法大学出版社2001年版，第449页。

险契约。保险契约若为他人的利益而订立，即令已经指明第三人的姓名，于有疑义时，订立契约之人，推定非以代理人而是以自己之名义为第三人利益订立契约。①

（2）范围不同。投保人仅限于订立保险合同，而代理人代理的范围包括所有的法律行为。"得为代理者，限于法律行为（意思表示）。对于准法律行为，代理的规定得为类推适用。侵权行为及事实行为均非代理的客体。"②

（3）条件不同。投保人与被保险人不需要任何法律关系，代理人与被代理人一般存在一定法律关系，包括委托、劳动等。投保人订立保险合同时不需要授权书，代理人订立保险合同必须有授权书。我国台湾地区"保险合同法"第45条规定，要保人得不经任，为他人之利益订立保险契约。《韩国商法》第639条规定，投保人可经他人委托或不经他人委托，为特定的或不特定的他人签订保险合同。但在财产保险合同中，若未经他人委托，投保人应将该事实告知保险人，未告知的，不得以他人不知已签订保险合同的事实为由对抗保险人。在财产保险合同中，投保人已向该他人赔偿因保险事故造成的损失时，投保人可在不损害他人的权利的范围内，请求保险人支付保险金。

（4）效果不同。投保人订立保险合同，并有义务支付保费。代理人制度中，代理人以被代理人名义作出法律行为，一切效果由被代理人承担。

（二）投保人制度与利益第三人制度的区别

（1）权利的来源不同。投保人制度中，被保险人享有的权利是自然拥有的，不是来源于投保人。利益第三人合同中，利益第三人的请求权来源于合同当事人一方。

（2）权利的可撤销性不同。投保人制度中，被保险人的权利不能被合同当事人撤销，除非解除合同。利益第三人合同中，利益第三人的权利可以被授予合同权利的当事人撤销。

（3）法律地位不同。投保人制度中，被保险人是保险合同不可缺少的关系人，没有被保险人，保险合同不能成立。利益第三人不是合同中必要的关系人，可有可无。

---

① 参见刘宗荣：《新保险法：保险契约法的理论与实务》，中国人民大学出版社2009年版，第278页。

② 王泽鉴：《债法原理》，北京大学出版社2009年版，第216页。

三、投保人制度的特征

（一）无因性

1. 投保人对保险标的无须具备保险利益

规定投保人对保险标的无须具有保险利益，不会引起道德风险。原因在于，保险事故发生后，保险赔偿请求权非属投保人，而属于被保险人。保险事故之发生对投保人既无利益可言，主观危险之发生并不会因投保人对保险标的无保险利益而特别提高。因此，只要被保险人对保险标的具有保险利益，投保人是否具有保险利益并不致使保险契约流于赌博行为。[1] 所谓投保人对保险标的须具有保险利益以防赌博行为之发生，只限于投保人与被保险人为同一人之情形。[2] 财产保险事故发生时，遭受损害之人即为被保险人。只要被保险人对于某标的（物）具有保险利益，则其保险之标的即为此保险利益，投保人是否具有保险利益并不致使保险契约与赌博行为混同。[3]

不利于交易的形成。投保人与被保险人不是同一人时，没有必要限制投保人对保险标的具有保险利益。"因若严加限制，则基于无因管理而订立保险契约（例如甲未受委任，而以自己名义，就他人之所有物，以他人为被保险人，使之享有赔偿请求权，而订立保险契约），就不可能。如此，不但有碍交易之灵活，且阻挠人类之互助。"[4] 坚持投保人对保险标的具有保险利益，并无任何法律上或经济上的实益。[5]

2. 投保人对被保险人无须具备保险利益

投保人对被保险人无须具备保险利益，不会引起道德风险。人身险中，"保险赔偿请求权归属于被保险人，并非由投保人指定受益人所致，乃是基于保险之内容在于补偿真正受损害人之结果"。[6] 投保人与被保险人不同一时，保险合同之利益归属于被保险人，而投保人除有多付保险费义务外，并无任何权利可言。[7] 第三人以自己为投保人而非被保险人所订之保险合同，保险事故发生后，投保人

---

[1] 江朝国：《保险法基础理论》，中国政法大学出版社2002年版，第114页。
[2] 江朝国：《保险法基础理论》，中国政法大学出版社2002年版，第126页。
[3] 江朝国：《保险法基础理论》，中国政法大学出版社2002年版，第114页。
[4] 郑玉波：《保险法论（修订九版）》，刘宗荣修订，三民书局2013年版，第53页。
[5] 叶启洲：《保险法实例研习》，元照出版公司2013年版，第82页。
[6] 江朝国：《保险法基础理论》，中国政法大学出版社2002年版，第125页。
[7] 江朝国：《保险法基础理论》，中国政法大学出版社2002年版，第128页。

既非当然之受益人，故无须对被保险人具有保险利益。目前我国台湾地区"保险法"第 16 条规定投保人对被保险人具有保险利益的规定，其意义何在殊不理解。①

可能是立法借鉴之误读。立法实践中，规定人身保险的投保人对被保险人需要具备一定保险利益，笔者仅见于我国台湾地区"保险法"与我国保险法。规定投保人对被保险人需要具备保险利益，欧陆国家少见此种情形。② 台湾学者叶启洲先生认为我国台湾地区"保险法"受英美法之影响，规定了投保人需要对被保险人具有一定利益。③ 我国保险法规定投保人与被保险人具备保险利益的情形受我国台湾地区"保险法"影响。人寿保险的保单持有人须对被保险人的生命具有保险利益，这一原则自从《1774 年英国人寿保险法》颁布时便已经存在。④ 英美规定保单持有人需要对被保险人具备保险利益，而保单持有人并非等同于投保人，更多的指受益人。故投保人对被保险人须具备保险利益可能是立法借鉴时之误读。

（二）独立性

1. 告知与通知义务主体之争

如实告知义务的主体，立法体例大致分两类。一类是投保人告知主义。2008 年《德国保险合同法》第 19 条规定了投保人的告知义务。《俄罗斯民法典》第 944 条规定告知义务的主体为投保人。我国 2009 年《保险法》第 16 条第 1 款规定告知义务的主体为投保人。我国台湾地区"保险法"与《瑞士保险法》同样规定投保人为告知义务的主体。另一类是投保人与被保险人联合告知主义。2005 年《法国保险合同法》第 L113 - 2 条第 2 款规定了投保人与被保险人应如实回答保险人提出的询问。2008 年《日本保险法》第 28 条规定投保人或被保险人因故意或重大过失没有如实告知，保险人可以解除保险合同。《韩国商法》第 651 条规定，投保人和被保险人承担告知义务。

通知义务包括危险增加通知、危险事故发生后的通知及重复保险的通知等。如危险增加通知，《德国保险合同法》规定的是被保险人，《意大利民法典》和《澳门商法典》规定的是投保人，我国台湾地区"保险法"规定的是投保人或被保险人。⑤

---

① 江朝国：《保险法基础理论》，中国政法大学出版社 2002 年版，第 70 页。
② 叶启洲：《保险法实例研习》，元照出版公司 2013 年版，第 391 页。
③ 叶启洲：《保险法实例研习》，元照出版公司 2013 年版，第 391 页。
④ 肯尼斯·S. 亚伯拉罕：《美国保险法原理与实务》，韩长印等译，中国政法大学出版社 2012 年版，第 294 页。
⑤ 汪华亮：《保险合同信息提供义务研究》，中国政法大学出版社 2011 年版，第 258 页。

导致上述义务主体之争的一个重要原因在于以投保人与被保险人为同一为原则，以非同一为例外的立法思维。现行各国虽然都区分了投保人、被保险人，但实际上要么是将包括了被保险人的投保人作为原则，将投保人与被保险人分开作为例外，如德国；要么是将包括了投保人的被保险人作为原则，将投保人与被保险人分开作为例外，如法国。被保险人与投保人之间的这种关系，在形式逻辑学意义上，属于"相容关系中的交叉关系"，双方只有一部分外延相同或重合，如果把部分重合概念当作完全重合概念来使用，就会出现以偏概全的逻辑毛病。[1]

2. 投保人制度独立之必要

投保人制度产生是适应保险交易的需要，其产生之后更有利于保护被保险人的需求。但在立法实践中，仍未将投保人制度完全独立，由此产生了告知与通知义务主体之争等一系列问题。只有将投保人完全从被保险人中独立出来，内涵保持高度一致，才能真正发挥投保人制度的作用。

---

[1] 游源芬："保险立法要有正确的逻辑思维"，载《中国保险管理干部学院学报》2001 年第 1 期，第 37 页。

不丧失价值选择之制度构建

梁 鹏[*]

内容提要：分期付款之人寿保险，若因保费欠缴而解除合同，对双方当事人均无好处，世界保险实践以不丧失价值选择制度应对这一问题。不丧失价值选择制度应以约定与法定两种形式分层建构，我国实践中的约定不丧失价值选择制度包括自动垫交条款、减额缴清条款和保单转换条款三种，但均存在缺陷需要加以完善。法定不丧失价值选择制度则是我国的法律空白，为了弥补这一法律空白，我国保险法宜规定，积存有现金价值之分期付款人寿保险，如投保人或被保险人欠缴次期以后之保险费，且保险合同未约定现金价值处理的方式，或者投保人或被保险人于该合同宽限期结束后未对现金价值处理作出选择时，保险人应以现金价值垫交保费给予减额缴清保险。

关键词：现金价值 分期交付 不丧失价值选择 法定缴清保险

一、问题的提出

人身保险之缴费，可选择一次缴清和分期支付。一次缴清，极少出现保费未交之情形；然分期缴付，则常出现投保人忘缴之情形。于此情形，依现行《保险法》第 36 条、第 37 条之规定，保险人须首先给予 30 日（催告缴费之情形）或 60 日（未催告缴费之情形）之宽限期，若投保人仍不缴费，则保险合同中止，两年之中止期经过后，倘投保人依然未缴保费，其结果是，保险合同无以复效，保险人有权解除保险合同，被保险人因此失其保障，于保险合同依约定积存有保单现金价值之情形，由保险人退还现金价值。保险合同未积存现金价值者，保险人不须退还任何款项。

然而，投保人或被保险人或许只是因为公务繁忙等忘交保费，退还保单现金

---

[*] 梁鹏：中国青年政治学院教授，法学博士。
基金项目：国家社科基金青年项目（11CFX019）"保险法司法解释及实施问题研究"。

价值并非其之所欲，保障之丧失更为投保人或被保险人所不欲。对投保人或被保险人来说，现行《保险法》之上述做法似乎过于严苛。同时，这一做法对保险人亦无益处，毕竟，原本存在于保险人账户上之现金价值为投保人或被保险人所领取。那么，如何从保险法上设计一种制度，通过这一制度对上述严苛后果适度缓冲，并对保险各方主体，尤其是投保人、被保险人的利益保护有所裨益，实为保险法学者应当思考的问题之一。

解决这一问题，须建立不丧失价值选择制度。所谓"不丧失价值选择"，乃是指保单积存有现金价值时，投保人或被保险人对现金价值的处理。① 于投保人未缴到期保费的情况下，若想让被保险人获益，且不伤及保险人，唯一的办法是利用保单的现金价值续交保费，以使合同继续有效，或者变更保险合同，使被保险人获得部分保障。如此，可以缓减《保险法》规定之解除保险合同、退还现金价值的严苛后果。②

我国理论界对不丧失价值选择制度鲜有研究，实务界虽有零星的不丧失价值选择之操作，但亦存诸多问题。为此，须在我国分层建立约定不丧失价值选择制度和法定不丧失价值选择制度，明确规定，于投保人或被保险人未能依照约定不丧失价值条款对现金价值的处理作出选择时，应当将该人身保险转换为法定减额缴清保险。本文试图对此深入研究。

二、不丧失价值选择的中国实践及其检讨

我国《保险法》虽未对不丧失价值制度作出规定，但保险实践已参照先进国家之做法，尝试为投保人或被保险人提供不丧失价值选择。不过，实务界的诸多做法颇有值得改进之处。

（一）中国实践中的不丧失价值选择

笔者查阅了中国保险行业协会网站上公布的各家保险公司的在售产品，发现在我国保险合同实务中，主要提供了三种不丧失价值选择。

---

① 传统保险法教科书中，不丧失价值选择通常包括退还现金价值、变更为减额缴清保险、变更为展期定期保险三种。但不丧失价值系指保险单在解约时尚未丧失而应由保险人返还之价值，对该价值的处理选择即为不丧失价值选择。依此，投保人或被保险人若主动选择将现金价值用于垫付保险费，亦为对现金价值之处理选择，诚属不丧失价值选择之一种。本文为讨论我国实践中对现金价值的处理，将保费自动垫交条款作为不丧失价值选择之一处理。

② 严格而言，退还现金价值也是不丧失价值选择之一，但本文旨在讨论现行《保险法》规定之外的缓冲措施，故而除非必要，本文不再讨论退还现金价值之问题。

第一种选择是保费自动垫交条款。自动垫交条款系寿险保险单之条款，"于宽限期到期后，应缴保险费仍未缴纳时，则利用保险单现金价值自动垫交应缴之保险费，其主要目的在于防止非故意之保险单停效。"① 而我国保险合同实践中，自动垫交条款的典型表述是："您可以选择保险费自动垫交功能，即如果您在宽限期结束时仍未交纳保险费，我们将以本合同的现金价值扣除各项欠款及应付利息后的余额自动垫交到期应交的保险费，本合同继续有效。我们将对自动垫交的保险费计收利息。如果本合同的现金价值扣除各项欠款及应付利息后的余额不足以全额垫交到期应交的保险费，则本合同自宽限期满的次日零时起效力中止。"②

第二种选择是减额缴清条款。减额缴清保险是指"在人寿保险中，根据长期保险的不没收选择权，被保险人在不能继续缴费时，可以用保单的解约金以趸交方式购买保险，保险期限与保险种类和原保单相同，但保额减少"③。我国保险合同实践中，典型的减额缴清条款表述是："在本合同保险期间内且本合同有效，自本合同生效日或最后复效日（以较迟者为准）起2年后，如果本合同具有现金价值，您可以申请将本合同变更为减额交清保险合同。我们将以申请当时本合同具有的现金价值净额，一次性支付相应降低了基本保险金额后的全部净保险费，降低后的基本保险金额不得低于申请时我们规定的最低金额。本合同变更为减额交清保险合同后，您不必再交纳保险费。减额交清保险仅适用于标准体。"④

第三种选择是保单转换条款。保单转换条款是指分期付款的人寿保险中，投保人届期未交保费时，若投保人申请，保险人可以将保单现金价值用于购买另一种保险，但该现金价值可以购买何种保险须由保险人决定的条款。保单转换条款的典型表述是："本合同已交足二年以上保险费且生效二年后，您到期未交纳保险费的，在宽限期满前可申请将本保险转换为本公司认可的保险。本公司将根据宽限期开始前一日保险单的现金价值与有可能分配的特别红利之和，在扣除各项欠款后转换本保险。"⑤ 这是一种保险学教科书中没有提到的不丧失价值选择条款，其特征在于现金价值可以购买的险种由保险人自主决定，而非双方于合同中提前约定。

---

① 梁正德：《保险英汉辞典》，财团法人保险事业发展中心2003年版，第120页。
② 泰康人寿保险公司"泰康健康人生终身寿险（分红型）条款"第6.3条。
③ 中国保险报社、加拿大永明人寿保险公司合编：《英汉保险词典》，商务印书馆1998年版，第532页。
④ 太平人寿保险公司"太平一世终身寿险条款"第17条。
⑤ 新华人寿保险公司"祥和万家两全保险（分红型）条款"第3.5条。

（二）不丧失价值选择实践之检讨

详察我国保险合同实践中的不丧失价值选择，至少存在三个问题：

首先是实践中不丧失价值条款的供给不足。查阅中国保险行业协会各家保险公司的在售产品，可以发现，绝大多数中小型保险公司很少提供不丧失价值选择条款。而大型保险公司虽在部分产品中提供了不丧失价值选择条款，但所占寿险产品比例较低。笔者在中国保险行业协会网站"保险产品"一栏中输入"人寿保险""在售""个人""分期付款"四个条件，对中国平安人寿、新华人寿、太平人寿三家保险公司的在售产品条款进行搜索，[①] 统计其提供的不丧失价值条款，结果如表1、表2、表3所示。

表1　中国平安人寿股份有限公司的不丧失价值选择条款数量
（括弧中的数字为该类产品总数）

险种＼条款类型	现金价值条款（款）	自动垫交条款（款）	减额缴清条款（款）	保单转换条款（款）
定期寿险	9（14）	0（14）	2（14）	0（14）
终身寿险	7（7）	4（7）	4（7）	0（7）
两全保险	34（34）	26（34）	10（34）	0（34）

可见，在中国平安人寿具有现金价值的50款产品中，提供自动垫交条款的有30款，占比60%；提供减额缴清条款的产品有16款，占比32%；中国平安人寿不提供保单转换条款。

表2　新华人寿股份有限公司的不丧失价值条款数量
（括弧中的数字为该类产品总数）

险种＼条款类型	现金价值条款（款）	自动垫交条款（款）	减额缴清条款（款）	保单转换条款（款）
定期寿险	8（10）	0（10）	4（10）	0（10）
终身寿险	5（5）	0（5）	0（5）	2（5）
两全保险	33（33）	0（33）	5（33）	11（33）

可见，在新华人寿具有现金价值的46款产品中，提供减额缴清条款的产品有9款，占比不足20%；提供保单转换条款产品的共计13款，占比约为28%；新华人寿不提供自动垫交条款。

---

① 因中国保险行业协会网站提供的产品查询无法显示中国人寿股份有限公司的具体产品条款，故无法提供该公司的不丧失价值选择条款数量。

表3 太平人寿股份有限公司的不丧失价值条款数量
（括弧中的数字为该类产品总数）

险种 \ 条款类型	现金价值条款（款）	自动垫交条款（款）	减额缴清条款（款）	保单转换条款（款）
定期寿险	4（9）	0（9）	2（9）	0（9）
终身寿险	19（19）	0（19）	3（19）	0（19）
两全保险	53（53）	0（53）	12（53）	0（53）

可见，在太平人寿具有现金价值的76款产品中，提供减额缴清条款的仅有17款，占比约为22%；太平人寿不提供自动垫交条款和保单转换条款。

统合三家保险公司，具有现金价值的产品共计172款，计有87种产品不提供不丧失价值选择，占比50.6%，另有85款产品提供不丧失价值选择，占比49.4%。其中，提供自动垫交条款产品仅为30款，占比约17.4%；提供减额缴清条款的产品计42款，占比约24.4%；提供保单转换条款的产品计13款，占比约7.6%（见图1）。上述为大型保险公司提供的不丧失价值条款比例，由于中小保险公司很少提供不丧失价值选择，故而可以肯定，中国保险合同实践中的不丧失价值选择提供相当匮乏。

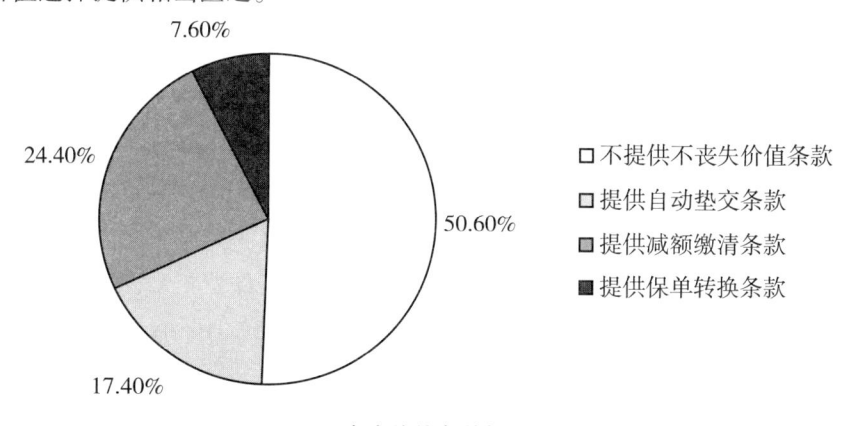

图1 不丧失价值条款提供示意图

不丧失价值条款的供给不足所生后果是，大量保险合同因未缴保费终止后，保险人只能退还现金价值，这一做法无论对投保人、被保险人还是保险人，均无益处可言。

其次，即便保险人已经提供了不丧失价值条款，还需要投保人或被保险人主动选择适用，倘若被保险人因故没有选择，其结果仍然是保险人解除合同，退还现金价值。考察现存三种不丧失价值条款，可以发现，各条款均包含有"您可以申请"或"可申请"字样。这意味着，不丧失价值条款的适用前提是投保人或被保险人明确选择，如果投保人或被保险人没有主动选择适用，则保险人无权利，亦无义务主动适用该条款。由于我国《保险法》规定，投保人届期未缴保费，保险人可以采取催告缴费措施，亦可以不采取催告缴费措施，使保险合同效力中止。① 于保险人不采取催告缴费措施的情况下，投保人极有可能因诸种原因忘缴保费。此时，投保人或被保险人通常不可能主动就上述三种不丧失价值条款进行选择，其结果必然是保险合同效力中止，其后，倘若保险合同未能复效，保险人便可以解除保险合同，退还现金价值。

最后，各家保险公司对现行三种不丧失价值条款表述不一，部分保险公司的表述不尽合理。

就自动垫交条款而言，大部分自动垫交条款是合理的，但也有一小部分自动垫交条款存在不合理因素。现行保单中的自动垫交条款大部分由投保人或被保险人主动选择适用，但是，亦有部分自动垫交条款采取了"不主动选择即自动适用"的不合理模式。其结果是，在投保人或被保险人不知情的背景下，现金价值被消耗殆尽，最终合同仍被解除，且没有现金价值可以退还。例如，某保险公司的自动垫交条款规定，投保人对自动垫交条款"没有做任何反对的书面声明"，该条款便于宽限期结束后即刻启动，保单现金价值用于交付保险费。② 然而，投保人或被保险人可能直至现金价值被垫交殆尽也没有意识到保费欠缴的问题，现金价值丧失后，保险合同继而中止，接着是保险人解除合同，且无现金价值可以退还。对此，施文森教授指出："保单之'自动垫交保费'条款，表面观之，似对要保人有利，尤其于延长期间内被保险人发生事故者为然，但若于延长期间内，保险事故并未发生，岂不使要保人于未经同意下，无端遭受金钱上之损失？"③ 此外，部分自动垫交条款规定，在现金价值垫交至不足缴付到期应交保险时，保险合同即告中止，此即所谓的"按期垫交"。以此，现金价值必须足以缴付一期保费，否则该条款不予适用。例如，若合同约定保费年缴，即便现金价值足以缴付十一个月，保险亦中止。这对投保人或被保险人似有不利。

---

① 《保险法》第36条规定，投保人届期未缴保费，保险人可以进行催告，经催告30日后，仍未支付保险费的，保险合同效力中止。保险人也可以不经催告，自保费到期日始经过60日，保险合同效力中止。

② 海尔纽约人寿"丰盈年年两全保险（分红型）"第20条规定："如果您在宽限期内没有交纳到期应交的保险费，并且在宽限期届满前没有做任何反对的书面声明，我们将自本合同宽限期开始时进行自动保单贷款，自动保单贷款的可贷款金额（以下简称可贷款金额）以本合同当时所具有的现金价值净额（包括附加合同的现金价值净额）为限。（一）如果本合同当时的可贷款金额大于当期应交的保险费，我们将通过自动保单贷款垫交当期应交的保险费，使本合同继续有效；（二）如果本合同当时的可贷款金额小于当期应交的保险费，我们将按当时的可贷款金额与当期应交保险费的比例折算成承保期间，通过自动保单贷款垫交承保期间内应交的保险费，使本合同继续有效。承保期间届满后本合同的效力中止。"

③ 施文森：《保险法判决之研究》（上册），三民书局2001年版，第245页。

就减额缴清条款而言，部分保险公司设计的条款限制了该条款的适用范围。一种限制方法是：将该条款限制适用于标准体，次标准体和部分拒保体则不予适用。例如，有减额缴清条款明确规定，"减额交清保险仅适用于标准体"，① 亦有减额缴清条款规定，"若我们对您的主合同有增加保险费或者部分不予承保的，您不能享受该项减额缴清保险利益"。② 另一种限制方法是：如减额缴清后的保险金额低于一定额度，不得适用减额缴清条款。例如，部分减额缴清条款规定，"变更减额交清保险后的有效保险金额不得低于人民币10 000元"③。这样的规定无疑限制了减额缴清保险的适用范围。

就保单转换条款而言，至少存在三方面的瑕疵：其一，保险人对保险转换的控制力过于强大。保单转换条款规定，投保人或被保险人意欲转换的险种须经保险人认可，倘若保险人拒绝认可对方提出的任何险种，保单转换条款便无从实施。其二，投保人或被保险人对可转换的险种不具有可预见性。投保人或被保险人在投保时便需要了解未来可能转换险种的情况，但保单转换条款没有明确可转换的险种，妨碍投保人或被保险人对转换后保险的判断，也因此减损了保单转换条款的功能。况且，我国普通民众的保险知识仍然匮乏，在不了解相关险种的情况下，要求其作出转换选择，诚属困难。其三，保单转换条款与减额缴清条款存在功能上的重叠。依照保单转换条款，若投保人或被保险人选择不变更险种，仅降低保险金额时，只要得到保险人的认可，亦无不可，而此时的保单转换条款本质上乃是减额缴清条款。

三、不丧失价值选择制度的分层重构

鉴于我国不丧失价值条款实践中出现的问题，应当重构不丧失价值选择制度。我们需要解决的问题是：一方面，针对保险人提供的不丧失价值选择条款进行完善，即约定不丧失价值选择制度的完善问题。另一方面，针对保险人未提供不丧失价值选择，或者保险人已经提供，但投保人或被保险人未做任何选择时的情况作出处理，即法定不丧失价值选择制度的建立问题。

---

① 太平人寿保险公司"太平福祥一生终身保险条款（分红型）"第18条第3款。
② 信诚人寿保险公司"信诚终身寿险"第3.5条第3款。
③ 太平洋人寿保险"银泰人生终身寿险条款（分红型）"的减额缴清条款规定："在本合同有效期内累积有现金价值的情况下，您可提出书面申请，经我们审核同意后，将本合同变更为减额交清保险，变更减额交清保险后的有效保险金额不得低于人民币10 000元。减额交清时，将本合同基本保险金额所对应的现金价值扣除各项欠款后的余额作为一次性交清的保险费，以变更当时的合同条件，减少本合同有效保险金额。变更为减额交清保险后，本合同按变更后的有效保险金额参加以后各年度的红利分配。"

（一）约定不丧失价值选择制度的完善

所谓约定不丧失价值选择制度，乃是指保险人在保险合同中提供不丧失价值选择条款，由于该类条款须经投保人或被保险人选择方可适用，由此构成保险合同主体之间的约定，故称约定不丧失价值选择条款，与之相对应的制度便为约定不丧失价值选择制度。如上所述，我国保险实践中，少数保险合同中存在约定不丧失价值选择条款，但这些约定不丧失价值选择条款存在瑕疵，这意味着，我国实践中的约定不丧失价值选择制度存在问题，对其完善需要注意如下方面：

对自动垫交条款来说，至少有两处可以改进之处：第一，应将"不主动选择即自动适用"的模式改为投保人或被保险人"主动选择方才适用"的模式。上文已述，"不主动选择即自动适用"的模式容易导致投保人或被保险人在不知情的情况下丧失现金价值，故学者多主张现金价值"是否用以垫交保费，应由要保人自行决定"[1]。第二，将部分条款中的"按期垫交"模式改为"按日垫交"模式。在"按期垫交"模式下，只要现金价值不足缴付一期保费，便不再适用自动垫交条款，这必然会使保险合同在仍积存现金价值的情况下过早进入中止期，倘若中止期内发生保险事故，被保险人不能获得赔付，故对被保险人保护不利。而"按日垫交"模式下，直到现金价值为零之日，保险合同方才效力中止，对被保险人的保护显然更为有利。对此，江朝国教授表示："若当事人一方无其他表示者，纵然不足垫缴一期保费，其余额亦应按日数予以比例垫缴部分欠缴之保险费，以防保险公司于契约终止时借口已无现金价值为由占为己有。国外保险公司通例，肯定不足缴纳一期保险费之解约金净额，可依比例垫缴部分保险费，可供我国参考。"[2]

对于减额缴清条款来说，应当扩大该条款的适用范围。针对实践中将减额缴清条款限制于标准体的现状，应当为标准体以外的情形寻找减额缴清的出路。标准体以外的情形既然可以通过提高保费的方式承保，以该保险的现金价值趸交保险费，从而获得减额缴清保险至少在理论上不存在障碍，只不过保险减额较低而已。事实上，在美国的保险实践中，保险公司承保次标准体并可以将该保险转换为减额缴清保险的情形并不罕见，例如，美国某保险公司的减额缴清条款规定："如果……保费类别是'标准保费'，则本保单将自动按展期保险方式继续提供保障；如果……保费类别是'非标准保费'，则本保单将自动按减额缴清保险方式继续提供保险保障。"[3] 这一条款将"非标准保费"的保险转换为减额缴清保险，

---

[1] 施文森：《保险法判决之研究》（上册），三民书局2001年版，第245页。
[2] 江朝国：《保险法论文集》（二），瑞兴图书股份有限公司1997年版，第66页。
[3] See Muriel L. Crawford, Life and Health Insurance Law, seventh edition, FIMI Insurance Education Program Life Management Institute LOMA, Atlanta, Georgia, 1994, at 321.

从另外一个角度即可解读为,以"非标准体"作为保险标的的保险可以转换为减额缴清保险,可见,至少在美国,以"非标准体"作为保险标的的缴清保险转换并不存在技术上的障碍。至于实践中对减额缴清后的保险金额进行限制的措施,对保险主体均无益处,应予取消。以减额缴清后保险金额不得低于10 000元的实践为例,倘若允许转换,则被保险人至少仍能获得部分保障,倘若拒绝转换,则保险人必须退还现金价值,而此笔现金价值数额较小,对投保人或被保险人意义不大。而且,保险人并未因此获益,其不仅丧失了作为保险费的该笔现金价值,而且丧失了一个保险客户。

对保单转换条款来说,不妨将其改造为展期定期保险。所谓展期定期保险,是指"保险公司将保单净现金价值全部用于购买与原保单具有相同保额的定期保险,保险期长度为净现金价值所能购买的最长期限"。① 值得一提的是,展期定期保险采取趸交方式,以原保单净现金价值一次性缴清展期定期保险的保费。② 将保单转换条款改造为展期定期保险条款的优势之一,是展期定期保险可以与减额缴清保险形成完美组合。其组合原理是:对投保人或被保险人来说,若欲以现金价值的缴付继续原来的保障,则由于现金价值小于保险金额,则其选择无非有二:要么降低保险金额,要么缩短保障期限,除此别无他途。前者正是减额缴清保险,后者则是展期定期保险,二者组合,形成了对投保人或被保险人可能选择的全面覆盖。优势之二,是其可以消除保单转换条款的弊端。如上所述,保单转换条款至少存在三方面的缺陷,改造为展期定期保险条款之后,保险人对转换的控制力丧失,若投保人或被保险人选择适用展期定期条款,保险人无由拒绝;投保人或被保险人对转换后保险的可预见性增强,其明确知晓转换后的保障与原保障范围相同,只是保障期限缩短;同时,在功能上,展期定期条款与减额缴清条款完全不同,不再出现功能上的重叠问题。事实上,展期定期条款与减额缴清条款是英美保险实务中最重要的两类不丧失价值选择条款,我国保险实践中未能采用,实为憾事。

(二)法定不丧失价值制度的模式选择

约定不丧失价值条款为投保人或被保险人提供了选择,然而这种选择有其前提,即投保人或被保险人清楚地意识到自己未缴保费,并主动以现金价值趸交保费延续保险保障。然而,许多情况下,投保人或被保险人也许并未意识到自己未缴保费,或者虽然意识到自己未缴保费,却最终因遗忘等原因未缴保费,并且未

---

① [美]哈瑞特·E. 琼斯、丹尼·L. 朗:《保险原理:人寿、健康和年金》(第二版),赵凯译,中国财政经济出版社2004年版,第133页。

② 参见[美]肯尼思·布莱克、哈罗德·斯基博:《人寿与健康保险》,孙祁祥、郑伟译,经济科学出版社2003年版,第236页。

主动选择适用约定不丧失价值条款,此时,法律应当规定法定不丧失价值选择制度,以保护其利益。①

在笔者资料可查的世界立法中,关于法定不丧失价值选择制度,大致有两种模式:

第一种模式是美国的保险人选择模式,该模式要求保险人必须给予不丧失价值选择,但给予何种不丧失价值选择由保险人自行决定。19 世纪 40 年代初,美国出台了《格廷法》,②该法要求,保险人应当在保险合同中规定一个条款,依据该条款,于保险人未缴保费时,保险公司应当就不丧失价值作缴清处理,即将现金价值作为保费趸交,至于保险公司应当给予何种不丧失价值选择,《格廷法》并未强制要求,保险人既可以给予减额缴清保险,也可以给予展期定期保险。③随着《格廷法》越来越多地被美国诸州采用,《格廷法》中的法定不丧失价值选择也在这些州产生了效力,例如,加利福尼亚州《保险法》于第 10151 条中规定:"于本州内承保本州居民之生命由任何个人或公司签发之寿险保单(附加之意外死亡或失能险给付排除在外),于保费缴满三年后未再继续缴费时,应规定无须被保险人为任何行为,保险人即得动用依计算保费及保险价值之责任准备金基础上所得之保单净现金价值,以一次趸交以购买下列各项保险……第一,购买与原保单面额及红利相等一次缴清保费之分红或不分红之定期寿险,其期间按被保险人于原保单失效时之年龄以原保单之前开净值作为一次交付保费所得购买者定之……第二,购买保费一次缴清分红或不分红之定期寿险,其金额按保单面额

---

① 原理上说,投保人或被保险人未选择约定不丧失价值条款时,保险人可以终止保险合同并退还现金价值,这也是不丧失价值选择的一种表现。但是,与下文所述法定不丧失价值选择相比,退还保险金并非最合理的选择。其原因是:第一,法定不丧失价值选择能够贯彻投保人或被保险人的投保初衷。对大多数人来说,其购买人寿保险乃是为了保障其家属日后的生活需要,如果采取退还现金价值的办法,则投保人或被保险人购买保险的目的将无法实现。况且,在投保人或被保险人遗忘交付保险费时,其主观上并无终止保险,取回现金价值的意图,此时,宜推定投保人或被保险人主观上仍欲获得保障。第二,与法定不丧失价值选择相比,退还现金价值所获利益较小。法定不丧失价值选择所能获得的保险保障,是以现金价值作为趸交保费所获得的保障,其保险金额必然大于现金价值的数额,两者相比,多寡自现,退还现金价值的优势只是能够及时领取而已。基于以上两点,法定不丧失价值选择在立法上有存在之必要。不过,我们不能排除的情况是,个别投保人或被保险人在遗忘缴付保险费后,因经济困难更愿选择退还现金价值,为解决这一问题,可修改宽限期制度,要求保险人在催告缴付保险费时,于催告书中载明:若投保人仍不交付保险费,其可以选择退还现金价值。经此明确催告,保险人未选择退还现金价值者,保单转为法定缴清保险。

② 19 世纪 30 年代末及 40 年代初,美国保险监理官协会就不丧失价值选择制度展开研究,成立了"不丧失价值及其相关问题研究会",该委员会于 1942 年 11 月 30 日提交了长达 289 页的报告,该报告被美国保险监理官协会采纳以后,又被一些州在立法中采纳,形成了《标准不丧失价值法》和《标准价值法》,后来,人们将这两种立法合称为"格廷法案",用以纪念"新生命表及相关问题研究会"和"不丧失价值及其相关问题研究会"的会长格廷先生。(See William R. Vance, Handbook on the Law of Insurance, West Publishing Co., 1951, at 614 - 615.)

③ See William R. Vance, Handbook on the Law of Insurance, West Publishing Co., 1951, at 616.

加红利减去负债额定之,其期间则按被保险人当时之年龄,以保单前开净值作为一次缴清之保费所得购买者定之……第三,购买与原保单条件、期间相同之分红或不分红之缴清保单,但保险金额之大小,由原解约之准备金所定之现金价值及被保险人当时之年龄决定之。"① 简而言之,于保费未付的情况下,加利福尼亚州《保险法》规定,保险人应当在保单中规定法定不丧失价值条款,该条款可以是减额缴清条款,也可以是展期定期条款。② 不过,在美国实践中,最常见的法定不丧失价值选择条款是展期定期保险条款。③

第二种是德国和我国台湾地区的法定减额缴清模式。该模式要求保险人必须将净现金价值作为保费趸交,用以购买减额缴清保险。《德国保险合同法》第166条第1款规定:"如果保险人终止保险合同,该保险应转换为终止后的完全缴清保险,在此转换过程中,本法第165条的规定应予适用。"其中的"保险人终止保险合同"自然包括保险人因投保人或被保险人欠缴保险费而终止合同,而应予适用的第165条,正是关于缴清保险的规定,其第3款规定:"于任何保费欠付的情况下,在当前保险期间终止之时,应计算完全缴清保险的保险金,保单持有者要求支付溢额保险金的请求不受影响。"可见,在投保人欠缴保险费的情况下,德国法的做法是将原保险转换为缴清保险。而我国台湾地区"保险法"第117条第2款规定:"以被保险人终身为期,不附生存条件之死亡保险契约,或契约订定于若干年后给付保险金额或年金者,如保险费已付足二年以上而有不交付时,于前条第五项所定之期限届满后,保险人仅得减少保险金额或年金。"④ 该条虽未明确提出将原保险转换为缴清保险,但"保险人仅得减少保险金额或年金"的规定,被台湾学者认为是一种无须投保人或被保险人选择,而由法律规定的缴清保险。⑤

上述两种模式各有特点,但笔者以为,第二种模式于我国更为适宜。

第一种模式,也就是保险人选择模式可能出现被保险人利益保护不力的问题,因此饱受质疑。此种模式给予保险人两种选择,依据经济学原理,"最大化

---

① 参见《美国加州保险法》(中册),施文森译,台湾地区财团法人保险事业发展中心1999年版,第805~806页。此条又被该法第10154条称为"自动不丧失价值"选择。即法律强行规定适用的不丧失价值制度。

② 尽管加利福尼亚州《保险法》针对法定不丧失价值给予了三种选择,但第一种与第二种选择均属于展期定期保险,只是计算展期定期保险保障期间的依据有所不同而已,第三种选择则是减额缴清保险。

③ [美]哈瑞特·E. 琼斯、丹尼·L 朗:《保险原理:人寿、健康和年金》(第二版),赵凯译,中国财政经济出版社2004年版,第132页。

④ 本条所列"前条第五项所定之期限",系指我国台湾地区"保险法"第116条中规定的中止期,该期间为2年。

⑤ 参见刘宗荣:《新保险法:保险契约法的理论与实务》,中国人民大学出版社2009年版,第410页。

被看作每个经济行为体的目标",① 理性保险人在不违反法律规定的情况下，通常会作出让自己利益最大化的选择，但是，由于保险人的利益通常与投保人或被保险人的利益相对立，保险人的利益最大化选择往往对投保人或被保险人不利。② 美国保险人多将法定不丧失价值选择设置为展期定期保险，其原因极可能是展期定期保险对其有利。在美国，保险人的此种法定不丧失价值选择引发了诸多诉讼，这些诉讼多因被保险人于展期定期保险的保障期限之外死亡，保险人因而不须赔付，继而引发受益人对保单中法定展期定期保险的不满而发生。③ 近百例这样的案件发生后，密苏里州开始反思保单将法定不丧失价值选择设置为展期定期保险的合理性，他们认为，受益人至少应当获得等同于净趸交保费的利益，或者，将法定不丧失价值选择设置为减额缴清保险可能更加合理。④

与第一种模式相比，减额缴清模式并没有受到太多质疑。2008年修订之前的《德国保险合同法》，于第174条中规定了法定减额缴清制度，修订后则在第166条中重新规定了该制度。1929年《中华民国保险法》颁布之时即有法定减额缴清之规定，⑤ 与今日之我国台湾地区"保险法"第117条第2款相比，其变化仅仅是将原"法"中"如保险年费于给付三次后，有不给付保险费者"修订为现法中的"如保险费已付足二年以上而有不交付时，于前条第五项所定之期限届满后"，八十余年来，此制度一直存在。并且，笔者在台湾月旦法学知识库中输入"减额缴清"或"不丧失价值"等词汇查询，均未能发现研究文章，于此隐约可见，台湾学者对法定减额缴清模式存在的合理性并无质疑。

在法定不丧失价值选择制度上，我国宜采减额缴清模式。理由大致有二：其一，减额缴清模式能够贯彻投保人投保之初衷。减额缴清保险与原保险的区别仅在于保险金额较小，是最接近于原保险的保险，最易于贯彻投保人之目的。对此，早期保险法学者已有认识，王孝通先生指出："盖终身保险之目的，全在于被保险人身后家属危险之救济，含有长期保险之性质。生存保险之目的，在于被保险人本身生存困难之救济，其性质近于定期储蓄。故虽因一时无力，中止给付保险费，保险人亦不能终止其契约，返还其积存金，惟有采用减少保险金额或年

---

① [美] 罗伯特·考特、托马斯·尤伦：《法和经济学》，张军译，上海三联书店、上海人民出版社1994年版，第22页。
② 当然，也可能出现保险人在完全竞争情况下，为争取客户作出对投保人或被保险人有利的选择。但此种选择的可能性比较小。
③ See William R. Vance, Handbook on the Law of Insurance, West Publishing Co., 1951, at 619.
④ See William R. Vance, Handbook on the Law of Insurance, West Publishing Co., 1951, at 619.
⑤ 1929年颁布的《中华民国保险法》第72条第3款规定："以被保险人终身为期，不附生存条件之死亡保险契约，或契约订定于若干年后给付保险金额或年金者，如保险年费于给付三次后，有不给付保险费者，保险人仅得减少保险金额或年金。"

金之一法也。"① 其二，减额缴清模式更易为大众所接受。与展期定期保险相比，减额缴清保险最终所获之保险金虽然较少，但仍有所获，且因投保人或被保险人未依约交付保险费，其对保险金减少不乏预期，故较能接受。而展期定期保险虽然保险金与原保险无异，但倘若保险事故发生于展期定期保险约定之期限之后，投保人或被保险人无法获得保险金，且丧失了原保单之现金价值，故不易为投保人或被保险人所接受。于保险实践领域，我国与台湾地区较为相似，台湾之法定缴清保险模式较为成熟，可为我国所借鉴。

四、法定减额缴清制度的具体构建

对于不丧失价值选择制度，约定与法定均应构建。惟于法律而言，法定不丧失价值选择制度必须由法律规定，且本文囿于篇幅，故在此仅研究法定不丧失价值选择制度，即法定减额缴清的法律制度。该制度之重点，乃在于适用条件、保险金额计算，以及与其他制度之协调问题。

（一）法定减额缴清制度之适用条件

法定减额缴清制度适用的第一个条件是：分期付款之保险欠缴次期以后保费。缴付保险费乃保险合同存续之重要因素，若保费未交，经过一定期间，保险人可以解除合同。为救济解除合同对投保人或被保险人之不利影响，乃有法定减额缴清制度之产生，故保费欠缴是法定缴清保险制度适用之首要条件。对此，台湾学者明确指出："要保人未依约交付保险费，经催告到达30日期限届满后，仍不交付者，保险人得依保险契约所载条件，减少保险金额或年金。"② 各国法律亦有明文规定，例如，《德国保险合同法》第165条第3款规定有"于任何保费欠付的情况下"之文字，我国台湾地区"保险法"第117条第2款有"如保险费已付足二年以上而有不交付时"之文字，美国加利福尼亚《保险法》第10151条则有"于年保费缴满三年后未再继续缴费时"之文字。可见，保费未交为各国法定不丧失价值制度之共同规定。不过，需要强调的是，此处的保费未交，乃指分期付款之保险次期以后的保费未交。详言之，一方面，须为分期付款之保险。若为趸交之保险，因不发生保费欠缴问题，亦无法定缴清之适用。如学者所言："显然缴清保险之对象乃限于分期交付保险费之客户，一次趸交之保户则无此选择，

---

① 王孝通：《保险法论》，上海法学编译社1933年版，第130页。
② 梁宇贤：《保险法新论》，中国人民大学出版社2004年版，第240页。

因一次缴付后盖无往后之所谓缴清问题。"① "不惟如此，即一部分系分期交付，一部分系一次交付，其一次交付之部分，亦不生此'缴清'问题。"② 另一方面，须为次期以后保险费未缴。依我国实务，交付首期保费乃保险合同生效之要件，若首期保费未缴，保险合同未能生效，也就无由将该合同转换为减额缴清保险。

法定减额缴清制度适用的第二个条件是：原保单存有净现金价值。因投保人或被保险人已欠缴原保单之保险费，减额缴清之保险费只能来源于原保单之现金价值，故除非原保单积存有现金价值，方能使减额缴清保险生效。用于购买缴清保险的实际现金价值数额有时与保单载明的现金价值数额有所差异，因为投保人在原保单有效期间可能尚有保单贷款未还，故而，作为缴清保险之保费者，只能是净现金价值，即"保单现金价值扣减未偿还的保单贷款及利息，加上保单红利与其赚取的利息，以及增额缴清保险（增额缴清定期寿险除外）的净值"③。至于法定减额缴清适用于何种险种，我国台湾地区"保险法"限定为终身寿险与两全保险，其余人身保险则不予适用。但是，以我国实践来看，一些定期寿险，甚至一些健康保险亦存有净现金价值，④ 拒绝这些存有现金价值的保险适用法定缴清保险制度，也便限制了该制度优势的完全发挥。对此，江朝国教授指出："至于非属终身寿险或生存保险，或虽属前二种保险但保险费未交足二年以上者，保险人亦得以同条第二项之规定，将之改为减额缴清保险。"⑤ 而德国与美国加利福尼亚州，亦并未限制法定减额缴清制度对其他人身保险之适用，故而，笔者以为，凡为人身保险并积存有净现金价值者，均可适用法定缴清保险制度。

法定减额缴清保险制度适用的第三个条件是原保单未提供约定不丧失价值选择，或者投保人、被保险人未作不丧失价值选择。如保单已提供约定不丧失价值选择，投保人或被保险人亦明确选择，则说明其对净现金价值之处理已有明确意向，无论该意向为何种约定不丧失价值选择，均应尊重其选择。只有在宽限期结束仍未缴付续期保费，而且投保人或被保险人因保单未提供约定不丧失价值条款而无法选择，或者对保单提供的不丧失价值条款未加选择时，法定减额缴清制度才能启动。⑥

---

① 江朝国：《保险法论文集》（二），瑞兴图书股份有限公司1997年版，第63页。
② 陈云中：《人寿保险的理论与实务》，三民书局1992年版，第247页。
③ [美]缪里尔·L.克劳福特：《人寿与健康保险》，周伏平、金海军等译，经济科学出版社1999年版，第292页。
④ 短期定期寿险因为保费较低，一般不考虑现金价值。而长期定期寿险的现金价值或出现先升后降的方式，特别是采用年缴保费方式，现金价值从零开始慢慢增长，到某一保单年度达到最高，而后又开始慢慢下降，到保险期满时，保险责任终止，现金价值为零。[参见吴岚、张遥：《人身保险产品》（第二版），广州信平市场策划顾问有限公司2009年版，第88～89页。]
⑤ 江朝国：《保险法论文集》（二），瑞兴图书股份有限公司1997年版，第63页。
⑥ [美]哈瑞特·E.琼斯、丹尼·L.朗：《保险原理：人寿、健康和年金》（第二版），赵凯译，中国财政经济出版社2004年版，第132页。

（二）法定缴清保险之保险金额确定

于保险实务，通常先确定保险金额，然后依确定之保险金额决定保险费之多寡。然于缴清保险，则先有保险费之确定，依据保险费数额确定保险金额。二者之计算程序相逆，但计算所考虑之因素完全相同。计算保险费之参考因素通常为：（1）被保险人之年岁，（2）保险种类，（3）保险金额，（4）所用死亡表之性质，（5）保险人预计之利率。① 在保险费确定的情况下，逆向计算保险金额则须明确被保险人之年岁、保险种类、所用死亡表之性质、保险人预计之利率。由于法定缴清保险为与原保险条件相同之保险，故保险种类、所用死亡表之性质、保险人预计之利率均与原保险相同，无须考虑。须考虑者，惟被保险人之年龄，因保单转换为法定缴清保险之时，被保险人之年龄势必增长，法定缴清保险之保险金额，究以被保险人订立原保险合同时之年龄计算，抑或以转换为缴清保险时之年龄计算，不无争议。

法定减额缴清保险金额之年龄计算，世界立法存有二例：其一为以我国台湾地区为代表的立法，其以被保险人订立原合同之年龄计算法定缴清之保险金额。我国台湾地区"保险法"第118条第2款规定："减少保险金额或年金，应以订原约时之条件，订立同类保险契约为计算标准。"此处之"应以订原约时之条件"，若无其他说明，应包括年龄条件在内，即以订立原保险合同时之年龄为缴清保险之年龄。其二为以德、美为代表的立法，其以保险合同转换时之年龄计算法定缴清之保险金额。《德国保险合同法》第165条第3款规定："于任何保费欠付的情况下，在当前保险期间终止之时，应计算完全缴清保险的保险金。"此处之"当前保险合同终止之时"，即为原合同转换为缴清保险合同之时。美国加利福尼亚州《保险法》第19151条则规定："购买与原保单条件、期间相同之分红或不分红之缴清保单，但保险金额之大小，由原解约之准备金所定之现金价值及被保险人当时之年龄决定之。"此处之"被保险人当时之年龄"解释为保险合同转换时之年龄，当无异议。

以"订立原契约时"之年岁作为保险金额计算标准似有不妥。有学者已对此提出质疑，认为"由于'转换时'与'订立契约时'不同，相距数年，对双方当事人均难期公允"②。实则，此种计算标准有利于投保人或被保险人，对保险方则属不利，其原因在于，在原保单转换为法定减额缴清保险之时，因时间经过，被保险人年龄自然增长，倘以原合同订立时之年龄计算保险金，则由于年龄小者所缴保费较少，原保单之净现金价值所购得之保险金额必然较多。并且，缴清保

---

① 陈云中：《保险学》（第三版），五南图书出版公司1984年版，第271~272页。
② 刘宗荣：《新保险法：保险契约法的理论与实务》，中国人民大学出版社2009年版，第411~412页。

险虽与原保险险别相同，但因原合同履行之故，缴清保险之期间短于原保险，在保险费确定之情况下，保险期间越短，则保险金额越高。两种因素叠加，以该种标准计算之保险金额势必大大提高，这意味着，发生保险事故时，保险人赔付之数额远超应赔之数额，对保险人显为不公。

以原保险转换为缴清保险时之年龄为标准计算保险金额则较为公正。其原因在于，法定缴清保险之保险期间为原保险期间去除转换前之期间，因此较短，作为固定保险费的净现金价值，所购得之缴清保险金额较多。但是，倘以转换时之较高年龄购买，则因年龄较高者所缴付之保费较多，固定保险费所购得之保险金额较少，保险期间与被保险人年龄这两个因素共同作用，终使双方利益趋于平衡。简言之，法定缴清保险并不是原保险，以原保险合同订立时被保险人之年龄作为标准计算保险金额，显有张冠李戴之嫌，而应以法定缴清保险合同生效时之年龄为标准，方符合实际情况。因此，美国与德国之保险法作出如上规定，我国台湾地区"保险法"虽作不同规定，但台湾地区保险学者论及减额缴清保险金额计算方式时，亦以转换时之年龄为标准计算保险金额。①

（三）法定缴清保险与其他制度之协调

理论上讲，原保险转换为法定缴清保险，二者期间应当衔接，亦即自投保人或被保险人应缴而未缴原保险保费之次日起，法定缴清保险开始起保。然而，依我国《保险法》，原保险之保费未缴，保险人对原保险合同尚应给予宽限期和中止期。由此，一方面，法定缴清保险已经起保；另一方面，原保险之宽限期和中止期尚存，不免有所龃龉，若于宽限期或中止期内发生保险事故，如何赔付自成问题。法定缴清保险与宽限期及中止期制度之适用问题，必须从理论上予以协调。

法定缴清保险制度与宽限期制度并存时，应优先适用宽限期制度，并存期间发生保险事故，应依原保险合同予以赔付，若未发生保险事故，法定缴清保险自应交而未缴保费之次日起保。宽限期是法律给予被保险人的优惠，此处的优惠，乃是让未缴保费之保险合同继续有效。"在宽限期内，人身保险合同处于有效状态，既然是有效合同，发生保险事故，保险人自然应当依照合同约定的内容予以赔付"②。而不能依照法定缴清保险合同的约定赔付。美国学者明确指出："如果在宽限期末仍未缴付续期保费，而且被保险人没有选择其他形式的不丧失选择权，那么该不丧失权益将自动生效。"③ 这就是说，法定不丧失价值选择只有在宽

---

① 减额缴清保险金额之计算公式，可参见陈云中：《人寿保险的理论与实务》，三民书局1992年版，第247页。
② 梁鹏：《人身保险合同》（第二版），中国财政经济出版社2011年版，第186页。
③ ［美］哈瑞特·E. 琼斯、丹尼·L. 朗：《保险原理：人寿、健康和年金》（第二版），赵凯译，中国财政经济出版社2004年版，第132页。

限期结束后才能生效,宽限期之内的事故当按原合同赔付。不过,这并不是说宽限期与法定缴清保险的保险期间是一前一后两个时段,[①] 在宽限期未发生保险事故的情形下,法定缴清保险虽自宽限期结束次日生效,但其效力却须追溯至应缴而未交保费之次日,宽限期间之保费应基于法定缴清保险计算。若其效力仅从宽限期结束开始,势必造成原保险与法定缴清保险之间的保障空白,二者因此割裂成完全没有关系的两个合同,此与法定缴清保险制度之本意背道而驰。

法定缴清保险制度与中止期制度并存时,原合同之可复效性应适用中止期制度之规定,赔付问题则应适用法定缴清保险之规定。中止期制度所解决的两大核心问题是:第一,原保险合同可以复效;第二,中止期发生保险事故,保险人不应赔付。在法定缴清保险期间与原保险中止期重合时,这两个问题是否依旧适用中止期制度之规定,须分别而论。关于原保险合同是否可以复效问题,我们认为,应适用中止期制度之规定,允许原保险合同复效。其理由是,存在法定缴清保险的情况下,允许保险合同复效对当事人双方仍有好处。即便存在缴清保险,由于缴清保险的保险金额较小,如不允许原保险合同复效,被保险人所获之保障额度较低;同时,对保险人来说,若不允许合同复效,其不能从投保人或被保险人处再获得保险费的缴付。相反,若允许原保险合同复效,被保险人所获之保障额度可以提高,而保险人可再获保险费之缴付,对双方无疑均有益处。关于在中止期发生保险事故,保险人应否赔付的问题,我们认为,保险人应当赔付,但仅按照法定缴清保险之规定予以赔付。其理由是,处于中止期之原保险合同,效力处于停止状态,其效力状态虽与终止有异,各国保险法仍否认保险人应依原保险予以赔付。但是,此时法定缴清保险合同却处于有效状态,故仅能依照法定缴清保险赔付。有学者对此指出:"依保险法规定必须转换为缴清保险者……纵然在保险契约效力停止之后发生保险事故,保险人仍应依缴清保险保险金额之计算方式,计算其应付之保险金额,并为给付。"[②]

五、结 论

如果投保人或被保险人在中止期之后仍不交保费,各国保险法允许保险人以解除合同、退还现金价值的方式对保险合同进行处理。然而,这种处理方法可能导致投保方与保险方两败俱伤。为降低这种方法对双方当事人的不利影响,国外

---

① [美]小罗伯特·H. 杰瑞、道格拉斯·R. 里士满:《美国保险法精解》,李之彦译,北京大学出版社2009年版,第271页。

② 刘宗荣:《新保险法:保险契约法的理论与实务》,中国人民大学出版社2009年版,第413页。

保险实践发展出不丧失价值选择制度。我国保险实践中的不丧失价值选择制度是对国际经验的学习，但是，在学习过程中出现了诸多问题需要加以解决。

在不丧失价值选择制度的构建上，应先由保险人在条款中提供诸种对现金价值的处理方法，由投保人或被保险人选择适用。为了防止投保人或被保险人因未阅读保险条款而不了解不丧失价值选择制度，保险人在催告投保人或被保险人缴付保险费时，[①] 应在催告书中提醒投保人或被保险人有权选择自动垫交、减额缴清、展期定期、退还现金价值等方式处理原保单积存之现金价值。倘若投保人或被保险人经催告而不选择，则保单应当转换为法定减额缴清保险，当然，催告书亦应向投保人或被保险人告知原保险将转化为"法定减额缴清保险"之事实。[②]

我国现行《保险法》再次修改时，可在第35条之下增订不丧失价值选择制度。之所以将其放在《保险法》第35条之下，其原因是：不丧失价值选择制度根源于投保人或被保险人欠缴保费，其实施方法则是将现金价值作为保费一次趸交。而我国《保险法》第35条是关于人身保险保险费交付的规定，其规定保险费可以一次全部支付或分期支付，但未提及分期支付转为一次全部支付的问题，法定缴清保险将现金价值作为保险费趸交，乃是将分期交付变为一次全部交付，故可在《保险法》第35条中作增订处理。其具体条款设计为：

"分期付款之人身保险，当事人可以在保险合同中约定现金价值处理之条款，投保人或被保险人有权选择现金价值处理之方式。

"积存有现金价值之分期付款人身保险，如投保人或被保险人欠缴次期以后之保险费，且保险合同未约定现金价值处理之方式，或者投保人或被保险人于该合同宽限期结束后未对现金价值处理作出选择时，保险人应以现金价值作为保险费一次性支付，用以购买减额缴清保险。

"上款规定之减额缴清保险，应以减额缴清保险生效时被保险人之年龄计算保险金额。"

[①] 我国现行保险法下，保险人可以不经催告而使保险合同进入中止期，不经催告的规定不利于被保险人保护，应修改为必须催告。参见拙作"保险法宽限期制度研究"，载《保险研究》2012年第12期，第73页。

[②] 刘宗荣：《新保险法：保险契约法的理论与实务》，中国人民大学出版社2009年版，第413页。

修订《保险法》法律责任的必要性及其建议

——兼评《保险法修订草案送审稿》

刘 锐[*]

内容提要：《保险法》第三次修订如何完善"法律责任"，首先需要解决修法的必要性问题。从对现行《保险法》法律责任设置及其实践运行情况分析可以看出，当前保险市场主体违法成本过低、保险市场秩序欠佳既与立法上保险法律责任，尤其是刑事责任设置不到位有关，也与执法、司法不到位不无关系。修订《保险法》应主要从改变单一刑法典立法模式入手，提高附属刑法的地位，在《保险法》中合理、平衡地配置刑事、民事和行政责任。《草案送审稿》仅修正行政处罚规定的思路需要改变，且有些修改存在责任范围过宽、责任设置过重的问题。

关键词：保险法 修订 法律责任 送审稿

引 言

《保险法》第三次重大修订正在进行中，从监管部门已经提交的《草案送审稿》来看，"法律责任"一章也是修订的重点，主要的修改特点是扩大了责任范围，加大了行政处罚力度，大幅度提高了罚款底线和高线，总体罚款额度是现行《保险法》的 2～10 倍。对于这一修正思路及具体方案，各界看法并不一致，业界普遍认为过于严苛。究竟如何看待《草案送审稿》关于法律责任的修正，需从分析现行《保险法》及相关法律关于保险法律责任的设置及其问题入手，进而考察相关法律规定在实践中的运行情况。只有如此，方可真正把握现行《保险法》及其相关法关于法律责任设置的问题之所在，并提出合理、可行的修正方案。

---

[*] 刘锐：国家行政学院法律顾问，法学部教授，民商经济法教研室主任。

一、法律责任的意义及现行法关于保险法律责任的设置

（一）法律责任的意义

法律责任"是由于侵犯法定权利或违反法定义务而引起的、由专门国家机关认定并归结于法律关系的有责主体的、带有直接强制性的义务，亦即，由于违反第一性法定义务而导致的第二性法定义务"[1]。无救济即无权利，就没有权力的约束和权利的实现，而权利的救济需要通过责任条款来实现。"责任条款设置的妥贴与否关乎整个法律文本的'生命'与法治的'体面'，法治是以看得见的法律文本为载体的，法治的守成需要我们文本的捍卫，哪怕是残缺的文本，而文本的捍卫与落实必是精细化、规范化、实践性的法律责任为后盾"[2]。

（二）现行法关于保险法律责任的设置

法律责任一般包括刑事责任、民事责任和行政责任三大类型。现行《保险法》在第七章专章用22个条文规定了"法律责任"，约占全部185条的12%，足见"法律责任"在《保险法》中的地位与分量。在这22个条文中，刑事责任和民事责任各有一个条文[3]，20个行政责任条文中，行政处分只有1条[4]，其余19条均为行政处罚的规定。

除了《保险法》关于保险法律责任的规定外，《刑法》及其修正案也规定了保险法律责任。《刑法》第183条规定了职务侵占罪和贪污罪[5]，第198条规定了

---

[1] 张文显：《法学基本范畴研究》，中国政法大学出版社1993年版，第185~187页。
[2] 李亮：《法律责任条款规范设置研究》，山东大学（威海）2015年博士学位论文，第30页。
[3] 刑事责任的规定是第179条，该条规定："违反本法规定，构成犯罪的，依法追究刑事责任。"民事责任的规定是第175条，该条规定："违反本法规定，给他人造成损害的，依法承担民事责任。"
[4] 第178条 保险监督管理机构从事监督管理工作的人员有下列情形之一的，依法给予处分：（一）违反规定批准机构的设立的；（二）违反规定进行保险条款、保险费率审批的；（三）违反规定进行现场检查的；（四）违反规定查询账户或者冻结资金的；（五）泄露其知悉的有关单位和个人的商业秘密的；（六）违反规定实施行政处罚的；（七）滥用职权、玩忽职守的其他行为。
[5] 第183条 （职务侵占罪）保险公司的工作人员利用职务上的便利，故意编造未曾发生的保险事故进行虚假理赔，骗取保险金归自己所有的，依照本法第二百七十一条的规定定罪处罚。
（贪污罪）国有保险公司工作人员和国有保险公司委派到非国有保险公司从事公务的人员有前款行为的，依照本法第三百八十二条、第三百八十三条的规定定罪处罚。

保险诈骗罪①。1999 年《刑法修正案》第 1 条增加规定刑法第 162 条之一（隐匿、故意销毁会计凭证、会计账簿、财务会计报告罪）②，修正刑法第 168 条（国有公司、企业、事业单位人员失职罪），将犯罪主体由"国有公司、企业直接负责的主管人员"扩大为"国有公司、企业的工作人员"③，修正刑法第 174 条（擅自设立金融机构罪）将保险公司纳入规范对象④，修正刑法第 185 条（挪用资金罪、挪用公款罪）明确将保险公司纳入规范对象⑤，修改刑法第 225 条（非法

---

① 第 198 条 （保险诈骗罪）有下列情形之一，进行保险诈骗活动，数额较大的，处五年以下有期徒刑或者拘役，并处一万元以上十万元以下罚金；数额巨大或者有其他严重情节的，处五年以上十年以下有期徒刑，并处二万元以上二十万元以下罚金；数额特别巨大或者有其他特别严重情节的，处十年以上有期徒刑，并处二万元以上二十万元以下罚金或者没收财产：（一）投保人故意虚构保险标的，骗取保险金的；（二）投保人、被保险人或者受益人对发生的保险事故编造虚假的原因或者夸大损失的程度，骗取保险金的；（三）投保人、被保险人或者受益人编造未曾发生的保险事故，骗取保险金的；（四）投保人、被保险人故意造成财产损失的保险事故，骗取保险金的；（五）投保人、受益人故意造成被保险人死亡、伤残或者疾病，骗取保险金的。有前款第四项、第五项所列行为，同时构成其他犯罪的，依照数罪并罚的规定处罚。保险事故的鉴定人、证明人、财产评估人故意提供虚假的证明文件，为他人诈骗提供条件的，以保险诈骗的共犯论处。

② 第 162 条之一 隐匿或者故意销毁依法应当保存的会计凭证、会计账簿、财务会计报告，情节严重的，处五年以下有期徒刑或者拘役，并处或者单处二万元以上二十万元以下罚金。
单位犯前款罪的，对单位判处罚金，并对其直接负责的主管人员和其他直接责任人员，依照前款的规定处罚。

③ 刑法第 168 条 （徇私舞弊造成破产、亏损罪）国有公司、企业直接负责的主管人员，徇私舞弊，造成国有公司、企业破产或者严重亏损，致使国家利益遭受重大损失的，处三年以下有期徒刑或者拘役。
1999 年《修正案》将刑法第 168 条修改为："国有公司、企业的工作人员，由于严重不负责任或者滥用职权，造成国有公司、企业破产或者严重损失，致使国家利益遭受重大损失的，处三年以下有期徒刑或者拘役；致使国家利益遭受特别重大损失的，处三年以上七年以下有期徒刑。
"国有事业单位的工作人员有前款行为，致使国家利益遭受重大损失的，依照前款的规定处罚。
"国有公司、企业、事业单位的工作人员，徇私舞弊，犯前两款罪的，依照第一款的规定从重处罚。"

④ 将刑法第 174 条修改为："未经国家有关主管部门批准，擅自设立商业银行、证券交易所、期货交易所、证券公司、期货经纪公司、保险公司或者其他金融机构的，处三年以下有期徒刑或者拘役，并处或者单处二万元以上二十万元以下罚金；情节严重的，处三年以上十年以下有期徒刑，并处五万元以上五十万元以下罚金。"伪造、变造、转让商业银行、证券交易所、期货交易所、证券公司、期货经纪公司、保险公司或者其他金融机构的经营许可证或者批准文件的，依照前款的规定处罚。"单位犯前两款罪的，对单位判处罚金，并对其直接负责的主管人员和其他直接责任人员，依照第一款的规定处罚。"

⑤ 刑法第 185 条 （挪用资金罪、挪用公款罪）银行或者其他金融机构的工作人员利用职务上的便利，挪用本单位或者客户资金的，依照本法第二百七十二条的规定定罪处罚。
国有金融机构工作人员和国有金融机构委派到非国有金融机构从事公务的人员有前款行为的，依照本法第三百八十四条的规定定罪处罚。
刑法修正案将刑法第 185 条修改为："商业银行、证券交易所、期货交易所、证券公司、期货经纪公司、保险公司或者其他金融机构的工作人员利用职务上的便利，挪用本单位或者客户资金的，依照本法第二百七十二条的规定定罪处罚。"
"国有商业银行、证券交易所、期货交易所、证券公司、期货经纪公司、保险公司或者其他国有金融机构的工作人员和国有商业银行、证券交易所、期货交易所、证券公司、期货经纪公司、保险公司或者其他国有金融机构委派到前款规定中的非国有机构从事公务的人员有前款行为的，依照本法第三百八十四条的规定定罪处罚。"

经营罪),将保险公司明确纳入规范对象①。2006年刑法修正案六第12条在刑法第185条后增加第185条之一(背信运用受托财产罪)②,2009年刑法修正案(七)第5条将刑法第225条第3项修改为,"未经国家有关主管部门批准非法经营证券、期货、保险业务的,或者非法从事资金支付结算业务的"。

二、保险法律责任在实践中的运行情况

法律的生命在于得到全社会的自觉遵守和执法机关、司法机关不折不扣的执行、适用。法律规定的效果如何,法律责任设置是否合理,是否需要进一步修正,必须考察法律责任规范的落实情况。由于《保险法》和民事基本法均未对保险民事责任作出特殊规定,因此,本文仅对保险刑事法律责任和行政法律责任的实施情况进行简单考察分析。

(一)刑事责任的适用情况分析

在刑事犯罪分类中,保险犯罪属于破坏社会主义市场秩序犯罪。从前面的介绍可以看出,目前保险刑事犯罪的罪名主要有职务侵占罪,贪污罪,保险诈骗罪,隐匿、故意销毁会计凭证、会计账簿、财务会计报告罪,国有公司、企业、事业单位人员失职罪,擅自设立金融机构罪,挪用资金罪,挪用公款罪,非法经营罪,背信运用受托财产罪等。从司法实践来看,保险犯罪案件数量并不多,而且在为数不多的案件中,主要是保险诈骗罪,其他罪名很少涉及。例如,某省2002~2009年全省法院保险犯罪案件数量为个位数,有的年份只有1件,最高的

---

① 刑法第225条(非法经营罪)违反国家规定,有下列非法经营行为之一,扰乱市场秩序,情节严重的,处五年以下有期徒刑或者拘役,并处或者单处违法所得一倍以上五倍以下罚金;情节特别严重的,处五年以上有期徒刑,并处违法所得一倍以上五倍以下罚金或者没收财产:(一)未经许可经营法律、行政法规规定的专营、专卖物品或者其他限制买卖的物品的;(二)买卖进出口许可证、进出口原产地证明以及其他法律、行政法规规定的经营许可证或者批准文件的;(三)其他严重扰乱市场秩序的非法经营行为。

刑法修正案规定:刑法第225条增加一项,作为第三项:"未经国家有关主管部门批准,非法经营证券、期货或者保险业务的;"原第三项改为第四项。

② 该条的规定是:"商业银行、证券交易所、期货交易所、证券公司、期货经纪公司、保险公司或者其他金融机构,违背受托义务,擅自运用客户资金或者其他委托、信托的财产,情节严重的,对单位判处罚金,并对其直接负责的主管人员和其他直接责任人员,处三年以下有期徒刑或者拘役,并处三万元以上三十万元以下罚金;情节特别严重的,处三年以上十年以下有期徒刑,并处五万元以上五十万元以下罚金。"社会保障基金管理机构、住房公积金管理机构等公众资金管理机构,以及保险公司、保险资产管理公司、证券投资基金管理公司,违反国家规定运用资金的,对其直接负责的主管人员和其他直接责任人员,依照前款的规定处罚。"

年份也只有 7 件；2010～2015 年保险犯罪数量明显上升，最低的年份为 9 件，最高的年份达到了 24 件。而且，这 15 年的 125 件案件均涉保险诈骗罪。在这 15 年中，刑事案件总数大致在 3 万～6 万件，市场经济犯罪最低的年份不到 800 件，最高年份为 5000 多件。

（二）行政责任的适用情况分析

从行政责任来看，行政处分的数量很难查到，保监会官方网站公布了部分行政处罚案件。从 2009 年《保险法》生效至今，保监会网站公开的行政处罚案件 97 件，通过分析这 97 件处罚案件，发现《保险法》"法律责任"章将近一半的条文基本没用，活跃度高的条文大概有 1/3，例如 2002 年《保险法》的第 150 条①、第 147 条②，2009 年《保险法》的第 172 条、第 173 条、第 162 条、第 179 条、第 165 条③。而且在行政处罚中，主要的处罚措施是罚款，罚款幅度在低线和高线之间分布。比如，适用频率最高的是《保险法》（2009 年修正）第 173 条④，在 97 件处罚案件中共明确引用 93 次，该条规定的罚款幅度为 1 万至 10 万元，通过考察 97 件处罚案件，发现适用次数最多的是底线 1 万元，共适用了 41 次（具体罚款额度和适用次数见表 1），每次平均罚款额度约 4.3 万元。在同样的考察中，第 172 条⑤实际明确适用次数 64 次，该条规定的罚款幅度为 10 万～50 万元，适用次数最多的是底线 10 万元，共适用了 17 次（具体罚款额度和适用次数见表 2），每次平均罚款额度约 24.4 万元。

---

① 第 150 条 对违反本法规定尚未构成犯罪的行为负有直接责任的保险公司高级管理人员和其他直接责任人员，保险监督管理机构可以区别不同情况予以警告，责令予以撤换，处以二万元以上十万元以下的罚款。

② 第 147 条 违反本法规定，有下列行为之一，构成犯罪的，依法追究刑事责任；尚不构成犯罪的，由保险监督管理机构责令改正，处以十万元以上五十万元以下的罚款；情节严重的，可以限制业务范围、责令停止接受新业务或者吊销经营保险业务许可证：（一）提供虚假的报告、报表、文件和资料的；（二）拒绝或者妨碍依法检查监督的。

③ 排序根据适用频率由高到低。

④ 保险公司、保险资产管理公司、保险专业代理机构、保险经纪人违反本法规定的，保险监督管理机构除分别依照本法第 161 条至第 172 条的规定对该单位给予处罚外，对其直接负责的主管人员和其他直接责任人员给予警告，并处一万元以上十万元以下的罚款；情节严重的，撤销任职资格或者从业资格。

⑤ 违反本法规定，有下列行为之一的，由保险监督管理机构责令改正，处十万元以上五十万元以下的罚款；情节严重的，可以限制其业务范围、责令停止接受新业务或者吊销业务许可证：（一）编制或者提供虚假的报告、报表、文件、资料的；（二）拒绝或者妨碍依法监督检查的；（三）未按照规定使用经批准或者备案的保险条款、保险费率的。

表1　97件处罚案件适用《保险法》（2009年修正）第173条罚款情况

额度（万元）	1	1.5	2	3	4	5	6	8	9	10
适用次数（次）	41	1	26	9	3	12	12	4	2	9

表2　97件处罚案件适用《保险法》（2009年修正）第172条罚款情况

额度（万元）	10	15	20	21	25	27	30	35	40	49	50
适用次数（次）	17	9	7	1	1	1	12	2	5	1	5

此外，《保险法》规定的行政处罚措施还包括警告、取缔、没收违法所得、责令限期改正、责令停业整顿、吊销业务许可证、责令改正、限制业务范围、责令停止接受新业务、撤销任职资格或者从业资格、吊销资格证书、责令撤换首席代表、撤销代表机构、治安管理处罚、禁止有关责任人员一定期限直至终身进入保险业。从上述97件行政处罚案件来看，主要运用的行政处罚措施有：警告（170多次），吊销保险兼业代理业务许可证（4次），限制不动产投资、股权投资、金融产品投资各1年，限制股权和不动产投资业务6个月，责令停止接受新业务（3次，期限分别为6个月、1年、1年），撤销任职资格（7次），责令予以撤换（9次），禁止进入保险业（5次，期限分别为1年、终身、终身、5年、3年）。通过笔者的简单搜索，并未在97件处罚案件中发现使用取缔、没收违法所得、责令停业整顿、撤销代表机构等行政处罚措施。

总体来看，警告、罚款、限制业务范围、责令停止接受新业务等轻处罚措施运用得比较多，取缔、没收违法所得、撤销代表机构、吊销资格证书等重处罚措施运用得少，甚至没有运用。在已经适用的行政处罚措施中，针对个人的撤销任职资格、责令予以撤换、禁止进入保险业（包括终身）等重处罚措施多有应用，但很少发现针对公司的重处罚措施。

三、修订《保险法》法律责任的必要性及可行方案

（一）修订《保险法》法律责任设置的必要性

既言修订，必有修订的必要性。此次《保险法》修订将"法律责任"作为修正的重点，主导修订的监管部门给出的理由是"当前，保险业处于高速发展时期，面临的风险因素更加复杂，而现行保险法规定的监管执法手段不够完善，市场主体违法成本过低。因此，有必要修改完善保险法，加大对违法行为

的处罚力度"①。由此可见，保险监管部门以"监管执法手段不够完善，市场主体违法成本过低"为由加大了处罚的力度。对此，值得思考的问题是："监管执法手段不够完善"，"市场主体违法成本过低"是否是真命题？如果是，其表现和原因又是什么？提高市场主体违法成本的途径又是什么？

就监管部门的监管手段而言，主要是行政处罚和行政处分，这些手段是法律法规赋予的，是否够用、管用，可以从实践运用情况及其效果进行分析。行政处分的信息无从得知，因而无法分析其效果。但从前文对行政处罚案例的分析来看，《保险法》赋予监管部门的监管手段并没有用足用够，一些处罚条文长期闲置，一些处罚措施尤其是针对公司的重罚措施（取缔、没收违法所得、撤销代表机构、吊销资格证书等）基本没有运用。在最为常用的罚款措施中，压底线处罚的多，踩高线处罚的少，平均每次处罚不到（但接近）罚款幅度的1/2。如果从目前法律赋予的执法手段的适用来看，并不能得出现有法律手段不够完善的结论。而且，《草案送审稿》对法律责任的修正仅仅限于行政处罚，其对行政处罚的调整也主要表现为罚款额度的提高，基本没有涉及处罚种类的调整。这进一步说明监管部门提出的修正理由并不充分。

违法成本是否过低的问题，理论上讲比较科学的分析方法应当是比较违法收益和风险，但这种方法除非跟踪调查，否则很难操作。相对而言，通过分析保险市场秩序状况的变化，以及对违法犯罪的追究情况，也基本可以就违法成本的高低问题作出初步判断。从保险市场秩序来看，虽然我们无法得到目前保险市场违法犯罪状况的准确数据，但从保险监督管理部门公布的保险消费投诉情况可以初步得出保险市场秩序还不理想的结论，2012~2014年连续4年的保险消费投诉总量都呈现上升趋势，而且前几年的增加比率相当高（具体情况见表3）。从对违法犯罪的追究情况看，对保险民事责任现行法没有特殊规定，本文无从开展实证研究，但刑事责任和行政责任的追究情况表明违法成本的确不高。从前文关于保险犯罪的调研可以看出，保险犯罪被追究的数量不多，而且罪名主要集中在保险诈骗罪，主要的犯罪主体是投保人、被保险人和受益人。从前文行政处罚的实证考察来看，实际运用的行政处罚措施，尤其是重罚措施比较有限。总的来看，即使目前统计数据不多、实践调研不够，但保险监管部门提出的"保险违法成本过低"的结论应该是能够成立的。

---

① 参见《关于〈关于修改〈中华人民共和国保险法〉的决定（征求意见稿）〉的说明》。

表3　2012~2015年保监会及各保监局接收的保险消费投诉情况统计表①

2012年		2013年		2014年		2015年	
有效投诉总量（件）	增长率（%）	有效投诉总量（件）	增长率（%）	有效投诉总量（件）	增长率（%）	有效投诉总量（件）	增长率（%）
16 087	205.78	21 361	32.78	27 902	30.62	30 204	8.25

从上述分析可以看出，"监管执法手段不够完善"是否能够成立还需进一步考证，但"市场主体违法成本过低"的结论是可靠的。既然违法成本过低，必然的出路就是提高违法成本。但提高违法成本的途径很多，并不意味着强化法律规定的行政处罚，提高行政处罚力度、额度。因为，违法成本过低的原因可能在于立法设置的成本过低，也可能在于执法、司法不到位，甚至二者兼而有之。从前文关于保险犯罪的追究、保险违法行政处罚的分析来看，执法、司法不到位显然是保险"市场主体违法成本过低"的一个重要因素。当然，这并不意味着"市场主体违法成本过低"能够完全归咎于执法和司法。

从立法观察，现行《保险法》及相关法律对保险法律责任的设置总体存在不到位的问题，尤其是在刑事责任和民事责任方面。（1）刑事责任。按照罪刑法定原则，刑事责任只能由刑法规定。一个国家的刑法体系通常是由刑法典、单行刑法和附属刑法三个部分组成的。② 类似《保险法》等法律中规定的刑事责任条款属于附属刑法的范畴。但我国当前却存在虚置附属刑法而完全依赖刑法典来治理犯罪的现象。③《保险法》第179条关于刑事责任的概括性规定仅仅具有宣示功能，无法直接适用。《刑法》及其修正案关于保险刑事责任的规定非常有限，结果造成保险刑事责任规定不到位的局面。（2）民事责任。《保险法》关于民事责任的规定只有类似刑事责任规定的第175条，该条也仅具有指示、宣示功能，无实质意义。（3）行政责任。相对而言，《保险法》关于行政责任，尤其是行政处罚的规定比较完善，不过，在罚款幅度的设置方面，个别偏低（最高罚款额度只有100万元），不足以达到惩治违法的目的。

（二）修订《保险法》法律责任设置的可行方案

法律责任设置得不到位是我国过去立法存在的一个比较突出的问题。据国务

---

① 以上数据来自保监会网站公布的数据，各年度数据分别来自《中国保监会办公厅关于2012年保险消费者投诉情况的通报》（保监厅函〔2013〕27号）、《中国保监会关于2013年保险消费者投诉情况的通报》（保监消保〔2014〕2号）、《中国保监会关于2014年度保险消费者投诉情况的通报》（保监消保〔2015〕11号）、《中国保监会关于2015年12月保险投诉情况的通报》（保监消保〔2016〕3号）。

② 参见高铭暄、马克昌：《刑法学》，北京大学出版社、高等教育出版社2011年版，第7页。

③ 利子平："我国附属刑法与刑法典衔接模式的反思与重构"，载《法治研究》2014年第1期。

院法制办公室政府法制研究中心课题组的统计,截止到2011年8月底,我国现行有效的法律、行政法规共有1046部(包括340部法律、706部行政法规),其中765部设定了法律责任,占法律和行政法规总数的73.1%(其中,法律224部,行政法规541部,分别占法律、行政法规总数的65.9%和76.6%)。①

从上述分析来看,现行《保险法》对于法律责任的设置存在不到位的问题,突出表现在刑事责任和民事责任的不到位。既然如此,《保险法》的第三次重大修改就应当坚持问题导向,从最需补强的刑事责任和民事责任入手,平衡配置各类法律责任,实现法律责任配置的完整、统一、妥当。

1. 刑事责任的完善

刑事责任的完善应从改变当下的刑事立法模式开始,因为,目前保险法领域存在的刑事责任不到位问题,是我国现行单一刑法典立法模式造成的。在这一模式下,附属刑法通常采用类似"违反本法规定,构成犯罪的,依法追究刑事责任"的概括式立法方式,这在有关法律对这类问题的规定不十分明确的情况下实难执行,对有法可依来说无任何价值。②"在法定犯时代已经到来,附属刑法规范的适用率和重要性正不断上升的法治环境下,类似于在附属刑法规范中概括地规定'构成犯罪的,依照刑法追究刑事责任'之立法模式的合理性无不存在疑问"③。然而,遗憾的是,立法者不但未能正视上述质疑,反而一味地追求附属刑法法典化,致使附属刑法被虚无化,无从发挥其应对犯罪的优势。④ 其实,附属刑法的优势是明显的,主要有:一是有利于行政犯罪、经济犯罪的认定。二是有利于发挥刑罚的威慑作用,从而预防犯罪。可以避免行政法、经济法的禁止内容与刑法内容分离,从而导致相关从业人员只了解行政法、经济法的禁止内容,而不知道刑法的禁止规定,出现"以为只违反了行政法、经济法,实际上却构成犯罪"的现象。三是有利于及时修改法律,合理调整行政犯罪、经济犯罪的处罚范围,而且不必修改刑法典。⑤ 正如有学者所言:在当今社会,犯罪的种类日益增多,犯罪的形式日趋复杂,犯罪的发生也具有更大的不确定性。因此,试图仅仅依靠一部刑法典来应对千变万化的犯罪是不切实际的。⑥ 其实,我国目前立法的法律责任设置模式存在严重问题,造成权(利)力、义务和责任的割裂,既不利于法律规范的完整性,不利于法律威慑力的发挥,更不利于法律的学习贯彻。从

---

① 李亮:《法律责任条款规范设置研究》,山东大学(威海)2015年博士学位论文,第56页。
② 郝守才:"附属刑法立法模式的比较与优化",载《现代法学》1996年第4期。
③ 曾月英、吴昊:"附属刑法规范的理念定位与表述路径",载《中国刑事法杂志》2008年第5期。
④ 利子平:"我国附属刑法与刑法典衔接模式的反思与重构",载《法治研究》2014年第1期。
⑤ 张明楷:"刑事立法的发展方向",载《中国法学》2006年第4期。
⑥ 利子平:"风险社会中传统刑法立法的困境与出路",载《法学论坛》2011年第4期。

比较法来观察，附属刑法的发达是当今世界刑事立法的一个基本趋势。比如，我国台湾地区"附属刑法"涉及领域极为广泛，主要包括：司法、国防、内政、财政、经济、交通、卫生、科技等几大领域。① 日本、韩国及我国台湾地区的"保险法"规定了大量保险犯罪的内容。而在经济领域，有些国家甚至颁布了专门的经济刑法典，如荷兰的《经济犯罪法》、原西德的《简化经济刑法》等②。"人们对法律是否尊敬，不仅有赖于它所规定的人们的行为的种类，而且取决于法律本身所采取的形式。"③ 由经济犯罪具有的复杂多样性的特点所决定，相应地，惩治和打击经济犯罪的立法形式也不能单一化、简单化，而应该根据经济犯罪种类及其各自特点，采用多种多样的立法形式。④

具体来讲，应当研究《保险法》的演变过程及现行刑事责任设置存在的问题，提出在《保险法》中设置刑事责任的完善方案。从《保险法》的历史看，1995年《保险法》"法律责任"章共有16个条文，有8处规定了"刑事责任"。2002年《保险法》"法律责任"章共有15个条文，有10处规定了"刑事责任"，出现了比较明显的刑事责任增加趋势。虽然2009年修订的《保险法》出于立法技术考虑采用了概括式刑事立法技术，仅用1条宣示了刑事责任，但这并不意味着刑事责任规定必要性的降低。在市场秩序没有明显好转的背景下，随着保险事业的发展，保险对于刑事责任的需求不是降低，而是增加。目前通过刑法修正案的方式无法满足保险业对于刑事责任发展的需求。因此，应当珍惜《保险法》再次修订的机会，在保险法中落实保险刑事法律责任，实现保险刑事责任规定的完整及与时俱进。

2. 民事责任的完善

在一般违约责任和侵权责任之外，保险是否还存在特殊民事责任？如果有，是否应当在《保险法》中作出规定？

关于保险特殊民事责任设置的必要性，尚未发现相关的理论研究，现行法律也没有相关规定。但从民事法律责任的功能地位及域外法的比较观察，应该能够得出肯定的回答。从法学理论上讲，刑事责任和行政责任的追究主要由公权力部门行使，因此存在寻租、滥用的可能，唯独民事责任是由民事主体自己主张，权利受害人行使该项救济权的积极性更高，且不存在寻租的空间，因而具有刑事、

---

① 于志刚："简论台湾地区的附属刑法"，载《云南大学学报》2001年第2期。
② 林山田：《经济犯罪与经济刑法》，三民书局1981年修订3版，第96~97页。
③ 彼得·斯坦、约翰·香德：《西方社会的法律价值》，王献平译，中国人民公安大学出版社1990年版，第70页。
④ 李建华："经济附属刑法的立法形式——一种惩治和打击经济犯罪的重要补充形式"，载《当代法学》1999年第6期。

行政责任所不具有的独特效果。正是从这点上讲，立法不应忽视民事责任的规定。当然，在我国的立法实践中，也存在类似刑法只能由刑法典规定的主张，认为民事责任应当由民事基本法规定，行政、经济等方面的专门法不应规定民事责任。其实，如同前文关于刑事责任规定模式的讨论结论一样，即使刑事责任的设定也不应是单一的刑法典模式，现代社会应当给予附属刑法应有的地位，何况民事责任。而且，从民事责任立法的实践来看，与刑事责任不同，规定民事责任的单行法并不少见，比如《道路交通安全法》第76条关于机动车侵权责任的规定，2015年修订的《食品安全法》第131条、第136条、第141条、第146条、第147条、第148条等多个条文都规定了民事赔偿责任。2015年修订的《广告法》第56条规定了民事赔偿责任，而且两处规定了连带责任。因此，从立法技术及立法惯例看，《保险法》修正增加规定民事赔偿责任是没有大的障碍的。

那么，从内容上看，是否有必要设置特殊保险民事责任呢？从保护保险消费者权利、矫正保险市场秩序的角度看，似乎有必要在《保险法》修订时纳入特殊民事责任规定。再者，从比较法观察，也可发现如此做的必要性。比如，台湾地区"保险法"多处规定了民事责任。其第136条规定，违反"非保险业不得兼营保险业务"规定者，负责人对有关债务应负连带清偿责任。其第153条规定："保险公司违反保险法令经营业务，致资产不足清偿债务时，其董事长、董事、监察人、总经理及负责决定该项业务之经理，对公司之债权人应负连带无限清偿责任（第1款）。主管机关对前项应负连带无限清偿责任之负责人，得通知有关机关或机构禁止其财产为移转、交付或设定他项权利，并得函请入出境许可之机关限制其出境（第2款）。第一项责任，于各该负责人卸职登记之日起满三年解除（第3款）。"其第168-6条①规定了保险业负责人、职员或以他人名义投资而直接或间接控制该保险业人事、财务或业务经营之人所为的无偿行为有害于保险业的权利的，保险业有向法院申请撤销之权。

---

① 第168-6条
第一百六十八条之二第一项之保险业负责人、职员或以他人名义投资而直接或间接控制该保险业之人事、财务或业务经营之人所为之无偿行为，有害及保险业之权利者，保险业得声请法院撤销之。
前项之保险业负责人、职员或以他人名义投资而直接或间接控制该保险业之人事、财务或业务经营之人所为之有偿行为，於行为时明知有损害於保险业之权利，且受益之人于受益时亦知其情事者，保险业得声请法院撤销之。
依前二项规定声请法院撤销时，得并声请命受益之人或转得人回复原状。
但转得人于转得时不知有撤销原因者，不在此限。
第一项之保险业负责人、职员或以他人名义投资而直接或间接控制该保险业之人事、财务或业务经营之人与其配偶、直系亲属、同居亲属、家长或家属间所为之处分其财产行为，均视为无偿行为。
第一项之保险业负责人、职员或以他人名义投资而直接或间接控制该保险业之人事、财务或业务经营之人与前项以外之人所为之处分其财产行为，推定为无偿行为。第一项及第二项之撤销权，自保险业知有撤销原因时起，一年间不行使，或自行为时起经过十年而消灭。

3. 行政责任的完善

从现行《保险法》的规定来看，行政处罚的责任形式是比较健全的，监管部门负责起草的《草案送审稿》也没有增加处罚责任形式，主要的变化是扩大了责任范围，大幅度提高了罚款的额度，出现了比较明显的责任严格化倾向。对此，我们应当全面分析、理性看待。

首先，法律责任不到位问题固然需要解决，但法律责任也不是越严越好。意大利著名刑法学家意贝卡利亚曾经说过："对于犯罪最强有力的约束力量不是刑罚的严酷性，而是刑罚的必定性……因为，即便是最小的恶果，一旦成了确定的，就总令人心悸。"在近年强力反腐和严格问责的背景下，我国十八大之后的立法出现了比较明显的责任严格化倾向，史上最严的《广告法》《环境保护法》《食品安全法》等相继问世，法律责任的条文数量明显增加，法律责任尤其是行政处罚责任越来越重，总体来讲，这是非常有必要的，是对过去立法责任不到位的补正。但法律责任的设置要坚持责、权、利平衡原则，要突出权责相当，责任过严也是非常有害的。

其次，法律责任是否到位，应当综合考虑刑事、民事和行政责任各自的功能定位、各自的作用空间，不能以行（行政责任）代刑（刑事责任）、以行代民（民事责任），更不能以罚（行政处罚）代刑。因此，对于保险行政责任的修订，应当结合刑事责任和民事责任一并进行。

最后，《草案送审稿》关于行政处罚的调整，总体来说存在责任范围过宽、处罚程度过重的情况，需要进一步深入研究。责任过宽的主要表现是：对现行《保险法》第169条的修改。本来，第169条规定的保险公司报送、保管、提供、披露报告、报表、文件、资料、信息、条款、费率等的义务非常宽泛，没有对设定义务主体及设定义务规范层次的限定，有关文件、资料、信息等的边界也不清晰，因此，义务主体遵守该项义务的成本很高。现行条文对罚款设置了"限期改正""逾期不改正"的缓冲条件，但《草案送审稿》取消了"逾期不改正"这一限制条件，同时罚款底线提高了10倍，罚款高线提高了5倍。显然，这样的处罚责任设置有过宽之嫌。我国台湾地区"保险法"对类似情形的规定是第168-1条，按该条规定，保险公司承担罚款处罚责任的前提不是未主动、如实履行财务报告、财产目录或其他有关资料及报告，而是在主管机关派员检查时，保险公司的负责人或职员"逾期"或不实提报前述材料。责任过重主要表现在：同一条款规定社会危害性明显有别的违法行为，但都适用比较高的罚款处罚，尤其是罚款底线过高。比如《草案送审稿》第177条对擅自设立保险专业代理机构、保险经纪人，或者未取得经营保险代理业务许可证、保险经纪业务许可证从事保险代理业务、保险经纪业务的罚款幅度，将现行《保险法》第159条"没有违法所得或者违法所得不足5万元的，处5万元以上20万元以下的罚款"，修改为"没有违法所得或者违法所得不足20万元的，处20万元以上200万元以下的罚款"，起罚线提高了4倍，封顶线提高了10倍，处罚起罚线、自由裁量权及封顶线均有过高之嫌。

我国农业气象指数保险法律保障的制度安排
——以投保主体分层设计为视角

刘慧萍 张 帆[*]

内容提要：农业气象指数保险作为农业保险的创新型产品，有别于传统的农业保险，受到国际社会特别是发展中国家的广泛重视。我国的农业气象指数试点范围不断拓展，取得一定成效，但农业保险相关法律规定不能与农业气象指数保险现阶段的发展状况相适应。根据投保主体层次的多样性，微观层面和宏观层面的农业气象指数保险宜界定为政策性保险，中观层面的农业气象指数保险应定位于商业性保险。在借鉴发展中国家气象指数保险的经验基础上，我国农业气象指数保险的法律保障应确立以人为本、政府支持、社会利益优先原则，明确保险主体的角色定位，确立农业气象指数保险的经营模式、市场准入标准、保险准备金标准、监管措施、再保险机制，并通过地方立法推动农业保险条例的修改，待条件成熟上升为法律。

关键词：农业气象指数保险 分层设计 法律保障

一、研究背景及问题的提出

气象指数保险（weather index insurance）起源于20世纪90年代后期的美国，有国家称index-based weather insurance，国内也有翻译为气候指数保险、天气指数保险，目前无统一称谓[①]，但均指利用一个或几个气候特征形成的天气指数同保险标的的产量或损失结合起来，依据不同的指数等级进行赔付的保险形式。农业

---

[*] 刘慧萍：东北农业大学文法学院法学系主任，教授，博士生导师。
张帆：东北农业大学文法学院在读研究生。
[①] 气象和天气有本质的不同，"气象"是指发生在天空中的风、云、雨、雪、霜、露、虹、晕、闪电、打雷等一切大气的物理现象；"天气"是指影响人类活动瞬间气象特点的综合状况。因此，笔者认为采用气象指数保险这个称谓更为妥当。

气象指数保险是气象指数保险在农业领域的运用，是指把影响农作物产量和损益的一个或几个主要的气象因素（如气温、降水、风速等）指数化，保险公司通过指数对应的农作物产量和损益进行赔付。它是帮助农民应对极端自然灾害的一种风险处理机制，因其投保简单、理赔迅速、交易成本低且有效规避了传统农业保险的逆向选择风险和道德风险，受到国际社会特别是发展中国家的广泛重视。

世界银行启动的全球指数保险基金（GIIF），作为多捐助方信托基金，长期致力于发展中国家特别是撒哈拉以南的非洲、拉丁美洲、加勒比海地区和亚太地区的农业气象指数保险的发展和推广。自1998年起，试点国家已达30余个，投保人超过100万，投保金额累计13亿美元之多，成果显著，发展态势良好。印度是在世界银行支持下开始农业气象指数保险实践的典型代表国家。2003年Icici Lombard保险公司和当地最大的小额信贷公司之一的Basix公司，在Andhra Pradesh地区发售了发展中国家的首个气象指数保险——降雨量指数保险，从此一跃成为全球最大的农业气象指数保险市场。据世界银行统计，2008年，印度约有70万农民购买气象指数险种。至2012年，印度农民可以为约40种农作物寻求极端天气下的保险保障[①]。此外，马拉维的农业气象指数保险试点实践也是在世界银行的支持下发展起来的，由世界银行商品管理工作部（CRMG）发起，国际气候与社会研究所提供保险产品设计和方案评估等技术支持，使该国成为发展中国家开展农业气象指数保险的范例国家之一。

相较印度、马拉维等国家，我国的农业气象指数保险起步较晚。2008年，我国才开始在农业气象指数保险领域实践并积极谋求国际合作。同年，农业部国际合作司与世界粮食计划署（WFP）和国际农业开发基金（IFAD）签署"农村脆弱地区气象指数农业保险国际合作项目"三方谅解备忘录，并选取安徽省国元农业股份有限责任公司（以下简称国元农保）作为合作企业，成为我国农业气象指数的开端。此后，浙江、福建、广西等地陆续开展农业气象指数保险的试点实践。至今，我国的农业气象指数保险的试点范围不断拓展，保险标的也由种植业延伸至养殖业，经营情况总体稳定，并取得了较好的社会效益。但是，农业气象指数保险作为农业保险的创新型产品，在投保对象、运作模式、监管方式上都有别于传统的农业保险，而农业保险相关法律规定并不能与农业气象指数保险现阶段的发展状况相适应，因此，亟待对农业保险相关法律规定予以完善，以保障农业气象指数保险的可持续发展，也为后续的创新型农业保险的发展留足空间。

---

① 数据来源于世界银行官方网站。

二、基于投保主体多元化的农业气象指数保险性质分层定位

（一）农业气象指数保险投保主体的多元化

农业气象指数保险区别于其他农业保险的显著特点之一，是其投保主体层次的多样性。从发展中国家气象指数保险的试点实践看，农业气象指数保险可以为微观（个人）、中观（企业或银行等金融机构）、宏观（政府或国际组织）三个层面提供风险保障。微观层面农业气象指数保险的目标投保人是个人，承保其因一个或几个气象因素造成的农业利益的损失；中观层面农业气象指数保险的目标投保人是企业或银行等金融机构，承保因气象灾害而造成的农业价值链损失。宏观层面农业气象指数保险的目标投保人是政府或国际组织，气象指数保险是用来衡量一种风险对整个地区的影响，这个层面的损失可能非常大，政府或国际组织利用指数保险或其再保险在更大范围、更多手段上建立灾害损失分摊机制。[1]

（二）农业气象指数保险性质的分层定位

农业保险按性质可以分为政策性农业保险和商业性农业保险，二者在经营目的、发展动力、盈利能力、外部性上均有很大不同。限于我国农业现代化程度不高，农民收入偏低，对农业保险的积极性不高，为了增加农业抗风险的能力，政府不得不将大部分保险定位为政策性保险，给予相应的补贴。作为农业保险的创新型产品，如不考虑农业气象指数保险的特殊性，简单地将农业气象指数保险界定为政策性保险或商业性保险未免过于轻率，因此笔者认为对我国农业气象指数保险按投保主体进行分层性质界定更为科学。

微观层面和宏观层面的农业气象指数保险宜界定为政策性保险。微观层面的农业气象指数保险从实践方面看，尽管在产品设计、运作模式等方面与传统模式不同，也显示其与传统的农业保险所不具有的强大优势，但是它和大多数的农业保险一样仍具有"准公共物品"的性质，无法完全以"私人商品"的身份在市场上进行竞争性经营。且其与其他政策性农业保险目前在基本原则和主要目标上并没有本质的区别，都是政府引导、市场运作、自主自愿、协同推进，以提高农户投保率、政策到位率和理赔兑现率，实现尽可能减轻农民保费负担、尽可能减少

---

[1] 陈盛伟："农业气象指数保险在发展中国家的应用及在我国的探索"，载《保险研究》2010年第3期。

农民因灾损失的目的。宏观层面的气象指数保险一是用来衡量一种风险对整个地区的影响，这种风险不完全属于可保风险，在没有国家的政策扶持和补贴的情况下，很少有保险机构愿意开展此类业务，并且即使开展也很难保障其有效的可持续运行。二是为了分散农业保险风险进行的再保险，这种保险由商业再保险公司（包括国际再保险公司）依托其自有资本金提供，所能提供的承保能力有限，再保险成本高，条件苛刻，因此，将宏观层面的农业气象指数保险定为政策性保险较为合适。

与微观层面和宏观层面的农业气象指数保险不同，中观层面的农业气象指数保险应定位于商业性保险。首先，中观层面的投保主体是企业和银行等金融机构，其并不是直接的农业经营者而只是与农业相关产业的经营者，在产业划分中他们均属于第三产业。农业气象风险作为其产业运作风险中的一种，对产业的影响并不像对农业的影响那样致命和不可逆。其次，他们具有购买商业保险的经济实力和切实的需求，同时思想观念相对开放，具有现代市场意识，更愿意接受新型的农业保险。将其定位为商业性保险是非常明智的选择，否则，不仅对国家财政和社会公共资源是极大的浪费，而且也将阻碍商业性农业气象指数保险的创新发展。

三、我国农业气象指数保险法律保障缺失及国际经验借鉴

（一）我国农业气象指数保险法律保障缺失

对于农业保险，我国政府一直重视并给予政策支持。2004年开始至今连续13年的"中央一号文件"都不同程度地提及农业保险。2012年提出扩大农业保险的险种和覆盖面，开展设施农业保费补贴试点，健全农业再保险体系，逐步建立中央财政支持下的农业大灾风险转移分散机制。2013年提出健全政策性农业保险制度，完善农业保险保费补贴政策，加大对中西部地区、生产大县农业保险保费补贴力度，适当提高部分险种的保费补贴比例。2014年提出加大农业保险支持力度。提高中央、省级财政对主要粮食作物保险的保费补贴比例，逐步减少或取消产粮大县县级保费补贴，不断提高稻谷、小麦、玉米三大粮食品种保险的覆盖面和风险保障水平。鼓励保险机构开展特色优势农产品保险，有条件的地方提供保费补贴，中央财政通过以奖代补等方式予以支持。扩大畜产品及森林保险范围和覆盖区域。鼓励开展多种形式的互助合作保险。规范农业保险大灾风险准备金管理，加快建立财政支持的农业保险大灾风险分散机制。2015年提出加大中央、省

级财政对主要粮食作物保险的保费补贴力度。将主要粮食作物制种保险纳入中央财政保费补贴目录。中央财政补贴险种的保险金额应覆盖直接物化成本。加快研究出台对地方特色优势农产品保险的中央财政以奖代补政策。值得一提的是2016年的"中央一号文件"明确提出积极开发适应新型农业经营主体需求的保险品种。探索开展重要农产品目标价格保险，以及收入保险、天气指数保险（气象指数保险）试点。

尽管每年的"中央一号文件"都提及农业保险并为之提出指导方向，但是实践证明由政策推动的农业保险的发展并不理想，远不能满足农业风险管理的更深层次的要求，也不符合我国的依法治国理念。但在法律层面，我国从20世纪80年代恢复农业保险以来，30多年间，涉及农业保险的相关法律却寥寥无几，包括1985年出台的《保险企业管理暂行条例》，2002年出台的《农业法》，2006年出台的《国务院关于保险业改革发展的若干意见》，2007年出台的《中国再保险市场发展规划》《关于积极发展现代农业 扎实推进社会主义新农村建设的若干意见》，2009年出台的《保险法》，2012年出台的《农业保险条例》，2014年出台的《国务院关于加快发展现代保险服务业的若干意见》在内也不过8部，其中专业性的立法仅《农业保险条例》1部，还是以行政法规的形式规定的，至今也未上升到法律层级，且立法层次偏低，多为原则性的规定，可操作性不强。此外，对于农业气象指数保险这类创新型保险现行的法律规定并不能完全地适用。因此，急需完善相应的法律制度以弥补现行法律缺失造成的诸多问题。

（二）发展中国家气象指数保险的经验借鉴

1. 印度——发展中国家气象指数保险的代表

印度为发展中国家中最早开展农业气象指数保险实践的国家之一，在十多年的时间里一直在致力于微观层面的农业气象指数的发展与推广。在发展伊始，印度就大胆地选择将农业气象指数保险定性为商业性农业保险，不给予任何财政上的补贴，只给予必要的数据和政策上的支持，实践表明这种市场化的经营模式在该国取得了良好的效果。同时印度农业气象指数保险将天气指数保险嵌入农业贷款中，开创了银保互动的新型销售模式。这种销售模式提供了信贷—保险一体化的农业金融服务，既易于被农民理解接受，也保护了银行的农业贷款利益，使得农民获得农业贷款的难度进一步降低，同时也降低了农业气象指数保险的运行成本。

2. 秘鲁——中观层面农业气象指数保险的代表

地处南美洲西部的秘鲁，由于西临太平洋，因此也是气象灾害频发的国家。尤其是厄尔尼诺事件对秘鲁农业生产和农业信贷造成了严重影响。在1998年之前,所有小额信贷机构在皮乌拉省北部沿海地区的违约率约为8%,但在厄尔尼诺事件之后,违约率升至18%。在1998~2003年,秘鲁小额信贷量增长了350%,但同期农业小额信贷增长缓慢,农业小额信贷额只占所有小额信贷总额的10%。为了提高农业风险管理能力,减少违约率从而提高秘鲁农村金融市场的信贷投入,2006年秘鲁推出厄尔尼诺(ENSO)保险产品,投保农业自然灾害风险。ENSO指数由美国国家海洋学与大气管理局测量、维护以及发布,日常记录采用已经存在50年的成熟技术。该保险产品通过小额信贷机构与气象指数保险互动,通过指数保险减少小额信贷机构风险。厄尔尼诺指数容易操作,为巨灾事件提供了重要的风险转移。[①]

3. 墨西哥——宏观层面气象指数保险的代表

宏观层面的气象指数保险在现阶段的实践中一般是国家用作再保险的手段。以墨西哥政府为例,墨西哥政府利用指数保险为其两个灾害救济基金(FONDEN和FAPACC)提供再保险保障。FONDEN即自然灾害国家救济基金,创立于1995年,主要为无保险保障的基础设施修复提供灾害救济资金以及为低收入灾害受害者提供救助。FAPACC则是一个专门的自然灾害基金,该基金为因干旱、霜冻、冰雹、强降雨、洪水和暴风而遭受损失的农业生产资料提供补偿,旨在帮助农民恢复其赖以为生的农业生产。通过指数保险为政府应急响应提供再保险,政府将有能力维持灾害救济计划的可持续和偿付能力。

如上文所述,目前发展中国家的农业气象指数保险发展各有侧重,大多数都在本国取得了不错的成果,也为我国的发展提供了有益的借鉴。但是我国地域广阔,经度、纬度的跨度都很大,且地形地势复杂多变,气候差异巨大,我国农业生产受地域、海拔、气候、承保作物习性等多种因素影响,灾害种类和程度各异。此外我国的农业气象指数保险起步较晚,市场发展不充分,经验相对不足。因此在发展农业气象指数保险时有必要考虑我国的实际,不能照搬照抄国外的经验,要有所取舍。

四、我国农业气象指数保险的法律保障制度安排

农业气象指数保险作为新型农业保险产品,拥有现行的农业保险无可比拟的

[①] 高娇:"指数保险发展:基于印度、蒙古、秘鲁和马拉维的案例分析",载《农村经济与科技》2012年第23卷第7期。

优越性，但是农业气象指数保险也并非全能型保险，也存在当前无法克服的障碍和局限性。因此，有必要通过法律制度的设计，给予其充分支持和必要的规制，使其和传统保险实现良性互动，从而起到分散风险的目的，实现农业和农业保险业的良性发展。

（一）农业气象指数保险的法律保障原则

1. 以人为本原则

我国现行的政策性农业保险制度中政府补贴的比例较高，农户自己承担保费的比例较低，这在很大程度上使得保险工作的重心在各级政府部门，在基层也主要是通过乡镇政府、村委会与农民接触。在事关农民切身利益的政策性农业保险中，农民作为重要的主体，却被排除在制度的决策和管理之外，只是被动地接受，几乎没有任何参与权。但是广大农民作为主要的被保险人，其对农业气象指数保险的认识和接受程度直接影响气象指数保险的发展状况。因此，在补充条例制定的过程中，必须坚持以人为本的原则，将农民参与农业保险法律制度的决策和监督作为重要的发展方向。通过民主化的机制，充分发挥农户这一重要主体的积极性，建立其参与农业保险制度决策和管理的机制，实现农民与政府以及保险机构之间的利益平衡与协调。

2. 政府支持原则

农业气象指数保险作为农业保险的创新产品，还处于试点阶段，因此还需要政府的全力支持。一是加大基础设施建设如气象站的投入，不仅可以保障农业生产，而且还可以减少指数的基差风险。从农业气象指数保险的理论和实践需要来说，一个标准的气象站能覆盖 20 平方公里风险区域。剔除无需设点的区域，我国气象站的数量目前远达不到这一标准。二是建立合理的财政补贴机制。我国经济发展水平不平衡，统一的财政补贴政策显然不符合我国实际国情，因此建立合理的、差异化的财政补贴机制不仅可以减轻财政负担，而且有助于提高对农民的保障水平。三是建立巨灾风险防范机制。政府参与的巨灾风险防范机制可以减少企业的后顾之忧，进而激发保险企业创新产品的积极性。

3. 社会利益优先原则

对自然地理环境的高依赖性决定了农业的脆弱性，农业的脆弱性又决定了农业保险的高风险性。农业风险明显的区域性和季节性差异决定了农业保险的高成本性。此外，农业保险还具有高赔付率的特点，即大多数投保人可能同时遭受损失。高风险性、高成本性、高赔付率这三点实质上使得农业保险的可保性大大地降低，保险机构对开展农业保险业务的积极性并不高。但是基于农业的基础性经济地位，大多数国家会以法律的形式给予农业保险财政、税收等方面的支持，使其具有准公共物品的属性，我国也不例外。但是这种支持一定要保持在合理的范围内才能真正发挥农业保险在风险防范和转移上的作用。

因此，农业气象指数保险条例的制定一定要遵循社会利益优先原则，在优惠支持程度上做充分的调研和论证，既要避免因支持力度不够导致开展农业气象指数保险业务的保险机构不堪重负，也要避免过度的优惠支持减小了农业气象指数保险创新的积极性，造成国家财政和公共资源的浪费。

（二）农业气象指数保险主体的角色定位

1. 保险人的角色定位

虽然笔者在上文中将微观层面和宏观层面的农业指数保险界定为政策性商业保险，将中观层面的农业气象指数保险界定为商业性农业保险，但是有一点需要注意，无论政策性农业保险还是商业性农业保险都不排斥市场性的运作，只是市场在其中所起的作用大小不同而已，也不排除商业性保险公司参与农业保险市场。对于中观层面的气象指数保险，由于将其定位于商业性保险，因此商业性保险公司开展此类业务的问题不大。但是对于微观层面和宏观层面的农业气象指数保险，他们的政策性保险的定位，其公益性和非营利性与商业保险公司的逐利性之间存在矛盾，因此需要法律进行引导，在此间保持平衡。

2. 政府的角色定位

对于中观层面的气象指数保险，其商业性保险的定性意味着在市场调节正常时，政府应该尽可能少地干预此种层面的农业气象指数保险的运作，但是也应该为其发展提供必要的支持，例如数据。而微观和宏观层面的气象指数保险，由于其政策性保险的定性就需要政府的介入和干预，政府必须担起"领航员"的角色，运用法律手段，通过法律制度的建设来调动各方的积极性，平衡各方的利益，从而保证农业气象指数保险的发展和其作用的发挥。

3. 投保人的角色定位

微观层面和中观层面的农业气象指数保险法律关系上，投保人和被保险人是一致的。需要注意的是微观层面的农业气象指数保险，尽管政府给予财政补贴，但是这种补贴也不是完全覆盖的，有一部分仍然是需要农民自己缴纳的。因此，除了政府和保险机构的积极推动外，农民的参与是其享受农业气象指数保险合同权利的前提，也是农业气象指数保险在微观层面得以继续发展的前提，而农民的参与又以其对保险合同权利义务的清楚认知为前提。

宏观层面的农业气象指数保险则完全不同，宏观层面的投保人分两种情形：

一种是基于可能对整个地区造成重大影响的风险而投保，这时投保人与被保险人是一致的。另一种是国家或者国际组织作为再保险的投保人的情形。此时，投保人和被保险人是分离的，这种再保险合同的订立目的，除了保障原保险人的正常运营能力和经营安全之外，更重要的是在巨灾发生时，保证原保险人具备充足的偿付能力，从而使得原被保险人能够及时、充分地获得保险救济。这种责任保险本质上是一个为第三人利益合同。

（三）农业气象指数保险相关法律制度设计

1. 农业气象指数保险的经营模式

从发展中国家的实践来看，农业气象指数保险的经营模式主要可以分为两种：（1）市场导向型，以印度为代表。作为最早在发展中国家开始农业气象指数保险实践的国家，从一开始就大胆地选择了让农业气象指数保险采取市场化的经营模式，不给予任何财政上的补贴，只给予必要的数据和政策上的支持。实践表明这种市场化的经营模式取得了很好的效果，印度已经成为全球最大的农业气象指数保险市场。（2）政府导向型，以墨西哥为代表。这种模式虽然也是市场化运作，但是政府的参与程度相对较高，政府根据经济发展的区域性差异，为农业气象指数保险给予不同程度的保费补贴。除此之外，政府还设置了应急资金，以弥补天气指数保险未能完全覆盖的剩余损失部分。

通过对以上两种模式的分析，笔者认为微观层面和宏观层面的农业气象指数保险应采取政府导向型的经营模式，而中观层面的农业气象指数保险宜采取市场导向型的经营模式。毕竟印度的农业保险模式起步较早，农业气象指数保险市场更为成熟，经验更为丰富，且从起步之初就坚持市场化运作。而我国的农业气象指数保险起步较晚，发展伊始政府的参与度就较高，一般地方政府会给予补贴支持，现在我国的农业气象指数保险市场正处在上升期，贸然地终止补贴，改政府导向型为市场导向型，那么好不容易建立起来的市场信任将会受到冲击，不利于农业气象指数保险的长远发展。因此针对农业气象指数保险的性质采取不同的经营模式是更为科学，也更具可操作性的选择。

就农业气象指数保险的销售模式而言，目前有两种主要方式：一种是嵌入式捆绑销售，主要是针对意欲申请农业贷款的投保人，将农业天气指数保险嵌入农业贷款合同中，实现捆绑销售。以印度为例，2003年，印度的Icici Lombard保险公司和印度最大的小额信贷公司之一的Basix公司在世界银行商品风险管理部（CRMG）的支持下，在印度的Andhra Pradesh地区发售发展中国家的首个气象指数保险——降雨量指数保险，为200名种植落花生和蓖麻的农户提供低降雨量保险保障。该指数保险就是嵌入农业贷款中的，保障农户在即使气象灾害导致农业贷款抵押作物发生损害或灭失的情况下依然可以继续获得农业贷款支持。另一种是单独出售，即将农业气象指数保险作为独立的险种单独出售，这也是大多数发展中国家采用的销售模式。

目前我国的农业气象指数保险基本上是采用单独出售的销售模式，印度的嵌入式捆绑销售模式值得借鉴。为了避免对农业气象指数保险的销售模式创新造成阻碍，笔者认为在立法过程中不宜对销售模式规定得过于详细。

2. 农业气象指数保险的市场准入标准

在国内，农业气象指数保险发展势头良好。目前除了安信农保、国元农保、安华农保、阳光相互保险公司四家专业的农业保险公司开展了农业气象指数保险业务外，中国人民保险公司、太平洋财产保险公司等综合性保险公司也纷纷试水农业气象指数保险且成绩不俗。在市场利益的驱动下，未来会有更多的保险机构进入农业气象指数保险市场，因此为了保证农民的根本利益和农业保险市场的良性竞争，必须在不抑制市场竞争的基础上，适当地提高农业气象指数保险市场的准入标准。同时要细化保监会对申请进入农业气象指数保险市场的保险机构的资格审查内容和评定程序。

3. 农业气象指数保险的保险准备金标准

非寿险准备金按其提存的方式不同，可以分为法定准备金和任意准备金。法定准备金是指根据国家对保险企业实施管理的有关法律规章的规定，保险人应当从其保费中提存一定比例的"费用"。法定准备金通常又可分成未到期责任准备金和未决赔款准备金。任意准备金是保险企业根据自己的业务开展需要，除依法留足准备金外，应在当期保费中提存一笔费用，用作经营风险损失与保险资金运用损失波动较大所带来的不利的准备。我国现行的《保险法》第97条规定保险公司应当按照其注册资本总额的20%提取保证金，存入国务院保险监督管理机构指定的银行，除公司清算时用于清偿债务外，不得动用。但是相对于传统农业保险的按损定赔，农业气象指数保险的根据既定量化指数的标准化赔付，发生聚合性的超额赔偿的可能性更高，因此，为了使被保险人能及时得到足额的赔付，有必要提高农业气象保险的保险准备金额。

4. 农业气象指数保险的监管

首先，对于政府对农业保险的监督管理规定，我国现行的法律法规中，也只有《农业保险条例》第4条笼统地提到国务院保险监督管理机构对农业保险业务实施监督管理。然而配套制度的缺失导致政府相关部门的职能得不到有效发挥，可能导致权力的缺位或是滥用。因此加强农业气象保险的监督管理着实必要。

其次，正如前文所述，将微观层面和宏观层面的农业气象指数保险定位为政策性农业保险，将中观层面的农业气象指数保险定位为商业性农业保险，就不再适宜由保监会统一监管。原因在于，政策性的农业气象指数保险和商业性的农业气象指数保险由于两者在经营目的、发展动力、盈利能力、外部性等方面的巨大差异决定了监管目标、方式等方面的不同。不进行区分管理不仅对监管不利，也可能对两种性质不同的保险的良性发展造成不利影响。因此由保监会对商业性保险进行监管，另设政策性农业保险监督管理机构对政策性农业保险进行监管，这样的分类监管着实必要。

（1）严格农业气象指数保险合同的审查标准和审查期限。农业气象指数保险合同具有标准化、透明化、统一化的特点，且与传统农业保险"按损定赔"的模式不同，农业气象指数保险完全按照保险合同的既定指数对比来定损，虽然节约了定损实践，提高了理赔效率，但是如若前期指数设定有严重误差，那么"基差风险"就会大大加强，这对被保险人利益的损害是显而易见的。因此，要严格保险合同的审查标准，内容包括对保险费率、赔付率、触发值、限值、刻度值是否科学合理进行实质性的审查，以确保其科学性、合理性。同时，为了提高审查效率，应该设置合理的审查期限。

（2）确立农业气象指数保险合同的年审制度。随着全球气候变动加剧，尤其是在城镇化和工业化速度高速发展的我国，气候的变化更加明显，而气象指数保险的参考数据也应该跟着气候变化进行适时更新，这样才能更好地发挥其真正的作用。因此，确立农业气象指数保险合同的年审制度显得尤为重要。

5. 农业气象指数保险的再保险机制

（1）促进农业保险公司与中国再保险集团积极合作，进行农业气象指数保险的联合开发，探索天气指数保险的再保险工作安排，以降低天气指数的再保险率。

（2）政府要着手建立巨灾基金，向天气指数保险提供低于国际市场价格的再保险，进而实现对农业保险的间接经济支持。

（3）利用农业天气指数保险的标准化特征，设计基于天气指数保险的债权，通过资本市场实现天气指数的再保险。[1]

（四）农业气象指数保险的立法建议

尽管多数国家的农业保险的发展很大程度上都是以成文的农业保险法的形式推动的，我国的专家学者也一直呼吁加快农业保险的立法工作，2012年《农业保险条例》出台后，要求提高农业保险的立法层次的建议和研究也不绝于耳，但是

---

[1] 魏华林、吴韧强："天气指数保险与农业保险可持续发展"，载《财贸经济》2010年第3期。

农业保险法的制定工作迟迟未启动。2015年全国人大农业与农村委员会61名代表提出制定农业保险法的建议也未被采纳，国务院法制办回应要待进一步实践后再判断是否有必要将《农业保险条例》上升为法律。此外，专家、学者和有关部门对农业保险进行单独立法还是将其纳入农村金融法的争论也一直没有定论。在这种情况下，笔者认为我国的农业气象指数保险法律规制，应该采取渐进式推进的方式进行。各地可以结合当地的农业发展状况及农业气象指数保险的发展状况，制定地方性法规和实施细则。国务院可以参照地方经验，修改现行的农业保险条例，以补充条例的方式将气象指数保险纳入现行的《农业保险条例》是阻力较小的可行性方案。待条件成熟时，再通过人大常委会上升为法律。

法学视野中保险业国际化与 FTA 的新机遇

王　萍[*]

内容提要：FTA 涉及产品贸易与金融服务、外国直接投资领域，二者均与保险业有关。公司金融服务正在国际贸易与产业机构调整中发挥作用。在中国，保险市场是最先并向国际开放最快的金融市场。本文试图通过讨论 FTA 下的保险业问题，比如市场开放、多元化公司、农业保险、旅游业保险及出口信用保险等，来总结中国保险市场与保险法律体系国际化的经验、展望 FTA 的未来发展。

关键词：保险市场　金融服务　直接投资　国际化　关联效应

在加入"世贸"时，保险业是我国金融领域最先、最快开放，而且开放最为彻底的行业，在保险业"新国十条"的指导下，这个行业还将进一步开放。保险业的开放是双向的，一方面，外资保险公司要在我国保险市场谋求发展；另一方面，我国保险业的进一步发展也离不开国际市场，同时我国的监管制度还需要吸收国际先进经验。FTA 的内容不仅应包括货物贸易自由化，而且涉及商品、金融服务、投资、旅游服务、知识产权、行业竞争等领域，凡是旨在消除缔约方之间在贸易中存在的关税和其他贸易壁垒的谈判均在此域。[①] 较之商品贸易流通而言，金融服务合作是 FTA 缔约内容中深入合作层面的问题。而其中关涉保险制度的部分，则不仅涉及保险业的相互开放与合作，还与 FTA 项下其他商品与服务交易具有关联性。因此，在保险业完全开放和国际化进程加快的大背景下，研究 FTA 自由贸易协定为保险业带来的新机遇，并予以法律分析，是非常必要的。

---

[*] 王萍：中国政法大学民商经济法学院教授。本文为中国政法大学商法学青年创新团队资助成果。
[①] 张晓娜："经济复苏背景下中韩 FTA 战略选择探讨"，载《当代韩国》2009 年第 4 期。

一、外资保险公司在中国的发展与机遇

（一）外资保险公司在中国的发展状况[①]

1. 外资保险公司设立

中国保险市场并不是从中国加入"世贸"才开始开放的，1992年经国务院批准由中国人民银行颁布的《上海外资保险机构暂行管理办法》，拉开了外资保险公司进军中国的序幕，上海是保险业最先引进外资的试点，成为中国第一个对外开放的保险市场。1992年9月，美国友邦公司率先在上海设立分公司。1996年，瑞士丰泰在上海开业，成为第一家在中国市场上经营财产险业务的外国公司。1996年11月，中国第一家中外合资人寿保险公司——中宏人寿成立。此后开放区域扩大到广州，而后深圳也有了外资保险营业机构。至此，中国保险市场初步形成了以国有商业保险公司为主体、中外保险公司并存、多家保险公司竞争发展的新格局。

2. "入世"后外资保险的涌入

中国公布保险业"入世"承诺时，全球最大的25家保险公司全部来自欧美和日本等发达国家和地区，其中任何一家公司所拥有的资产总额都高于中国当时整个保险业所拥有的资产总量，西方保险业也已经积累了大量保险业务经验。2003年中国共有19家外资保险公司，27个经营机构正式营业，3家外资公司进行筹建，另有100多家外资公司在中国建立了代表处。截至2011年11月底，已经有16个国家和地区的保险公司在我国设立了54家外资保险公司，共1300多家分支机构。这10年间外资保险公司比中资保险公司获得了更快的发展。此外，中国人寿、中国平安、新华保险等股份制保险公司也都吸引了众多外资入（持）股。北京大学课题组的研究显示，如果考虑中外资的实际股权结构，2010年外资实际对应的保险市场份额为22.1%，其中人身险和财产险的市场份额分别为22.7%和20.5%，中国约有1/5的保险市场是由外资撬动的。[②]

3. 中国保险市场向外资全面开放

中国2009年新修订的《保险法》在保险业法方面迈出了更大一步，在保险

[①] 外资保险在中国的发展阶段，也可分为代表处时期、加入WTO之前、过渡期、全面开放、更深入开放五个阶段，但本文为了简洁，分为三个主要阶段。

[②] 李文忠：" '入世'十年与中国保险业辉煌发展"，载《中国保险》2012年第1期。

业务范围、保险资金投资范围、股东、高管规范等方面都做了更为详尽的规定，且在无例外规定的情况下，上述规定均适用于外资保险公司。特别是2012年4月30日公布的《国务院关于修改〈机动车交通事故责任强制保险条例〉的决定》将《机动车交通事故责任强制保险条例》第5条第1款由原来的"中资保险公司经保监会批准，可以从事机动车交通事故责任强制保险业务"修改为"保险公司经保监会批准，可以从事机动车交通事故责任强制保险业务"。条例的修改，标志着法定保险的禁区被突破，中国开始向外资保险公司开放交强险市场。

（二）外资保险公司在中国发展所面临的问题

外资保险公司加入国内保险市场，极大地推动了国内保险市场的发展，尤其是对于经济发达地区保险市场的建设具有重要作用。在东中部外资保险公司经营较为集中的地区，如上海、深圳、北京等地，外资保险公司保费收入占比曾接近30%。在经营地域方面，外资保险也开始由东部中心城市逐渐向中西部地区扩展，经营网点及分支机构日益增长，产品结构及运营体系日益完善。外资保险公司的进入，保险经营主体不断增加，促进了保险市场的竞争，提高了中国保险资源的配置效率。[1]然而，外资保险公司的发展并没有中国"入世"时想象的那么乐观。根据安永事务所于2013年做的调研报告《外资保险公司在未来的发展方向》，截至2013年年底，外资寿险公司在中国的市场份额仅为5.6%。而在财产险领域，外资保险公司的市场份额仅为1.3%。外资保险公司面临的问题主要包括以下几点。

1. 业务发展缓慢

穆迪公司在其报告中称[2]，2010年，中国保险行业全年保费超过1.5万亿元，在中国运营的46家外资保险公司当中，只有11家获得盈利，对其全球利润的贡献极微。截至2011年9月，外资保险公司的数目已从2004年的13家增加到45家。但外资寿险公司在中国的市场份额只有3.7%，位居外资寿险榜首的友邦市场占有率为0.77%；财产及意外保险公司的市场份额仅为1.1%。根据2010年普华永道发布的《外资保险公司在中国》的调查报告，外资保险公司在人寿市场的份额低于5%，在财产保险领域仅为1%。[3]

基于以上数据可见，外资保险发展并未如预期一般稳定增长而对内资保险公

---

[1] 魏希霆（Robert Wiest）："外资保险公司在中国的发展"，载《中国金融》2011年第23期。
[2] 穆迪公司于2011年11月30日发布了名为《外资保险公司在中国的战略：前进还是撤退？》的特别评论报告，资料来源穆迪投资官网，http://www.moodys.com/pages/default_ch.aspx，最后访问日期：2015年7月12日。
[3] 本报告的数据对外资入股保险公司的业务统计不充分，因而在数据上与前述中国官方数据有异。《外资保险公司在中国》——PWC研究报告，2011年12月发布。资料来源http://www.doc88.com/p-606163885301.html，最后访问日期：2015年7月12日。

司在一定程度上形成冲击。相反，外资保险公司在业绩、份额上不断下滑，股权更替不断，盈利艰难，公司稳定经营面临挑战，深入发展面临困境。很多人认为这与交强险等监管政策限制有关，然而2013年交强险向外资保险公司开放之后，外资保险市场份额并无明显增长。

当然，其他监管方面的限制依然是存在的，比如外国保险公司设立外资保险公司以及外资保险公司设立分公司的各项要求，对银保销售的监管①，对持股比例的限制等。最高50%的持股限制使得寿险公司只能以合资企业的组织结构存在，股权比例的限制使得外资保险公司只能与中方企业合作建立合资寿险保险公司。②

2. 外资在中国经营的本土化展业方式有限

外资保险公司在中国境内获取业务的渠道，分个人代理人和兼业代理人两种方式，目前看，由于与个人代理人建立雇佣劳动关系较为复杂，大多数外资保险公司是利用兼业代理人来进行展业营销的，而兼业代理人主要是指银行。近年来，外资保险公司利用银行来开展业务难度越来越大，乃因银行保险业兴起，诸多银行投资保险公司，然后再销售自己所投资的保险公司的产品，改变了代理模式。与国内保险公司相较，外资保险公司的营销渠道战略要简单得多，当然从股东资源、社会人脉资源的角度看，他们也欠缺这方面的资源。但亦有例外，如中宏人寿公司以个人代理为保费收入的唯一渠道，长生人寿、联泰大都会以直销为第一营销渠道，他们在保费收入上较少受股东资源的影响。总之，外资保险公司需要在人事雇佣和销售渠道方面实现本土化。

3. 日渐强大的内资保险公司形成挑战

随着外资保险公司的进入，对中国保险业产生了巨大的技术溢出效应，内资保险公司提高自身竞争意识的同时很好地借鉴了外资公司的运营模式。监管政策对内资保险公司的倾斜，也使内资保险公司得以从容地学习国外先进管理经验，获得了发展的黄金十年；外资保险公司并未制定出适合中国本土化的运营模式亦是原因之

---

① 2014年4月1日，中国保监会和中国银监会出台了有关通过银行渠道销售保险更为严格的法规，其中极重要的一项是银行网点销售的保险产品最多来自三家不同的保险公司。此政策虽然并不针对外资保险公司，但在此政策下，银行方往往会优先和内资保险公司合作，外资保险公司则失去销售渠道。

② 李新平："外资寿险公司在华经营困境分析"，载《对外经贸实务》2012年第4期，第84~86页。

强制合资的寿险公司形式可能会产生一系列的问题，例如中方和外方的价值理念不同，中方注重短期的经济效益，而外方善于保险经营，更追求企业的成功；由此可能会导致股权更迭，人事变化，使公司处于不稳定状况或效率低下。

一。[1] 如此，日渐强大的内资保险公司成为外资保险公司在中国发展的最大挑战。

(三) 外资保险公司在中国发展的机遇

1. 自贸区的建立

国家建立上海自贸区的核心思想是以开放促改革，以改革促发展，甚至有人将其视为中国"第二次加入世贸"。[2] 保险业作为我国开放步伐最快的金融行业，是上海自贸区的重点开放领域。外资保险公司得以在自贸区内进行产品、业务模式和资金运作等方面的创新。同时，2014年12月12日召开的国务院常务会议上，国务院总理李克强正式宣布了中国自贸区扩围的消息，新批准的自贸区，与上海自贸区一同为进一步的全国性开放探路。外资保险公司将在自贸区范围内获得更多的机遇。

2. 互联网保险

互联网的发展改变了传统的商业模式，尤其是在中国，庞大的互联网用户大大降低企业进行数字化营销的成本。截至2013年年末，中国共有6.17亿互联网用户，其中5亿为移动用户，互联网销售模式将给保险业带来深远的影响。根据中国保险行业协会发布的《互联网保险行业发展报告》，从2011年至2013年，中国从事互联网保险业务的企业从28家上升到了60家，投保的人数从816万人增长到了5437万人，年均增幅566%。互联网保险在改变着中国保险业的同时也给外资保险公司带来了机遇。

3. 允许同业并购

2014年4月4日，中国保监会公布《保险公司收购合并管理办法》，允许投资方对保险公司使用贷款进行收购，同时允许保险公司之间实行同业并购。这一规定是中国保险业走向自由化的又一举措，旧规定使得外资保险公司很难通过并购达到规模经营的效果。而在新规定之下，外资保险公司的投资潜力将得到改变。

二、保险业国际化的政策目标

在"新国十条"提供了战略机遇，人民币国际化战略实施加快，"一带一路"

---

[1] 孙祁祥、何小伟、郑伟："'入世'十年外资保险公司的经营战略及评价"，载《对外经济贸易大学学报（国际商务）》2012年第5期，第32~44页。

[2] 梁涛："保险业助力上海自贸区建设"，载《中国金融》2013年第23期，第14~16页。

全面铺开等政策环境下，吸收国际先进的保险业发展经验，融入国际市场，中国保险市场的进一步开放是大势所趋。这不仅意味着外资保险公司监管政策的调整，也必将引导更多的中国保险机构在国际舞台上扮演更重要的角色。

（一）外资监管的政策趋势

1. 外资保险公司监管的制度结构

我国目前规范保险市场的法律法规有 2014 年刚修改的《中华人民共和国保险法》（以下简称《保险法》）和 2013 年修订完成的《中华人民共和国外资保险公司管理条例》（国务院令第 636 号，以下简称《条例》）。《保险法》是规范整个保险业的主要法律，在规范外资保险公司的法律法规中处于核心的地位。

我国《保险法》在 2002 年的修改中，将原来的第 148 条改为第 154 条，阐明中外合资保险公司、外资独资保险公司、外国保险公司分公司适用本法规定，法律、行政法规另有规定的，适用其规定。虽然从保险法的规定来看，保险业在适用法律方面已经对外资保险公司实行国民待遇。但《条例》作为特别法则应当优先适用。《条例》是针对外资保险公司更为细致的法规，也是目前对外资保险公司适用的主要文件。《条例》主要从外资保险公司设立登记、业务范围和监督管理三个方面做了规定，同时为了和《保险法》形成一致的规范体系，其第 38 条规定，"对外资保险公司的管理，本条例未作规定的，适用《中华人民共和国保险法》和其他有关法律、行政法规和国家其他有关规定"。

另值得注意的是，商务部于 2015 年 1 月 19 日公布了《外国投资法草案》，该草案取消了对外国企业的全面审批制，草案一旦生效，将有利于外国投资者在中国的直接投资。该《草案》预示了我国对外开放的成熟以及继续前进的趋势。因而，保险业和外商投资领域的政策共同昭示着保险业的进一步开放，外资保险机构将迎来新一轮的机遇。

2. 自贸区为保险监管创新提供了新模式

在上海自贸试验区召开的金融创新案例发布会上，九项创新案例有三项是保险行业的，这成为本次发布会的最大亮点。在自贸区内保险的创新点主要体现在以下三个方面：一是开发完成首个上海航运保险协会条款，即无船承运经营者保证金责任保险条款。该条款的推出充分利用了行业组织的专业化管理，提高了产品开发的效率，简化审批程序，并且去年年末保监会批准了最大的外资财险公司美亚产险在沪设立航运保险运营中心的请示。二是创新跨境保险，推动国际和国内资本利用自贸试验区平台为国内巨灾保险、特殊风险保险提供再保险支持。三是创新养老产业，主要内容为太保集团于 2014 年 9 月通过子公司太保寿险公司，以重大股权投资方式,在自贸试验区注册成立太平洋保险养老产业投资管理有限责任公司。

3. 国际保险中介机构引入必不可少

外资保险展业遇到的困境,却成了推动外资保险转战中介领域的动力,外资保险可以利用涉足代理、经纪和公估业务,发挥自己的技术和服务专长,克服产品和行销上的"水土不服"。另外,中介业务的推进,也可辅助保险业务的推广,可谓一举两得。当然,中介机构勿需承担保险业务的风险,也是一个重要的理由。目前以公估人领域为例,自2003年以来,外资保险公估公司在中国大力发展,无论在数量上还是在业务开展方面,均优于国内保险公估公司,被视为更适合外资投资和介入的保险机构。

2006年国务院《关于保险业改革发展的若干意见》(以下简称《若干意见》)第(20)项、第(21)项分别指出应当加强我国再保险市场的建设和保险中介机构的作用。发展再保险市场,离不开专业的中介机构。优质的外资保险在经验、人才、规模等方面的优势,以及再保险、巨灾保险联合承保的需要,都成为其承担特殊保险中介业务的重要保障。

(二)中国保险公司"走出去"的国家战略

1. "走出去"的政策支持

《若干意见》第8条为国际化政策目标提出了两个方向,一是开展境外保险业务,为"走出去"战略提供保险服务;二是与周边国家和地区的保险监督机构合作。正是因为中国保险业战略调整,使保险业在未来国际贸易和金融服务谈判中成为不可或缺的一个行业。

此后,2014年8月保险业"新国十条",又提出了提升保险业对外开放水平的战略:"推动保险市场进一步对内对外开放,实现'引进来'和'走出去'更好结合,以开放促改革促发展。鼓励中资保险公司尝试多形式、多渠道'走出去',为我国海外企业提供风险保障。支持中资保险公司通过国际资本市场筹集资金,多种渠道进入海外市场。努力扩大保险服务出口。引导外资保险公司将先进经验和技术植入中国市场。"较之上一个规定,"新国十条"更提出了中国保险公司融入国际金融市场的全球构想。

2. 中国保险业向外发展的实践

中国保险业走入国际市场的实践,可以分为两个阶段:一个阶段是官方和机构的合作;另一个阶段是保险公司的合作与竞争。

在官方合作方面,2007年年底,中国保监会加入国际养老金监督官协会,并当选执行委员会委员。承办国际保险监督官协会第 13 届年会,举办全球商业养老金论坛和小额保险发展论坛。加强中美、中欧双边和多边保险监管合作,发起建立亚洲保险监管合作机制,积极参与国际保险监管规则制定,国际监管合作不断加强。① 并分别于 2008 年和 2010 年成为 IAIS 执行委员会和审计委员会成员。通过国际组织的平台,中国加强了保险监管的国际交流与合作,截至 2011 年 11 月底,中国与美国、英国、中国香港、日本等多个国家和地区的金融保险监管当局开展了多种形式的双边合作,建立了中美、中欧保险对话机制,对监管体系改革、监管信息交流共享、商业养老保险发展等问题开展联合专项研究。作为发展中国家的代表,中国积极参与 IAIS《国际保险集团监管共同框架》的制定工作,促使 IAIS 充分考虑新兴市场国家利益,减少了国际监管规则变化的冲击。

而保险公司市场层面的合作与竞争,主要包括三个方面:

一是海外业务拓展。中国保险公司的海外业务,包括由于签证或移民政策要求申请者强制申办的海外意外保险、医疗保险,也有为出口企业提供的境外货物运输保险和信用保险等,多数是在境内签约,但承保在境外发生的保险事故,事故核保和理赔也往往都在境内实施。

二是海外投资。近年来由于人民币升值、低利率等原因,国内不动产投资收益空间小等原因,很多中资保险公司向境外不动产投资比重逐渐加大,当然这也与欧洲经济衰退有很大关系。在政策上,除了"新国十条"提出使"引进来"和"走出去"能够很好地结合起来,在"新国十条"发布 6 个月前,保监会曾就保险业对外投资水平作出规定,其要求保险资金海外投资余额合计不高于该公司上季末总资产的 15%,按照此规定,我国保险公司海外投资的空间还非常大。②

三是并购海外保险公司。2015 年,安邦保险先后收购了韩国东洋人寿、荷兰 Vivat 保险及其母公司 REAAL N. V 保险集团;复星集团相继收购美国 Meadowbrook、Ironshore 和以色列 Phoenix 凤凰保险;中民投则收购白山保险旗下再保险公司——思诺国际保险集团全部股权。2014 年、2015 年这短短两年间,复星集团已将 7 家海外保险公司纳入自己的保险版图中,交易金额高达约 277 亿元人民币。新兴市场的保险公司将目光瞄准在发达市场的收购机会上,目的之一正是要实现地域和险种的多元化。保险公司的"海外扩张可以降低国内市场的集中度,如监

---

① 《中国保险业改革开放三十年回顾:艰辛的开拓,辉煌的成就》,中国保监会发展改革部 2008 年 12 月 29 日发布,载中国保险学会网站,http://www.iic.org.cn/D_newsDT/newsDT_read.php?id = 2745,最后访问日期:2012 年 5 月 20 日。

② 张楠楠:"我国保险业海外不动产投资的相关问题研究",载《商》2015 年第 1 期。

管、定价、自然灾害风险集中度"[①]。

(三)《保险法》对保险业国际化的影响——与 FTA 相关的保险业直接投资问题

2009 年《保险法》在保险业法部分的修改幅度非常大,由于很多针对保险公司组织机构和偿债能力的规范,同样也适用于外资参股保险公司,而资金运用渠道的拓宽,则有益于国内保险公司的海外拓展,因此对保险业国际化的一个重要背景具体介绍以下几个主要方面。

1. 外资保险公司的组织形式更多元

在旧法的环境下,外资设立保险公司,只能采取有限责任公司[②]或外国保险公司分公司这两种形式。这显然会令外资设立保险公司的范围有所局限,而依市场之经验,保险公司采有限责任公司还是股份有限公司的形式,与其风险控制的能力并无逻辑上的关系。而另外,外资虽不能设立保险股份有限公司,但外资可以参股方式进入保险类股份有限公司,因而也能轻易成为股份有限形式保险公司的股东。基于上述原因,修订后的《保险法》删除了有关保险公司组织形式的特别规定,今后保险公司在组织形式上直接适用《公司法》,不论中资保险公司,还是外资保险公司,均既可以采取股份有限公司的形式,也可以采取有限责任公司的形式。当然,外资设立股份有限公司或参股股份有限形式保险公司的股东,尚需符合国务院证券监督管理部门、商务部的相关法规和部门规章的规定,且须经过上述职权部门的审批,而并不是完全自由的。

2. 保险业务范围拓展

除了一般性业务范围的拓展,再保险方面也为外资保险公司打开了大门。根据旧《保险法》,保险公司需要办理再保险分出业务的,应当优先向中国境内的保险公司办理;保险监管机构有权限制或禁止保险公司向中国境外的保险公司办理再保险分出业务或者接受中国境外再保险分入业务。而此次修订中删除了上述规定,这使境外再保险商有机会进入中国保险市场。

3. 保险资金运用渠道拓宽

《保险法》允许保险资金用于银行存款、买卖债券、股票、证券投资基金份

---

① "保险业全球并购突然井喷,长期低利率驱动",载网易财经,http://money.163.com/15/0926/05/B4DR0N7000254SK6.html,最后访问日期:2016 年 5 月 8 日。
② 2006 年修订的新《公司法》颁布前,中外合资经营公司和外资独资公司组织形式只能是有限责任公司,新《公司法》增加了外资股份有限公司,保险法也因此而变。

额等有价证券，投资不动产，以及国务院规定的其他资金运用形式，还可以向保险业以外的企业投资。这条规定，拓宽了保险业的投资渠道，为保险业海外投资和并购扫清了制度障碍。而且更重要的一点在于，为未来中国保险、证券、银行金融业混业经营、混业监管留出了制度空间。可以想象，若混业经营的方式开始推行，将使很多外资保险公司有机会通过进入中国保险市场，从而间接进入中国资本市场、货币市场和房地产市场。

三、FTA 框架下保险业开放与其关联效应

FTA 自由贸易协定作为一个可选择的贸易政策，其所包含内容中往往有关于金融服务（Finance Service）和直接投资（Foreign Direct Investment，FDI）的部分①，而这两部分与金融业中开放程度较高的保险业则不无关系。此外，FTA 的 FDI 效应已辐射到金融服务、投资促进政策、贸易救济和补贴等各个方面。由于跨国公司投资日渐重要，许多区域或双边的自由贸易协定，也都设有投资专章②。虽然目前有关 FTA 谈判的焦点都集中在商品贸易和技术交换，金融服务和直接投资尚不是敏感区域，但笔者认为，中国从加入 WTO 到区域或多边的 FTA 协议的签署，对保险业的特殊功能和独特价值认识仍待加强，特别是需对外资保险、境外保险的特殊规定进行整合和完善，以应对 FTA 框架下保险业国际化的现实需求。

毋庸置疑，东南亚金融危机和 2008 年涉及全球的世界金融危机，使区域经济合作显得更为重要，而 FTA 亦被视为一种有效的区域合作的方式。FTA 不仅有利于促进成员国企业的竞争，而且在一定程度上能刺激国内经济结构的调整。③而促使国内经济结构调整的这一特殊功能实现，将有赖于签约国在保险业方面的合作及国内保险业与其他产业之间有效关系的建立。

（一）保险业的相互开放与合作

2005 年以来，中国保险业全面开放，这不仅意味着外资保险公司对中国保险

---

① 北美自由贸易协定（NAFTA）即明文确认加速区域内 FDI 流动作为重要目标，而东盟自由贸易区（AFTA）或其他经济整合措施也都有这方面的设计。

② 洪财隆："自由贸易协定（FTA）的投资规范与 FDI——兼谈双边投资协定与原产地原则"，载百度文库，http://wenku.baidu.com/view/0870d62ced630b1c59eeb598.html，最后访问日期：2012 年 5 月 20 日。

③ 陈建安："中韩日自由贸易协定（FTA）的可行性及其经济效应"，载《世界经济研究》2007 年第 1 期。

市场的介入程度已达到中国 WTO 承诺中保险业开放的水平，而且同时也提出了保险业优化结构、参与国际竞争和利用国际市场转移、分散风险的任务。① 利用 FTA 缔约方在其他国家的贸易地位与条件相互进行保险投资。

保险业的开放首先是相互投资的许可，区域国家在 WTO 的基础上对保险业开放做进一步协商和补充，应当是可行的。近年来，中国保险业在积极"引进来"的同时，稳步推进"走出去"战略。目前，共有 8 家中资保险公司在中国大陆以外地区设立了 27 家保险营业机构，6 家中资保险公司设立了 8 家海外代表处。中国保险公司积极拓展海外市场，为驻外企业、员工和各国的华人华侨提供了风险保障，同时提高了中国保险公司在海外的知名度和认可度。特别是在中国保险行业快速发展、投资需求不断增长的背景下，部分有实力的保险公司试水海外投资，为中国保险公司实施国际化战略、提升国际竞争力进行了有益的探索。② 十年来，中国保险业国际化的成功经验，也使其具备了进一步开放和国际合作的条件。

保险业的国际合作则较之开放有更广泛的意义，2005 年 9 月 11 日中国保监会颁布《保险外汇资金境外运用管理暂行办法实施细则》，为保险资金在国际金融市场配置资产提供了操作平台。可以说不管是外资进入中国保险市场，还是中国保险公司进入国外保险或投资市场，在不同的法律环境下生存，对于保险公司而言均是一个新课题。因而，探索和建立区域国家之间的合作机制，相互培训法务管理人员，合作跨国监管等措施都将有益于保险业国际化的进程。

（二）保险业对农业的助力

农产品贸易是中、韩 FTA 磋商过程中的敏感问题，也是中、韩优势互补的领域，中国对农业的扶持政策，特别是利用农业保险对农业的补贴和扶助，对农产品市场的影响是不可小觑的。2007 年中央财政首次对农业保险给予补贴，选择 6 省（区）的 5 种主要农作物开展试点，对农业保险发展产生了重要的推动作用。6 省（区）主要农作物承保面积 1.4 亿亩，占试点地区播种面积的 70%。同时，认真落实国务院有关部署，生猪和能繁母猪保险取得明显成效，2007 年全国共承保能繁母猪 2888 万头，超过全国存栏总量的 60%。此外，2007 年也启动了《农业保险条例》的制定。

2012 年《农业保险条例》通过，将农业保险定位于国家补贴的商业保险，并拟通过此条例理清关系、整合资源，改变当前农业保险投保率低、赔付率低的

---

① 吴定富："保险业的国际化路径"，载《财经》2006 年第 1 期。
② 张兰："'入世'十年 中国保险业成功演绎国际化"，载《金融时报》2011 年 12 月 12 日。

现状。但这一立法趋向无疑对于防范农业灾害风险①和保护种植业、畜牧业者利益具有非常积极的意义。

基于农业保险对于农业发展和农产品市场稳定的重要性以及政府在农业保险推行和运营中的特殊地位，笔者认为以农业保险的合作而推进农产品贸易的发展或是一个值得探讨的问题。此外，农业保险的推行及其效果，也将是对农业市场及农产品经营机制进行评判的一个标准。

（三）保险业对贸易的引导

金融市场与商品市场的关系，从来都是水乳交融的，因而尽可能地发现金融服务对商品市场的影响，可能更有利于解决商品贸易中的资源配置问题。在保险制度方面，从直接的角度看，出口信用保险是直接影响商品贸易的一种保险，这一保险是政府对市场经济的一种间接调控手段和补充，在性质上属非营利政策性保险。目前全球贸易额的 12%～15% 是在出口信用保险的支持下实现的。

中国出口信用保险公司是唯一为企业提供出口保险的保险公司。为配合国家"走出去"战略，为上万家出口企业提供了出口信用保险服务，为数百个中长期项目提供了保险支持，包括高科技出口项目、大型机电产品和成套设备出口项目、大型对外工程承包项目等。同时，中国出口信用保险公司还带动 150 余家银行为出口企业融资。出口信用保险成为支持投资和保障出口的重要因素，也成为优化金融结构、提高金融市场资源配置效率的重要力量。

除出口信用保险之外，近年来很多保险公司也推出了出口产品责任保险，这种保险也得到中、小出口企业的广泛青睐。虽然这一险种只是普通的商业保险，并无政府的补贴意义，但不可否认这一险种很大程度上也对出口贸易有重要的助推作用。笔者认为，以上两种保险的作用不仅在于对出口贸易的保护，更重要的是会产生对商品贸易类别的引导作用，间接实现产业调整的功能。

---

① 有关风险防范的规范，见《农业保险条例（征求意见稿）》第 4 条规定，国务院建立由国家发改委、国务院民政部门、国务院财税部门、国务院水利部门、国务院农业行政主管部门、国务院林业行政主管部门、国务院气象部门和国务院保险监督管理机构等部门参加的农业保险工作协调机制，指导和协调全国农业保险工作。

国务院民政部门参与组织农业保险防灾减灾、灾后救助等工作。

国务院财税部门研究制定农业保险的财税支持政策，制定农业保险相关财务管理和会计核算等制度。

国务院水利部门、气象部门参与农业风险研究和防灾减灾等工作。

国务院农业、林业行政主管部门研究农业保险的发展需求，参与农业风险研究、防灾减灾等工作。

国务院保险监督管理机构对农业保险业务实施监督管理，参与组织农业风险研究等工作。

(四) 保险业对旅游业的支持

FTA 协商的内容,往往也包括区域旅游业的发展和合作。我们不难发现,由于旅游活动涉及服务内容多,环节复杂,旅游业可谓受不可抗力影响最多的行业。规避旅游的风险,减轻旅行社责任,弥补旅客的人身、财产损失,这些均需依靠保险制度实现风险分散和转移。一国的保险制度当然可以解决在本国境内旅行者的保险问题,但因为各国保险制度不同、保险公司之间保险合同条款存在差异,同一旅游事故中遭遇风险的受害人,在索赔程序、条件和赔偿金额等问题上面临的结果往往有很大的差异,这也使得民间常有生命价值评价的争议。

笔者认为,旅游业的开放在东亚区域内倒不是问题,但旅游业的合作则需更进一步推进,其中,以保险制度之介入,使旅行社责任风险、旅行者意外伤害风险、医疗费用风险、旅行社工作人员(包括司机)等职业风险,甚至旅行者的财产损失风险都能够通过保险制度予以转化,将大大减少旅行者的风险和顾虑,当然也会对旅游业发展大有助益。当然,国家间在旅游保险制度方面的合作尚属探索的阶段,能否以分段投保、联合承保、合作理赔的方式实现新的合作关系,还需保险业的产品创新和保险监督管理机关之许可。

此外,在 FTA 框架下,更易于进行保险业专才延揽、实施"客户追随战略"、杜绝"地下保单"。[①]

四、结 语

综上所述,FTA 自由贸易协定虽以商品贸易为基础,但其波及面早已扩张至投资及金融服务领域,且金融服务合作已是推动和引导商品贸易市场的重要力量。本文以保险制度为中心,针对中国保险业国际化的实践,探讨了在 FTA 框架下,外资投资中国保险公司的法律问题,分析了基于 FTA 可在保险业展开的国际合作,以及保险业与 FTA 框架下部分磋商内容的关联性,指出应开拓保险业合作渠道,创新开发保险产品,发挥金融服务对贸易的引导作用,推进 FTA 协定向更深入的层次发展。

---

① 朱南军:"中韩日 FTA 对中国保险业影响几何",载《中国保险报》2013 年 3 月 19 日。

比较法视野下保险商品推介之适合性规则

——基于对德国、日本、我国台湾地区的比较分析

张晓萌

内容提要：资讯具有天然不对称之特性，仅以资讯提供义务与说明义务不足以妥善保护金融消费者之权益，故金融商品交易领域还产生适合性规则。随着保险商品多元化，投资性、风险性逐步加强，适合性规则亦被引入保险领域，并逐步法定化，以德国、日本与我国台湾地区为典型。日本适合性规则之规范以金融业法为主，我国台湾地区"金融消费者权益保护法"规定了保险人销售适合度考量义务，而德国则在保险契约法中规范了保险人之建议义务。以此三者规范的适合性规则之内容、适用界限及法律后果作比较分析，以为我国适合性规则之立法提供参考建议。

关键词：保险商品　适合性规则　说明义务　资讯提供义务　建议义务

适合性规则，亦有称适合性原则。然规则与原则细较起来乃不同类型之规范，两者处于不同的推理层面——规则是涵摄，原则是平衡或衡量。[①] 而适合性恰处于两者之间，故而即有谓规则，亦有谓原则。然法律原则是"应该是"的规范，法律规则是"应该做"的规范；法律原则是最佳化的命令，法律规则是确定性的命令。[②] 适合性自其产生发展以来便具有较为明确特定之含义，与保险契约法上之最大诚信原则、对价平衡原则等显然有所不同，且适合性逐步法定化，已有在法律上规范性的表达，是以符合法律规则"应该做"与确定性之要求，以适合性规则称之更为妥当。

---

① 王夏昊：《法律规则与法律原则的抵触之解决：以阿列克西的理论为线索》，中国政法大学出版社2009年版，第72页。

② 同上书，第77~78页。

一、问题之提出

资讯在商品交易中占有重要地位,在金融商品之交易中则更为重要。然资讯具有天然不对称之特性,资讯具有价值,搜集资讯亦需耗费成本,是故"某人在订立契约之前,没有提示自己所掌握重要事实的一般义务,法律亦不会强迫他开口说话"[①]。而惟有在契约当事人一方负有资讯义务之情形下,资讯义务人即无法在契约磋商时利用其资讯优势,因为其必须进行资讯披露。[②] 故因资讯不对称而导致无效率或效率低下,法律便课以资讯占有人披露资讯之义务,保险法上亦是如此。但实际上,惟即使透过资讯披露之规范方式,其仍然会面临以下问题而不足以保护投保人。首先在于,资讯披露之假设前提在于借由资讯赋予,使投保人能积极作出投资决定,但实际上投保人未必是作成投资决定之人,其可能系将权限委托于投资顾问与保险业者,或者依赖投资顾问与保险业者之推荐,因而使投保人之投资决定实际上乃由保险业者所掌握[③];其次在于投保人未必有足够能力作成合理之投资决定,此不论是基于对金融知识的缺乏,或缺少必要的时间分析资讯、甚至是因为业者的不当行销等所致,皆使得资讯披露未必足以保护投资人。适合性规则便应运而生。适合性规则源自美国在证券交易领域所形成之自主规范,尔后又于证券交易委员会之行政规则中设有规定。据 1939 年 NASD Rule 2310 之规定,证券商在向客户推介证券或进行其他交易行为时,应尽合理之努力取得客户之财务状况、财税资料、投资目标以及其他合理资讯,并应有合理之基础相信据此而为之推介适合于客户。[④] 无独有偶,英国 1986 年《金融服务法》虽未明确指出适合性之要求,但其"了解你的客户"之原则与英国证券投资委员会(SIB)有关适合性核心规则以及金融行业协会关于提供最佳建议之自建性规则共同构成适合性规则之基本内容。[⑤] 而日本则于 1992 年将适合性规则明文规定于《证券交易法》中,其后修改为《金融商品交易法》以扩大适用所有投资型金融商品,并进一步在《金融商品销售法》中对于适合性规则作详细规定。首次将适合性规则引入保险契约法的乃德国,其于 2008 年修改的《保险契约法》增加建

---

① [英]P. S. 阿狄亚:《合同法导论》(中译本),赵旭东译,法律出版社 2002 年版,第 258~266 页。
② 杨宏晖:"资讯诱因、资讯价值与先契约的资讯揭露义务——兼论契约法的经济功能面向",载《成大法学》2010 年第 19 期,第 142 页。
③ Peter J. Barack: The Random Road to a New Suitability, 83 Yale L. J., 1527, 1528, 1974.
④ See The NASD Rule, 2310.
⑤ 何颖:《金融消费者权益保护制度论》,北京大学出版社 2011 年版,第 100 页。

议义务，以满足适合性规则之要求。2011年我国台湾地区"消费者权益保护法"出台，亦明确规定金融业者之销售适合度考量义务。反观我国，关于适合性规则之规范仍处于初步阶段，故本文拟以德国、日本及我国台湾地区对适合性规则之规范为比较分析之对象，以提出可供我国适合性规则完善之建议，亦为保险法第三次修改提供参考。

二、适合性规则概念之区别：兼与说明义务、资讯提供义务之关联

作为法律概念，适合性规则并没有一个完整的阐述；适合性乃一种无定型之概念，没有公认之定义。[①] 但一般而言，适合性规则可分为狭义适合性规则及广义适合性规则，所谓狭义适合性规则乃指，在对特定之投资人进行推销金融商品之际，要求销售人员要主动先对投资人之知识、经验及财产状况等投资人属性有所了解后，才能进行商品之推介，以避免对其推销不适合其属性之商品。[②] 简言之，即金融商品交易业者所推介或销售的金融商品或投资服务应适合投资者，该规则主要适用于推介或销售金融商品的行为。[③] 而广义适合性规则乃指，销售人了解投资人属性后要针对其属性以适合其理解之方式进行对商品说明之规则，[④] 以确认当事人投资之真意，使投资人理解商品之风险进而能承受风险并负起自我责任。换言之，乃指金融服务业向客户销售或推介金融商品时，应有合理基础相信该交易适合投资人，并以适当方法说明金融商品之内容，其规范目的在于防止金融服务业为自己利益而滥行销售或推介金融商品，损害投资人权益。[⑤] 因此适合性规则与说明义务具有天然之联系，狭义适合性规则主要乃为规范金融业者之不当推介，与说明义务乃互为配套之机制，而广义适合性规则除具有狭义适合性规则之含义外，本身即具有说明义务之含义，即在适合推介之基础上而为之说

[①] Robert N. Rapp: Rethinking Risky Investments for that Little Old Lady: A Realistic Role for Modern Portfolio Theory in Assessing Suitability Obligations of Stockbrokers, Ohio Northern University Law Review, 1998, p. 213.
[②] 参见杜怡静："投资型保险商品关于说明义务与适合性原则之运用——台北地院九十六年度保险简上字第六号及台北地院九十七年度再易字第一号判决"，载《月旦民商法》2011年第27期，第134～135页。
[③] 黄爱学：《金融商品交易反欺诈制度研究》，法律出版社2012年版，第172页。
[④] 王志诚：《现代金融法》，新学林出版社2009年版，第212页。
[⑤] 王志诚："金融服务业法草案之评释——新瓶装旧酒？"，载《月旦民商法》2010年第26期，第16页。

明,说明义务之程度即为"适合性"。而关于说明义务之含义,现行法未设有明文规定,若以最广义之层面使用此一概念,其可等同于"资讯义务",一般系指有传送特定资讯于资讯需求者之法律上义务之称谓。而在法律相关文献上经常使用之语词,如解明义务、告知义务、公示义务、资讯提供义务、"解释义务"、"通知义务"、"指示义务"、"建议义务"、"开导义务"、"公开义务"与所谓之说明义务在含义上系指同一,仅"说明义务"最常被使用。[1] 狭义之说明义务,严格说来,仍是诚信原则为请求权基础所推导出来之附随义务,义务履行之内容,即应按照资讯提供义务所提供的特定资讯内容,作必要的解说及指示,以使投保人不但能"知晓",且能够"明了"保险人所揭露之资讯内容。[2] 故资讯提供义务乃说明义务之前提。资讯提供义务,即在适当时期以特定方式向投保人为通知或揭露,使投保人能够得知所欲购买之保险商品的内容与保障范围,及因此所生之权利义务范围为何。资讯提供义务之目的乃在于创造契约双方当事人间资讯之对等,盖关于保险产品的设计与其内容,涉及保险、精算及法律之专业知识,且此为保险人自行设计提供给有意愿缔结保险契约之人,亦唯有保险人提供必要且充足之资讯给有意愿缔结保险契约之人,其才有足够之资讯去判断并决定何种保险商品最符合自己的需求。[3]

　　适合性规则、资讯提供义务与说明义务均为缔约前之资讯义务。资讯不对称是现今经济生活的普遍现象,而契约法的一项重要任务即在于,在这种条件下,维持契约和市场机制的有效运作,减少因资讯不对称所产生的交易成本,而缔约前资讯义务便是一种手段选项,以对资讯成本与风险为适当分配。[4] 而从比较法上立法例观之,适合性规则与说明义务多采狭义层面之含义,皆置于不同条款而为规定;而资讯提供义务与说明义务往往一并规范,因立法者之侧重点不同而使名称有异,如德国称资讯提供义务,而我国台湾地区则概称为说明义务。若均从狭义层面去理解,说明义务、资讯提供义务与适合性规则乃于时间上逐步向缔约前推进,先有保险商品推介适合性,缔约时即应提供资讯并为解释说明,三者互相配合,构成保险契约缔约前之资讯义务,以妥善保护保险消费者之权益。

---

[1] 向明恩:"前契约说明义务之形塑与界限——评基隆地方法院九十二年度诉字第三四二号民事判决",载《月旦法学杂志》2011年第171期,第174~175页。
[2] 廖伯钧:"初探2008年德国新保险契约法——以保险人咨询建议义务为中心",载《法学新论》2010年第23期,第128页。
[3] 廖伯钧:"初探2008年德国新保险契约法——以保险人咨询建议义务为中心",载《法学新论》2010年第23期,第120页。
[4] 杨宏晖:"资讯诱因、资讯价值与先契约的资讯揭露义务——兼论契约法的经济功能面向",载《成大法学》2010年第19期,第166页。

三、适合性规则之法定化内涵及适用界限

适合性规则产生于金融业者之信赖义务与对投资者风险自负原则之检讨。基于对投资者风险自负原则之检讨，从一般市场到金融市场的转变，买者与卖者相对平等的资讯地位逐步异化，业者往往依靠其精深的专业知识与熟练的销售技巧而占据资讯优势地位，是以缺乏专业知识与经验的投资者是资讯上的弱者，而未必有机会或者有能力足以自行判断并作出决定。是故在特定投资交易中，倘若即使按照投资者的知识、年龄、经验等因素而给予充分资讯仍不能期待其作成合理的投资判断，或者当按照投资者的财产状况来看，乃无法承担该投资交易所生的资产运用风险时，便有必要透过适合性规则之介入。而基于业者之信赖义务，即业者对客户之投资目的、财产状况、必要性等进行相当之了解后，该客户基于业者所提供资讯之信赖，从而使其相信业者所推介之商品适合自己。[①] 是以在规范适合性规则时，往往亦有适用之前提条件：其一，所购买的金融商品具有相当之投资风险性，即适用对象之要求；其二，金融消费者欠缺专业知识而无法进行合理判断，即适用主体之要求。

（一）日本金融业法之劝诱适合性规则

日本在金融业法中规范适合性规则，包括《保险业法》《金融商品销售法》与《金融商品交易法》。早先保险业法即规定保险经纪人必须诚实地为客户从事保险契约缔结之媒介。学说上便有认为透过此一诚实义务，使得保险经纪人并非只是单纯仅负有委托契约之善良管理人注意义务，其所作之建议或媒介必须使客户能取得对其而言属于最完善之保险，为了实行这样的建议，保险经纪人就必须先掌握客户属性。其后《金融商品销售法》明确规定金融商品之销售者于进行商品销售推介或劝诱之际，应尽力确保契约劝诱行为之适合性。劝诱方针之内容主要包括：劝诱对象的知识经验、财产状况与契约缔结目的（适合性规则要求）、对于劝诱对象的劝诱方法与时间、其他关于确保劝诱适合性之事项等。[②] 而《日本金融商品交易法》则进一步完善适合性规则之要求，该法规定业者在劝诱、销售金融商品时需符合适合性规则要求，亦即金融商品交易业者在从事金融商品交易行为时，应按照客户之知识、经验、财产状况与缔约目的，不得有不适当劝诱

---

① 熊进光："论金融商品销售的适合性原则"，载《甘肃社会科学》2013年第3期，第164页。
② 焦瑾璞："金融消费者概念的内涵与外延"，载《中国金融》2013年第8期，第57页。

行为而欠缺对投资人保护或有欠缺之虞。故日本法中的适合性规则主要在于强调金融业者不得有不当推介之行为,其适合性规则乃劝诱适合性。但除保险业法外,其适用范围并非涵盖所有保险商品,从保护投资人的观点出发,适合性规则原则上应只适用于具有强烈投资性质之保险商品。而在适用主体上,《日本金融商品销售法》将金融消费者界定为资讯弱者一方,且原则上包括自然人与法人。

(二)我国台湾地区"金融消费者权益保护法"之销售适合度考量义务

我国台湾地区之适合性规则被置于"金融消费者权益保护法",规定金融业者有销售适合度考量之义务,其在与金融消费者订立提供金融商品或服务之契约前,应充分了解金融消费者之相关资料,据以评估适当性并建立风险管理机制,以确保该商品或服务对金融消费者之适合度。[1] 其规范目的正是在于防止金融服务业为自己利益不当提供金融商品或服务,损害金融消费者权益。且"金融服务业确保金融商品或服务适合金融消费者办法"进一步规定,保险业者在提供金融消费者保险商品或服务前,依投资型或非投资型而有所不同,对于投资型保险除须考量金融消费者是否确实了解其所交保险费系用以购买保险商品以及投保险种、保险金额及保险费支出与其实际需求是否相当外,还须考量金融消费者之投资属性、风险承受能力,及是否确实了解投资型保险之投资损益系由其自行承担,并建立交易管控机制,避免提供金融消费者逾越财力状况或不合适之商品或服务。其实"投资型保险商品销售应注意事项"就规定保险业于销售投资型保险商品时应考量客户之适合度,并注意避免销售风险过高或结构过于复杂之商品,惟依该条但书之规定,若客户在客观事实上具有相当专业认识与风险承担能力时,便无适合性原则适用。且保险业应就投资型保险之销售建立适当的内部控制制度及风险管理制度,其中有关适合性原则部分,包含"充分了解客户"与"保险招揽"等相关准则之订定。故我国台湾地区之适合性规则,已被确定为金融业者之销售适合度考量义务,在具体操作上可包括"充分了解消费者"与风险评估管理机制。在适用对象上,虽然肯定了无论投资型或非投资型保险商品均可适用适合性规则,但考量因素有异,投资风险性越强之产品,对适合性要求越高。而在适用主体上,则将"专业投资机构以及符合一定财力或专业能力之自然人或法人"排除在金融消费者之外。

(三)德国保险契约法之建议义务

而德国则是将适合性规则直接引入保险契约法之中,规定保险人对投保人之

---

[1] 参见我国台湾地区"金融消费者权益保护法"第9条。

建议义务,[①] 而所谓之"建议"主要乃指保险人应考量投保人之个人情况、知识经验以及投保人所要求之保险保障目的然后作适当之推介。据该条之规定,保险人于契约订立前,惟当所提供之保险商品有被决定(或判断)之困难性或基于投保人自身之情形,应询问投保人之期望与需要,并就此针对特定之保险商品,参酌衡量咨询建议之费用与投保人所缴交保费间之适当比例,应提供咨询建议。顾及所提供保险契约之复杂性,保险人亦应将所提供之建议作成文件。故德国保险契约法上之适合性规则,保险人实则须履行三项义务:询问义务、提供建议义务与将提供建议之理由作成文件之义务。首先,保险人必须先作询问以形成建议之基础,询问乃是决定投保人主观期望与客观必要性之关系,其范围则依情形而定。而为了能作适当建议,保险人需询问投保人保险目的,例如其所欲保障之危险为何,惟若是在同时具有危险保障与投资性质之投资型保险契约,保险人可能还需询问投保人重视危险保障或是具有投资目的、追求收益或是保本等,此皆为考量之重要因素。然后,保险人必须根据投保人对询问之答复来做建议,并说明其根据,惟该建议并非指最佳建议,亦即保险人仅需就投保人所希望之保险类型提供建议。而保险人为了能作出适当建议,往往必须就保险商品本身、费用、该保险所保障之危险等作说明。最后,保险人负有作成记录之义务,该记录之内容应包含保险人之询问内容,以及保险人告知投保人所作之建议及其根据,且该记录必须是明了且能够理解,以便同时发挥其证据功能。

一方面,因德国将适合性规则置于保险契约法总则当中,虽然该条并未明确建议适合性之适用对象,但往往在所提供之保险商品有判断上之困难时,方有建议之理由,亦即依据该保险商品之保险种类、范围、复杂性等,考量对于一般投保人而言是否有建议必要。因此对于简单保险商品,一般投保人已熟知该产品之特性,并无建议之必要;而惟有复杂之保险商品,尤其是新兴之投资型保险,其设计原理较为复杂,所具有之投资性与风险性使得其在功能、目的以及保险金额之给付上有与传统保险商品较大之差异,一般投保人对其并不了解,是以有建议之必要。是故,尽管从立法论上而言,该条并未明确建议适合性之适用对象,但从解释论上来看,其主要针对投资型保险此类复杂保险商品。另一方面,德国亦并未如金融业法上排除特定主体,但建议义务须考量投保人自身之情形,具体包括投保人之知识经验、可处分收入、年龄、职业等情事,并以一般投保人为标准,若该投保人有特别保护之必要,便具有更高之建议义务,若投保人自己能运用专业知识来判断,建议义务之必要性便降低。因为建议适合性之基础便在于保单条款往往使用许多保险与法律专业用语,一般投保人理解保单条款所规定之意义、内容或是因该保单条款所生之经济上负担与不利益等系相当困难,而倘若投

---

① 参见《德国保险契约法》第6条。

保人乃专业之投资人,其已能独立选择与判断保险商品,则无建议之必要。值得注意的是,保险人并非因为其所提供的保险契约,就应负担广泛且极度专业并完全契合投保人自身需求的咨询义务,而必须"于一个应提供说明暨建议之适当缘由"存在时,保险人始有负担义务之责。[1] 该款明定两个判断此要件之标准,其一,乃对于所提供之保险商品有判断上的困难性,或可谓与产品有关的建议理由;其二,乃投保人个人及其自身之情形,或可称作与人性质有关的建议理由。

四、违反适合性规则之法律效果

若仅从理论上而言,因适合性规则乃规范保险人缔约前之资讯义务,故而违反适合性规则有成立缔约过失责任之可能。缔约过失责任是指当事人间在缔结契约而接触、磋商或谈判过程中,因双方间信赖与日俱增,使得权利义务关系有强化必要,因此产生一种介于契约责任与侵权责任间之特殊责任类型。其形成的主要背景在于,由于契约缔结过程中,双方之间尚无契约关系存在,若一方故意或过失导致他方利益受有损害,仅依赖侵权责任规定可能无法提供足够保护,因而透过此制度来解决。而在保险契约缔结阶段,若认为保险人对于投保人负有依适合性规则推介之"先契约义务",则投保人便可能以此为由向违反先契约义务之保险人请求损害赔偿。然实际上,欲主张缔约上过失而向他方请求损害赔偿除了被害人自身需主观无过失以及时间上仅及于订立契约之准备或商议阶段外,尚以"契约未成立时"作为构成要件。以保险商品推介情形为例,投保人往往多于保险契约成立后始发现其因保险人提供不适合的建议而购买不符其需求之保险商品,若仍以契约未成立作为要件,则几乎无成立缔约过失责任之可能。而其发生在契约缔约之间,故亦无法以契约责任加以规范,惟有成立侵权责任,并予以特别规范。

因日本法上适合性规则乃规范于金融业法中,故而并未有私法上之责任,仅为行政法律责任,虽对不当劝诱之金融业者亦能起到惩戒作用,但终究对金融消费者之利益保护不足。而台湾地区则明确规定金融业者违反适度性规则至金融消费者受有损害者,应负损害赔偿责任,并确立了举证责任倒置原则。适合性规则实际上有这样几项程序:了解客户、风险评估、判断是否适合;若有违反,业者则应承担相应之法律责任。德国法亦有保险人若违反关于建议义务之规定,保险

---

[1] 廖伯钧:"初探2008年德国新保险契约法——以保险人咨询建议义务为中心",载《法学新论》2010年第23期,第120页。

人应赔偿因此所生之损害。然而保险人损害赔偿责任之发生必须在客观上对于投保人有建议理由之存在，如保险人未调查投保人之需求，作不适当推介、未说明其建议根据或是于建议时作不正确之记录等，且在主观上保险人须有可归责事由，否则不负损害赔偿责任。而此部分应由投保人负担举证责任，惟若是在保险人违反记录作成义务时，推定其未履行建议义务。

五、我国适合性规则之立法现状及发展方向

（一）我国适合性规则之立法现状

目前我国对适合性规则之规范，在银行业领域相对比较成熟，如《商业银行个人理财业务风险管理指引》即规定应在调查了解客户基本情况之前提下对客户是否适合购买所推介之产品进行评估。对于投资风险较大之投资产品，不应主动向不适合之客户推介。而《商业银行理财产品销售管理办法》亦规定理财产品之销售文件应包含产品之风险评级、适合购买之客户以及最不利投资情形下之结果等内容。保险商品推介之适合性规则多用于规范投资型保险商品，如《中国保监会、中国银监会关于进一步规范商业银行代理保险业务销售行为的通知》即规定保险公司核保时应对投保产品的适合性、投保信息、签名等情况进行复核，发现产品不适合、信息不真实、客户无继续投保意愿等问题的不得承保。我国在《关于进一步加强投资连结保险销售管理的通知》中要求保险人应将投资型保险销售给具有相应风险承受能力之客户人群，并建立风险测评制度。而据《人身保险业务基本服务规定》之投保提示制度，似亦有将适合性规则由投资型保险扩及非投资型保险之趋势。值得注意的是，在《最高人民法院关于当前商事审判工作中的若干具体问题》中专门强调金融业者之"适当性"义务，并在举证责任的分配上，规定"在案件审理中，金融消费者对其主张的购买产品或接受服务的相关事实，应承担举证责任。卖方机构对其是否履行了了解客户、适合性原则、告知说明和文件交付等'适当性'义务等案件事实，应承担举证责任"。由此可见，我国保险商品适合性规则之规范目前仍以行政规范性文件为主，但总结德、日及我国台湾地区之"立法"经验，监管法规因无法产生私法上之责任，故而对投保人之利益保护稍显不足，是以未来我国对保险商品推介适合性规则仍应以私法规范为宜。

（二）我国适合性规则之发展方向

若在私法上规范适合性规则，则有以下考量。首先，从比较法上来看，主要

存在两种立法例,即将适合性原则置于统一之金融消费者权益保护法或将适合性规则单独引入保险契约法中。相较而言,我国较适合于后一种立法模式,理由有二:其一,我国目前并不具有将适合性原则置于统一金融立法之可期待性。我国台湾地区之所以能出台统一之金融"立法",根本原因在于其具有统一的金融业监管机构或专门的金融消费者保护机构,其金融业已逐步实现由分业向混业模式之转型,实现了金融业监管体系之一体化。而反观大陆地区,金融业之监管仍由银监会、证监会与保监会分而治之,"三分天下"之局面仍未有所松动,是以在未实现统一之金融监管体系前,出台统一之金融立法不具有可期待性,更勿论引入适合性规则。且尽管学界对新《消费者权益保障法》是否对金融消费者完全适用仍有争议,但其第 28 条已为金融消费者打开了缺口,似亦展现出一种趋势,即在较长一段时间内,不太可能出台专门之金融消费者保护法,而关于金融消费者之保护仍依赖于《消费者权益保障法》之完善与发展。其二,将适合性原则置于金融立法存在一些不足。各种金融商品因其投资风险性之差异而对适合性规则之要求有所不同,无法仅一项概括之法则而将所有情形纳入其中,是以我国台湾地区除在"金融消费者保护法"中规定适合性规则之外,另立"适合金融消费者办法"就银行产品、证券产品以及保险产品分别规定适合性规则之具体考量因素。

其次,若我国采后一种立法例,将适合性规则引入保险契约法中,则又面临另一问题,即究竟是将其置于保险法总则之中抑或是将其置于投资型保险契约之专章规范。因为从我国目前立法现状来看,仅在投资型保险商品中明确规定适合性规则之要求。然尽管适合性规则本适用于投资性与风险性较强之金融商品,现亦有扩大之趋势,将其置于保险法总则之中更具有开放性,亦可与保险人说明义务置于一处,呈现紧密之逻辑联系。至于投资型保险商品与非投资型保险商品对于适合性原则之要求应有所不同,则可在保险法总则中规定适合性原则之一般要求,而对投资型保险予以特别规定。且从比较法上来看,德国亦采用此种立法模式,透过解释论对适合性规则之适用范围加以限定,并不会导致适合性规则之滥用。但就目前来看,保监会已有规范性文件对适合性规则作出规定,主要规范避免将不适合之保险产品推介给投保人,还应进一步细化适合性规则之具体操作,侧重对投保人推介适合之保险产品以使其产生信赖感,并规定违反适合性规则之法律责任,提高立法层级,乃为当前过渡性措施。

保险法前沿(第四辑)

审判前沿聚焦
……

意外伤害保险中近因原则的法律适用

——从一起"猝死"拒赔案件谈起

于秀丽[*]

内容提要："猝死"在大多意外伤害保险条款中都列在免责条款之中，但"猝死"并不当然排除在意外伤害致死之外，因为"猝死"只是死亡的一种表现形式而不是死亡的真正原因。保险人是否承担保险责任与被保险人的死因相关，故应在意外伤害保险中适用近因原则。目前，我国保险法及相关司法解释均未对意外伤害保险和近因原则进行界定，故文章从审判实践中如何适用近因原则，对人身意外伤害保险责任的认定进行剖析，试图构建一种既能保护被保险人的合法权益，又能维护保险人切身利益的适用机制，亟待我国能够借鉴域外经验在立法方面予以确立和适用。

关键词： 猝死　意外伤害保险　免责条款　近因原则　保险责任认定

一、一起"猝死"案引发的保险责任问题

（一）案例

2009年1月7日，原告张某与被告太平人寿保险公司烟台某营销服务部签订了一份人身保险合同，为其配偶崔某投了一份综合人寿保险，其中包括太平综合意外伤害保险10万元。2009年1月8日，原告向被告缴纳保费5192.50元，被告工作人员代签名且未解释保险条款内容。第二日，被告承保，并于2009年1月19日向原告送达了书面保险合同（包括保险单、保险条款、投保单等）。该合同约定：生效日期自2009年1月8日零时起，其中《太平综合意外伤害保险条款》中第5条"责任免除"的第6款为"被保险人因精神错乱或失常、流产或分娩、

---

[*]　于秀丽：烟台大学法学院"双千计划"兼职教授，山东省烟台市牟平区人民法院民二庭副庭长。

猝死、接受整容手术、医疗事故。"该条款的最下方有对"猝死"的解释:"指6小时内非外因意外、突然发生的死亡。"

2009年1月26日（正月初一）被保险人崔某在家里洗手间不慎摔倒口吐白沫继而休克,原告报120急救,医院急诊病历记载:"意识不清10分钟,诊前10分钟被人发现意识不清……抢救1小时,呼吸、心跳未能恢复、死亡,初步诊断:猝死。"当日,原告电话通知被告。第二日被告派工作人员到原告处取走保险合同,并告知等春节假期结束之后再处理。同日,崔某尸体被火化。原告于2009年2月6日向被告申请理赔,被告以被保险人的死亡系"猝死"不属于保险责任范围为由拒赔。原告遂诉至法院,要求被告支付太平综合意外伤害保险的身故保险金10万元。[①]

（二）审判

法院审判人员在审理中产生相同的裁判结果和不同的裁判理由:一种意见认为,保险条款第五条"责任免除"中有"猝死"内容,即被保险人的"猝死"属于免责条款的范畴,但因保险公司未提供证据证明对免责条款履行了明确说明义务,该免责条款无效,因此支持原告的诉讼请求。另一种意见认为,虽然"猝死"规定于免责条款之中,但猝死只是死亡的一种表现形式,而非死亡原因。导致猝死的原因,可能是疾病,也有可能是非疾病。不能简单地将"猝死"排除在意外伤害保险范围之外,需要对"猝死"的原因进行进一步鉴定,才能最终确定是否属于意外伤害保险的范围。被保险人崔某猝死后,作为投保人的原告在第一时间通知了保险人即被告,已经完成了初步证明责任,保险人接到报案后未告知死者家属需对被保险人尸体进行封存以备查明死因,使本案丧失了最终证明被保险人死因的可能。在此情形下,只能由保险人承担其举证不能导致的败诉责任——支付意外伤害死亡保险金10万元。

（三）评析

此案中不难看出,涉案保险合同合法有效,虽然法院的处理结果一致,但裁判的理由却大相径庭。笔者认为后一种裁判理由更具有说服力,其运用近因原则从本质上否定了保险人拒赔的理由。虽然保险公司的保险条款均经保监会批准,但不等于其每一条款均符合相关法律的规定。在保险实务中,人身意外伤害保险是指被保险人在保险期间内遭受非本意的、外来的、突然的意外事故,以致死亡的、身体残疾、支付医疗费用或暂时丧失劳动能力,由保险人给付保险金的保险。其理赔需同时具备三个条件:一是有意外伤害发生,且是不可预料、不可控

[①] 参见山东省烟台市牟平区人民法院（2009）牟商初字第109号民事判决书。

制、非受害者所希望的；二是被保险人身体或生命所遭受的伤害是客观的、物理的；三是造成损害的意外属于保险合同范围内的，是伤害被保险人身体或生命的直接原因或者说是近因。因此，意外伤害排除了疾病造成的伤害，即由疾病，或免责条款列举的情况导致死亡的，则保险人不负赔偿责任；反之，则保险人需承担赔偿责任。"猝死"则是指自然发生、出乎意料的突然死亡。世界卫生组织将发病后6小时内死亡者为"猝死"。而1979年国际心脏病学会、美国心脏学会以及1970年世界卫生组织定义的"猝死"为：急性症状发生后即刻或者24小时内发生的意外死亡。实践中，其原因一般包括以下几类情况：（1）心肌梗死；（2）脑出血；（3）肺栓塞；（4）急性坏死性肺炎；（5）哮喘；（6）药物过敏；（7）毒品吸食过量等。由此可见，猝死只是一种死亡表现形式，而非死亡的真实原因。导致猝死的原因，可能是疾病，也有可能是非疾病，即不能将"猝死"等同于疾病死亡。查明死亡原因是解决本案中保险公司是否承担保险责任的关键，近因原则在此案中的作用可见一斑。

目前，我国现行《保险法》和《海商法》均未对近因原则予以明文规定，但这并不意味着我们司法审判实践中不能适用该原则，像在涉外关系如海上保险中遵循国际惯例，普遍适用近因原则。当然更有学者、专家提倡适用近因原则，"详细认定每一个发生在保险事故之前和之中的因素与事故后果之间的因果关系，这样的审理思路值得借鉴"[①]。可喜的是2015年11月25日最高人民法院《关于适用〈中华人民共和国保险法〉若干问题的解释（三）》第23条规定："保险人主张根据保险法第45条的规定不承担给付保险金责任的，应当证明被保险人的死亡、伤残与其实施的故意犯罪或者抗拒依法采取的刑事强制措施之间存在因果关系。"但该解释也未对近因原则作出界定，在审判实践中便缺乏具体规则和可操作性。从事多年保险案件审理工作的笔者认为：近因原则是法官判断保险事故与保险标的损失之间的因果关系，从而确定保险赔偿责任的一项重要原则，对于近因原则的适用，应当按照客观的常识性原则进行判断，以合理地确定保险人的赔偿责任，从而实现投保人（被保险人、受益人）和保险人之间的利益平衡。

二、近因原则在意外伤害保险中的法律适用

在理论界，意外伤害保险亦称伤害保险，是指被保险人在保险期限内，因遭

---

① 杜万华：《最高人民法院关于保险法司法解释（三）的理解与适用》，人民法院出版社2015年版，第559页。

受意外伤害或因此而导致死亡、残废时，保险人依约给付保险金的人身保险。其构成要件有三：（1）须为身体之伤害；（2）须为外界事故所致之伤害；（3）须为意外事故。[1] 我国现行《保险法》及相关司法解释并未对意外伤害保险的内容作出详细的规定，但保险实务中意外伤害保险作为人身保险不可或缺的重要组成部分，其保险责任除了因意外伤害导致身故、残疾外，还包括烧伤，这个可从各保险公司的大同小异的意外伤害保险条款中看到，在此不予一一列举。但对其归类基本包括以下三类：一般意外伤害保险（日常生活中可能发生的一般伤害）、旅行伤害保险（针对旅游或参加某一次活动）和职业伤害保险（被保险人为从事某种职业之人）。意外伤害保险赔偿项目多包括伤残、死亡保险金和医疗保险金。

我国保险学者陈欣教授认为："运用近因原则确定意外伤害保险中危险与损害之间的关系，可能会产生较其他保险更为复杂的问题。"[2] 他是针对在意外伤害案件中，损害结果的发生不是唯一原因，如果存在造成伤害的近因有两个以上的情况下，从理论的角度上去分析应如何认定哪一个近因才是致害的，是否属于意外伤害保险承保范围。笔者认为要正确处理意外伤害保险案件，即准确运用近因原则认定意外伤害保险中的保险责任，必须做到以下三个方面：

第一，准确把握"人身意外伤害"的内涵，区别于其他险别。

人身意外伤害原则上由侵害对象、致害物和侵害事实三个要素组成。该三个要素有着自己特定的内涵，具体情形如下：

首先，人身作为意外伤害的侵害对象，必须是被保险人身体的天然组成部分或天然躯体，且必须为生理上的损害，而非精神损害。如果是代替人体功能的非天然人工装置，比如假肢、假牙等受到损害，往往不作为人身损害对待。

其次，作为造成"伤害"的致害物因素应当是外来的，即其在伤害发生之前存在于被保险人身体之外，如果是内生的致害因素（结石、血栓等）造成的伤害一般不属于意外伤害，而属于健康保险的承保范围。但有时疾病会导致意外伤害事件的发生，从而造成被保险人肢体受到外来的伤害，笔曾遇到一案：被保险人孙某在驾车过程中突发脑溢血，车辆失控翻入沟中，导致车受损、人多发胸椎压缩骨折和多发肋骨骨折，其投保的平安财产保险公司以事故的根本原因是脑溢血，属于疾病免赔情形不予赔偿。这种做法显然是不合理，因为骨折属于外来性伤害，其产生的直接原因是车辆失控，而不是脑溢血，更何况脑溢血并不必然导致肢体受伤，因此被保险人用于治疗外伤的医疗费用和伤残保险金应在意外伤害保险范围内获得赔偿。[3]

最后，作为侵害事实的发生，通常是由于外来致害因素通过碰撞、撞击、坠

---

[1] 韩长印、韩永强：《保险法新论》，中国政法大学出版社2010年版，第189页。
[2] 陈欣著：《保险法》，北京大学出版社2000年版，第150页。
[3] 参见山东省烟台市车平区人民法院（2015）车商初字第344号民事判决书。

落、淹溺、灼伤、烧伤、辐射、中毒、触电等方式接触或作用于人的身体部位。但随着社会的发展，人体受到伤害的方式在增多，对于新出现的特殊侵害方式是否符合意外伤害应慎重对待，像旅游者因高原反应、毒虫叮咬等引起的休克而最终死亡，在北京、山东的某些法院就认定属于意外伤害，判决保险公司承担保险责任，笔者认为此种认定值得商榷。

第二，准确判断危险事故与保险责任的因果关系，确定事故发生的近因。

虽然意外险的定义经历了两个重要时期即区分意外原因、意外结果时期和意外就是意外时期，但要衡量危险事故是否构成意外伤害，只有是意外伤害造成的事故，保险人才需承担保险责任。首先，应通过衡量是否属于"意外"伤害来判断，作为确定保险人承担保险责任的第一层面因果关系，其具体表现在：

（1）外来性。该伤害必须是由于外部事故直接导致的，如果被保险人由于忧郁过度等造成的身体伤害，则不属于意外伤害。再者，"外来性"判断标准本身即意味着排除了由于疾病导致的残废或者死亡。

（2）突发性。通常情况下，从事故的发生到伤害结果的造成，其过程比较短暂。如果长期在有毒环境中工作而导致慢性中毒死亡、长途跋涉所致脚部摩擦受伤，或者因长时间暴露寒地所致冻伤、冻死，则不属于意外伤害。

（3）非本意性或偶然性。伤害事故发生必须具有偶然性，即伤害事故是被保险人没有意图使之发生、没有预见或者未能避免的事故。如果被保险人故意造成自身伤害，如故意跳楼致伤，故意犯罪致伤、自杀，则不属于意外伤害保险的承保范围。但对于被保险人自己之过失，即使是由于第三人之故意行为所致也属于承保范围。[①]

其次，判断伤害或者死亡是否为"意外"，不仅仅需考虑事故是否具有偶然性，还要考虑深层次的因果关系，当然，前提是被保险人遭受的伤害或者死亡须由意外事故导致。在一因一果的情形下否属于"意外"易于判断，但在多因一果的情形下，则不容易判断其是否属于保险责任范围。为了排除这种困难，有的保险公司的保单规定伤害须归因于直接的，独立于其他原因的意外事故（directly and independently of all other course）。[②] 像前述案例中的保险条款对"意外伤害"释义为："以外来的，突发的、非本意的、非疾病的客观事件为直接且单独的原因致使身体受到的伤害。"据此条款的规定，高血压患者意外跌倒后突发高血压致死，未必属于意外伤害保险之责任范围。笔者认为，对该类条款的解释及适用上，对于多因一果的危险事故，应进一步查明直接原因或者说适用近因原则加以解决。我国有的学者认为对危险事故的原因"意外伤害"的形成应当分为意外原

[①] 梁宇贤：《保险法新论》，中国政法大学出版社2004年版，第246页。
[②] Robet H. Jerry Ⅱ, Understanding Insurance Law, Lexis Nexis Group, 2002, p.496.

因和意外结果,即在原因与结果关系上有四种模式:(1)原因和结果均为意外,如地震导致房屋倒塌,屋内人被压死;(2)原因为意外,结果非意外,如心肌炎患者乘坐飞机受到惊吓,心肌炎发作致死;(3)原因非意外,结果意外,如小孩吃东西,被食物噎死;(4)原因、结果均非意外:自杀。[1] 显然,第一种情形肯定属于保险责任范围,第四种情形肯定不属于,大家有争议的是第二、三种情形。实务界对此有两种不同的态度:区分意外原因和意外结果,仅仅对意外原因造成的损害才认定为意外伤害;不区分意外伤害和意外结果,只要原因或者结果之一属于意外即可构成意外。笔者认为,第二种观点是合理的,因为即使被保险人有故意行为,如果此种行为在一些不能预见或者不同寻常的情况下造成意外的伤害(像夫妻二人吵架,妻气不过以跳楼自杀吓唬其夫,护栏年久失修导致其失足摔死),也可认定此种伤害属于意外伤害所致,这也是目前大多数国家都采用的观点。

总之,我们判断危险事故是否属于意外事故,不仅需先从被保险人的角度进行判断;更重要的是,如果事件具有意外性,则须进一步判断伤害或者死亡是否由该意外事件造成,即研判造成伤害或者死亡的近因和主要原因方可。

第三,准确分配保险人与被保险人(受益人)的举证责任,运用证据占优原则确定保险责任的承免。

举证责任是指诉讼中的一方具有证明其诉讼请求和诉争事实是真实的义务,即"谁主张谁举证"。在民事诉讼法中只要一方的证据占有优势(真实可靠性超过另一方的证据)就可以取得胜诉的结果,即"证据占优"原则;在刑事诉讼中则需要检控方的证据确凿无疑,达到无合理疑问才能给被告人定罪。举证责任的分配往往决定了案件最终的胜败,实践中我们也见到了同样的案件由于举证责任分配的不同而产生相反的判决结果。举证不能往往会成为当事人败诉的理由之一,其根源在于近因原则的适用。

意外伤害保险案件属于民事案件毋庸置疑,但司法实践中对意外伤害保险案件的处理,有些案件在审理中各方当事人穷尽了所举之证亦无法查明事故发生的原因时,我们应根据近因原则分配举证责任进行案件事实的认定,例如被保险人的伤害或者死亡,特别是死亡原因无法查明,在此情形之下,该如何处理?笔者认为:首先,应根据民事诉讼法规定的"谁主张谁举证"的原则,将"意外伤害"原因的举证责任分配给被保险人(或者受益人、投保人),其证明不了危险事故系"意外伤害"导致,则其应承担举证不能的法律后果。其次,当被保险人完成初步的举证责任之后,"意外伤害"的举证责任便转移到保险人身上,像前述案件中,投保人及时报案,而作为有专业保险知识的保险公司应及时告知必须

---

[1] 许崇苗、李利:《中国保险法原理与适用》,法律出版社2006年版,第248~249页。

进行尸检，但其未作为，导致被保险人死亡的真实原因无法查明，保险人不得不承担其举证不能的法律后果。相反，如果保险人告知被保险人的家属应保存尸体进行死亡原因的鉴定，投保人不予配合的情况下，被保险人的死亡原因无法查明的责任在投保人（受益人），则其应承担举证不能的法律后果。即在保险案件中，保险人与被保险人的举证责任与其在履行合同中承担的义务相称，其不当履行合同义务必然导致其举证责任的负担。像下面案例虽与文章引发的案件案情基本相同，但因举证责任的承担却出现不同的裁判结果：

（1）案例①。

2005年11月7日，谭某在某保险公司投保人身意外保险——悠然人生翡翠卡，缴内保费168元，保险期限一年，保额10万元，受益人为谭某的妻子。2006年1月3日下午1时许，谭某在大连普兰店皮口子火车站驾驶客运车与另一个客运车司机发生争吵，（未有身体接触）而后死亡。普兰店第二人民医院为其出具了《死亡医学证明书》，诊断谭某的死因为：猝死。谭某妻子于2006年4月18日向保险公司提出10万元的人身意外伤害死亡保险金索赔申请。

保险公司于2006年4月19日向谭某妻子发出了书面《拒赔通知书》，认为谭某的死亡"不属于人身意外伤害"。根据保险条例的规定，谭某妻子被告知"不承担保险责任"。谭某妻子认为丈夫因意外原因猝死，理应得到保险公司的全额赔付。遂向大连市西岗区人民法院提起民事诉讼，请求法院判决保险公司给付10万元保险金。

（2）裁判。

一审法院审理后认为，谭某的意外猝死并不在该保险赔付的范围内：谭某投保的人身意外保险简介中明确了5项责任范围，谭某的死亡原因不构成5项责任中的任何一个；如果认定谭某属于与人发生争吵导致猝死，原告必须提供进一步证据；猝死一般是指貌似健康的人因潜在性疾病造成的死亡，与意外伤害是由外来的、突发的、非本意的、非疾病的使身体受到伤害的客观事件截然不同，故原告之诉请于法无据，驳回原告诉请。一审判决后，谭某妻子不服上诉，二审以谭某尸体未经解剖，无法证明其猝死与其自身潜在的疾病无关，即原告无法证明谭某的死亡符合意外伤害的条件，故要求保险公司按照意外伤害保险合同赔偿其保险金的主张没有依据，维持原判。

（3）评析。

本案的关键是被保险人的"猝死"是否属于意外伤害所致以及举证责任由谁承担的问题。笔者认为，在意外伤害保险中死亡和伤残是意外导致的举证责任首

---

① 本案例引自李敬伟："吵架猝死不属意外伤害　法院判决原告败诉"，载《中国保险报》2007年8月13日，第6版。

先应由保险金请求权者承担。我国《保险法》第 22 条第 1 款规定:"保险事故发生后,按照保险合同请求保险人赔偿或者给付保险金时,投保人、被保险人或者受益人应当向保险人提供其所能提供的与确认保险事故的性质、原因、损失程度等有关的证明和资料。"它也仅仅要求保险金请求权者提供其有能力提供的与确认事故的性质、原因、损失程度等相关的资料。保险公司若要拒绝承担保险责任,也应承担相应的举证责任,即关于事故的性质、原因、损失程度等情况进一步的举证责任,一般主要由保险人根据投保人、被保险人或者受益人提供的有关证明和资料以及自己对事故现场、事故原因的调查、鉴定等情况来承担。本案中,谭某的妻子应在谭某火化前对其进行死亡原因的鉴定,或通知保险公司对被保险人的死亡原因进行鉴定,但其不作为只能导致其承担对被保险人死亡原因无法证实的举证不能责任。因此,我们在司法审判中,应根据案件的具体情况适用近因原则准确地分配举证责任,从而切实维护好当事人的合法权益。

三、意外伤害保险的域外立法及借鉴

据司法部门不完全统计,意外伤害保险案件在各类保险案件中所占的比例逐年上升,其不仅因保障的范围与我们生活密切相关,也与该类保险周期短、适用面广有关。但我国现行《保险法》并未针对意外伤害保险制度作出任何具体规定,更未提及近因原则的适用,即使最近生效的《保险法司法解释(三)》也对此未足够重视,仅在第 23 条中出现"因果关系"的举证要求。但在保险实务中,意外伤害保险存在着诸多疑难问题,由于缺乏相关的法律规范,导致司法实践中法官的判决相互冲突,同案不同判的局面出现,这既不利于司法裁决的统一,也直接影响到裁判的权威性。与我国相对的是,2008 年《德国保险合同法》设专章规定了意外伤害保险,并用 14 个条文详细规定了意外伤害保险制度。例如保险人责任范围的确定及意外伤害的界定,按照《德国保险合同法》第 178 条规定:"(1)在意外伤害保险中,保险人应对被保险人因意外奋不顾身或者依照合同约定等同于意外事故的事故所遭受的损害都承担保险责任。(2)意外伤害是指由于突发外部事件对被保险人身体产生外部冲击并导致其非自愿健康受损的事实。除非有相反证明,否则上述事实应被推定为非自愿。"[①] 除此之外,《德国保险合同法》还规定了被保险人、危险增加、投保人或受益人故意导致事故发生以及强制意外伤害保险的规定,目前我国只是在保险实务中要求某些行业必须投保

---

① 孙宏涛:《德国保险合同法》,中国法制出版社 2012 年版,第 99 页。

强制意外伤害保险,例如建筑行业中要求建筑企业必须为职工购买意外伤害保险,但未上升至法律强制层面。相邻的韩国虽没有独立的保险法,却在《韩国商法典》中第 737 条明确规定了意外伤害保险的概念:"伤害保险的被保险人因激烈的外来偶然原因而导致的人体伤害为保险事故。"在我国台湾地区"保险法"中对意外伤害保险作了严格明确的定义性规定,其第 131 条规定:"伤害保险人于被保险人遭受意外伤害及其所致残废或死亡时,负给付保险金额之责。前项意外伤害是指非由疾病引起之外来突发事故所致者。"根据该规定,台湾学者刘宗荣教授认为意外伤害保险的保险事故中危险事故的发生必须具备三个要素:意外性(偶发性)、外来性、和急激性。[①]

目前,我国各保险公司在保险事故发生时,也经常以非近因致损为由,拒绝赔付。由于我国保险立法没有明确规定近因原则,各地各级人民法院对这一舶来品颇为陌生,大部分法官不会或不敢在裁判文书中加以适用,造成了一些保险纠纷案件的裁判说理不清。我们也应看到有的法院为了解决实践中遇到的问题,在下发审判指导意见中大胆引用了近因原则作为保险责任认定的判断标准。[②] 为完善我国保险立法,与国际保险实践相接轨,亟待我国尽快在立法和司法上确认意外伤害保险及近因原则。

[①] 刘宗荣:《新保险法:保险契约法的理论与实务》,中国人民大学出版社 2009 年版,第 434 页。上述规定值得我国保险立法思考与借鉴。

[②] 参见山东省高级人民法院《关于审理保险合同纠纷案件若干问题的意见(试行)》第 14 条规定:"如事故是由多种原因造成,保险人以不属保险责任范围为由拒赔的,应以其中持续性地起决定或主导作用的原因是否属于保险责任范围为标准判断保险人是否应承担保险责任。"

保险法前沿（第四辑）

保险法修订专题

《〈保险法〉（第三次重大修订）专家建议稿》最终成果[*]

尹 田 等

课题主持人 尹 田

课题组成员

1. 保险合同法课题组

尹　田、邹海林、温世扬、任自力、樊启荣、韩长印、陈华彬、王　萍、于海纯、曹守晔、徐卫东、高　宇、曹顺明、曹兴权、梁　鹏、刘建勋、林海权、董　庶、刘　锐、张秀全、王　静、李伟群、李青武、王瀚培

组长：任自力　副组长：邹海林、刘竹梅

2. 保险业监管法课题组

贾林青、陈　欣、管晓峰、姚　军、杨华柏、刘学生、李祝用、初北平、姚大锋、丛　林、孙东雅、周学峰、段　颖、方乐华、郝　磊、李凤英、岳　卫、任以顺、盛永强、王西刚、董　炯、李凤英、骆　杰、刘嘉璐

组长：贾林青　副组长：陈　欣、姚　军

2016 年 7 月 30 日

目　录

成果摘要

总则与保险合同法部分——第 1～2 章

保险业法部分——第 3～8 章

专家建议稿（纯法条版）

---

[*] 本课题为中国法学会 2015 年度重大委托课题，受托单位：中国保险法学研究会。本课题成果核心内容已由中国法学会报送国家立法机关。

成果摘要

本专家建议稿针对现行保险法提出的修订、删除、增加建议共计111处，涉及保险法上百个条款，并涵盖了总则、保险合同法、保险业监管法等保险法的几乎全部内容，是对现行保险法的一次系统性、全面性修订。

一、本课题在总则与合同法部分的核心观点及主要创新点

第一，对保险法的若干基础性概念进行了重新界定。如在总则部分，对第2条的保险定义进行了重塑，使得保险的概念界定更为科学周延；针对原保险法中总则部分将保险人分为保险公司和其他组织，而保险合同法部分（第10条）则将保险人限定为保险公司的立法逻辑问题，扩大了第10条中关于保险人的范畴，并对总则、保险合同法甚至保险业法部分的条款作了相应调整，使得前后条文之间更为协调。

第二，大胆吸纳了最高人民法院制定的3个保险法司法解释的内容，将部分司法解释条款上升为法律，提高其法律位阶。比如，关于保险责任的起算时间，被保险人应享有的保险合同被解除时的知情权与合同维持权，被保险人的如实告知义务及保险人禁反言条件的完善，保险人说明义务的内容及违反时的责任明晰，投保人、被保人、受益人联系方式的明晰性规定，被保险人领取保险金的规范完善，责任保险例外的增加，复效后自杀免责条款应否重新适用，理赔程序的完善等。

第三，再保险规则的完善。针对再保险的特殊性，增加规定不利解释原则不宜适用于再保险合同等。

第四，保险利益规则的完善，包括应对人身保险利益的"同意原则"之对象加以适当限制，以减少道德风险；应适当放宽投保主体，以更有效保护大量留守儿童的利益等；应完善财险合同中的保险利益规则等。

第五，合同双方权利义务的进一步平衡。比如，第49条保险标的转让规则的完善，第51条安全维护义务规则的细化，第52条保险人与投保人可以在保险合同中对保险标的的危险程度显著增加的情形做出明确约定的建议，第56条重复保险规则的完善，第60条保险人行使代位求偿权的诉讼时效、起算点及行权名义的明晰，"保险人垫付责任"、"人身保险合同的犹豫期"、"宣告死亡时保险金给付的具体规则"、"保险竞合"等规则的增加。

二、本课题在保险业法部分的核心观点和主要创新点

第一，将第三章题目由"保险公司"改为"保险组织"。明确非公司类保险组织的法律适用。

第二，适当提高保险公司的设立门槛。包括设立条件、注册资本最低限额、境外投资设立保险类分支机构的审批要求、限缩保险公司的审批事项范畴、删除不必要的中介服务机构规定等。第92条利用公告的形式向众多投保人、被保险人履行告知义务，是维护广大投保人、被保险人合法权益的需要；第94条对于非保险公司类型的保险组织的法律适用，给予明文规定。

第三，进一步完善、扩大了保险公司的业务范围、改善其偿付能力监管规则。包括第97条修改对保险公司保证金的规定，删除第102条的过时性规定，在第106条增加保险公司资金的运用形式与保险公司的保险资金用于发放贷款条件的规定；在第110条增加"偿付能力信息"要求；在第112条增加加强对保险营销员管理之规定；在第115条明确保险公司公平竞争及共保条件，增加关于互联网保险业务的规定；第116条规定保险公司及其工作人员业务活动中不得有的行为。

第四，完善保险中介组织的规范。如在第五章中增加保险公估人的规定，在第117条明确认定个人保险代理人的标准；在第118条增加对保险经纪人的要求；增加一条保险公估人的规定；将现行法的"保险代理人"修改为"保险代理机构"；增加保险经纪人可经营的保险经纪业务；在第127条明确界定保险表见代理的界限标准；在第128条增加规定保险经纪人的经营规则；在第129条规定保险公估人的实务操作规范；在第131条明确规定保险中介人的禁止行为范围等。

第五，增加保险业自律监管规定，增加"保险行业组织"一章。明晰保险行业协会性质的规定、增加保险行业组织体系的一般性规定及其职责等。

第六，进一步完善保险业的监督管理。包括增加一个条款明晰保险监管的目标；增加监管者的独立性；增加规定保险消费者的内容；删除欠缺科学的"新开发的人寿保险险种"类规定；为有效保护保险公司的保险产品创新，针对不同的条款类型和不同的违法情况，分别采取不同的处罚措施，并增加鼓励保险创新的条款；增加规定股东转让股权的限制，将"责令拍卖不良资产"修改为"责令出售资产"；删除保险公司整顿制度；增加监管机构对保险行业组织活动的监管职责等。

第七，法律责任规则的修改完善。包括增大擅自设立保险机构和非法经营商业保险业务的处罚力度，以有效维护保险市场的竞争秩序；增加"保险公估人"、"保险公估业务许可证"及"保险公估业务"等规则；在相关主体的法律责任方面，增大处罚数额，并增加"责令停业整顿"等处罚，以期实现有效预防和减少

相关违法行为出现的立法目的；明确处罚的法律依据，明确行政处罚的种类及具体适用情形，明确责任主体范围与责任性质；删除重复性、无意义的条款，比如第177条应当按照《治安管理处罚条例》予以处罚的无谓规定；在《保险法》附则部分增加关于大病保险、巨灾保险的规定，以更好地回应保险市场的现实发展需要。

三、解决的问题、提出的主要对策建议

现行保险法自2009年修订之后，一直存在着诸如基础性概念界定不科学、条款逻辑混乱、前后规定矛盾、原则性强而操作性不足、并无法及时回应保险市场发展中诸多新问题，也无法回应实践中保险争议解决之诸多迫切需要，这其中既有保险合同法方面的问题，也有保险业监管法方面的问题。本课题组的50余名成员、基本涵盖了国内保险法学界和保险实务界中几乎所有的资深保险法专家，所有成员分工合作，反复研讨后，提出保险法的第三次重大修订应当对保险合同法、保险业监管法同步进行修订，而不应局限于保险业监管法的修订。具体修订建议与理由可参见本课题的最终成果——《〈保险法第三次重大修订〉专家建议稿》。

四、修订条款摘要（按保险法原序号排列）

总则与合同法部分

2. 保险的定义；

10. 第三款保险人的定义，加入其他保险组织；

14. 保险责任的开始；

15. 增加被保险人的知情权与合同维持权；

16. 增加被保险人如实告知义务及完善保险人的禁反言条件；

17. 吸纳司法解释的规定，完善保险人说明义务的内容及违反时的责任等；

18. 增加投保人、被保人、受益人联系方式规定，完善被保险人领取保险金的规范；

21. 完善事故发生后及时通知保险人的规定，增加责任保险的例外；

22. 增加合同另有约定的除外；

23. 吸纳保险法司法解释，完善理赔程序等规定；

29. 再保险规则的完善；

30. 增加不利解释原则不适用于再保险合同；

31. 人身险种，完善血缘亲属等情形外保险利益存在的认定标准，减少道德风险；

33. 放宽与未成年人共同生活；

34. 无效改为不生效，吸纳司法解释的规定；

36、37. 复效规则的完善；

42. 受益人规则；

43. 增加一条：多人受益失权时，其份额的分配规则；

44. 自杀条款的完善；

45. 放宽犯罪的认定等解释上升为法律；

46. 代位追偿权规则的完善；

48. 财险合同中保险利益规则的完善；

49. 保险标的转让规则；

51. 安全维护义务的完善；

52. 标的危险显著增加；

55. 保险标的市场价格的确定；

56. 重复保险；

60. 代位求偿权；

65、66. 责任保险；

另增加"人身保险合同的犹豫期"等四个条款。

保险业法部分

第三章："保险公司"改为"保险组织"；

68. 修改设立保险公司应具备的条件；

69. 修改设立保险公司注册资本的最低限额；

79. 明确保险公司在境外设立的是保险类子公司；

84. 保险公司变更应经保险监督管理机构批准的更改项目；

88. 规定范围中删除不必要的中介服务机构；

92. 保险公司被撤销或破产，投保人、被保人和受益人具有知情权；

94. 增加对其他保险组织的规定；

第四章

95. 增加保险公司业务范围；

97. 修改对保险公司保证金的规定；

98. 增加"依法"提取责任准备金的描述；

101. 保险公司偿付能力管理具体办法；

102. 删除该条文；

105. 增加再保险管理办法的制定者；

106. 增加保险公司资金的运用形式；

110. 增加"偿付能力信息"；

112. 增加加强对保险营销员管理的规定；

115. 保险公司公平竞争及共保条件，增加关于互联网保险业务的规定；

116. 保险公司及其工作人员业务活动中不得有的行为；

第五章：增加保险公估人的规定；

117. 明确认定个人保险代理人的标准；

118. 增加对保险经纪人的要求；

增加一条保险公估人概念的规定；

119. 增加"保险公估人"；

120. 取消第2款与第3款；

121. 增加保险公估人；

122. 增加保险公估人的公估从业人员；

123. 增加保险公估人；

124. 增加保险公估人；

126. 保险代理人改为保险代理机构，约定保险代理的权利和义务；

增加保险经纪人可经营的保险经纪业务；

127. 明确界定保险表见代理的界限标准；

128. 增加规定保险经纪人的经营规则；

129. 保险公估人的实务操作；

130. 增加保险公估人；

增加对各类保险中介机构的规定；

131. 明确纳入保险中介人的禁止行为的范围；

第六章："总则"部分增加一条实行自律监管体制的规定；

增加"保险行业组织"一章；

增加修改建议有关保险行业协会性质的规定；

增加对于我国保险行业组织体系的一般性规定；

增加对保险行业组织人员构成及活动的规定；

增加对保险行业组织职责的规定；

第六章"保险业监督管理"变为第七章；

增加一个条款规定监督管理的目标；

134. 增加监管者的独立性，规定保险消费者范围；

136. 删除"新开发的人寿保险险种"；

137. 力求保护保险公司的保险产品创新，并针对不同的条款类型和不同的违法情况，分别采取不同的处罚措施；

139. 增加有关适用转让保险业务的具体操作内容，增加限制股东转让股权，将"责令拍卖不良资产"修改为"责令出售资产"；

增加关于鼓励保险创新的条款；

建议删除第 141～144 条、第 149 条、第 154 条的"整顿"等文字表述；

155. 第 1 款的第（1）项、第（5）项、第（6）项中增加"保险公估人"；增加保险监督管理机构对保险行业组织的活动具有监管职责；

第七章　改为第八章；

159. 增大擅自设立保险机构和非法经营商业保险业务的处罚力度；

160. 增加"保险公估人"、"保险公估业务许可证"及"保险公估业务"等；

161～163. 增大处罚数额；

164. 对未成年人父母投保情况予以除外；

165. 增大处罚数额；

166. 增大处罚数额并增加"责令停业整顿"的处罚；

167. 提高罚款幅度，增加"未按照规定动用保证金的"行为和增加第 2 款规定；

168. 增大处罚数额，明确本条适用的责任主体范围；

169. 针对各类情况，分别适用不同的处罚措施，明确本条适用的责任主体范围；

171. 限定第（2）项责任范围，增大处罚数额；

172. 提高了处罚幅度，进行了一定的文字调整；

173～175. 提高处罚力度；

176. 明确处罚的法律依据，明确行政处罚的种类及具体适用情形；

177. 明确规定责任主体范围，规定相应的民事责任；

178. 建议删除本条；

179. 明确责任主体的范围，并区分具体情形分别规定禁入期限；

186. 在《保险法》附则部分增加关于大病保险、巨灾保险的规定。

《〈保险法〉（第三次重大修订）专家建议稿》（总则与保险合同法部分——第 1～2 章）

执笔人：任自力、刘学生、周学峰、骆　杰、王瀚培　等

第一章　"总则"的修改建议

一、第 2 条

【一】现行条文

本法所称保险，是指投保人根据合同约定，向保险人支付保险费，保险人对

于合同约定的可能发生的事故因其发生所造成的财产损失承担赔偿保险金责任，或者当被保险人死亡、伤残、疾病或者达到合同约定的年龄、期限等条件时承担给付保险金责任的商业保险行为。

【二】修改建议

本法所称保险，是指投保人根据合同约定，向保险人支付保险费，保险人对于合同约定的保险事故因其发生所致损失承担赔偿或给付保险金责任的风险转移行为。

【三】修改理由

（1）原定义存在循环定义与同语重复问题，早已为学界所公认。

（2）应以损失说作为保险定义的理论基础。财产损失是损失，人身伤亡、残疾或疾病等也同样是损失。人类的生命、身体的无价性与其能否以金钱来衡量或者抚慰、补偿是两回事，不应将二者混为一谈。

（3）保险与保险合同是两个不同的概念，不应混同。

（4）对保险的界定应落脚在行为上，但又不能限于商业行为，以为互助保险等非营利性保险的发展留下空间。

（5）保险的主要目的是进行风险的转移与分散，这是保险区别于担保、储蓄等类似行为的主要特征，有必要予以强调。

参考立法例

（1）我国台湾地区"保险法"第1条：本"法"所称保险，谓当事人约定，一方交付保险费于他方，他方对于因不可预料，或不可抗力之事故所致之损害，负担赔偿财物之行为。

根据前项所订之契约，称为保险契约。

（2）《美国保险法》第22条：本法所称保险系指双方签订契约，约定对于因偶发事故或未可预料之事故所致之损失、损害、负债，负赔偿责任之行为。

第二章 "保险合同"的修改建议

一、第10条

【一】现行条文

保险合同是投保人与保险人约定保险权利义务关系的协议。

投保人是指与保险人订立保险合同，并按照合同约定负有支付保险费义务的人。

保险人是指与投保人订立保险合同，并按照合同约定承担赔偿或者给付保险金责任的保险公司。

【二】修改建议

将第10条第3款修改为：

保险人是指与投保人订立保险合同,并按照合同约定承担赔偿或者给付保险金责任的保险公司或其他保险组织。

【三】修改理由

第 6 条规定保险公司和其他组织,而第 10 条仅规定保险公司,立法不协调。保监会已经出台了关于相互保险公司的一些规定,并已批准设立了几家相互保险社,后者属于保险公司之外的组织形态。保险法修订中有必要对此现实做出回应。总则、合同法及保险业法部分的条款应有相应调整。

二、第 14 条

【一】现行条文

保险合同成立后,投保人按照约定交付保险费,保险人按照约定的时间开始承担保险责任。

【二】修改建议

吸纳司法解释二第 4 条,增加一款作为第 2 款,修改后如下:

保险人接受了投保人提交的投保单并收取了保险费,尚未做出是否承保的意思表示,发生保险事故,符合承保条件的,保险人应按照保险合同承担赔偿或给付保险金责任;不符合承保条件的,保险人不承担保险责任,但应当退还已经收取的保险费。

【三】修改理由

在保险人收取了保费但尚未做出承保决定的阶段,如果发生了保险事故,保险人是否承担赔付责任,在现实中存在许多争议,最高人民法院在保险法的司法解释中已对此做出规定,建议吸纳司法解释中的相关规定,使之转化为法律。

《最高人民法院关于适用〈保险法〉若干问题的解释(二)》第 4 条规定:保险人接受了投保人提交的投保单并收取了保险费,尚未作出是否承保的意思表示,发生保险事故,被保险人或者受益人请求保险人按照保险合同承担赔偿或者给付保险金责任,符合承保条件的,人民法院应予支持;不符合承保条件的,保险人不承担保险责任,但应当退还已经收取的保险费。

保险人主张不符合承保条件的,应承担举证责任。

三、第 15 条

【一】现行条文

除本法另有规定或者保险合同另有约定外,保险合同成立后,投保人可以解除合同,保险人不得解除合同。

【二】修改建议

增加第 2 款"投保人在解除合同前应当告知被保险人"。

增加第 3 款 "被保险人或第三人愿意继续交纳保费，向投保人支付解约金后，有权要求继续履行合同"。

【三】修改理由

我国现行保险法对投保人行使法定解除权时，投保人、被保险人与保险人各自享有何种权利义务，未有详细规定，实践中亦存在因投保人解除合同侵害被保险人权益等问题。故建议作上述修改。具体理由如下：

首先，被保险人应享有保险合同被解除时的知情权。在投保人为被保险人利益订立保险合同后，被保险人对保险合同产生有信赖利益。因保险合同的有效存续，与被保险人的利益直接相关，故应当赋予被保险人对保险合同解除的知情权，以便其及时掌握保险合同的履行状况，并根据自身风险状况决定是否维持合同的效力。

其次，应规定被保险人的合同维持权。被保险人的利益作为保险合同保障的对象，应得到足够的重视。在投保人欲解除保险合同时，若被保险人希望继续获得保险合同的保障，愿意向投保人支付相当于合同解除后其可获得的保费或现金价值，并继续向保险人支付保险费以使合同继续有效，法律应予支持。

再次，投保人的合同解除权虽受到一定限制，但其可因此可获得解除金补偿，更利于平衡投保人与被保险人之间的利益。

最后，对于保险人而言，保险标的没有改变，只是保费缴纳主体发生了变化，这种变化并不会影响保险人的利益。若投保人之外的其他人愿意替代投保人继续交纳保险费，保险人不应拒绝。

四、第 16 条

【一】现行条文

订立保险合同，保险人就保险标的或者被保险人的有关情况提出询问的，投保人应当如实告知。

投保人故意或者因重大过失未履行前款规定的如实告知义务，足以影响保险人决定是否同意承保或者提高保险费率的，保险人有权解除合同。

前款规定的合同解除权，自保险人知道有解除事由之日起，超过三十日不行使而消灭。自合同成立之日起超过二年的，保险人不得解除合同；发生保险事故的，保险人应当承担赔偿或者给付保险金的责任。

投保人故意不履行如实告知义务的，保险人对于合同解除前发生的保险事故，不承担赔偿或者给付保险金的责任，并不退还保险费。

投保人因重大过失未履行如实告知义务，对保险事故的发生有严重影响的，保险人对于合同解除前发生的保险事故，不承担赔偿或者给付保险金的责任，但应当退还保险费。

保险人在合同订立时已经知道投保人未如实告知的情况,保险人不得解除合同;发生保险事故的,保险人应当承担赔偿或者给付保险金的责任。

保险事故是指保险合同约定的保险责任范围内的事故。

【二】修改建议

(1)增加被保险人作为如实告知义务的主体;

(2)将保险人的合同解除权期间由 2 年调整为 5 年;

(3)将保险人的禁反言条件由"合同订立时已知"改为"知道或应当知道"。

修改后的条文为:

订立保险合同,保险人就保险标的或者被保险人的有关情况提出询问的,投保人或被保险人应当如实告知。

投保人或被保险人故意或者因重大过失未履行前款规定的如实告知义务,足以影响保险人决定是否同意承保或者提高保险费率的,保险人有权解除合同。

前款规定的合同解除权,自保险人知道有解除事由之日起,超过三十日不行使而消灭。自合同成立之日起超过五年的,保险人不得解除合同;发生保险事故的,保险人应当承担赔偿或者给付保险金的责任。

投保人的告知义务限于保险人询问的范围和内容。保险人不得以投保人违反了对投保单询问表中所列概括性条款的如实告知义务为由解除合同,除非该投保人违反了概括性条款中具体询问内容。

投保人或被保险人故意不履行如实告知义务的,保险人对于合同解除前发生的保险事故,不承担赔偿或者给付保险金的责任,并不退还保险费。

投保人或被保险人因重大过失未履行如实告知义务,对保险事故的发生有严重影响的,保险人对于合同解除前发生的保险事故,不承担赔偿或者给付保险金的责任,但应当退还保险费。

保险人知道或应当知道投保人未如实告知的情况,仍收取保险费或支付保险金的,保险人不得解除合同;发生保险事故的,保险人应当承担赔偿或者给付保险金的责任。

保险事故是指保险合同约定的保险责任范围内的事故。

【三】修改理由

(1)要求被保险人承担如实告知义务符合立法目的。保险人对风险的判断很大程度上依赖于对被保险人或保险标的的了解。人身保险合同中,当投保人与被保险人不一致时,被保险人对自己身体健康状况的了解程度远远高于投保人的知晓程度。财产保险合同中,被保险人作为财产标的物的所有人或权利人,其对保险标的物的客观真实情况及风险状况的了解程度也会高于投保人。无论从有利于测算危险程度的角度出发,或者从贯彻诚实信用原则的角度出发,由投保人与被保险人共同承担如实告知义务均符合这一制度的目的性要求。由此许多学者认为,如果被保险人知道的危险状况投保人并不知道,那么被保险人应当承担如实告知义务。美国保险法学界普遍认为,投保人和被保险人均应当承担如实告知义务。因此要求被保险人在订立合同时承担如实告知义务是恰当的。

要求被保险人承担如实告知义务更有助于防范道德风险。鉴于被保险人对保险标的自身风险状况了解的现实情况,如仅投保人承担如实告知义务,则明确知道自己不符合承保条件的被保险人,可通过他人代为投保逃避如实告知义务。

境外立法例参考

《日本保险法》第4条规定:"订立损害保险契约时,保险人要求告知的,契约约定可能发生损害填补有关的重要事项,投保人或被保险人应如实告知。"

《日本保险法》第37条规定:"订立生命保险契约时,保险人要求告知的、与可能发生的保险事故有关的重要事项,投保人或被保险人应如实告知。"

《日本保险法》第66条规定:"订立伤害、疾病定额给付保险契约的,保险人要求告知的、与可能发生的给付有关的重要事项,投保人或被保险人应如实告知。"

(2)关于投保人、被保险人故意欺诈时,是否适用本条中所规定的不可抗辩条款,在理论界和实践中都存在争议。鉴于此,我们建议将我国《保险法》中不可抗辩期间由2年延长至5年,从而实现保险合同当事人之间的利益平衡,并尽量将不可抗辩条款所带来的负面效应降低到最低点。

参考立法例

2008年《德国保险合同法》第21条第3款规定:"保险人根据本法第19条第2款至第4款规定所享有权利的行使期限为合同生效后5年内,如果保险事故在上述期限届满前发生,则上述规定不予适用,如果投保人故意违反告知义务的,上述期限为10年。"

(3)现行《保险法》第16条第6款规定了保险人的弃权或禁反言制度,但该款规定不够完善。合同成立后,保险人知道投保人未如实告知的情况,仍继续收取保险费或者给付保险金,之后又以保险法第16条第2款规定为由主张解除合同或者返还保险金的,同样构成弃权,不应予以支持。

相关司法解释

最高人民法院《关于审理海上保险纠纷案件若干问题的规定》第4条规定:"保险人知道被保险人未如实告知海商法第222条第1款规定的重要情况,仍收取保险费或者支付保险赔偿,保险人又以被保险人未如实告知重要情况为由请求解除合同的,人民法院不予支持。"

最高人民法院《关于适用〈中华人民共和国保险法〉若干问题的解释(二)》第6~7条相关内容上升为立法。

第6条规定:"投保人的告知义务限于保险人询问的范围和内容。当事人对询问范围及内容有争议的,保险人负举证责任。

保险人以投保人违反了对投保单询问表中所列概括性条款的如实告知义务为由请求解除合同的,人民法院不予支持。但该概括性条款有具体内容的除外。"

第7条规定:"保险人在保险合同成立后知道或者应当知道投保人未履行如实告知义务,仍然收取保险费,又依照保险法第十六条第二款的规定主张解除合同的,人民法院不予支持。"

五、第17条

【一】现行条文

订立保险合同,采用保险人提供的格式条款的,保险人向投保人提供的投保单应当附格式条款,保险人应当向投保人说明合同的内容。

对保险合同中免除保险人责任的条款,保险人在订立合同时应当在投保单、保险单或者其他保险凭证上作出足以引起投保人注意的提示,并对该条款的内容以书面或者口头形式向投保人作出明确说明;未作提示或者明确说明的,该条款不产生效力。

【二】修改建议

第1款:订立保险合同,采用保险人提供的格式条款的,保险人向投保人提供的投保单应当附格式条款,保险人应当以合理方式向投保人说明合同的内容,尤其是关于保险责任范围、除外风险、保险金赔偿或者给付标准、保险费收取方式及标准、有关收益的计算及给付标准和方式等重要内容。保险人未尽到上述说明义务的,投保人有权解除合同,并有权要求保险人承担损害赔偿责任。

第2款:对保险合同中免除保险人责任的条款,保险人在订立合同时应当在投保单、保险单或者其他保险凭证上作出足以引起投保人注意的提示,并对该条款的内容以书面或者口头形式向投保人作出明确说明;未作提示或明确说明的,该条款不产生效力,但该条款所述为法律、行政法规规定的禁止性情形的除外。

第3款:保险合同订立时,保险人在投保单或者保险单等其他保险凭证上,对保险合同中免除保险人责任的条款,以足以引起投保人注意的文字、字体、符号或者其他明显标志作出提示的,应视为其履行了前述第1款规定的提示义务。

第4款:保险人对保险合同中有关免除保险人责任条款的概念、内容及其法律后果以书面或者口头形式向投保人作出常人能够理解的解释说明的,应视为其履行了前述第2款规定的明确说明义务。

第5款:通过网络、电话等方式订立的保险合同,保险人以网页、音频、视频等形式对免除保险人责任条款予以提示和明确说明的,人民法院可以认定其履行了提示和明确说明义务。

第6款：投保人对保险人履行了符合本条第4款要求的明确说明义务在相关文书上签字、盖章或者以其他形式予以确认的，应当认定保险人履行了该项义务。但另有证据证明保险人未履行明确说明义务的除外。

【三】修改理由

（1）我国保险法就信息提供义务的整体制度设计上，长期以来重点都放在了保险格式合同的免责条款上，但是，保险的核心是能够提供怎样的保障，以及需要缴纳多少保费才能获得相应的保障，这才是投保人最需要的核心信息。因此，建议对第1款进行修改。

从国外立法来看，《法国保险合同法》、《德国保险合同法》和我国台湾地区"金融消费者保护法"，均对保险人的说明义务做出了规定。

（2）保险人法定免责事项，无论是否载入保险条款，都应当然有效，不应受说明义务约束。最高人民法院《保险法司法解释（二）》第10条规定：保险人将法律、行政法规中的禁止性规定情形作为保险合同免责条款的免责事由，保险人对该条款可不承担明确说明义务。此种规定具有合理性。

（3）第3~6款是《保险法司法解释（二）》第11~13条的内容，也是已经被运用于实践争议处理的有效规则，立法中应予以吸纳。

六、第18条

【一】现行条文

保险合同应当包括下列事项：

（一）保险人的名称和住所；

（二）投保人、被保险人的姓名或者名称、住所，以及人身保险的受益人的姓名或者名称、住所；

（三）保险标的；

（四）保险责任和责任免除；

（五）保险期间和保险责任开始时间；

（六）保险金额；

（七）保险费以及支付办法；

（八）保险金赔偿或者给付办法；

（九）违约责任和争议处理；

（十）订立合同的年、月、日。

投保人和保险人可以约定与保险有关的其他事项。

受益人是指人身保险合同中由被保险人或者投保人指定的享有保险金请求权的人。投保人、被保险人可以为受益人。

保险金额是指保险人承担赔偿或者给付保险金责任的最高限额。

【二】修改建议

将第 1 款第（1）项修改为："（一）保险人的名称、住所及联系方式；"

将第 1 款第（2）项修改为："（二）投保人、被保险人的姓名或者名称、住所及联系方式，以及人身保险的受益人的姓名或者名称、住所及联系方式；"

将第 3 款修改为：

"受益人是指人身保险合同中由被保险人或者投保人指定的，或根据本法规定享有身故保险金请求权的人。投保人可以为受益人。"

在第 3 款后再增加一款作为第 4 款：

"除合同另有约定或法律另有规定外，保险事故发生后，受益人有权将保险金请求权转让给他人。"

【三】修改理由

第 1 款修改理由

实践中因保单销售由保险代理人负责，保险人不掌握投保人、被保险人及受益人的联系方式，不利于进行及时理赔，没有保险人的联系方式，也不利于投保人等及时申请赔付。故增加"联系方式"。

第 3 款、第 4 款修改理由

第一，被保险人虽然是其财产或者人身受保险合同保障的人，但绝不可能是享有其身故保险金请求权的人。

第二，被保险人是身故保险金之外的其他保险金的当然的请求权人和受领权人。

第三，依现行保险法，如果不加限制和区分，仅仅从字面上理解"投保人、被保险人可以为受益人"，则势必得出被保险人可以被指定为身故保险金的受益人，投保人也可以被指定为身故保险金之外的其他保险金的受益人的荒唐结论。

第四，无论保险法理论还是实务，实际上通常奉行的规则都是，被保险人享有身故保险金之外的其他保险金的权利，被保险人之外的受益人享有身故保险金的权利。

当保险事故发生后，保险人的保险金给付责任已经确定，受益人的保险金请求权则从期待的承诺转化成现实、确定的、具有财产性质的债权，受益人作为权利主体当然有权自由处分，包括依法转让。另外，司法解释也允许保险事故发生后，受益人转让保险金请求权。

参考立法例

《最高人民法院关于适用〈中华人民共和国保险法〉若干问题的解释（三）》第 13 条规定：保险事故发生后，受益人将与本次保险事故相对应的全部或者部分保险金请求权转让给第三人，当事人主张该转让行为有效的，人民法院应予支持，但根据合同性质、当事人约定或者法律规定不得转让的除外。

七、第 21 条

【一】现行条文

投保人、被保险人或者受益人知道保险事故发生后,应当及时通知保险人。故意或者因重大过失未及时通知,致使保险事故的性质、原因、损失程度等难以确定的,保险人对无法确定的部分,不承担赔偿或者给付保险金的责任,但保险人通过其他途径已经及时知道或者应当及时知道保险事故发生的除外。

【二】修改建议

修改为:

投保人、被保险人或者受益人知道保险事故发生后,应当及时通知保险人。故意或者因重大过失未及时通知,致使保险事故的性质、原因、损失程度等难以确定的,保险人对无法确定的部分,不承担赔偿或者给付保险金的责任,但保险人通过其他途径已经知道或者应当知道保险事故发生的除外。本法另有规定的,参照该规定处理。

【三】修改理由

1. 删除原条文最后一句("但保险人……"部分)中的"及时"一词,意义更准确。

2. 增加"本法另有规定的,参照该规定处理",主要是针对责任保险而言的。对于责任保险中的通知义务,应适用特别规定。

八、第 22 条

【一】现行条文

保险事故发生后,按照保险合同请求保险人赔偿或者给付保险金时,投保人、被保险人或者受益人应当向保险人提供其所能提供的与确认保险事故的性质、原因、损失程度等有关的证明和资料。

保险人按照合同的约定,认为有关的证明和资料不完整的,应当及时一次性通知投保人、被保险人或者受益人补充提供。

【二】修改建议

第 1 款最后一句增加:"但合同另有约定的除外"。

【三】修改理由

被保险人一方提供事故证明材料不应作为完全的法定强制义务,应当允许合同另有约定的除外。

九、第 23 条

【一】现行条文

保险人收到被保险人或者受益人的赔偿或者给付保险金的请求后,应当及时作出核定；情形复杂的，应当在三十日内作出核定，但合同另有约定的除外。保险人应当将核定结果通知被保险人或者受益人；对属于保险责任的，在与被保险人或者受益人达成赔偿或者给付保险金的协议后十日内，履行赔偿或者给付保险金义务。保险合同对赔偿或者给付保险金的期限有约定的，保险人应当按照约定履行赔偿或者给付保险金义务。

保险人未及时履行前款规定义务的，除支付保险金外，应当赔偿被保险人或者受益人因此受到的损失。

任何单位和个人不得非法干预保险人履行赔偿或者给付保险金的义务，也不得限制被保险人或者受益人取得保险金的权利。

【二】修改建议

吸纳保险法司法解释，将第1款修改为：

保险人收到被保险人或者受益人的赔偿或者给付保险金的请求后，应当及时作出核定；情形复杂的，应当自保险人初次收到索赔请求及投保人、被保险人或者受益人提供的有关证明和资料之日起三十日内作出核定，但合同另有约定的除外。保险人应当将核定结果通知被保险人或者受益人；对属于保险责任的，在与被保险人或者受益人达成赔偿或者给付保险金的协议后十日内，履行赔偿或者给付保险金义务。保险合同对赔偿或者给付保险金的期限有约定的，保险人应当按照约定履行赔偿或者给付保险金义务。

【三】修改理由

保险法在修订时应吸纳相关司法解释，使之上升为法律。

《最高人民法院关于适用〈中华人民共和国保险法〉若干问题的解释（二）》第15条规定：保险法第23条规定的三十日核定期间，应自保险人初次收到索赔请求及投保人、被保险人或者受益人提供的有关证明和资料之日起算。

保险人主张扣除投保人、被保险人或者受益人补充提供有关证明和资料期间的，人民法院应予支持。扣除期间自保险人根据保险法第22条规定作出的通知到达投保人、被保险人或者受益人之日起，至投保人、被保险人或者受益人按照通知要求补充提供的有关证明和资料到达保险人之日止。

十、第29条

【一】现行条文

再保险接受人不得向原保险的投保人要求支付保险费。

原保险的被保险人或者受益人不得向再保险接受人提出赔偿或者给付保险金的请求。

再保险分出人不得以再保险接受人未履行再保险责任为由，拒绝履行或者迟延履行其原保险责任。

【二】修改建议

在本条第 2 款后增加一句：

"但再保险分出人拒绝向原保险的被保险人及受益人进行赔偿的除外。"

【三】修改理由

为了最大限度地保护原保险的被保险人与受益人的利益，使其在再保险分出人违法拒赔的情况下能够得到较为快速的救济，有必要规定原保险的被保险人与受益人的直接索赔请求权。

十一、第 30 条

【一】现行条文

采用保险人提供的格式条款订立的保险合同，保险人与投保人、被保险人或者受益人对合同条款有争议的，应当按照通常理解予以解释。对合同条款有两种以上解释的，人民法院或者仲裁机构应当作出有利于被保险人和受益人的解释。

【二】修改建议

采用保险人提供的格式条款订立的保险合同，保险人与投保人、被保险人或者受益人对合同条款有争议的，应当按照通常理解予以解释。对合同条款有两种以上解释的，人民法院或者仲裁机构应当作出有利于被保险人和受益人的解释，但再保险合同除外。

【三】修改理由

《保险法》第 30 条规定的不利解释原则不宜适用于再保险合同。理由是直接保险公司与再保险公司均系专业保险机构，对于其签订的再保险合同，合同双方均具有充分的专业判断能力，不存在该条款为了保护处于弱势的普通被保险人利益的立法基础。另外，在实践中很多再保险合同条款是由经纪人起草和提供的，再保险合同双方均不是条款的起草主体，适用该原则本身即容易产生争议。而且，英国有相关司法判例支持再保险合同不适用不利解释原则。美国相关司法判例确立了对于被保险人不是自然人，而是一个规模庞大，且由经验丰富的商人经营，并委托有如同保险公司的顾问水准那样的专业顾问公司的情况，不能适用不利解释原则。

十二、第 31 条

【一】现行条文

投保人对下列人员具有保险利益：

（一）本人；

（二）配偶、子女、父母；

（三）前项以外与投保人有抚养、赡养或者扶养关系的家庭其他成员、近亲属；

（四）与投保人有劳动关系的劳动者。

除前款规定外，被保险人同意投保人为其订立合同的，视为投保人对被保险人具有保险利益。

订立合同时，投保人对被保险人不具有保险利益的，合同无效。

【二】修改建议

（1）将第 2 款修改为：

"除前款规定为，如投保人和受益人与被保险人存在合法经济利益，且被保险人同意投保人为其投保的，视为具有保险利益。"

（2）在本条最后新增 1 款，具体拟定为：

因投保人对被保险人不具有保险利益导致保险合同无效，保险人应当向投保人退还扣减相应手续费后的保险费。

【三】修改理由

根据现行《保险法》第 31 条第 2 款的规定，无论投保人与被保险人之间是否满足第 1 款所规定之四种情形，抑或是投保人与被保险人之间有无正当经济利益关系，只要被保险人同意即可视作双方具有保险利益。人身保险利益如此宽泛的认定，可能诱使投保人为了获取保险金而以利益相许引诱被保险人同意，以被保险人的生命或健康进行赌博，则必然有悖于保险利益原则之避免赌博行为的目的，也不利于控制道德风险。因此，有必要对于"同意原则"的对象加以适当的限制，进一步细化该条款。

本条建议新增的条款，系吸纳《最高人民法院关于适用〈中华人民共和国保险法〉若干问题的解释（二）》第 2 条的规定。

《最高人民法院关于适用〈中华人民共和国保险法〉若干问题的解释（二）》第 2 条规定：

人身保险中，因投保人对被保险人不具有保险利益导致保险合同无效，投保人主张保险人退还扣减相应手续费后的保险费的，人民法院应予支持。

十三、第 33 条

【一】现行条文

投保人不得为无民事行为能力人投保以死亡为给付保险金条件的人身保险，保险人也不得承保。

父母为其未成年子女投保的人身保险，不受前款规定限制。但是，因被保险人死亡给付的保险金总和不得超过国务院保险监督管理机构规定的限额。

【二】修改建议

将第 2 款修改为：

未成年人的父母,与未成年人共同生活的祖父母及外祖父母,为未成年人投保人身保险,不受前款规定限制。但是,因被保险人死亡给付的保险金总和不得超过国务院保险监督管理机构规定的限额。

【三】修改理由

考虑到我国存在大量的留守儿童这一现实情况,需要对投保主体适当放宽,除了未成年人的父母外,还应将与未成年人共同生活的祖父母、外父母纳入有投保权的主体中。

十四、第34条

【一】现行条文

以死亡为给付保险金条件的合同,未经被保险人同意并认可保险金额的,合同无效。

按照以死亡为给付保险金条件的合同所签发的保险单,未经被保险人书面同意,不得转让或者质押。

父母为其未成年子女投保的人身保险,不受本条第1款规定限制。

【二】修改建议

(1) 第1款修改为:

"以死亡为给付保险金条件的合同,未经被保险人同意并认可保险金额的,不生效力。"

(2) 在本条最后增加三款,分别作为第4款、第5款、第6款:

第4款:被保险人在合同成立后撤销本条第1款所规定的同意投保或者对保险金额的认可的,投保人、保险人应当解除合同。

第5款:被保险人同意并认可保险金额可以采取书面形式、口头形式或者其他形式;可以在合同订立时作出,也可以在合同订立后追认。

第6款:有下列情形之一的,应认定为被保险人同意投保人为其订立保险合同并认可保险金额:

(一) 被保险人明知他人代其签名同意而未表示异议的;

(二) 被保险人同意投保人指定的受益人的;

(三) 有证据足以认定被保险人同意投保人为其投保的其他情形。

【三】修改理由

(1) 关于第(1)项修改建议,理由如下:依照民事法律行为理论,"无效"与"不生效力"是两种不同的情形。严格地来说,此处应该是"不生效力",而非"无效"。

(2) 关于第(2)项修改建议,理由如下:按照保险法的规定,保险合同解除权属于投保人与保险人,被保险人不是解除合同权利人,不能解除合同。但是，实践中，投保人与被保险人的关系有可能在合同成立后发生变化，如夫妻离婚或解除收养关系，在二者反目成仇的情形下，保险合同的存在对于被保险人而言不但不是保障，反而成为其"危险"。因此在立法层面上，如果不加区别地一概否定被保险人的合同解除权，在某些情形下将可能导致违背保险初衷的结果发生，甚至可能危及被保险人的安全。因此，有必要通过立法赋予被保险人合同解除权或者合同解除请求权。鉴于赋予被保险人以合同解除权有违合同相对性，因此在死亡保险须经被保险人同意缔约方可有效的前提下，赋予被保险人撤销其同意的权利是比较恰当的解决思路。在被保险人撤销其同意，或者撤销其对于保险金额的认可之后，投保人、保险人应当解除合同。

本项修改建议也是对最高人民法院所做的保险法司法解释的吸纳。

《最高人民法院关于适用〈中华人民共和国保险法〉若干问题的解释（三）》第2条规定：被保险人以书面形式通知保险人和投保人撤销其依据保险法第34条第1款规定所作出的同意意思表示的，可认定为保险合同解除。

（3）新增的第5款、第6款是《保险法司法解释三》第1条的内容。

参考立法例

日本《保险法》第58条规定：[1]

死亡保险合同的被保险人为该死亡保险合同当事人以外的人的情况下，有下列事由的，该被保险人可以要求投保人解除该死亡保险合同：

（一）有前1条第（1）项或者第（2）项所列事由的；[2]

（二）在前项所列事由之外，有损害被保险人对投保人或者保险金受益人的信任，致使该死亡保险合同难以存续的重大事由的；

（三）因投保人和被保险人之间的亲属关系的结束及其他原因，被保险人作为第38条规定的同意基础情况发生了显著变更的。[3]

十五、第36条

【一】现行条文

合同约定分期支付保险费，投保人支付首期保险费后，除合同另有约定外，投保人自保险人催告之日起超过三十日未支付当期保险费，或者超过约定的期限六十日未支付当期保险费的，合同效力中止，或者由保险人按照合同约定的条件

---

[1] 沙银华：《日本保险经典判例评释》，法律出版社2011年版，第191页。
[2] 所谓"前一条第（1）项或者第（2）项所列事由"是指：投保人或者受益人为了达到保险人给付保险金的目的而故意造成被保险人死亡或者欲造成其死亡、受益人在基于生命保险合同请求保险给付时进行欺诈或者欲进行欺诈的情形。
[3] 所谓"第38条规定的同意基础"是指：以生命保险合同当事人以外的人为被保险人的死亡保险合同，未经该被保险人同意的，不发生效力。

减少保险金额。

被保险人在前款规定期限内发生保险事故的,保险人应当按照合同约定给付保险金,但可以扣减欠交的保险费。

【二】修改建议

在第 1 款后第 2 款前增加一款,具体拟定如下:

"前款情形下,被保险人、受益人或者其他利益相关者代替投保人缴纳相应保险费的,保险人不得拒绝。"

【三】修改理由

(1)理论阐述。交纳保险费性质属于"债的清偿",利害关系人代交保险费的行为,就其法律性质而言,属于"第三人代为清偿债务"。除非投保人明确表示反对且保险人拒绝接受,或保险合同有明确的禁止性约定,被保险人、受益人代交保险费均应认为有效。而且,依民法的一般原理,第三人代为清偿债务时,若该第三人就债之履行有利害关系的,债权人不得拒绝。被保险人是人身受保险合同保障的人,受益人是享有保险金请求权的人,保险费交付与否直接影响保险合同的存续,保险合同存续与否,又直接影响他们的利益,他们当然是人身保险合同保险费交付的利害关系人,因此,被保险人、受益人代交保险费的,保险人不得拒绝。

(2)域外立法经验。其他国家和地区的保险立法多允许利害关系人代交保险费,且不因财产保险与人身保险的不同而在适用上有所区别。如《欧盟保险合同法原则》有类似规定。《法国保险合同法》则在人身险部分规定:"任何相关利益者都可以代替投保人缴纳保险费。"我国澳门地区《商法典》也有类似规定。《德国保险契约法》规定:"为他人利益的保险,对于到期的保险费,被保险人、享有保险金请求权的受益人及抵押权人可以代为履行,保险人不可以依照民法的规定加以拒绝。"我国台湾地区"保险法"第 115 条仅限于人身保险合同中,利害关系人,均得代要保人交付保险费。[①]

(3)司法实务。我国有的法院在实践中已经采用了这样的做法,如北京高院《关于审理保险纠纷案件若干问题的指导意见(试行)》的规定。最高人民法院在司法解释中也明确了这样的观点。《最高人民法院关于适用〈中华人民共和国保险法〉若干问题的解释(三)》第 7 条规定:当事人以被保险人、受益人或者他人已经代为支付保险费为由,主张投保人对应的交费义务已经履行的,人民法院应予支持。

[①] 台湾地区"保险法"中利害关系人的范围更广,除了被保险人、受益人外,还包括具有财产上责任利益、契约利益的人、人身保险利益的人及被保险人的继承人或受让人(关于利害关系人的范围见台湾地区"保险法"第 4 条、第 5 条、第 15 条、第 16 条、第 18 条、第 20 条)。

十六、第 37 条

【一】现行条文

第 37 条：合同效力依照本法第 36 条规定中止的，经保险人与投保人协商并达成协议，在投保人补交保险费后，合同效力恢复。但是，自合同效力中止之日起满二年双方未达成协议的，保险人有权解除合同。

保险人依照前款规定解除合同的，应当按照合同约定退还保险单的现金价值。

【二】修改建议

合同效力依照本法第 36 条规定中止的，投保人提出恢复效力申请并同意补交保险费的，除被保险人的危险程度在中止期间显著增加外，保险人不得拒绝。

保险人在收到恢复效力申请后，三十日内未明确拒绝的，应认定为同意恢复效力。

保险合同自投保人补交保险费之日恢复效力。

自合同效力中止之日起满二年双方未达成协议或投保人未补交保险费的，保险人有权解除合同。

保险人依照前款规定解除合同的，应当按照合同约定退还保险单的现金价值。

【三】修改理由

（1）在人身保险合同中止后，随着被保险人年龄的增长，死亡和疾病等风险必然会有所增加，有时复效申请的被保险人甚至可能超过保险人规定的最高承保年龄。但由于风险的这种增加是自然和正常的，是保险人在订立合同时应当或已经预见到的，因此，既不应强加给投保人额外的危险如实告知义务，也不应以此作为保险人拒绝复效的理由。只要被保险人在申请复效时仍然活着，风险的增加没有明显超过保险人订立合同时已有或应有的预期，就应认为被保险人具有可保性，保险人不得据此而拒绝复效。

（2）在实践中，有时会出现投保人与保险人已就合同复效达成了协议，但是，投保人迟迟未补交欠缴的保费，因此，立法需要明确合同复效需以投保人补交保费为要件。

另外，本条的修改建议吸收了最高人民法院的保险法司法解释中的相关规定。

参考立法例

《最高人民法院关于适用〈中华人民共和国保险法〉若干问题的解释（三）》第 8 条规定：保险合同效力依照保险法第 36 条规定中止，投保人提出恢复效力申请并同意补交保险费的，除被保险人的危险程度在中止期间显著增加外，保险人拒绝恢复效力的，人民法院不予支持。

保险人在收到恢复效力申请后，三十日内未明确拒绝的，应认定为同意恢复效力。

保险合同自投保人补交保险费之日恢复效力。保险人要求投保人补交相应利息的，人民法院应予支持。

我国台湾地区"保险法"第116条第3款规定：

要保人于停止效力之日起六个月后申请恢复效力者，保险人得于要保人申请恢复效力之日起五日内要求要保人提供被保险人之可保证明，除被保险人之危险程度有重大变更已达拒绝承保外，保险人不得拒绝其恢复效力。

十七、第42条

【一】现行条文

被保险人死亡后，有下列情形之一的，保险金作为被保险人的遗产，由保险人依照《中华人民共和国继承法》的规定履行给付保险金的义务：

（一）没有指定受益人，或者受益人指定不明无法确定的；

（二）受益人先于被保险人死亡，没有其他受益人的；

（三）受益人依法丧失受益权或者放弃受益权，没有其他受益人的。

受益人与被保险人在同一事件中死亡，且不能确定死亡先后顺序的，推定受益人死亡在先。

【二】修改建议

将第42条第1款修改为：

被保险人死亡后，有下列情形之一的，依照《中华人民共和国继承法》的规定由被保险人的法定继承人作为法定受益人。第一顺序的法定继承人为第一顺序的法定受益人，第二顺序的法定继承人为第二顺序的法定受益人，被保险人的代位继承人为与被代位继承人同一顺序的法定受益人。由保险人按照法定受益顺序向法定受益人履行给付保险金的义务。

（一）没有指定受益人，或者受益人指定不明无法确定的；

（二）指定受益人先于被保险人死亡，没有其他指定受益人的；

（三）指定受益人依法丧失受益权或者放弃受益权，没有其他指定受益人的。

【三】修改理由

应明确被保险人的继承人得到的权利为保险金的请求权（视其为法定受益人），而非遗产。

首先，身故保险金根本不具有遗产的基本特性。遗产是公民死亡时遗留的个人合法财产，具有个人性、遗留性、合法性、财产性。遗产的遗留性意味着被继承人生前拥有某种财产权利或合法的财产利益，因各种原因没有消耗完毕而在其死亡时遗留下来。被保险人虽然是其财产或者人身受保险合同保障的人，但绝不可能是享有其身故保险金请求权的人。在人身保险合同中，如果保单含有以死亡为给付保险金的条件,则被保险人生存时,保险人不可能给付其身故保险金;被保险人身故时,保险人给付的身故保险金也永远不可能由已经死亡的被保险人受领。所以,身故保险金不是被保险人的遗产。

其次,将身故保险金在法定的情形下作为被保险人的遗产,对被保险人的法定继承人是不公平的。因为一旦作为被保险人的遗产,就要受继承法关于遗产分配规则的拘束。遗产既包括被继承人的积极财产,也包括被继承人的消极财产,虽然我国继承法实行限定继承原则,继承人接受继承的,仅在被继承人遗产的实际价值范围内,负有清偿被继承人生前债务的义务,但这一规则的适用使得被继承人也是被保险人的债权人处于优先受偿的地位。

十八、第43条之后增加一条,将《保险法司法解释三》第12条上升为法律。具体为:

【一】修改建议

投保人或者被保险人指定数人为受益人,部分受益人在保险事故发生前死亡、放弃受益权或者依法丧失受益权的,该受益人应得的受益份额按照保险合同的约定处理;保险合同没有约定或者约定不明的,该受益人应得的受益份额按照以下情形分别处理:

(一)未约定受益顺序和受益份额的,由其他受益人平均享有;

(二)未约定受益顺序但约定受益份额的,由其他受益人按照相应比例享有;

(三)约定受益顺序但未约定受益份额的,由同顺序的其他受益人平均享有;同一顺序没有其他受益人的,由后一顺序的受益人平均享有;

(四)约定受益顺序和受益份额的,由同顺序的其他受益人按照相应比例享有;同一顺序没有其他受益人的,由后一顺序的受益人按照相应比例享有。

【二】修改理由

将司法解释内容法律化,提升其效力层级,并实现立法的周延性。

十九、第44条

【一】现行条文

以被保险人死亡为给付保险金条件的合同,自合同成立或者合同效力恢复之日起二年内,被保险人自杀的,保险人不承担给付保险金的责任,但被保险人自杀时为无民事行为能力人的除外。

保险人依照前款规定不承担给付保险金责任的,应当按照合同约定退还保险单的现金价值。

【二】修改建议

将第44条第1款修改扩充为前3款,原第2款成为第4款。前3款的条文拟定如下：

以被保险人死亡为给付保险金条件的合同，自合同成立之日起二年内，被保险人自杀的，保险人不承担给付保险金的责任，但被保险人自杀时为无民事行为能力人的除外。

保险合同约定，自合同效力恢复之日起二年内，被保险人自杀，保险人不承担给付保险金的责任的，该约定无效。

保险人以被保险人自杀为由拒绝给付保险金的，由保险人承担举证责任。受益人或者被保险人的继承人以被保险人自杀时无民事行为能力或者系因合理原因无法辨认自身行为为由抗辩的，由其承担举证责任。

【三】修改理由

复效后自杀免责条款应否重新适用。在我国保险立法和实务上，被保险人自保险合同生效或效力恢复之日起两年内自杀的，保险公司不承担保险责任。

有学者认为："立法技术上既已利用'两年缓冲期限'之设计，以减轻保险人之举证责任，从而使被保险人在两年期限届满后之自杀，不论是基于订约时之'旧念'还是订约后之'新念'，保险人均不得再行举证以拒付保险金。因此，所谓'人寿保险契约复效时自杀免责期间须重新起算'之论断，与设置自杀免责期间制度规范之目的，在逻辑上显有冲突之处；若采所谓'人寿契约复效时自杀免责期间须重新起算'之立法政策，则势必与设置自杀免责期间制度规范之意旨有违。"《保险法》第44条所采'复效时自杀免责期间重新起算'之政策，实乃过于顾及保险业者经营上的便利，而对被保险人失之过严，对保险人又失之过宽，应当予以删除"。

第3款的修订内容吸收了《最高人民法院关于适用〈中华人民共和国保险法〉若干问题的解释（三）》第21条的规定，"保险人以被保险人自杀为由拒绝给付保险金的，由保险人承担举证责任。受益人或者被保险人的继承人以被保险人自杀时无民事行为能力为由抗辩的，由其承担举证责任"。由于需要将具有行为能力的被保险人因合理原因无法辨认自己行为的情形也排除在保险人免责的范围之外，故在设计规则时对司法解释三的内容作了必要的调整。

二十、第45条

【一】现行条文

因被保险人故意犯罪或者抗拒依法采取的刑事强制措施导致其伤残或者死亡的，保险人不承担给付保险金的责任。投保人已交足二年以上保险费的，保险人应当按照合同约定退还保险单的现金价值。

【二】修改建议

将原内容作为第1款，后面增加三款，作为第2款、第3款、第4款，具体如下：

第 2 款：对于故意犯罪的认定，仅可依据刑事侦查机关、检察机关和审判机关的生效法律文书或者其他结论性意见。

第 3 款：保险人主张根据本条规定不承担给付保险金责任的，应当证明被保险人的死亡、伤残结果与其实施的故意犯罪或者抗拒依法采取的刑事强制措施的行为之间存在因果关系。

第 4 款：被保险人在羁押、服刑期间因意外或者疾病造成伤残或者死亡的，不适用本条规定。

【三】修改理由

上述新增的第 2 款，系《最高人民法院关于适用〈中华人民共和国保险法〉若干问题的解释（三）》第 22 条内容，予以吸纳。

上述新增的第 3 款、第 4 款系《最高人民法院关于适用〈中华人民共和国保险法〉若干问题的解释（三）》第 23 条内容，吸纳为立法。

二十一、第 46 条

【一】现行条文

被保险人因第三者的行为而发生死亡、伤残或者疾病等保险事故的，保险人向被保险人或者受益人给付保险金后，不享有向第三者追偿的权利，但被保险人或者受益人仍有权向第三者请求赔偿。

【二】修改建议

增加一款作为第 2 款，具体拟定如下：

"费用补偿型的意外伤害保险和健康保险，不适用本条第 1 款的规定。"

【三】修改理由

关于费用补偿型的意外伤害保险和健康保险，是否适用损失补偿原则，在实践中一直存在争议，因此，建议增加一款，以明确之。

《最高人民法院关于适用〈中华人民共和国保险法〉若干问题的解释（三）》第 18 条和保监会《关于商业医疗保险是否适用补偿原则的复函》（保监函〔2001〕156 号）第 2 条规定，都有条件地认可了费用补偿型的医疗费用保险适用损失补偿原则。

在域外立法中，许多国家的保险法认可医疗费用保险适用损失补偿原则。美国保险立法趋势在于，避免被害人获得多重赔偿之利益，以符合损失补偿，从而将意外伤害险与财产险划归一类，适用损失补偿原则及代位追偿原则。即使美国各州以立法方式废除双重赔偿制度之前，保险业在实务中以保险契约条款约定代位追偿之方式，以避免被害人双重获利。日本保险法中确定"意外伤害、医疗保险既不属于人寿保险也不属于财产保险，而是属于第三领域的新险种"，而第三领域的属性及本质判断标准之一就是基于医疗费等的补偿原则。

因此，我们建议立法应明确规定费用补偿型的意外伤害保险和健康保险适用损失补偿原则。

二十二、第 48 条

【一】现行条文

保险事故发生时，被保险人对保险标的不具有保险利益的，不得向保险人请求赔偿保险金。

【二】修改建议

增加一款，作为第 1 款，原内容作为第 2 款保留。

新增第 1 款：财产保险中，不同投保人就同一保险标的分别投保，保险事故发生后，被保险人有权在其保险利益范围内依据保险合同请求保险人赔偿或给付保险金。

【三】修改理由

目前，我国保险法对于人身保险的保险利益认定做了较为详细的规范，但是对财产保险之保险利益的认定规范较为薄弱。在实践中，除了财产所有权人对其所有物享有保险利益这一最基本类型之外，被保险人享有保险利益的情形十分丰富，如租赁权人保险利益、抵押权人及其他担保物权人保险利益、用益物权人保险利益、因现有利益所产生的期待利益等。运送人或保管人尽管不对物享有类似于上述权利的支配性权利，但是因其要对运送、保管之责，亦应认定运送人或保管人享有与其责任相当的保险利益。我国《保险法司法解释（二）》第 1 条中对此已有补充性规定，即"财产保险中，不同投保人就同一保险标的分别投保，保险事故发生后，被保险人在其保险利益范围内依据保险合同主张保险赔偿的，人民法院应予支持"。应将此内容吸纳进保险法，以更有效地保障被保险人的合法权益。

参考立法例

我国台湾地区"保险法"

第 14 条：要保人对于财产上之现有利益，或因财产上之现有利益之期待利益，有保险利益。

第 15 条：运送人或保管人对于所运送或保管之货物，以其所负之责任为限，有保险利益。

二十三、第 49 条

【一】现行条文

保险标的转让的，保险标的的受让人承继被保险人的权利和义务。

保险标的转让的，被保险人或者受让人应当及时通知保险人，但货物运输保险合同和另有约定的合同除外。

因保险标的转让导致危险程度显著增加的，保险人自收到前款规定的通知之日起三十日内，可以按照合同约定增加保险费或者解除合同。保险人解除合同的，应当将已收取的保险费，按照合同约定扣除自保险责任开始之日起至合同解除之日止应收的部分后，退还投保人。

被保险人、受让人未履行本条第 2 款规定的通知义务的，因转让导致保险标的危险程度显著增加而发生的保险事故，保险人不承担赔偿保险金的责任。

【二】修改建议

在第 1 款之后增加一款作为第 2 款：

保险标的的受让人已向投保人支付相应款项的，承继投保人的权利和义务。

【三】修改理由

根据现行《保险法》的规定，保险标的转让后，受让人承继的仅为被保险人的权利和义务，因而在保险业务操作中存在如下实务困惑：①保险标的转让后，投保人解除保险合同及退还剩余保险费的主张，与受让人以其已支付相应保险费从而变更投保人身份的主张，两者冲突如何处理的矛盾；②在保险标的转让后，因保险标的的转让导致危险程度增加（如用途由非运营转变为运营）或费率因此变化（如投保人由个人转变为企业）需增加保费时，保险公司向投保人抑或受让人主张增加的保费，均存在向投保人收取不合常理而向受让人收取不合身份的窘境。引发上述实务困惑的根本原因在于《保险法》对投保人的权利与义务是否发生承继，并没有明确规定。为此，建议增加上述条款。

【四】修改建议

对原第 3 款进行修订，并在其后再增加两款，具体修改建议条款为：

因保险标的转让导致危险程度显著增加的，保险人自收到前款规定的通知之日起三十日内，可以按照合同约定增加保险费或者解除合同。保险合同解除前发生保险事故的，保险人应当按约承担赔偿或者给付保险金责任。

增加保险费的，应自危险程度显著增加之时起计算。投保人不同意增加保险费的，保险人有权解除合同。保险人解除合同的，应当将已收取的保险费，按照合同约定扣除自保险责任开始之日起至合同解除之日止应收的部分后，退还投保人。

保险人知道或者应当知道危险程度显著增加后，仍按原标准继续收受保险费，或于危险发生后给付保险金的，丧失前项权利。

【五】修改理由

目前条文的规定过于笼统，应通过保险法修订予以细化。

关于在保险人考虑期内发生保险事故的处理原则，法律未作规定，实践中容易引起争议。我们的主张是，保险合同解除前发生保险事故的，保险人应当按约承担赔偿或者给付保险金责任。从合同法的一般原理来说，合同在被解除之前，依然有效，对双方当事人具有约束力。至于增加保险费，属于对合同的变更，而在双方当事人未就合同变更达成一致意思之前，合同原来的约定对于双方依然具有约束效力。从立法目的来看，增加这样的明确规定有利于引导、敦促保险人在收到危险程度显著增加的通知后，尽快进行风险评估，尽早作出相应的决定，有助于法律关系的安定性。

二十四、第51条

【一】现行条文

被保险人应当遵守国家有关消防、安全、生产操作、劳动保护等方面的规定，维护保险标的的安全。

保险人可以按照合同约定对保险标的的安全状况进行检查，及时向投保人、被保险人提出消除不安全因素和隐患的书面建议。

投保人、被保险人未按照约定履行其对保险标的的安全应尽责任的，保险人有权要求增加保险费或者解除合同。

保险人为维护保险标的的安全，经被保险人同意，可以采取安全预防措施。

【二】修改建议

在第3款之后增加一款，作为第4款，原第4款作为第5款。新增加的条款拟定为：

"投保人、被保险人故意或重大过失违反安全维护义务而导致保险事故发生的，保险人有权解除保险合同，并有权主张全部或部分免责。保险合同约定依投保人、被保险人的过错程度而按比例给付保险金的，依其约定。"

【三】修改理由

现行《保险法》第51条就安全维护义务的规定存在如下不足：（1）违反此义务的法律后果不明，保险人可否主张按照投保人、被保险人的主观过错程度（故意、重大过失、一般过失）而承担不同的法律责任（足额赔付、比例赔付、拒赔）；（2）违反此义务是否必然导致危险程度显著增加，引发第52条规定的及时通知义务，以及个案审理中应适用第51条还是第52条？根据第52条第2款"被保险人未履行危险程度显著增加的通知义务的，因保险标的危险程度显著增加而发生的保险事故，保险人不承担赔偿保险金的责任"。即依据第52条，保险人可以拒赔。而依据第51条，保险人只能要求增加保费或解除合同，法律后果存在巨大差异。

本条修改建议旨在解决上述问题，区分情形而明确其法律后果。类似的立法例可参照《欧洲保险合同法原则（PEICL）》第4章第1节之风险预防措施之规定。

二十五、第 52 条

【一】现行条文

在合同有效期内,保险标的的危险程度显著增加的,被保险人应当按照合同约定及时通知保险人,保险人可以按照合同约定增加保险费或者解除合同。保险人解除合同的,应当将已收取的保险费,按照合同约定扣除自保险责任开始之日起至合同解除之日止应收的部分后,退还投保人。

被保险人未履行前款规定的通知义务的,因保险标的的危险程度显著增加而发生的保险事故,保险人不承担赔偿保险金的责任。

【二】修改建议

在合同有效期内,保险标的的危险程度显著增加的,投保人、被保险人应当及时通知保险人,保险人可以按照合同约定增加保险费或者解除合同。保险人解除合同的,应当将已收取的保险费,按照合同约定扣除自保险责任开始之日起至合同解除之日止应收的部分后,退还投保人。

投保人、被保险人未按照前款规定履行通知义务的,因保险标的的危险程度显著增加而发生保险事故的,保险人不承担赔偿保险金或者给付保险金的责任。

保险人与投保人可以在保险合同中对保险标的的危险程度显著增加的情形做出明确的约定。

【三】修改理由

(1) 现行《保险法》规定只有被保险人才有保险标的危险程度显著增加的通知义务,但是,作为投保人或受益人来讲,在保险合同有效期内,其也可能掌握被保险人或被保险标的物的风险变化状况,如其明知保险标的危险程度显著增加而不闻不问,显然与诚信原则相悖,增加了保险人的赔付风险。

(2) 实践中如何界定"显著增加"存在技术难度,立法未有明确规定,亦未明确赋予合同当事人意思自治的权利,因此,建议在修订保险法时明确赋予保险合同当事人以合同约定方式明确界定"保险标的的危险程度显著增加"的具体情形。

二十六、第 55 条

【一】现行条文

投保人和保险人约定保险标的的保险价值并在合同中载明的,保险标的发生损失时,以约定的保险价值为赔偿计算标准。

投保人和保险人未约定保险标的的保险价值的,保险标的发生损失时,以保险事故发生时保险标的的实际价值为赔偿计算标准。

保险金额不得超过保险价值。超过保险价值的,超过部分无效,保险人应当退还相应的保险费。

保险金额低于保险价值的，除合同另有约定外，保险人按照保险金额与保险价值的比例承担赔偿保险金的责任。

【二】修改建议

保险人在承保前，应当查明保险标的的市场价格，并据此确定保险价值。保险标的发生损失时，以实际损失为赔偿计算依据。

保险标的的市场价格不易确定的，投保人和保险人可以约定保险标的的保险价值。保险标的发生损失时，以约定的保险价值为赔偿计算标准。

保险金额不得超过保险价值。超过保险价值的，超过部分无效，保险人应当退还相应的保险费。但是，因保险人违反第1款规定的审查义务而导致保险金额超过保险价值的，保险人应当按照保险金额赔付。

保险金额低于保险价值的，除合同另有约定外，保险人按照保险金额与保险价值的比例承担赔偿保险金的责任。

【三】修改理由

第一，我国保险法没有规定保险人在承保前负有审查保险标的之市场价格的缔约义务，为保险人以被保险车辆的所谓"新车购置价"确定保险金额打开了方便之门，有必要给予修订。保险法应当规定保险人在承保前对于保险标的之实际价值承担审查义务，要求保险人以其市场价格确定保险价值，并规定保险人承保的保险金额不得超过保险价值，以防止出现超额承保。采取上述规定，可以从根本上消除了保险人虚增保险金额并据此多收取保险费的可能性——在保险金额超过保险标的之市场价格的情况下，只要保险人不能证明其受到了投保人的欺诈，即可推定保险人对于超额承保负有过错。

第二，从理论上讲，对于保险标的，应当依据其实际价值确定保险价值，实际价值难以认定当事人方可约定保险价值，然而，我国《保险法》并未做出此种强制规定，而是含糊其词地规定，"投保人和保险人约定保险标的的保险价值并在合同中载明的，保险标的发生损失时，以约定的保险价值为赔偿计算标准"。上述规定非常容易被恶意曲解、同时容易被保险相对人误解：保险标的无论其实际价值是否可以确定，当事人皆可自由约定保险价值，而且当事人约定的保险价值即便超过保险标的的实际价值亦无不可。这也是我国汽车保险市场超额承保现象普遍存在的原因之一，因此，有必要从立法源头予以防范。

第三，在规定保险人负有审查保险标的的市场价格的义务的同时，应同时规定违反该义务的法律后果，以督促保险人切实履行该义务。

参考立法例

我国台湾地区"保险法"：

第72条（保险金额之作用）：保险金额为保险人在保险期内，所负责任之最高额度。保险人应于承保前,查明保险标的物之市价,不得超额承保。

第 73 条(保险标的——定值与不定值):保险标的,得由要保人,依主管机关核定之费率及条款,作定值或不定值约定之要保。

保险标的,以约定价值为保险金额者,发生全部损失或部分损失时,均按约定价值为标准计算赔偿。

保险标的未经约定价值者,发生损失时,按保险事故发生时实际价值为标准,计算赔偿,其赔偿金额,不得超过保险金额。

第 74 条(全损之定义):第 73 条所称全部损失,系指保险标的全部灭失或毁损,达于不能修复或其修复之费用,超过保险标的恢复原状所需者。

第 75 条(标的物价值之约定):保险标的物不能以市价估计者,得由当事人约定其价值。赔偿时从其约定。

第 76 条(超额保险):保险金额超过保险标的价值之契约,系由当事人一方之诈欺而订立者,他方得解除契约。如有损失,并得请求赔偿。无诈欺情事者,除定值保险外,其契约仅于保险标的价值之限度内为有效。

无诈欺情事之保险契约,经当事人一方将超过价值之事实通知他方后,保险金额及保险费,均应按照保险标的之价值比例减少。

二十七、第 56 条

【一】现行条文

重复保险的投保人应当将重复保险的有关情况通知各保险人。

重复保险的各保险人赔偿保险金的总和不得超过保险价值。除合同另有约定外,各保险人按照其保险金额与保险金额总和的比例承担赔偿保险金的责任。

重复保险的投保人可以就保险金额总和超过保险价值的部分,请求各保险人按比例返还保险费。

重复保险是指投保人对同一保险标的、同一保险利益、同一保险事故分别与两个以上保险人订立保险合同,且保险金额总和超过保险价值的保险。

【二】修改建议

(1)将保险法第 56 条重复保险从保险法第二章"保险合同"第三节"财产保险合同"中移除,移入保险法第二章第一节"一般规定"中。

(2)建议对本条中的各款顺序进行调整,即将第 4 款关于重复保险的定义移置第 1 款,具体如下:

重复保险是指投保人对同一保险标的、同一保险利益、同一保险事故分别与两个以上保险人订立保险合同,且保险金额总和超过保险价值的保险。

重复保险的投保人应当将重复保险的有关情况通知各保险人。

重复保险的各保险人赔偿保险金的总和不得超过保险价值。除合同另有约定外,各保险人按照其保险金额与保险金额总和的比例承担赔偿保险金的责任。

重复保险的投保人可以就保险金额总和超过保险价值的部分,请求各保险人按比例返还保险费。

【三】修改理由

重复保险不仅适用于财产保险合同,而且适用于人身保险合同中的补偿型保险合同,因此,建议将该条置于保险合同总则部分。在人身保险中,意外伤害保险和疾病保险多具有损失补偿的特性。德国、日本等国保险法均明确规定,重复保险适用于意外伤害保险和疾病保险等具有补偿性(或称损害)人身保险;我国台湾地区"保险法"更明确地将复保险规定于保险法总则中,使之适用于各类保险合同,包括定额给付保险。

另外,从阅读习惯和逻辑的角度来讲,都应将对重复保险的定义置于首款。

二十八、第 60 条

【一】现行条文

因第三者对保险标的的损害而造成保险事故的,保险人自向被保险人赔偿保险金之日起,在赔偿金额范围内代位行使被保险人对第三者请求赔偿的权利。

前款规定的保险事故发生后,被保险人已经从第三者取得损害赔偿的,保险人赔偿保险金时,可以相应扣减被保险人从第三者已取得的赔偿金额。

保险人依照本条第 1 款规定行使代位请求赔偿的权利,不影响被保险人就未取得赔偿的部分向第三者请求赔偿的权利。

【二】修改建议

吸纳《最高人民法院关于适用〈中华人民共和国保险法〉若干问题的解释(二)》第 16 条内容,即"保险人代位求偿权的诉讼时效期间应自其取得代位求偿权之日起算"。将保险法第 60 条第 1 款修改为:

"因第三者对保险标的的损害而造成保险事故的,保险人自向被保险人赔偿保险金之日起,在赔偿金额范围内代位行使被保险人对第三者请求赔偿的权利。保险人行使代位求偿权的诉讼时效期间自其取得代位求偿权之日起算。保险人应以自己的名义行使保险代位求偿权。"

【三】修改理由

《保险法》第 60 条未明确保险人行使代位求偿权的诉讼时效及起算点,也未明确保险人行使代位求偿权时是以自己的名义还是以被保险人的名义,故导致实践中围绕保险代位诉讼时效及名义的争议不断。

我们认为,保险人的代位求偿权可视为一种法定的独立权利,因理赔完成之日与保险事故发生之日必然存在时间差,若以被保险人的诉讼时效期间为限制,极有可能造成保险人代位求偿的行使不能,有悖于法律设置代位求偿权制度的初衷，有违公平原则与相关主体之间的利益平衡。我们赞同《最高人民法院关于适用〈中华人民共和国保险法〉若干问题的解释（二）》的观点，即保险人应以自己的名义行使代位求偿权，该权利的诉讼时效也自取得代位求偿权之日起算。

二十九、第 65 条

【一】现行条文

保险人对责任保险的被保险人给第三者造成的损害，可以依照法律的规定或者合同的约定，直接向该第三者赔偿保险金。

责任保险的被保险人给第三者造成损害，被保险人对第三者应负的赔偿责任确定的，根据被保险人的请求，保险人应当直接向该第三者赔偿保险金。被保险人怠于请求的，第三者有权就其应获赔偿部分直接向保险人请求赔偿保险金。

责任保险的被保险人给第三者造成损害，被保险人未向该第三者赔偿的，保险人不得向被保险人赔偿保险金。

责任保险是指以被保险人对第三者依法应负的赔偿责任为保险标的的保险。

【二】修改建议

将本条修改为：

责任保险是指以被保险人对第三人依法应负的赔偿责任为保险标的的保险。

责任保险的被保险人给第三人造成损害，被保险人未向该第三人赔偿的，保险人不得向被保险人给付保险金。

责任保险的被保险人给第三人造成损害，被保险人对第三人应负的赔偿责任确定的，第三人有权在保险金额范围内，就其应获赔偿部分直接向保险人请求给付保险金。

责任保险的被保险人通知保险人向第三人给付的，保险人应当直接向第三人给付保险金。

保险人有权就第三人的直接请求权主张责任关系与保险关系上的抗辩，但法律另有规定的除外。

【三】修改理由

（1）关于责任保险的定义置于第 1 款，更为合理，另外，将文中的"第三者"改为"第三人"，更符合法律用语习惯。

（2）第 65 条第 1 款"保险人对责任保险的被保险人给第三者造成的损害，可以依照法律的规定或者合同的约定，直接向该第三者赔偿保险金"的规定实质意义不大，应当删除。

（3）在被保险人对第三人的赔偿责任确定的情形，应当直接赋予第三人向保险人请求给付保险金的权利，而不以"被保险人怠于请求"为条件。

（4）在被保险人通知保险人向第三人给付的情形，保险人应当直接向第三人给付保险金。

（5）在赋予第三人向保险人的直接索赔请求权的同时，也应赋予保险人基于责任关系与保险关系的抗辩权，以保持第三人与保险人之间的利益平衡。

三十、第 66 条

【一】现行条文

责任保险的被保险人因给第三者造成损害的保险事故而被提起仲裁或者诉讼的，被保险人支付的仲裁或者诉讼费用以及其他必要的、合理的费用，除合同另有约定外，由保险人承担。

【二】修改建议

修订为：

责任保险的被保险人因保险事故发生而被第三者提起仲裁或者诉讼的，被保险人应当及时通知保险人。经被保险人的请求，保险人有义务为其提供抗辩服务，或者承担其仲裁或诉讼费用以及其他必要的、合理的费用。

未经保险人参与，被保险人与第三者自行达成的和解协议不作为计算保险赔偿的依据，但是经被保险人通知，保险人拒绝参与或者恶意拒绝认可和解协议的除外。

【三】修改理由

责任保险的意义不仅在于被保险人对第三人的赔偿责任已经确定后，由保险人代为承担赔偿责任，更重要的意义在于，通过责任保险而使得被保险人彻底摆脱第三人的索赔，无论该索赔最终在法律上能否成立，因此，保险人为被保险人提供抗辩服务或承担其抗辩费用应当作为责任保险的重要内容。与此同时，在责任保险中，被保险人与第三人之间纠纷的处理，将在很大程度上影响保险人的利益，因此保险人要求有机会参与该纠纷的处理，对被保险人与第三人之间的和解协议具有一定的控制权，是一项合理的诉求，应当予以支持。

然而，在实践中，也产生了另一种社会现象，即保险人并不积极履行抗辩义务而是任由被保险人自行抗辩，若被保险人抗辩成功，则保险人坐享其成；若被保险人抗辩无果，则保险人要求"重新核定"，不利后果仍然由被保险人承担。

因此，我们建议通过立法来调整保险人、被保险人与第三人之间的法律关系。在规定保险人负有代为抗辩义务的同时，规定被保险人的及时通知义务。在赋予保险人对和解协议的控制权的同时，规定保险人不得恶意拒绝合理的和解协议，以防止其滥用控制权。

参考立法例

（1）《德国保险合同法》

第 100 条 在责任保险中，对于保险期间内发生事故导致第三人向投保人提出索赔请求或第三人向投保人恶意诉讼的，保险人都有义务代替投保人应诉。

第 101 条保险承保范围也应当包括第三人起诉导致投保人支付的诉讼费用与诉讼外费用等。此外，保险承包范围还包括由于第三人向投保人提出刑事诉讼而导致投保人支付的律师费用。应投保人的要求，保险人应当预付上述费用。

如果保险金额已经确定，则对于投保人按照保险人指示提起的诉讼，保险人应当按照本条第 1 款第 2 句之规定向其支付相关诉讼费用与律师费用以及保险赔偿金，即使上述金额总和超过保险金时也是如此。此外，如果由于保险人的原因导致投保人延迟向第三人支付相关利息费用，也应当适用上述条款。

（2）《法国保险合同法》第 L124 – 2 条

保险人可以与被保险人约定，如果没有保险人的认可，被保险人承认受害人的诉讼请求或与受害人和解的行为不能对其产生约束力。被保险人对案件主要事实的承认可以被认定为是被保险人承认受害人的诉讼请求。

（3）《意大利民法典》

第 1917 条第 3 款

被保险人为受损失者对被保险人提起的诉讼进行抗辩而花费的费用，在保险金的 1/4 范围内，由保险人承担。但是，在应当给受损失的费用超过了保险额时，诉讼费用要在保险人与被保险人之间按照各自利益的比例进行分摊。

第 1917 条第 4 款被受损失者起诉的被保险人，得在诉讼中要求传唤保险人（参阅第 1932 条）。

（4）《澳门商法典》

第 1025 条除另有约定外，保险人得针对受害人之请求采取法律上之主导行为，因此而产生之包括诉讼费用在内之负担，由保险人承担。

对于保险人之合理要求，被保险人应予以合作。

即使有以上两款之规定，如受害人与同一保险人曾订立保险合同或存在其他可能之利益冲突，保险人应将此等情况通知被保险人，但不妨碍其采取紧急措施。

在上款所指情况下，被保险人得将辩护权托付予其认可之人，保险人有义务在合同所定限额内承担因此而生之负担。

（5）我国台湾地区"保险法"

第 91 条被保险人因受第三人之请求而为抗辩，所支出之诉讼上或诉讼外之必要费用，除契约另有订定外，由保险人负担之。

被保险人得请求保险人垫给前项费用。

第 93 条保险人得约定被保险人对于第三人就其责任所为之承认、和解或赔偿，未经其参与者，不受拘束。但经要保人或被保险人通知保险人参与而无正当理由拒绝或借故迟延者，不在此限。

三十一、增加"保险人承担垫付责任条款"

【一】修改建议

在《保险法》第二章"保险合同"中第三节"财产保险合同"部分的最后增加一条,条款拟定为:

责任保险的保险人承担垫付责任的,有权在垫付金额范围内向被保险人追偿。保险人在被保险人不能及时承担赔偿责任时,应垫付第三者支付的及时救助费用。

垫付责任是保险人在法律或合同规定的限额内就被保险人的侵权行为承担的替代赔偿责任。保险人垫付后有权向被保险人追偿。

【二】修改理由

虽然我国现行《保险法》未规定保险人的垫付责任,然而,其已被其他立法、司法实践和保险实务采用。例如,在2006年国务院《机动车交通事故责任强制保险条例》、2009年我国《侵权责任法》和2012年最高人民法院《关于审理道路交通事故损害赔偿案件适用法律若干问题的解释》中均对保险人的垫付责任有规定。因此,有必要在《保险法》中对保险人的垫付责任作出明确的规定。

在进行制度设计时应注意以下几点:一是垫付主要适用于责任保险,目的在于为受害者提供及时救济;二是应限于特定侵权行为(属于免责条款范畴),以及限于侵权行为人不能及时承担责任的情形;三是限于对受害人及时救助等特定费用。

三十二、增加规定"人身保险合同的犹豫期"条款

在现行《保险法》第37条后增加一条:

保险期间超过1年的人身保险合同,应当约定犹豫期。

犹豫期自投保人签收保险单之日起算,不得少于20日。

投保人在犹豫期内有权解除保险合同,保险人应当及时退还全部保险费。投保人未解除合同的,保险人对犹豫期内发生的保险事故应按约向被保险人或受益人支付保险金。

保险人应向投保人说明犹豫期。保险人在订立合同时已尽说明义务的,犹豫期自投保人签收保单之日起算;保险人在订立保险合同时未尽说明义务的,犹豫期自保险人实际履行说明义务时起算;如保险人能够证明是投保人的原因致使其未尽说明义务的,犹豫期自合同成立时起算。

【三】修改理由

在实践中,人身保险合同通常涉及保险金额较大、保险期限比较长,对投保人的利益影响甚巨。与此同时,由于投保人一方对于保险专业知识一般比较缺

乏，难以很好地理解、掌握保险合同的内容，有时还会受保险人的营销方式的影响而仓促签约，尤其是国内现阶段人身保险合同销售中存在较严重的销售误导行为，给予投保人一定的冷静考虑期或曰犹豫期，使得投保人在犹豫期内可以反悔、并有权解除保险合同，收回全部保险费，这对于有效保护投保人、被保险人或受益人的利益是很有必要的。

中国保监会 2000 年 7 月发布的《关于规范人身保险经营行为有关问题的通知》中对人身保险合同的犹豫期问题虽然已有规范，但是，该制度无论是在立法位阶上还是在内容的合理性上仍存在诸多的问题，因此，有必要将其纳入保险法中并对相关制度进行完善。

关于犹豫期的计算，一般应以被保险人签收保单作为起点，但是考虑到保险人在实践中可能会规避法律，既不向被保险人一方告知犹豫期，又拖延签发保单，因而建议规定，在保险人未向被保险人一方告知犹豫期的情形下，犹豫期应从保险人向被保险人一方实际告知犹豫期之时开始计算。当然，考虑到这一制度本身也可能被投保人一方滥用，所以规定，如果保险人是因为投保人一方的原因导致不能及时告知犹豫期的，应当将合同生效之日作为犹豫期的起算时点，以体现法律的公正性和对双方利益的均衡保护。

三十三、增加"宣告死亡时保险金给付的具体规则"条款

【一】修改建议：吸纳司法解释

在现行《保险法》第 45 条后增加一条，条款拟定为：

投保人为被保险人订立以死亡为给付保险金条件的保险合同，被保险人被宣告死亡后，受益人可以要求保险人按照保险合同约定给付保险金。

被保险人被宣告死亡之日在保险责任期间之外，但有证据证明下落不明之日在保险责任期间之内，保险人应当支付保险金。

【二】修改理由

本条修改建议源自《最高人民法院关于适用〈中华人民共和国保险法〉若干问题的解释（三）》第 24 条，在实践中证明非常重要，建议保险法修订时予以吸纳。

三十四、增加"保险竞合条款"

【一】修改建议

在第 56 条后增加一条，条款拟定为：

强制责任保险与商业责任保险发生竞合时，由强制责任保险的保险人优先赔偿，商业责任保险的保险人就超过强制责任保险限额的部分承担赔偿责任。

不同的商业责任保险发生竞合时，被保险人可选择任一保险人提出索赔，该

保险人赔偿后可要求其他保险公司分摊责任；被保险人也可请求各保险公司按比例直接分摊责任。

责任保险与财产损失保险发生竞合时，由责任保险的保险人先承担赔偿责任，不足部分由财产损失部分的保险承担责任。

前三款所称的保险竞合，是指在同一保险期间内，因同一保险事故，数个不同性质的保险均须向同一被保险人履行保险金给付义务，且保险金额总和超过被保险人所受损失的情形。

【二】修改理由

依照发生竞合之保险合同性质的不同设置不同的规则更具有合理性。（1）当强制责任保险与商业责任保险发生竞合时，由于强制性保险合同的可协商性较弱，且强制性保险大多考虑维护公共利益、体现国家意志，故而应予优先赔偿；（2）如果发生竞合的两个保险均为一般的商业责任保险，所涉及的保险合同都具有较强的协商性，且不体现特殊的政策性，故而应当赋予被保险人充分的选择权；被保险人也可以直接请求涉案保险人直接共同承担赔偿责任。（3）如果竞合发生在责任保险与财产损失保险合同之间，由责任保险先行赔偿可以在一定程度上简化赔付程序，同时责任赔偿发生赔偿时一般存在过错方，由过错方或其代理人承担赔偿责任亦可体现对过错方的惩罚，故责任保险优先于财产损失保险合同予以赔偿更为科学合理。

《〈保险法〉（第三次重大修订）专家建议稿》
（保险业法部分——第3~8章）

执笔人：贾林青　曹顺明　李祝用　姚　军　刘　锐　任自力　等

第三章　"保险公司"的修改建议

一、修改本章题目

【一】修改建议

将本章章名修改为："保险组织"。

【二】修改理由

目前，保监会刚刚批准3家相互保险社的筹建许可，这标志着我国保险市场上的保险组织已经呈现多样化局面，具体表现：保险公司与非保险公司类型的保险组织并存；保险公司类型下，股份有限公司、有限责任公司、自保公司、相互保险公司并存；既有独立法人资格的保险公司，又有诸多内资，或者外资保险公司属下的、具有相对独立资格的分支机构。从而，第三章仍以"保险公司"作为题目，已然与保险市场主体的现实不相吻合。因此，需要修改为："保险组织"，才能够涵盖既存的各类保险组织，也可以为将来的发展预留立法空间。

二、第 68 条

【一】现行条文

第 68 条 设立保险公司应当具备下列条件：

（一）主要股东具有持续盈利能力，信誉良好，最近三年内无重大违法违规记录，净资产不低于人民币二亿元；

（二）有符合本法和《中华人民共和国公司法》规定的章程；

（三）有符合本法规定的注册资本；

（四）有具备任职专业知识和业务工作经验的董事、监事和高级管理人员；

（五）有健全的组织机构和管理制度；

（六）有符合要求的营业场所和与经营业务有关的其他设施；

（七）法律、行政法规和国务院保险监督管理机构规定的其他条件。

【二】修改建议

将第 68 条修改为：

第 68 条 设立保险公司应当具备下列条件：

（一）主要股东具有持续盈利能力，信誉良好，最近五年内无重大违法违规记录，净资产不低于人民币五亿元；

（二）有符合本法和《中华人民共和国公司法》规定的公司章程；

（三）有符合本法规定的注册资本；

（四）有具备任职专业知识和业务工作经验的董事、监事和高级管理人员；

（五）有健全的组织机构和管理制度；

（六）有符合要求的营业场所和与经营业务有关的其他设施；

（七）法律、行政法规和国务院保险监督管理机构规定的其他条件。

相互保险公司的设立条件，由国务院保险监督管理机构另行规定。

【三】修改理由

目前保险法关于保险公司设立条件规定的太过简单，标准太低，而且从保险业界的角度，现在行业中存在很多乱象，一定要把实际控制人管住。建议提高申请设立保险公司的指标条件，因为当年修改保险法是为了让更多资本进入保险行业，把保险市场做大。现在整个保险业的"蛋糕"已经做大，下一步的重点应当是如何把保险市场做优，做出品牌。所以，修改《保险法》就一定要增加和严格其设立条件，提高对股东净资产和经营业绩的要求。这并非是让既存保险公司垄断市场，而是保险市场确实需要规范调整，包括商业银行、信托等也都一样，避免因设立宽泛、通道过多而导致责任分散，必须进行严格的规范调整。

此外，由于相互保险公司已经是我国保险市场上的现实存在，将其在《保险法》中加以体现成为必然趋势，加之，其设立条件与一般的商业保险公司有所区别，故而，增加 1 款"相互保险公司的设立条件，由国务院保险监督管理机构另行规定"。

三、第 69 条

【一】现行条文

设立保险公司，其注册资本的最低限额为人民币二亿元。

国务院保险监督管理机构根据保险公司的业务范围、经营规模，可以调整其注册资本的最低限额，但不得低于本条第 1 款规定的限额。

保险公司的注册资本必须为实缴货币资本。

【二】修改建议

将第 69 条修改为：

设立保险公司，其注册资本的最低限额为人民币五亿元。

国务院保险监督管理机构根据保险公司的业务范围、经营规模，可以调整其注册资本的最低限额，但不得低于本条第 1 款规定的限额。

保险公司的注册资本必须为实缴货币资本。

相互保险公司的注册资本应当符合国务院保险监督管理机构的具体规定。

【三】修改理由

与第 68 条的修改理由相同。

四、第 79 条

【一】现行条文

保险公司在中华人民共和国境外设立子公司、分支机构，应当经国务院保险监督管理机构批准。

【二】修改建议

将本条修改为：

保险公司在中华人民共和国境外设立保险类子公司、分支机构，应当经国务院保险监督管理机构批准。

【三】修改理由

在境外设立非保险类分支机构，属于保险公司在境外的投资行为，应当适用资金运用的规则予以规范和监管，而境外投资设立保险类分支机构的，却属于第 79 条的适用范围，因此，需要在条文中进一步明确其调整范围仅适用于境外设立保险类分支机构。

五、第 84 条

【一】现行条文

保险公司有下列情形之一的,应当经保险监督管理机构批准:

(一) 变更名称;

(二) 变更注册资本;

(三) 变更公司或者分支机构的营业场所;

(四) 撤销分支机构;

(五) 公司分立或者合并;

(六) 修改公司章程;

(七) 变更出资额占有限责任公司资本总额百分之五以上的股东,或者变更持有股份有限公司股份百分之五以上的股东;

(八) 国务院保险监督管理机构规定的其他情形。

【二】修改建议

将第 84 条修改为:

保险公司有下列情形之一的,应当经保险监督管理机构批准:

(一) 变更名称;

(二) 变更注册资本;

(三) 撤销分支机构;

(四) 公司分立或者合并;

(五) 修改公司章程;

(六) 变更出资额占有限责任公司资本总额百分之五以上的股东,或者变更持有股份有限公司股份百分之五以上的股东;

(七) 国务院保险监督管理机构规定的其他情形。

【三】修改理由

第 3 款规定的"变更公司或者分支机构的营业场所",在实操中理应属于报告事项,保险立法条文中无需体现。因此,建议删掉第 3 款。

六、第 88 条

【一】现行条文

保险公司聘请或者解聘会计师事务所、资产评估机构、资信评级机构等中介服务机构,应当向保险监督管理机构报告;解聘会计师事务所、资产评估机构、资信评级机构等中介服务机构,应当说明理由。

【二】修改建议

将第 88 条修改为:

保险公司聘请或者解聘提供年度审计服务的会计师事务所及精算服务机构,

应当向保险监督管理机构报告；解聘提供年度审计服务的会计师事务所及精算服务机构的，应当说明理由。

【三】修改理由

现行条文的规定范围过大，涉及的中介服务机构过多，对保险行业造成较大的负担，而这些中介服务机构能够向保险公司提供的中介服务又未必都是必要的。从保险监管的必要性考虑，根据保险公司的实际需要，建议只留下向保险公司提供年审服务的会计师事务所和精算师事务所。

七、第 92 条

【一】现行条文

经营有人寿保险业务的保险公司被依法撤销或者被依法宣告破产的，其持有的人寿保险合同及责任准备金，必须转让给其他经营有人寿保险业务的保险公司；不能同其他保险公司达成转让协议的，由国务院保险监督管理机构指定经营有人寿保险业务的保险公司接受转让。

转让或者由国务院保险监督管理机构指定接受转让前款规定的人寿保险合同及责任准备金的，应当维护被保险人、受益人的合法权益。

【二】修改建议

将第 92 条修改为：

经营有人寿保险业务的保险公司被依法撤销或者被依法宣告破产的，其持有的人寿保险合同及责任准备金，必须转让给其他经营有人寿保险业务的保险公司；不能同其他保险公司达成转让协议的，由国务院保险监督管理机构指定经营有人寿保险业务的保险公司接受转让。

转让或者由国务院保险监督管理机构指定接受转让前款规定的人寿保险合同及责任准备金的，应当维护被保险人、受益人的合法权益。

被依法撤销或者被依法宣告破产的保险公司转让其持有的人寿保险合同及责任准备金给其他保险公司的，参与各方应当采取公告形式通知人身保险合同的投保人、被保险人和受益人。

【三】修改理由

建议本条中增加第 3 款，是考虑经营人寿保险业务的保险公司被依法撤销或者被依法宣告破产的，其所需转让的人寿保险合同数量众多，难以与各个合同项下的投保人、被保险人一对一地进行协商，因此，参与人寿保险合同转让的各家保险公司就有义务向社会公众进行公告，利用公告的形式向众多投保人、被保险人履行告知义务，也是维护广大投保人、被保险人合法权益的需要。

八、第 94 条

【一】现行条文

保险公司,除本法另有规定外,适用《中华人民共和国公司法》的规定。

【二】修改建议

将第 94 条修改为:

保险公司,除本法另有规定外,适用《中华人民共和国公司法》的规定。

保险集团公司、相互保险公司、其他相互保险组织、保险交易所等其他保险组织的设立和经营活动,由国务院或者国家保险监督管理机构根据授权另行规定。

【三】修改理由

适应我国保险市场主体类型多样化的发展需要,对于非保险公司类型的保险组织的法律适用,需要给予明文规定,因此,建议增加第 2 款。

第四章 "保险经营规则"的修改建议

一、第 95 条

【一】现行条文

保险公司的业务范围:

(一)人身保险业务,包括人寿保险、健康保险、意外伤害保险等保险业务;

(二)财产保险业务,包括财产损失保险、责任保险、信用保险、保证保险等保险业务;

(三)国务院保险监督管理机构批准的与保险有关的其他业务。

保险人不得兼营人身保险业务和财产保险业务。但是,经营财产保险业务的保险公司经国务院保险监督管理机构批准,可以经营短期健康保险业务和意外伤害保险业务。

保险公司应当在国务院保险监督管理机构依法批准的业务范围内从事保险经营活动。

【二】修改建议

将第 95 条修改为:

保险公司的保险业务范围:

(一)人身保险业务,包括人寿保险、年金保险、健康保险、意外伤害保险等保险业务;

(二)财产保险业务,包括财产损失保险、责任保险、信用保险、保证保险等保险业务;

(三)互联网保险业务;

（四）国务院保险监督管理机构批准的与保险有关的其他业务。

保险人不得兼营人身保险业务和财产保险业务。但是，经营财产保险业务的保险公司经国务院保险监督管理机构批准，可以经营短期健康保险业务和意外伤害保险业务。

经国务院保险监督管理机构和有关部门批准，经营人身保险业务的保险公司可以经营企业年金、职业年金等年金业务。

保险公司根据自身发展战略和业务需要，可以依法设立或者委托保险资产管理公司，对于其开展保险业务以外的可经营性资产实施专业化的经营管理。

保险公司应当在国务院保险监督管理机构依法批准的业务范围内从事保险经营活动。

【三】修改理由

之所以建议，在"人身保险业务"中增加"年金保险业务"，是因为适应我国养老事业的发展需要，在我国的人身保险实践中存在着各人寿保险公司开发、宣传和推广的"年金保险"产品。它不同于企业年金、职业年金等年金业务，无须人力资源和社会保障部批准，而属于保险监督管理机构监管的内容。为了符合实践需要，体现"年金保险"与企业年金、职业年金等须国务院有关部门审批的年金业务的区别，建议在本条第1款第（1）项"人身保险业务"中增加"年金保险业务"。

同时，建议本条中增加一款："经国务院保险监督管理机构和有关部门批准，经营人身保险业务的保险公司可以经营企业年金、职业年金等年金业务和保险金信托业务。"按照保险原理和国外保险业务的实践，年金（美国法下的"pension"）包括企业年金、职业年金等，均属于保险公司可以经营的业务内容。而2014年国务院颁布的保险业新"国十条"就提出，"支持保险机构大力拓展企业年金等业务"。原劳动和社会保障部《企业年金试行办法》（劳动和社会保障部令〔2004〕第20号）、财政部《关于国有金融企业试行企业年金制度有关问题的通知》（财金〔2006〕18号）以及国务院办公厅《关于印发机关事业单位职业年金办法的通知》（国办发〔2015〕18号）等也都将企业年金、职业年金定义为"补充养老保险制度"。因此，建议在《保险法》中对保险公司可以经营年金业务做出规定。不过，我国年金业务的经营资格由人力资源和社会保障部颁发，实践中仅许可一些成立较早的养老保险公司经营，缺少明确的审批标准。年金业务属于传统的人身保险业务，具备专业能力的寿险公司均应可以经营。基于以上原因，同时，考虑到目前我国年金业务主要由人力资源和社会保障部管理的实际，建议在《保险法》中专门增加一款，由保监会和国务院有关部门共同审批保险公司经营年金业务的资质，明确相关标准，从实质上促进保险公司开展年金业务。

此外，为了开展与保险业务有关的保险资产管理活动，保险公司可以全额投资或者股份投资设立保险资产管理公司，也可以委托其他的保险资产管理公司，对于其开展保险业务所需保险资金以外的可经营性资产实施专业化经营管理，用以提升保险资产的利用效率，并确保保险资产的保值增值，故建议就此增加一款规定。

尤其是，针对我国互联网金融和互联网保险迅猛发展的势头，应当增加列举互联网保险业务项目。因为，实践中，我国互联网保险包括两大类，一是众多保险公司利用互联网技术进行传统保险产品的展业活动，二是专门以互联网市场的各类参与者作为服务对象的新保险业务领域，设计有关人身保险和财产保险新型保险产品等，无法将其简单地并入前述的人身保险业务和财产保险业务范围之内，需要单独列出。

二、第97条

【一】现行条文

保险公司应当按照其注册资本总额的20%提取保证金，存入国务院保险监督管理机构指定的银行，除公司清算时用于清偿债务外，不得动用。

【二】修改建议

将第97条修改为：

保险公司应当按照其注册资本总额的10%提取保证金，存入国务院保险监督管理机构指定的银行，除公司清算时用于清偿债务外，不得动用。

前款规定的资本保证金达到二亿元的，可以不再提取。

【三】修改理由

缴存保险保证金是对保险公司实施监管的重要方式，很多国家或地区保险法均规定了资本保证金制度，如美国和新加坡法律规定保险公司须按照固定数额缴纳资本保证金，我国台湾地区"保险法"规定根据保险公司规模提取相对应的资本保证金。我国现行《保险法》规定了资本保证金按照保险公司注册资本的20%提取，在保险业起步之初对于维护保险市场稳定、保护被保险人利益具有重要作用。但随着我国保险业的发展，保险公司的规模不断扩大，一些大型保险公司尤其是保险集团的注册资本已经非常庞大，继续按照20%提取会造成资本金的过度闲置占用所导致的资金浪费，对保险公司有消极影响，并在一定程度上限制了保险集团的正常发展。

同时，目前我国保险市场尚不成熟，一些小型的保险公司在经营运作上并不规范，在"偿二代"风险防范体系未全面实施且成熟运行的情况下，不宜直接取消此项制度。因此，采取一方面降低了提取比例（下调至10%），另一方面吸收了外国立法中按照固定数额缴纳的方式，我们认为较为合理。

三、第 98 条

【一】现行条文

保险公司应当根据保障被保险人利益、保证偿付能力的原则,提取各项责任准备金。

保险公司提取和结转责任准备金的具体办法,由国务院保险监督管理机构制定。

【二】修改建议

将第 98 条修改为:

保险公司应当依法提取各项责任准备金。保险公司提取责任准备金是以维持其偿付能力为目的,应当遵循保障被保险人利益、保证偿付能力的原则。

保险公司提取和结转责任准备金的具体办法,由国务院保险监督管理机构制定。

【三】修改理由

保险公司提取各项责任准备金就是为了维持其偿付能力,而且要以相关的法定标准作为衡量保险公司履行该义务的标准,因此,建议增加"依法"提取的表述。由于该条已经规定,责任准备金的具体办法由监管机构另行制定,且目前巨灾责任准备金的具体提取方式和比例尚不明确,建议今后在巨灾保险条例等相关法规中再做补充规定,暂不在《保险法》中增加。

四、第 101 条

【一】现行条文

保险公司应当具有与其业务规模和风险程度相适应的最低偿付能力。保险公司的认可资产减去认可负债的差额不得低于国务院保险监督管理机构规定的数额;低于规定数额的,应当按照国务院保险监督管理机构的要求采取相应措施达到规定的数额。

【二】修改建议

将第 101 条修改为:

保险公司应当具有与其经营中的风险程度相适应的最低偿付能力。保险公司偿付能力管理的具体办法,由国务院保险监督管理机构制定。

【三】修改理由

"偿二代"建设的目标是科学准确的计量风险并提高对风险的敏感度,推动保险行业不断提升风险管理能力,是以风险管理作为核心的,建议吸收国务院法制办征求意见稿中的修改方式,删除本条第一句中的"业务规模"。

同时,条文中"认可资产减去认可负债的差额不得低于国务院保险监督管理机构规定的数额"等表述已无法适应"偿二代"下的相关要求，建议删除本条文的第二句话。

至于国务院法制办征求意见稿中的新增规定中大量使用了"实际资本"、"核心资本"、"认可资本"、"附属资本"、"权益性资本工具"、"债务性资本工具"等术语，在理论和实践中，这些术语无论是保险业内，还是整个金融业都缺乏统一的界定标准，且"偿二代"的相关规定还处于过渡实施期，极有可能进一步完善修改而发生变化，并且，为"偿二代"监管体系的发展预留空间。因此，多位专家建议《保险法》中应使用规范的法学术语，对这些含义尚未形成统一共识的术语暂不写入《保险法》，仅原则性规定，"保险公司偿付能力管理的具体办法，由国务院保险监督管理机构制定"。

五、第 102 条

【一】现行条文

经营财产保险业务的保险公司当年自留保险费，不得超过其实有资本金加公积金总和的四倍。

【二】修改建议

删除。

【三】修改理由

随着我国保险行业监管体系的逐步建立与完善，与国际先进的保险监管理念接轨，总体的发展趋势是基于全面风险状况来确定最低资本要求，而不宜采用硬性比例强制约束保险公司最低资本。因此，与"偿二代"监管体系的实施，该条规定已经没有存在和适用的价值，应当予以删除。

六、第 105 条

【一】现行条文

保险公司应当按照国务院保险监督管理机构的规定办理再保险，并审慎选择再保险接受人。

【二】修改建议

将第 105 条修改为：

保险公司应当按照国务院保险监督管理机构的规定办理再保险，并审慎选择再保险接受人。

再保险的管理办法，由国务院保险监督管理机构制定。

【三】修改理由

对于再保险的监管涉及特殊风险的再保险安排，均可以由保监会在相关部门规章中做出规定，包括国务院保险监督管理机构对涉及核风险、重大自然灾害风险、农业风险等特殊风险的再保险安排实施的特别监管，因此，建议增加 1 款规定："再保险的管理办法，由保监会制定"即可。

七、第 106 条

【一】现行条文

保险公司的资金运用必须稳健，遵循安全性原则。

保险公司的资金运用限于下列形式：

（一）银行存款；

（二）买卖债券、股票、证券投资基金份额等有价证券；

（三）投资不动产；

（四）国务院规定的其他资金运用形式。

保险公司资金运用的具体管理办法，由国务院保险监督管理机构依照前两款的规定制定。

【二】修改建议

将第 106 条修改为：

保险公司的资金运用必须稳健，遵循安全性原则。

保险公司的资金运用限于下列形式：

（一）银行存款；

（二）买卖债券、股票、证券投资基金份额等有价证券；

（三）投资不动产；

（四）发放贷款；

（五）依法对外担保；

（六）投资非上市企业股权；

（七）投资资产管理产品；

（八）以风险管理为目的运用金融衍生品；

（九）国务院规定的其他资金运用形式。

保险公司的保险资金用于发放贷款的，须符合以下条件之一：

（一）由银行或其他金融机构提供担保；

（二）以动产或不动产作为抵押；

（三）以有价证券作为质押；

（四）以人寿保险单作为质押；

（五）符合国务院保险监督管理机构规定的其他担保条件。

保险公司资金运用的具体管理办法，由国务院保险监督管理机构依照前三款的规定制定。

【三】修改理由

（1）参考《中国保监会关于加强和改进保险资金运用比例监管的通知》等规

定，对保险资金运用的种类进行优化分类及完善，增加"投资债券、票据等债权性资产或发放贷款，投资股票、非上市公司股权等股权性资产，投资兼具债权性和股权性的混合型资产，投资公募及国家金融监管部门或授权机构备案的私募资产管理产品"等形式。

（2）之所以建议保险资金的运用形式中增加"依法发放贷款"，并明确规定相关条件，原因在于，保险业新"国十条"要求，"在保证安全性、收益性前提下，创新保险资金运用方式，提高保险资金配置效率。"近年来，我国保险资金运用的形式不断丰富，但与国外相比，保险资金尚不能直接用于发放贷款，建议参照国外经验和国内实践情况，拓展此种运用形式。一是参照国外立法，美国、德国、日本及我国台湾地区保险业"法律法规"中均规定保险资金可以用于发放贷款，如我国台湾地区"保险法"第146条就规定，"保险业资金之运用"包括"放款"。二是我国金融市场对于增加贷款渠道的需求已非常强烈，如住房反向抵押贷款、支农支小贷款、基础设施建设项目贷款等，保险资金能够为这些项目提供贷款将大大推动相关事业的发展。三是保险资金已经可以用于投资保险资产管理公司、信托公司等发行的债权投资计划、债权集合资金信托计划等，其实质便是将保险资金用于向企业贷款，但受到资金运用形式的限制，不得不采用设立金融产品的方式，造成交易结构、交易程序非常复杂，也浪费了大量的交易成本。因此，有必要直接放开保险资金用于贷款，提高保险资金运用的效率。四是实践中寿险保单质押贷款已经是我国寿险公司普遍开展的业务内容，截至2015年年底，寿险全行业保单质押贷款的规模达到2298.6亿元。将发放贷款纳入保险资金运用形式的范围，仅是基于保单质押贷款业务的实践，对《保险法》相关规定的拓展。

同时，保险资金运用遵守稳健、安全性的原则，参照我国台湾地区"立法"，建议对保险资金用于贷款时的担保要求做出规定，明确须符合以下条件之一：由银行或其他金融机构提供担保；以动产或不动产作为抵押；以有价证券作为质押；以人寿保险单作为质押；符合国务院保险监督管理机构规定的其他担保条件。保险资金用于发放贷款的比例监管、关联交易等问题，建议由中国保监会出台相关监管规定加以规范。

（3）至于增加"依法对外担保"，是出于避免保险资金大量闲置，提高保险资金利用效率，并借助保险资金的进入来提高我国担保业信用水平，促进担保业正常发展需要的考量。但是，基于保险资金运用所需遵循的稳健、安全原则，应当将对外担保纳入保险资产管理公司运用保险资金的范围。同时，由保监会对于保险资产管理公司运用保险资金对外提供担保的条件、担保金额、资产范围、资产比例等加以具体规定，使其成为保险资产管理公司管理和运用保险资金的具体内容，以便保险资产管理公司实施对外担保时遵照执行。从而，排除保险公司作为担保人介入对外担保活动的可能，形成对外担保与保险业务的明确区别，实现对外担保之风险与保险业务经营的隔离。

（4）在人身保险实务中，当发生保险事故导致被保险人死亡、伤残时，如受益人为未成年人、智力残障人士或年迈老人等，将可能出现受益人无法自行处理保险金的情形，使投保目的得不到充分体现。对此，一些国家以及我国台湾地区建立了保险金信托制度，允许投保人预先与保险公司签订信托合同，由保险公司担任受托人，管理和运用由保险金构成的信托财产，按照信托合同约定的方式，将信托财产分配给受益人，解决受益人难以使用或管理保险金的难题。由于信托具有信托财产独立、受托人管理专业化、避免遗产税等特点，保险金信托实际上使人寿保险产品成为结合保险保障、延期支付、个人理财和税收筹划等功能的综合性金融服务产品，能同时满足投保人关于保护受益人利益、推迟保险金给付时间、保险金保值增值以及税收规划等多重需要，最大限度地保障受益人的利益。目前，国内保险市场对于保险金信托已存在较大需求，一些保险公司也推出了保险金信托业务，但基于现行《保险法》规定，只能由信托公司作为受托人，保险公司不能担任受托人。从资产规模、风险管理水平、专业实力等角度，国内保险公司均普遍优于信托公司，并且，按照《信托法》的规定精神，并非仅有信托公司才能担任受托人，由保险公司担任保险金信托的受托人更有利于保障被保险人和受益人的利益。因此，建议参照其他国家及我国台湾地区的做法，在《保险法》中规定经营人身保险业务的保险公司可以经营保险金信托业务，担任受托人，以更好地促进保险业务发展，满足投保人需求。

（5）此外，建议根据当前保险资金运用实践情况增加相关的运用形式。

与2009年《保险法》修改时相比，目前保险资金运用的形式已经大大拓宽，需要根据实践情况对《保险法》第106条做出修改。国务院法制办征求意见稿中增加了三种形式，"投资股权、投资保险资产管理产品、以风险管理为目的的运用金融衍生品"。对此我们有以下意见：一是"投资股权"相对笼统，建议修改为"投资非上市企业股权"；二是根据保监会《关于保险资金投资有关金融产品的通知》（保监发〔2012〕91号），保险资金可以投资商业银行理财产品、银行业金融机构信贷资产支持证券、信托公司集合资金信托计划、证券公司专项资产管理计划等金融产品，并不局限于保险资产管理公司发行的保险资产管理产品，建议将"投资保险资产管理产品"修改为"投资资产管理产品"；三是建议同意国务院法制办征求意见稿的表述，在金融衍生品前增加"以风险管理为目的"，避免保险公司开展一些风险过大的期货、期权交易。

综上，建议本条增加四种保险资金运用的形式，"（四）依法发放贷款；（五）依法对外担保；（六）投资非上市企业股权；（七）投资资产管理产品；（八）以风险管理为目的运用金融衍生品"；同时，增加一款对保险资金用于发放贷款的担保要求做出规定。

八、第 110 条

【一】现行条文

保险公司应当按照国务院保险监督管理机构的规定，真实、准确、完整地披露财务会计报告、风险管理状况、保险产品经营情况等重大事项。

【二】修改建议

将第 110 条修改为：保险公司应当按照国务院保险监督管理机构的规定，真实、准确、完整地披露财务会计报告、偿付能力信息、风险管理状况、保险产品经营情况等重大事项。

【三】修改理由

之所以在重大事项中增加了"偿付能力信息"，原因是偿付能力是反映保险公司经营状态和风险程度的重要依据，但从具体内容看，"偿付能力信息"与"风险管理状况"存在一定的重复，不过，由于本条规定是目前监管机构对保险公司实施监管、对违规行为做出行政处罚的重要依据，为了突出"偿二代"下对于偿付能力信息的监管，建议上述表述方式。

九、第 112 条

【一】现行条文

保险公司应当建立保险代理人登记管理制度，加强对保险代理人的培训和管理，不得唆使、诱导保险代理人进行违背诚信义务的活动。

【二】修改建议

将第 112 条修改为：

保险公司应当按照国务院保险监督管理机构的规定建立保险营销员管理制度，加强对保险营销员的培训和管理。

保险公司与保险营销员之间的法律关系，按照双方所签订合同约定的权利和义务予以确认。

【三】修改理由

由于本条文中所述的"保险代理人"，特指我国保险代理人中的个人保险代理人，也就是保监会监管规则中所称的"保险营销员"。目前，实务界普遍认为《保险法》关于保险营销员的法律地位的规定并不明确，需要提供明确的法律依据。但是，就现存的近 300 万人的保险营销员群体，各家保险公司均对其名下的保险营销员队伍不仅提供职场，也实施相应的培训和管理，因此，需要继续要求保险公司承担对保险营销员的培训和管理责任。不过，分析各家保险公司与各个保险营销员所签订的合同，虽然名为"保险代理合同"，而其约定的内容却不尽相同。大多是约定代理的权利和义务，也有的还约定了保险营销员的职务、职责、工资和奖励机制等内容。法院分别根据合同约定内容的不同，认定保险营销员或者是代理人，或者是保险公司的员工。鉴于此，专家建议应将立法规定与保险实务相一致，将"保险代理人"一词改为"保险营销员"，将保险公司与保险营销员之间的法律关系，按照双方所签订合同约定的权利和义务予以确认，并以"国务院保险监督管理机构的规定"为依据。

至于该条文中"不得唆使、诱导保险代理人进行违背诚信义务的活动"的规定部分，理应将其作为保险公司的一种禁止性行为，应当作为单独一项一并列入本章的第116条之中，故而，建议本条文予以删除。

十、第115条

【一】现行条文

保险公司开展业务，应当遵循公平竞争的原则，不得从事不正当竞争。

【二】修改建议

将第115条修改为：

保险公司开展业务，应当遵循公平竞争的原则，不得从事不正当竞争。

保险公司以共同保险方式经营保险业务，应当遵守自愿联合的原则，并符合国务院保险监督管理机构的规定。

有下列情形之一的，保险公司之间可以采用共保方式承保：

（一）承保巨灾损失风险的；

（二）根据法律、行政法规、部门规章或其他规范性文件，由政府部门或承担政府行政管理职能的组织推动实施的保险项目；

（三）有利于保护社会公共利益的；

（四）有利于提升对投保人、被保险人或受益人的服务的；

（五）其他经国务院保险监督管理部门核准的项目。

【三】修改理由

从我国保险市场实践角度讲，该条的适用不仅涉及反不正当竞争，也与《反垄断法》的调整模式密切相关。由于我国《反垄断法》针对社会经济活动的整体进行规范调整，并未考虑到保险业的特殊情况作出特殊规定，特别是没有对于保险公司用于共同计算纯风险损失率、对特定风险实施共同保险（包括共同再保险）等正常经营行为的特殊需要，予以豁免考虑；反垄断执法机构对于保险行业自律公约的积极意义认识不到位，将保险行业的固定费率和支付代理手续费等认定为垄断行为。上述我国现行反垄断立法和执法标准，使得保险行业实施的一些符合保险市场规律和中国实际情况的正常做法，都处于违法的状态，随时可能遭受处罚。针对上述问题，在目前修改《反垄断法》难以实现的情况下，有效的解决方式便是在《保险法》中作出相应规定。

我们建议该条文在明确保险公司必须遵守公平竞争原则的同时，就保险公司之间以共同保险方式经营保险业务明文作出规定，应当遵守自愿联合的原则，并符合国务院保险监督管理机构的规定。从而，将其于《反垄断法》所禁止的行业垄断行为加以区别，这对于保险业的反垄断执法标准的适用具有重要作用。同时，为减少反垄断执法中对共保可能产生的争议，建议参照我国台湾地区立法例，在该条款中进一步明确共保的适用条件和法律关系，明确规定："有下列情形之一的，保险公司可以采用共保方式承保：（一）承保巨灾损失风险的；（二）根据法律、行政法规、部门规章或其他规范性文件，由政府部门或承担政府行政管理职能的组织推动实施的保险项目；（三）有利于保护社会公共利益的；（四）有利于提升对投保人、被保险人或受益人的服务的；（五）其他经国务院保险监督管理部门核准的。"

十一、增加一条关于互联网保险业务的规定

【一】修改建议

增加一条规定：

保险公司经营互联网业务，应当具备相应的专业技术人员和技术支持条件，并建立互联网保险活动的风险防范机制，保护投保人、被保险人和受益人的合法权益。

互联网保险业务的监督管理规则，由国务院保险监督管理机构制定。

【二】修改理由

与前述的互联网保险业务的入法规定相适应，应当对保险公司从事互联网保险业务作出原则性规定，并强调保险公司必须具备的专业人员和技术支持等条件，并明确以保险投保人、被保险人、受益人的合法权益为目的。而具体的业务规则却应当由保监会加以规定。

十二、第116条

【一】现行条文

保险公司及其工作人员在保险业务活动中不得有下列行为：

（一）欺骗投保人、被保险人或者受益人；

（二）对投保人隐瞒与保险合同有关的重要情况；

（三）阻碍投保人履行本法规定的如实告知义务，或者诱导其不履行本法规定的如实告知义务；

（四）给予或者承诺给予投保人、被保险人、受益人保险合同约定以外的保险费回扣或者其他利益；

（五）拒不依法履行保险合同约定的赔偿或者给付保险金义务；

（六）故意编造未曾发生的保险事故、虚构保险合同或者故意夸大已经发生的保险事故的损失程度进行虚假理赔，骗取保险金或者牟取其他不正当利益；

（七）挪用、截留、侵占保险费；

（八）委托未取得合法资格的机构或者个人从事保险销售活动；

（九）利用开展保险业务为其他机构或者个人牟取不正当利益；

（十）利用保险代理人、保险经纪人或者保险评估机构，从事以虚构保险中介业务或者编造退保等方式套取费用等违法活动；

（十一）以捏造、散布虚假事实等方式损害竞争对手的商业信誉，或者以其他不正当竞争行为扰乱保险市场秩序；

（十二）泄露在业务活动中知悉的投保人、被保险人的商业秘密；

（十三）违反法律、行政法规和国务院保险监督管理机构规定的其他行为。

【二】修改建议

将第 116 条修改为：

保险公司及其工作人员在保险业务活动中不得有下列行为：

（一）欺骗投保人、被保险人或者受益人；

（二）对投保人隐瞒与保险合同有关的重要情况；

（三）阻碍投保人履行本法规定的如实告知义务，或者诱导其不履行本法规定的如实告知义务；

（四）拒不依法履行保险合同约定的赔偿或者给付保险金义务；

（五）故意编造未曾发生的保险事故、虚构保险合同或者故意夸大已经发生的保险事故的损失程度进行虚假理赔，骗取保险金或者牟取其他不正当利益；

（六）挪用、截留、侵占保险费；

（七）委托未取得合法资格的机构或者个人从事保险销售活动；

（八）利用开展保险业务为其他机构或者个人牟取不正当利益；

（九）利用保险代理人、保险经纪人或者保险评估机构，从事以虚构保险中介业务或者编造退保等方式套取费用等违法活动；

（十）唆使、诱导保险代理人从事违背诚信义务的活动；

（十一）以捏造、散布虚假事实等方式损害竞争对手的商业信誉，或者以其他不正当竞争行为扰乱保险市场秩序；

（十二）泄露、出售或者非法向他人提供在业务活动中知悉的投保人、被保险人、受益人的商业秘密或者个人信息；

（十三）违反法律、行政法规规定的其他行为。

【三】修改理由

专家认为，该条文列举的 13 类保险公司的禁止行为，有的值得商榷：其中，本条第（4）项规定，保险公司及其工作人员不得"给予或者承诺给予投保人、被保险人、受益人保险合同约定以外的保险费回扣或者其他利益"。在保险实践中，很多正常销售中的促销行为都因此规定受到了监管机关的处罚，如向投保人赠送一些电影票、参观券等，将其界定为保险以外的其他利益。在金融行业，给予优质客户、长期客户一些促销性质的礼品是正常的销售手段，是增强客户体验的方式，在银行、证券业也非常普遍，即使构成不正当的销售行为，也可以由《反不正当竞争法》来进行规制。因此，建议删除本项规定。

至于上述第112条有关保险公司"不得唆使、诱导保险代理人进行违背诚信义务的活动"，可以归入到本条文之中一并规定。

本条第（13）项作为兜底性条款，要求保险公司及其工作人员不得从事"违反法律、行政法规和国务院保险监督管理机构规定的其他行为"。考虑到"国务院保险监督管理机构规定"的监管规则种类繁多，包括各类通知、规定、意见等，此类兜底性条款常有被滥用的风险。因此，建议将本项修改为"违反法律、行政法规规定的其他行为"。

至于国务院法制办的《保险法（征求意见稿）》对该条文提出的如下修改意见，专家们也发表了如下看法：

一是增加"对保险产品作引人误解或者与事实不符的宣传或者说明"的行为。最高人民法院《关于贯彻执行〈中华人民共和国民法通则〉若干问题的意见（试行）》第68条规定，"一方当事人故意告知对方虚假情况，或者故意隐瞒真实情况，诱使对方当事人作出错误意思表示的，可以认定为欺诈行为"。因此，"作引人误解或者与事实不符的宣传或者说明"实际上属于欺诈行为，与《保险法》现有规定第（1）项中的"欺骗"重复，建议不予增加。

二是增加"未按照规定或者约定的期限履行保险合同约定的赔偿或者给付保险金义务"的行为。实践中，导致保险金无法按照约定期限支付的原因可能是多方面的，如被保险人在保险责任、损失计算等方面存在争议等，并不能简单归责于保险公司，且保险金赔偿问题应按照民事纠纷处理途径解决。因此，建议此项不予增加。

三是增加"唆使、诱导保险代理人从事违背诚信义务的活动"的行为，该项是将《保险法》第112条的规定移入，建议保留。

四是将本条第（12）项修改为"泄露、出售或者非法向他人提供在业务活动中知悉的投保人、被保险人的商业秘密或者个人信息"。由于实践中存在保险公司工作人员私自截留受益人信息的情况，建议这里增加"受益人"。

第五章 "保险代理人和保险经纪人"的修改建议

一、本章结构的修改建议

【一】现行标题和结构

第五章"保险代理人和保险经纪人"，其内容仅仅规定了保险代理人和保险经纪人。

【二】修改建议

第五章"保险中介人",分节规定保险代理人、保险经纪人和保险公估人(增加保险公估人的规定)。

【三】修改理由

根据我国保险中介市场的发展现状,本章首先应当在结构上做调整,一是本章的题目应当改为"保险中介机构",用以体现保险中介在我国保险市场的重要地位和其在保险展业、风险定价、防灾防损、风险防范、损失评估、理赔服务等方面的积极作用,也避免了"保险代理人、保险经纪人和保险公估人"过长的文字表述,并适应保险中介类型多样化的发展需要。同时,应当明确保险营销员的法律地位,并与修改现行法第 112 条的规定相互呼应,为保险实务中确认保险营销员的法律地位提供法律依据。而且,应当增加保险公估人的规定。

二、第 117 条

【一】现行条文

保险代理人是根据保险人的委托,向保险人收取佣金,并在保险人授权的范围内代为办理保险业务的机构或者个人。

保险代理机构包括专门从事保险代理业务的保险专业代理机构和兼营保险代理业务的保险兼业代理机构。

【二】修改建议

将第 117 条修改为:

保险代理人是根据保险人的委托,向保险人收取佣金,并在保险人授权的范围内代为办理保险业务的机构或者个人。

保险代理机构包括专门从事保险代理业务的保险专业代理机构和兼营保险代理业务的保险兼业代理机构。

个人保险代理人是依法取得从事保险代理业务资格,以个人名义开展保险代理活动,享有代理人的权利和承担代理义务的保险营销员。

【三】修改理由

由于现行条文对于个人保险代理人未明确规定其法律内涵和法律地位,致使对其缺乏统一、科学的认定标准作为依据,故建议增加一款,明确认定个人保险代理人的标准。

三、第 118 条

【一】现行条文

保险经纪人是基于投保人的利益,为投保人与保险人订立保险合同提供中介服务，并依法收取佣金的机构。

【二】修改建议

将第 118 条修改为：

保险经纪人是接受委托，向被保险人提供防灾防损，或者风险评估、风险管理等咨询服务，或者基于投保人的利益，为投保人与保险人订立保险合同提供中介服务，并依法收取佣金的机构。

保险经纪人应当采取有限责任公司、股份有限公司等组织形式。

【三】修改理由

第 118 条所规定的保险经纪业务范围与保险经纪人的实际业务活动范围并不符合。作为贯彻"新国条"有关"不断提升保险中介机构的专业技术能力，发挥中介机构在风险定价、防灾防损、风险顾问、损失评估、理赔服务等方面的积极作用"精神的具体内容，为了提升保险经纪服务社会的能力，扩大服务范围，应对保险经纪人的内涵和业务范围的规定予以修改，使其与保险经纪活动的实际相一致。

并且，由于保险经纪人的保险中介服务的立足点和范围均不同于保险代理人，因此，不能简单地类比保险代理人的地位、中介服务范围的规定方法，而需要全面规定保险经纪人的地位和业务范围，并明确保险经纪人所应采取的组织形式。

四、增加一条保险公估人概念的规定

【一】修改建议

第　条：保险公估人是指接受委托，专门从事保险标的或者保险事故造成经济损失的评估、勘验、鉴定、估损理算等业务，并按约定收取报酬的机构。

【二】修改理由

在我国保险市场上，保险公估人已经成为保险中介领域的重要组成部分，具有不可替代的作用。因此，将保险公估人列入中国保险法来加以规定势在必行。这寿险就需要对保险公估人的法律地位、业务范围做出明确的法律规定，有利于推动保险公估行业的健康发展，也是保险公估行业的普遍呼声。

五、第 119 条

【一】现行条文

保险代理机构、保险经纪人应当具备国务院保险监督管理机构规定的条件，取得保险监督管理机构颁发的经营保险代理业务许可证、保险经纪业务许可证。

【二】修改建议

将第 119 条修改为：

保险代理机构、保险经纪人和保险公估人应当具备国务院保险监督管理机构规定的条件，取得保险监督管理机构颁发的相应的经营保险中介业务许可证，包括经营保险代理业务许可证、保险经纪业务许可证、保险公估业务许可证。

【三】修改理由

由于新增加保险公估人的规定，而且，其作为保险中介人的具体类型，同样应当向保险监管机构申请设立，依法经过许可，获取经营保险公估业务许可证，才能够开展保险公估业务，故本条款需要增加"保险公估人"。

六、第 120 条

【一】现行条文

以公司形式设立保险专业代理机构、保险经纪人，其注册资本最低限额适用《中华人民共和国公司法》的规定。

国务院保险监督管理机构根据保险专业代理机构、保险经纪人的业务范围和经营规模，可以调整其注册资本的最低限额，但不得低于《中华人民共和国公司法》规定的限额。

保险专业代理机构、保险经纪人的注册资本或者出资额必须为实缴货币资本。

【二】修改建议

将第 120 条修改为：

设立保险专业代理机构、保险经纪人、保险公估人的注册资本的最低限额由国务院保险监督管理机构规定。

删除第二款。

【三】修改理由

考虑到我国现行《公司法》已经取消了公司的最低资本限额，则设立保险专业代理机构、保险经纪机构、保险公估机构等保险中介机构所涉及的注册资本的最低限额，就应当由保监会专门予以规定。与此相适应，第 2 款也就因失去意义而应当取消。

至于第 3 款的取消，考虑到保险专业代理公司、保险经纪公司、保险公估公司无非是有限责任公司或者股份有限公司的具体类型，即使其股东投资尚未实际缴纳，但只要是在公司章程中予以承诺的，就可以依据《公司法》和《保险法》的规定向其追索，又有保证金或者职业责任保险提供的保障，故而，不必硬性要求必须是实缴货币资本。

七、第 121 条

【一】现行条文

保险专业代理机构、保险经纪人的高级管理人员，应当品行良好，熟悉保险法律、行政法规，具有履行职责所需的经营管理能力，并在任职前取得保险监督管理机构核准的任职资格。

【二】修改建议

将第 121 条修改为：

保险专业代理机构、保险经纪人、保险公估人的高级管理人员，应当品行良好，熟悉保险法律、行政法规，具有履行职责所需的经营管理能力，并在任职前取得保险监督管理机构核准的任职资格。

【三】修改理由

与前文同理，第 121 条需要增加"保险公估人"。

八、第 122 条

【一】现行条文

个人保险代理人、保险代理机构的代理从业人员、保险经纪人的经纪从业人员，应当具备国务院保险监督管理机构规定的资格条件，取得保险监督管理机构颁发的资格证书。

【二】修改建议

将第 122 条修改为：

个人保险代理人、保险代理机构的代理从业人员、保险经纪人的经纪从业人员、保险公估人的公估从业人员，应当具备国务院保险监督管理机构规定的资格条件，取得保险监督管理机构颁发的资格证书。

【三】修改理由

与前文同理，需要增加"保险公估人的公估从业人员"。

九、第 123 条

【一】现行条文

保险代理机构、保险经纪人应当有自己的经营场所，设立专门账簿记载保险代理业务、保险经纪业务的收支情况。

【二】修改建议

将第 123 条修改为：

保险代理机构、保险经纪人、保险公估人应当有自己的经营场所，设立专门账簿记载保险代理业务、保险经纪业务、保险公估业务的收支情况。

【三】修改理由

与前文同理，第 123 条需要增加"保险公估人"。

十、第 124 条

【一】现行条文

保险代理机构、保险经纪人应当按照国务院保险监督管理机构的规定缴存保证金或者投保职业责任保险。未经保险监督管理机构批准,保险代理机构、保险经纪人不得动用保证金。

【二】修改建议

将第 124 条修改为:

保险代理机构、保险经纪人、保险公估人应当按照国务院保险监督管理机构的规定缴存保证金或者投保职业责任保险。未经保险监督管理机构批准,保险代理机构、保险经纪人、保险公估人不得动用保证金。

【三】修改理由

与前文同理,需要增加"保险公估人"。

十一、第 126 条

【一】现行条文

保险人委托保险代理人代为办理保险业务,应当与保险代理人签订委托代理协议,依法约定双方的权利和义务。

【二】修改建议

将第 126 条修改为:

保险人委托保险代理机构代为办理保险业务,应当与保险代理人签订委托代理协议,依法约定双方的权利和义务。

保险营销员从事保险代理业务的,应当与被代理的保险公司签订《个人保险代理合同》,约定保险代理的权利和义务。

【三】修改理由

将现行法的"保险代理人"修改为"保险代理机构",是将适用范围限于保险专业代理机构和保险兼业代理机构,并为增加第 2 款创造条件。

由于现行法对于保险营销员的法律地位的规定并不明确,实践中,保险公司与保险营销员所签保险代理合同大多属于代理关系,但是,也存在着同时约定了保险营销员的工作岗位和担任的职务、赋予其管理职责、薪酬津贴等内容,法院处理此类纠纷时,是按照劳动合同关系予以认定。因此,需要保险立法予以明确,用《个人保险代理合同》约定代理权利和义务的,是认定个人保险代理人的法定标准。

十二、增加一个条款

【一】修改建议

增加：第　条　保险经纪人可以经营下列保险经纪业务：

（一）为投保人拟订投保方案、选择保险公司以及办理投保手续；

（二）协助被保险人或者受益人进行索赔；

（三）再保险经纪业务；

（四）为委托人提供防灾、防损或者风险评估、风险管理咨询服务；

（五）保险监督管理机构批准的其他业务。

【二】修改理由

增加这一条是为了明确保险经纪人的业务范围，以便与保险代理人的业务范围相互区分。原因在于，社会公众作为保险消费者对于保险经纪人的概念和业务活动范围仍然比较陌生，因此，有必要借助保险立法层面的明示性规定，宣传保险经纪业务的特点和范围，有利于促进我国保险经纪行业的发展。

十三、第 127 条

【一】现行条文

保险代理人根据保险人的授权代为办理保险业务的行为，由保险人承担责任。保险代理人没有代理权、超越代理权或者代理权终止后以保险人名义订立合同，使投保人有理由相信其有代理权的，该代理行为有效。

【二】修改建议

将第 127 条修改为：

保险代理人根据保险人的授权代为办理保险业务的行为，由保险人承担责任。保险代理人没有代理权、超越代理权或者代理权终止后以保险人名义订立合同，使投保人有理由相信其有代理权的，该代理行为有效。但保险代理人擅自以保险人名义订立非保险合同的，由保险代理人自行承担法律责任。

【三】修改理由

现行条文有关保险表见代理的责任认定描述过于模糊，需要进一步予以明确界定保险表见代理的界限标准。特别是在保险代理人向客户推销非保险产品越来越普遍的情况下，如保险代理人没有代理权、超越代理权或者代理权终止后以保险人名义订立非保险合同（如其他金融产品合同），消费者应该承担基本的注意和谨慎义务，这种情况下表见代理不应该成立，而应当由保险代理人自行承担责任。

十四、第 128 条

【一】现行条文

保险经纪人因过错给投保人、被保险人造成损失的,依法承担赔偿责任。

【二】修改建议

将第 128 条修改为:

保险经纪人从事保险经纪业务,应当与委托人签订书面委托合同,依法约定双方的权利义务及其他事项。委托合同不得违反法律、行政法规及保险监管机构的有关规定。

保险经纪人应当按照与委托合同当事人的约定收取佣金,任何单位和个人不得干预经纪人获得佣金的权利。

因其在办理保险业务中的过错,给投保人、被保险人造成损失的,保险经纪人依法承担赔偿责任。

【三】修改理由

之所以增加规定保险经纪人的经营规则,不仅是为了与第 127 条有关保险代理人的业务规则的规定相匹配,更是出于明示保险经纪人办理业务的基本模式,让社会公众选择保险中介时有所根据。

十五、第 129 条

【一】现行条文

保险活动当事人可以委托保险公估机构等依法设立的独立评估机构或者具有相关专业知识的人员,对保险事故进行评估和鉴定。

接受委托对保险事故进行评估和鉴定的机构和人员,应当依法、独立、客观、公正地进行评估和鉴定,任何单位和个人不得干涉。

前款规定的机构和人员,因故意或者过失给保险人或者被保险人造成损失的,依法承担赔偿责任。

【二】修改建议

将第 129 条修改为:

保险活动当事人、政府部门或其他单位和个人可以委托保险公估人等依法设立的独立评估机构或者具有相关专业知识的人员,对保险事故或者相关标的进行评估和鉴定。

接受委托,对保险事故或者相关标的进行评估和鉴定的机构和人员,应当依法、独立、客观、公正地进行评估和鉴定,任何单位和个人不得干涉。

前款规定的机构和人员,因故意或者过失给保险人、被保险人、委托人造成损失的,依法承担赔偿责任。

【三】修改理由

首先，明确规定保险公估人的业务规则，当然是与前述第 127 条和第 128 条的规定相互配套，而且，在保险公估人的实务操作中，存在大量的接受非保险活动当事人、政府部门委托保险公估人，从事诸如货物监装监卸、事故后损失评估、技术鉴定、风险咨询等与保险业务没有直接关联关系的工作，一般都将这些业务笼统地归于保险公估人的"风险管理咨询和风险评估；"或者"中国保监会批准的其他业务"。

其次，这些业务的委托或者委托事项，与保险及保险当事人并不存在直接关联关系，但也构成保险公估人的重要业务内容，比如在青岛黄岛爆炸、天津港 8·12 特大火灾爆炸事故中，保险公估人接受政府的委托，对于受灾的标的（非保险标的）进行了大量的查勘、定损工作，为相关部门和单位的后续赔偿工作提供了事实依据。从一点分析，也是保险公估人作为保险中介人参与社会管理、维护社会公共利益的现实表现，因此，规定保险公估的业务规则，就应该全面严谨地予以体现。

十六、第 130 条

【一】现行条文

保险佣金只限于向保险代理人、保险经纪人支付，不得向其他人支付。

【二】修改建议

将第 130 条修改为：

保险佣金只限于向保险代理人、保险经纪人、保险公估人支付，不得向其他人支付。

【三】修改理由

与前文同理，需要增加"保险公估人"。

十七、增加一个条款

【一】建议增加一个条款，并放在现行法第 130 条之后：

第　条　保险专业代理机构、保险经纪人、保险公估人的分立、合并、变更组织形式、设立分支机构的，应当符合国务院保险监督管理机构规定的条件，并向保险监督管理机构备案。

【二】修改理由

随着我国保险市场的深化发展，各类保险中介机构必然不断扩大。而且，与"放开前端"的保险监管政策相适应，对这些保险中介机构的组织监管也将逐步放宽，这意味着各类保险中介机构的设立、分立、合并等组织变更将成为工商管理的组成部分，并逐渐淡出保险监管机构的强制监管的视野。当然，保险监督管理机构仍然要从保险市场的发展需要出发,对各类保险中介机构所应具备的条件作出规定,并提供给工商行政管理机构,由其对各类保险中介机构的设立、分立、合并等实施工商管理,而对于保险监管机构只要求予以备案即可,以便从整体上把握各类保险中介机构的发展规模。

十八、第131条

【一】现行条文

保险代理人、保险经纪人及其从业人员在办理保险业务活动中不得有下列行为:

(一)欺骗保险人、投保人、被保险人或者受益人;

(二)隐瞒与保险合同有关的重要情况;

(三)阻碍投保人履行本法规定的如实告知义务,或者诱导其不履行本法规定的如实告知义务;

(四)给予或者承诺给予投保人、被保险人或者受益人保险合同约定以外的利益;

(五)利用行政权力、职务或者职业便利以及其他不正当手段强迫、引诱或者限制投保人订立保险合同;

(六)伪造、擅自变更保险合同,或者为保险合同当事人提供虚假证明材料;

(七)挪用、截留、侵占保险费或者保险金;

(八)利用业务便利为其他机构或者个人牟取不正当利益;

(九)串通投保人、被保险人或者受益人,骗取保险金;

(十)泄露在业务活动中知悉的保险人、投保人、被保险人的商业秘密。

【二】修改建议

将第131条第(1)项、第(8)项修改为:

保险代理人、保险经纪人、保险公估人及其从业人员在办理保险中介业务活动中,不得有下列行为:

(一)欺骗保险人、投保人、被保险人或者受益人,或者对保险产品进行引人误解或与事实不符的宣传、解释和说明等欺诈行为;

(八)利用业务便利为其他机构或者个人牟取不正当利益或者利用出售、转让等方式将其在业务活动中知悉的保险人、投保人、被保险人或受益人的商业秘密和信息非法提供给他人。

【三】修改理由

概括当前的保险实务情况,各类保险中介人在保险中介业务活动中误导投保人、被保险人或者受益人或者委托人,或者保险中介非法将其在保险中介业务活动中知悉的投保人、被保险人或者受益人或者委托人的商业秘密和信息提供给他人,已经成为损害各户利益的重要表现,因此,应当明确纳入保险中介人的禁止行为的范围之内。其中,前者是构成民法上的欺诈,并与欺骗相区别;后者所产生的客观效果亦可以纳入利用职务便利为其他机构或者个人谋取不正当利益的范围,故而,建议分别将他们各自在现行法第131条第(1)项和第(8)项下单独表述。

第六章 "保险行业组织"的立法建议

一、"总则"部分中,增加一条实行自律监管体制的规定

【一】修改建议

第 条:在国家对保险市场实行统一监督管理的前提下,依法设立保险行业协会等行业组织,实行行业内的自律性管理。

【二】修改建议

参考我国其他金融监管法的通常做法,均在总则部分对于实行行业内自律管理做出原则性规定,与相应的具体规定相互呼应。例如,《中华人民共和国证券法》第8条规定,"在国家对证券发行、交易活动实行集中统一监督管理的前提下,依法设立证券业协会,实行自律性管理。"《中华人民共和国证券投资基金法》第10条规定,"基金管理人、基金托管人和基金服务机构,应当依照本法成立证券投资基金行业协会(以下简称基金行业协会),进行行业自律,协调行业关系,提供行业服务,促进行业发展"。

因此,我国的保险市场监管体制也应当包括行政监管与自律监管两部分。总则明文确立行政监管有的情况下,与自律管理的规定就属于首选模式。

二、建议增加"保险行业组织"一章

【一】修改建议

建议增加有关第七章"保险行业组织"规定。

【二】修改理由

考虑到我国保险业发展的现实需要,保险行业组织的作用日益明显,因此,建议增加有关保险行业协会的规定,作为保险行业协会成立、履行职责、协调和实现保险行业自律的社会功能。

而且,使用"保险行业组织"的标题,意在涵盖以中国保险行业协会为代表的诸多类型的保险行业组织,以便适应我国保险市场结构多样化发展和利用各自保险行业组织来实现各领域自律管理的需要。

三、增加一条规定

【一】修改建议

有关保险行业协会性质的规定

第　　条：保险行业协会是由全体会员自愿加入而结成的非营利性社会团体法人，是保险业的自律性组织。

保险行业组织接受中国保监会的业务指导、由社团登记管理机关进行监督管理。

【二】修改理由

现行《保险法》第180条第一次将保险行业协会写入，已对其性质作出规定。此次修改要维持既定的内容，同时应当根据保险市场的发展需要而增加全面和具体的规定，扩展为独立一章。

目前社会上有多种行业协会，以保险行业协会作为代表的各类保险行业组织作为社团组织的一种，属于保险市场特有自律性行业组织，其特性表现为行业性、自律性、非营利性、区域性，应当与其他商会性质的行业协会加以区别。

从保险行业组织的产生基础上考察，中国保险行业组织应当是保险业的各类市场主体基于自愿参加而成立的行业性自律组织，但他们在业务上需要接受中国保险监督管理委员会加以指导，同时，必须依法经社团登记机构的登记注册成立，并对其日常活动实施监督管理。

四、增加一条规定

【一】修改建议

第　　条　保险行业协会是中国保险行业的自律组织。保险公司应当加入保险行业协会。保险公司的分支机构应当加入地方性保险行业协会。

保险中介行业协会是各类保险中介人的行业自律组织。保险代理人、保险经纪人、保险公估人可以加入保险中介行业协会。

精算师、保险资产管理公司等特定行业群体可以自愿组建相应的行业协会。

全国范围的保险行业组织，其名称中应当冠以"中国"字样。地方性保险行业组织，其名称中应当冠以相应的地域称谓。

【二】修改理由

随着我国保险市场的日渐成熟发展，其市场主体已经由单一的保险公司发展成包括保险公司、保险资产管理公司、各类保险中介人，以及精算师等，形成了多样化的市场结构。这就建立起多样化、多层次的市场自律体系，引导众多市场主体公平地参与保险活动。因此，针对保险市场各部分的发展需要，建立各类行业协会，并且，全国性和地方性保险行业组织体系也是我国保险立法需要解决的问题。为此，本条对于我国保险行业组织体系做出一般性规定。

五、增加一条规定

【一】修改建议

第　　条　保险行业组织是以会员章程为依据，开展相应的日常组织活动。

保险行业组织的权力机构为全体会员组成的会员大会。

保险行业组织设立会长1人、副会长若干人。会长、副会长由会员大会依据会员章程的规定从保险业内有较大影响和较高声望的行业专家中民主选举产生，年龄一般不超过65周岁。

【二】修改理由

保险行业协会作为社团组织，由广大会员自愿结成，会员大会应当成为协会的最高权力机构，决定制定和修改章程，选举和罢免理事，选举和罢免会长、副会长，审议工作报告和财务报告，制定并修改会费标准，决定协会的合并、分立和终止事宜，确定保险行业发展方向以及业务创新等重大事项，决定其他应由会员大会审议的事宜。

现有的协会会长大多是保险监管机构委派的参照国家公务员管理的行政人员，落实党的十八届三中全会关于简政放权的精神，监管机构应当与行业协会彻底脱钩，故建议在第3款中规定"从本行业专家中民主选举产生"。

六、增加一条规定

【一】修改建议

第　　条　保险行业组织的会员章程应当由全体会员通过会员大会制定并通过产生。

保险行业组织为实现其自律管理作用，应当履行如下职责：

1. 制订和实施本协会组织的行业自律规则，监督和检查全体会员及其从业人员在日常活动中履行自律规则的情况。对于违反自律规则的行为，依据会员章程而采取相应的自律处罚措施。

2. 制订保险行业的职业标准和业务规范，组织相关的保险从业人员的从业考试和业务培训，并对相关保险从业人员进行从业资格管理。

3. 依法维护全体会员的合法权益，并向保险监督管理机构或者相关的管理机构反映会员的建议和要求。

4. 教育全体会员及其从业人员遵守法律、行政法规和自律规则。

5. 协调各会员间的保险业务活动，并开发建设有关业务信息的管理系统、收集和发布有关业务信息，向全体会员提供服务和交流，调解相关的保险业务纠纷。

6. 会员章程规定的其他职责。

【二】修改理由

保险行业协会是自律性行业组织，其基本职责应当通过其会员章程予以明确规定，作为各自开展自律管理和活动的依据。

保险行业组织是社团组织，其具备的自律性质，使其自我管理和自我约束的方式区别于行政管理和行政监督。会员之间主要通过订立章程和自律公约、开发建设业务信息管理系统、发布行业规范、制定行业规则等方式实行行业自律的职能。因此建议在一般意义上增加规定保险行业组织的职责。

第七章 "保险业监督管理"的修改建议

一、章数变化

【一】修改建议

经过修改后，本章变为第七章。

【二】修改理由

由于增加"中国保险行业协会"一章，本章顺延。

二、建议增加一个条款规定监督管理的目标

【一】修改建议

建议增加一个条款，并放置在现行法第133条之前：

第　条　为了促进保险业的合法、稳健运行，防范和化解保险业风险，保护投保人、被保险人和受益人的合法权益，促进保险业健康发展，国家对保险业实施监督管理。

保险业监督管理应当保护保险业的公平竞争，提高保险业竞争能力。

【二】修改理由

增加此条规定是出于明确保险监管的目标，通过法律形式赋予保险业监督管理机构法定的监管权力，使其行使监管职权"有法可依"。而保险监管的目标，则是要通过"防范和化解保险业风险"，实现"保险业的合法、稳健运行"，以求达到"保护投保人、被保险人和受益人的合法权益"的效果。

不仅如此，保持保险业具有竞争能力也是实施保险业监督管理的目标之一。保险业监督管理机构在加强监督管理，促进保险业合法、安全、稳健运行的同时，还应当注意鼓励保险业提高竞争能力，允许保险业不断地进行业务创新，向市场提供更多的保险保障产品和服务，以满足经济发展对保险服务的需求，支持经济的稳定发展。保险机构不具有竞争能力就不能在激烈竞争的市场中占有一定的份额、保持盈利，最终将会被市场淘汰而倒闭。保险业机构的倒闭有可能引发保险业系统性风险，会对保险体系的稳定产生严重的负面影响。因此，不具有竞争能力的保险业不可能长期保持安全、稳健运行，从而保持保险体系的稳定。

与市场经济和新兴工业国家的保险业相比，我国保险业的国际竞争能力较差。由于保险的治理结构和约束机制不健全，不公平竞争甚至恶性竞争的现象在一定程度上还比较普遍。如果不能有效地解决这些问题，保险业监督管理的目标

就难以实现。同时,我国目前仍是一个转型经济国家,保险业监督管理机构在加强监管的同时,还需要鼓励保险业保险机构业务创新,积极促进市场发展,维护公平竞争的市场秩序。因此,保护保险业公平竞争,提高保险业的竞争能力,就成为保险业监督管理机构为实现保险监管目标而必须履行的一项义务,同时也是维护保险市场有效运行、提高我国保险业效率的具体体现。

三、第133条

【一】现行条文

保险监督管理机构依照本法和国务院规定的职责,遵循依法、公开、公正的原则,对保险业实施监督管理,维护保险市场秩序,保护投保人、被保险人和受益人的合法权益。

【二】修改建议

将第133条修改为:

保险监督管理机构依照本法和国务院规定的职责,遵循依法、公开、公正的原则,独立地对保险业实施监督管理,维护保险市场秩序,保护投保人、被保险人和受益人等保险消费者的合法权益。

本条第1款所述保险消费者是指以生活消费为主要目的而购买保险产品或享有保险金请求权的自然人。

【三】修改理由

(1)之所以明确保险监管机构履行监管职责的独立性主要考虑如下:①从法律层面赋予国务院保险业监督管理机构依法独立实施监督管理的权利是十分必要的,这对于加强保险业监督管理,促进我国保险业的健康发展,维护保险业的合法、稳健运行具有十分重要的意义。②保险业监督管理机构对保险业实施监督管理的主要目的是监督管理保险机构合法经营,维护保险业秩序,确保保险业安全、合法、稳健运行,发挥社会保障机制。③以法律的形式赋予保险业监管机构的独立监管权是国际上的通行做法。国际上权威机构的观点认为有效保险监管的一项先决条件是以法律的形式赋予监管机构的独立监管权,监管者的独立性是监管制度中必不可少的重要内容。

(2)鉴于:第一,中国保监会等金融监管机构已成立了专门的消费者保护机构,发布了有关消费者保护的规章或规范性文件,实际开展了许多维护消费者权益的工作;第二,国务院办公厅亦于2015年发布了《关于加强金融消费者权益保护工作的指导意见》,使用了"金融消费者"的概念。保险消费者的概念事实上已为我国的相关法律文件和金融监管机构所采纳,并被社会大众认可;第三,从英、美、日等国的立法来看,认可并强化"金融消费者"的概念已成为国际立法潮流;第四,在保险等金融服务领域,区分消费者与非消费者,分别给予不同程度的法律保护，符合金融法的原理；第五，国务院法制办的送审稿中的规定不当扩大了保险消费者的范围。故建议借鉴英国 2012 年消费者保险法的规定进行限定。

四、第 135 条

【一】现行条文

关系社会公众利益的保险险种、依法实行强制保险的险种和新开发的人寿保险险种等的保险条款和保险费率，应当报国务院保险监督管理机构批准。国务院保险监督管理机构审批时，应当遵循保护社会公众利益和防止不正当竞争的原则。其他保险险种的保险条款和保险费率，应当报保险监督管理机构备案。

保险条款和保险费率审批、备案的具体办法，由国务院保险监督管理机构依照前款规定制定。

【二】修改建议

删除第 135 条中"新开发的人寿保险险种"。修改后的第 135 条为：

关系社会公众利益的保险险种、依法实行的强制保险险种的保险条款和保险费率，应当报国务院保险监督管理机构审批。其他保险险种的保险条款和保险费率，应当报保险监督管理机构备案。

保险条款和保险费率的审批和备案方法，由国务院保险监督管理机构制定。

【三】修改理由

之所以在修改建议中取消"新开发的人寿保险险种"的表述，原因在于，这个提法的内涵和外延不好界定，有可能导致保险实务的不同理解和适用上的混乱。考虑到落实"简政放权"精神的需要，应当将其纳入备案的范围。而且，在保险实务中，各家保险公司基本上都是将其新类型的人身保险产品向保监会备案即可。

五、第 136 条

【一】现行条文

保险公司使用的保险条款和保险费率违反法律、行政法规或者国务院保险监督管理机构的有关规定的，由保险监督管理机构责令停止使用，限期修改；情节严重的，可以在一定期限内禁止申报新的保险条款和保险费率。

【二】修改建议

将第 136 条修改为：

未使用或实质性变更经审批、备案的保险条款或保险费率，由国务院保险监督管理机构责令保险公司停止使用，并根据具体情形进行行政处罚。未使用或实质性变更经审批、备案的保险条款或保险费率损害投保人、被保险人、受益人权益的，由国务院保险监督管理机构责令保险公司承担赔偿责任。

保险公司使用向国务院保险监督管理机构审批、备案的保险条款和保险费率违反法律、行政法规或者国务院保险监督管理机构的有关禁止性规定的，由保险监督管理机构责令停止使用，限期修改；情节严重的，可以在一定期限内禁止申报新的保险条款和保险费率。

【三】修改理由

现行第 136 条主要存在以下问题：

第一，本条规定不利于对保险产品创新的保护。根据本条规定，即使保险公司使用的保险条款和保险费率仅仅是违反了国务院保险监督管理机构的有关规定，就会出现被要求限期修改和停止申报新的保险条款和保险费率的结果。但保险实务中，保险产品的创新往往是对滞后的保险监管规则的有所突破，因此，如若据此条的现有规定对保险公司进行处罚，不利于鼓励保险公司对保险产品进行创新。

第二，本条规定过于一概而论，未区分具体的情况。因为，保险条款存在着报备条款和报批条款的区别。对于报备条款而言，主要是在保监会进行备案，对于此类条款，如违反法律、行政法规或者国务院保险监督管理机构的有关规定的，应当对保险公司进行相应处罚；对于报批条款而言，保险公司需报保监会审批同意后方可使用，因此，存在以下情形：

（1）保险公司未使用向保监会报批或者报备的保险条款和保险费率，或者保险公司使用的保险条款和保险费率变更了经保监会审批的条款内容的，保监会应当对涉事保险公司进行处罚。

（2）经保监会审批的保险条款和保险费率违反法律、行政法规或者保监会禁止性监管规定的，保监会应当对相应的不利后果承担主要责任；保险公司有过错的，保监会可制定相应的处罚规则对涉事保险公司进行处罚。

因此，提出的修改建议就力求保护保险公司的保险产品创新，并针对不同的条款类型和不同的违法情况，分别采取不同的处罚措施。

六、第 138 条

【一】现行条文

对偿付能力不足的保险公司，国务院保险监督管理机构应当将其列为重点监管对象，并可以根据具体情况采取如下列措施：

（一）责令增加资本金、办理再保险；

（二）限制业务范围；

（三）限制向股东分红；

（四）限制固定资产购置或者经营费用规模；

（五）闲置资金运用的形式、比例；

（六）限制增设分支机构；

（七）责令拍卖不良资产、转让保险业务；

（八）限制董事、监事、高级管理人员的薪酬水平；

（九）限制商业性广告；

（十）责令停止接受新业务。

【二】修改建议

将第 138 条修改为：

对偿付能力不足的保险公司，国务院保险监督管理机构应当将其列为重点监管对象，并可以根据具体情况采取如下列措施：

（一）责令增加资本金、办理再保险；

（二）限制业务范围；

（三）限制向股东分红、股东转让股权；

（四）限制固定资产购置或者经营费用规模；

（五）闲置资金运用的形式、比例；

（六）限制增设分支机构；

（七）责令出售资产、转让保险业务；

（八）限制董事、监事、高级管理人员的薪酬水平；

（九）限制商业性广告；

（十）责令停止接受新业务。

责令保险公司转让保险业务的，保险业务转让方案应经国务院保险监督管理机构批准，转让方案自批准时生效，无须投保人、被保险人等同意。保险业务转让方案应由国务院保险监督管理机构和保险公司予以公告并载明转让生效的时间。因转让保险业务涉及的经营条件与承保之时发生显著变化，承接的保险公司要求调整保险费率或保险金额的，经国务院保险监督管理机构批准，可相应调整保险费率或保险金额。

【三】修改理由

显然，建议增加的第 2 款是专门针对现行第 138 条所列明的国务院保险监督管理机构应当对偿付能力不足的保险公司采取的转让保险业务的措施的具体化规定。

由于保险公司转让保险业务涉及相应的被保险人和受益人的权益，美国、日本、我国台湾等很多国家或地区的"保险法"均对这项监管措施的适用作出具体的规定。而我国《保险法》仅仅是列举了该项措施，却缺少具体操作性规定。

因此，建议借鉴其他国家或地区的立法经验，增加有关适用转让保险业务的具体操作内容，要点在于：一是明确转让保险业务的方案的生效条件必须经保险业监管机关的批准，用以确保对被保险人权益保护、市场稳定等方面的审查。监管机关审批同意并公告后即发生保险合同转让之效力，无须再征得投保人、被保险人等同意。二是保证实践中的操作性，一旦保险业务的经营条件与当初承保之时已发生显著变化，不调整保险费率或降低保险金额其他保险公司无法承接的，经监管机关批准，可相应调整保险费率或保险金额。

而建议增加限制股东转让股权，目的是维持保险公司的稳定，避免因股东转让其股权而引发保险公司资本情况的更大改变，进一步损害被保险人或者受益人的利益。

同样，建议将"责令拍卖不良资产"修改为"责令出售资产"，目的是让保险公司更加有利于改变自身的资产结构，增加用于保险偿付所需的现金流，改变和增强其保险偿付能力。

七、建议增加一个条款

【一】修改建议

建议增加一个条款，并放置在现行法第135条之后：

第　条　国家鼓励保险公司的保险产品和保险服务的创新，对于创新类型的人身保险产品实行保护期制度。

创新类型的人身保险产品的保护期制度，由国务院保险监督管理机构和有关机构制定管理办法。

【二】修改理由

增加这一条款，不仅是将"新国十条"有关鼓励保险产品和服务创新的精神上升为立法内容，也是对保险监管实务中适用于新类型人身保险产品的保护期的肯定。因为，大家很久以来已经认识到保险产品设立保护期的必要性。很多地方保监局、行业协会，甚至是保监会均对其进行尝试，故需要立法上给出明确的答案，建立相应的制度机制来提供保护和鼓励创新产品的依据。

八、建议删除第140条、第141条、第142条、第143条，即取消保险公司整顿制度，并删除第148条、第153条等条文中相应的文字。

【一】修改建议

建议取消现行法有关保险公司整顿制度的规定，即取消现行法的第140条、第141条、第142条、第143条，而将上述条文所涉及的适用整顿的保险公司原因行为，作为重点监管对象而纳入第138条的适用范围，或者纳入第139条规定的责令改正的范围。

与此相适应，应当取消第148条的"被整顿"、第153条的"整顿"等文字表述。

【二】修改理由

之所以建议取消对保险公司的整顿制度，理由是，现行法有关整顿制度的规定与第138条、第139条所规定对重点监管对象实施的监管措施和接管制度并存，似有架床叠屋之感觉。因为，我国保险市场的实践表明，现行的保险公司整顿制度的特殊价值不明显，完全可以为重点监管制度和接管制度所取代。一旦保险公司出现诸如第138条或者第139条规定的情况时，适用这些条文规定的措施大多能够解决问题，而单独规定的整顿制度在实践中并无多大的实际意义。如果按照第138条和第139条仍然不能解决问题的，直接适用接管的，才具有法律价值，无需在138条、第139条与接管制度之间再多一个整顿制度。

九、第154条

【一】现行条文

保险监督管理机构依法履行职责，可以采取下列措施：

（一）对保险公司、保险代理人、保险经纪人、保险资产管理公司、外国保险机构的代表机构进行现场检查；

（二）进入涉嫌违法行为发生场所调查取证；

（三）询问当事人及与被调查事件有关的单位和个人，要求其对与被调查事件有关的事项作出说明；

（四）查阅、复制与被调查事件有关的财产权登记等资料；

（五）查阅、复制保险公司、保险代理人、保险经纪人、保险资产管理公司、外国保险机构的代表机构以及与被调查事件有关的单位和个人的财务会计资料及其他相关文件和资料；对可能被转移、隐匿或者毁损的文件和资料予以封存；

（六）查询涉嫌违法经营的保险公司、保险代理人、保险经纪人、保险资产管理公司、外国保险机构的代表机构以及与涉嫌违法事项有关的单位和个人的银行账户；

（七）对有证据证明已经或者可能转移、隐匿违法资金等涉案财产或者隐匿、伪造、毁损重要证据的，经保险监督管理机构主要负责人批准，申请人民法院予以冻结或者查封。

保险监督管理机构采取前款第（1）项、第（2）项、第（5）项措施的，应当经保险监督管理机构负责人批准；采取第（6）项措施的，应当经国务院保险监督管理机构负责人批准。

保险监督管理机构依法进行监督检查或者调查，其监督检查、调查的人员不得少于二人，并应当出示合法证件和监督检查、调查通知书；监督检查、调查的人员少于二人或者未出示合法证件和监督检查、调查通知书的，被检查、调查的单位和个人有权拒绝。

【二】修改建议

将第 154 条修改为：

保险监督管理机构依法履行职责，可以采取下列措施：

（一）对保险公司、保险代理人、保险经纪人、保险公估人、保险资产管理公司、外国保险机构的代表机构进行现场检查；

（二）进入涉嫌违法行为发生场所调查取证；

（三）询问当事人及与被调查事件有关的单位和个人，要求其对与被调查事件有关的事项作出说明；

（四）查阅、复制与被调查事件有关的财产权登记等资料；

（五）查阅、复制保险公司、保险代理人、保险经纪人、保险公估人、保险资产管理公司、外国保险机构的代表机构以及与被调查事件有关的单位和个人的财务会计资料及其他相关文件和资料；对可能被转移、隐匿或者毁损的文件和资料予以封存；

（六）查询涉嫌违法经营的保险公司、保险代理人、保险经纪人、保险公估人、保险资产管理公司、外国保险机构的代表机构以及与涉嫌违法事项有关的单位和个人的银行账户；

（七）对有证据证明已经或者可能转移、隐匿违法资金等涉案财产或者隐匿、伪造、毁损重要证据的，经保险监督管理机构主要负责人批准，申请人民法院予以冻结或者查封。

保险监督管理机构采取前款第（1）项、第（2）项、第（5）项措施的，应当经保险监督管理机构负责人批准；采取第（6）项措施的，应当经国务院保险监督管理机构负责人批准。

保险监督管理机构依法进行监督检查或者调查，其监督检查、调查的人员不得少于二人，并应当出示合法证件和监督检查、调查通知书；监督检查、调查的人员少于二人或者未出示合法证件和监督检查、调查通知书的，被检查、调查的单位和个人有权拒绝。

【三】修改理由

建议在第 154 条第 1 款的第（1）项、第（5）项、第（6）项中增加"保险公估人"，是考虑到我国保险市场发展的现实需要，保险公估人已经成为参与保险活动的必要组成部分，其向委托人提供的保险公估服务当然应当纳入保险监督管理机构的监管范围。

十、建议增加一个条文

【一】修改建议

建议增加一个条文，放置在现行法第 154 条之后：

第　　条　保险行业组织的活动应当接受国务院保险监督管理机构的监督管理，保险监督管理机构有权对保险行业组织的设立、履行自律职责活动等进行监督、检查，纠正其违法行为。

【二】修改理由

保险行业组织作为保险行业的自律组织，应当独立地履行其行业自律职能作用，但出于监督其依法认真履行职责的需要，应当将其纳入保险监督管理的范围之内。

第七章　"法律责任"的修改建议

一、章节修改

【一】修改建议

经过修改后，本章变为第八章。

【二】修改理由

由于增加"中国保险行业协会"一章，本章顺延。

二、第158条

【一】现行条文

违反本法规定，擅自设立保险公司、保险资产管理公司或者非法经营商业保险业务的，由保险监督管理机构予以取缔，没收违法所得，并处违法所得一倍以上五倍以下的罚款；没有违法所得或者违法所得不足二十万元的，处二十万元以上一百万元以下的罚款。

【二】修改建议

将第158条修改为：

违反本法规定，擅自设立保险公司、保险资产管理机构或者非法经营商业保险业务、变相经营商业保险业务的，由保险监督管理机构予以取缔，没收违法所得，并处违法所得一倍以上五倍以下的罚款；没有违法所得或者违法所得不足三十万元的，处三十万元以上一百五十万元以下的罚款。

【三】修改理由

出于维持我国保险市场正常经营秩序的需要，擅自设立保险机构和非法经营商业保险业务的行为必须严格禁止。鉴于此，本条规定的处罚力度不够，需要予以提高。但是，也不赞成罚款金额的大幅度上调而超过《刑法》有关规定的触发水平。因为，本条规定的情形，同时也受《刑法》第174条擅自设立金融机构罪的调整，现行条文规定的罚款上线已经超过了《刑法》第174条的擅自设立金融机构罪所规定的最高罚金额度，造成了行政处罚重于刑罚的事实，如果再大幅度提高行政处罚标准，将会使这一问题更为严重。这也恰好说明将刑事责任纳入保险法规定，与行政处罚一并规定的必要性。

不仅如此,"变相经营商业保险业务"也是非常有害于保险市场秩序的,例如,现存的各种"互助计划"、"某某联盟"等为名的非保险机构大都采取收取小额费用,发生互助事件后再均摊互助资金的模式,借助保险名义进行宣传,极易造成保险消费者将其与保险产品混淆。部分机构、网站或个人将虚设的"互助计划"包装成相互保险在互联网、微博、微信平台销售,采用低门槛、先收费、无服务的形式,可能诱发诈骗行为,由于传播速度较快,收费金额较小,容易给广大保险消费者造成经济损失。这些互联网公司不具备保险经营资质或保险中介经营资质,"互助计划"也非保险产品,没有基于保险精算进行风险定价和费率厘定,没有科学提取责任准备金,同时也没有政府部门的严格监管,在财务稳定性和赔偿给付能力方面没有充分保证。因此,建议将"变相经营保险业务"纳入本条规定的"法律责任"范畴,有利于保监会依法监管,依法处罚,避免"处罚盲区"。

但是,这既涉及传统保险公司利益和消费者权益保护,但同时又关系到互联网+的创新发展。如果要增加规定,需要对"变相经营"做出明确界定,便于操作和认定,也可防止伤及新生事物。

三、第 159 条

【一】现行条文

违反本法规定,擅自设立保险专业代理机构、保险经纪人,或者未取得经营保险代理业务许可证、保险经纪业务许可证从事保险代理业务、保险经纪业务的,由保险监督管理机构予以取缔,没收违法所得,并处违法所得一倍以上五倍以下的罚款;没有违法所得或者违法所得不足五万元的,处五万元以上三十万元以下的罚款。

【二】修改建议

将第 159 条修改为:

违反本法规定,擅自设立保险专业代理机构、保险经纪人、保险公估人,或者未取得经营保险代理业务许可证、保险经纪业务许可证、保险公估业务许可证从事保险代理业务、保险经纪业务、保险公估业务的,由保险监督管理机构予以取缔,没收违法所得,并处违法所得一倍以上五倍以下的罚款;没有违法所得或者违法所得不足十万元的,处十万元以上五十万元以下的罚款。

【三】修改理由

由于保险公估人已然纳入本法的规定内容,因此,为了与保险公估资质与责任的对应性,建议本条增加对保险公估人的规定,增加"保险公估人"、"保险公估业务许可证"及"保险公估业务"等文字表述。

此外，本条现有规定的处罚标注是否合理，应当根据本条规定的行为是否构成犯罪一并考虑，如果不受刑法调整，建议适当提高处罚标准，如果受刑法调整，建议提高的幅度尽量小一些。因此，建议修改为"没有违法所得或者违法所得不足十万元的，处十万元以上五十万元以下的罚款"。这样修改，既保持该条内处罚额度的妥当衔接，也与前天规定的处罚保持适当平衡。

四、第 160 条

【一】现行条文

保险公司违反本法规定，超出批准的业务范围经营的，由保险监督管理机构责令限期改正，没收违法所得，并处违法所得一倍以上五倍以下的罚款；没有违法所得或者违法所得不足十万元的，处十万元以上五十万元以下的罚款。逾期不改正或者造成严重后果的，责令停业整顿或者吊销业务许可证。

【二】修改建议

建议将第 160 条修改为："保险公司违反本法规定，超出批准的业务范围经营的，由保险监督管理机构责令限期改正，没收违法所得，并处违法所得一倍以上五倍以下的罚款；没有违法所得或者违法所得不足二十万元的，处二十万元以上一百万元以下的罚款。逾期不改正或者造成严重后果的，责令停业整顿或者吊销业务许可证。"

【三】修改理由

将处罚数额修改为"没有违法所得或者违法所得不足二十万元的，处二十万元以上一百万元以下的罚款"。理由与前文相同。

五、第 162 条

【一】现行条文

保险公司违反本法第八十四条规定的，由保险监督管理机构责令改正，处一万元以上十万元以下的罚款。

【二】修改建议

将第 162 条修改为："保险公司违反本法第八十四条规定的，由保险监督管理机构责令改正，处十万元以上五十万元以下的罚款。"

【三】修改理由

将上述罚款修改为"处十万元以上五十万元以下的罚款"。理由：考虑到"情节严重的"，还有"责令停业整顿或者吊销业务许可证"的处罚手段，建议适当降低罚款幅度。

六、第 163 条

【一】现行条文

保险公司违反本法规定，有下列行为之一的，由保险监督管理机构责令改正，处五万元以上三十万元以下的罚款：

（一）超额承保，情节严重的；

（二）为无民事行为能力人承保以死亡为给付保险金条件的保险的。

【二】修改建议

将第 163 条修改为：

保险公司违反本法规定，有下列行为之一的，由保险监督管理机构责令改正，处五万元以上三十万元以下的罚款：

（一）超额承保，情节严重的；

（二）为无民事行为能力人承保以死亡为给付保险金条件的保险的（父母为其未成年人投保以死亡为给付条件的情况除外）。

【三】修改理由

本法第 33 条已然将父母为其未成年子女投保死亡保险排除在法律限制之外，与此相对应，适用本法规定的法律责任亦应当加以排除。因此，建议对未成年人父母投保情况予以除外。

七、第 164 条

【一】现行条文

违反本法规定，有下列行为之一的，由保险监督管理机构责令改正，处五万元以上三十万元以下的罚款；情节严重的，可以限制其业务范围、责令停止接受新业务或者吊销业务许可证：

（一）未按照规定提存保证金或者违反规定动用保证金的；

（二）未按照规定提取或者结转各项责任准备金的；

（三）未按照规定缴纳保险保障基金或者提取公积金的；

（四）未按照规定办理再保险的；

（五）未按照规定运用保险公司资金的；

（六）未经批准设立分支机构的；

（七）未按照规定申请批准保险条款、保险费率的。

【二】修改建议

将第 164 条修改为：

违反本法规定，有下列行为之一的，由保险监督管理机构责令改正，处十万元以上五十万元以下的罚款；情节严重的，可以限制其业务范围、责令停止接受新业务或者吊销业务许可证：

（一）未按照规定提存保证金或者违反规定动用保证金的；

（二）未按照规定提取或者结转各项责任准备金的；

（三）未按照规定缴纳保险保障基金或提取公积金的；

（四）未按照规定办理再保险的；

（五）未按照规定运用保险公司资金的；

（六）未经批准设立分支机构的；

（七）未按照规定申请批准保险条款、保险费率的。

【三】修改理由

建议修改为"处十万元以上五十万元以下的罚款"，理由同上。

八、第 165 条

【一】现行条文

保险代理机构、保险经纪人有本法第 131 条规定行为之一的，由保险监督管理机构责令改正，处五万元以上三十万元以下的罚款；情节严重的，吊销业务许可证。

【二】修改建议

将第 165 条修改为：

保险代理机构、保险经纪人、保险公估人有本法第 131 条规定行为之一的，由保险监督管理机构责令改正，处十万元以上五十万元以下的罚款；情节严重的，吊销业务许可证、责令停业整顿。

【三】修改理由

之所以建议将"处五万元以上三十万元以下的罚款"修改为"处十万元以上五十万元以下的罚款"，并增加"责令停业整顿"的处罚措施，是因为对于此类行为确有必要，其他理由同上。

九、第 166 条

【一】现行条文

保险代理机构、保险经纪人违反本法规定，有下列行为之一的，由保险监督管理机构责令改正，处二万元以上十万元以下的罚款；情节严重的，责令停业整顿或者吊销业务许可证：

（一）未按照规定缴存保证金或者投保职业责任保险的；

（二）未按照规定设立专门账簿记载业务收支情况的。

【二】修改建议

将第 166 条修改为：

保险代理机构、保险经纪人、保险公估人违反本法规定，有下列行为之一的，由保险监督管理机构责令改正，处十万元以上五十万元以下的罚款；情节严重的，责令停业整顿或者吊销业务许可证：

（一）未按照规定缴存保证金或者投保职业责任保险的；

（二）未按照规定设立专门账簿记载业务收支情况的；

（三）未按照规定动用保证金的。

保险专业代理机构、保险经纪人、保险公估人未按照规定的条件分立、合并、变更组织形式或者设立分支机构的，适用前款规定。

【三】修改理由

提高罚款幅度，会更加有利于达到预防和减少上述违法行为的出现，增加"未按照规定动用保证金的"行为和增加第2款规定，均是出于填补类似违法行为处罚疏漏的需要。

十、第169条

【一】现行条文

违反本法规定，聘任不具有任职资格的人员的，由保险监督管理机构责令改正，处二万元以上十万元以下的罚款。

【二】修改建议

将第169条修改为：

保险机构、保险中介机构违反本法规定，聘任不具有任职资格的人员的，由保险监督管理机构责令改正，处十万元以上五十万元以下的罚款。

【三】修改理由

建议将"处二万元以上十万元以下的罚款"予以提高，目的是让各类保险机构对于聘用具有任职资格人员之重要性的重视。而列明保险机构、保险中介机构是为了明确本条适用的责任主体范围，也实现了本条规定的完整性。

十一、第170条

【一】现行条文

违反本法规定，转让、出租、出借业务许可证的，由保险监督管理机构处一万元以上十万元以下的罚款；情节严重的，责令停业整顿或者吊销业务许可证。

【二】修改建议

将第170条修改为：

保险机构、保险中介机构违反本法规定，转让、出租、出借其业务许可证的，由保险监督管理机构责令改正，没收违法所得，并处违法所得一倍以上五倍以下的罚款；没有违法所得或者违法所得不足二十万元的，处二十万元以上一百万元以下的罚款；情节严重的，责令停业整顿或者吊销业务许可证。

【三】修改理由

如此修改是缘于保险实践的需要，由于导致本条文所述违法行为的原因复杂多样，其所产生的结果也多种多样，不应当适用单一的处罚措施。因此，需要针对各类情况，分别适用不同的处罚措施。而列明保险机构、保险中介机构是为了明确本条适用的责任主体范围，也实现了本条规定的完整性。

十二、第 171 条

【一】现行条文

违反本法规定，有下列行为之一的，由保险监督管理机构责令限期改正；逾期不改正的，处一万元以上十万元以下的罚款：

（一）未按照规定报送或者保管报告、报表、文件、资料的，或者未按照规定提供有关信息、资料的；

（二）未按照规定报送保险条款、保险费率备案的；

（三）未按照规定披露信息的。

【二】修改建议

将第 171 条修改为：

违反本法规定，有下列行为之一的，由保险监督管理机构责令限期改正；逾期不改正的，处五万元以上二十五万元以下的罚款：

（一）未按照规定报送或者保管报告、报表、文件、资料的，或者未按照规定提供有关信息、资料的；

（二）未按照规定报送保险条款、保险费率备案的；

（三）未按照规定披露信息的。

【三】修改理由

业界普遍认为，本条列举的第（2）项的责任范围过宽，因为，本条规定的保险公司报送、保管、提供、披露报告、报表、文件、资料、信息、条款、费率等的义务非常宽泛，没有对设定义务主体及设定义务规范层次的限定，有关文件、资料、信息等的边界也不清晰，因此，义务主体遵守该项义务的成本很高。参考我国台湾地区"保险法"对类似情形的规定是第 168 - 1 条，按该条规定，保险公司承担罚款处罚责任的前提不是未主动、如实履行财务报告、财产目录或其他有关资料及报告，而是在主管机关派员检查时，保险公司的负责人或职员"逾期"或不实提报前述材料。为此，建议在《保险法》第 86 条明确、谨慎列举需要提交的报告、资料范围，如偿付能力报告、财务会计报告、精算报告、合规报告、资金运用报告范围的同时，用本条第（2）项规定来界定其适用范围。

同时，建议对第 169 条的规定，仅对处罚数额进行修改，即将"逾期不改正的，处一万元以上十万元以下的罚款"修改为"逾期不改正的，处五万元以上二十五万元以下的罚款。"

十三、第 172 条

【一】现行条文

违反本法规定，有下列行为之一的，由保险监督管理机构责令改正，处十万元以上五十万元以下的罚款；情节严重的，可以限制其业务范围、责令停止接受新业务或者吊销业务许可证：

（一）编制或者提供虚假的报告、报表、文件、资料的；

（二）拒绝或者妨碍依法监督检查的；

（三）未按照规定使用经批准或者备案的保险条款、保险费率的。

【二】修改建议

将第 172 条修改为：

保险机构、保险中介机构违反本法规定，有下列行为之一的，由保险监督管理机构责令改正，处二十万元以上一百万元以下的罚款；情节严重的，限制其业务范围、责令停止接受新业务或者吊销业务许可证：

（一）编制或者提供报告、报表、文件、资料有虚假记载、误导性陈述或者重大遗漏的；

（二）拒绝或者妨碍依法监督检查的；

（三）未按照规定使用经批准或者备案的保险条款、保险费率的。

【三】修改理由

由于本文规定的行政处罚过低，因此，适当提高了处罚幅度。同时，为了文字表述更加严谨明确，作出了一定的文字调整。

十四、第 173 条

【一】现行条文

保险公司、保险资产管理公司、保险专业代理机构、保险经纪人违反本法规定的，保险监督管理机构除分别依照本法第 160 条至第 170 条的规定对该单位给予处罚外，对其直接负责的主管人员和其他直接责任人员给予警告，并处一万元以上十万元以下的罚款；情节严重的，撤销任职资格。

【二】修改建议

将第 173 条修改为：

保险公司、保险资产管理公司、保险专业代理机构、保险经纪人、保险公估人违反本法规定的，保险监督管理机构除分别依照本法第 160 条至第 170 条的规定对该单位给予处罚外，对其直接负责的主管人员和其他直接责任人员给予警告,并处五万元以上二十五万元以下的罚款;情节严重的,撤销任职资格。

【三】修改理由

由于现有规定的行政处罚过低,故适当提高处罚力度,建议修改为"并处五万元以上二十五万元以下的罚款"。

十五、第 174 条

【一】现行条文

个人保险代理人违反本法规定的,由保险监督管理机构给予警告,可以并处二万元以下的罚款;情节严重的,处二万元以上十万元以下的罚款。

【二】修改建议

将第 174 条修改为:"个人保险代理人违反本法规定的,由保险监督管理机构给予警告,可以并处二万元以下的罚款;情节严重的,处三万元以上十五万元以下的罚款。"

【三】修改理由

由于现有规定的行政处罚过低,故适当提高处罚力度,建议修改为"情节严重的,处三万元以上十五万元以下的罚款"。

十六、第 175 条

【一】现行条文

外国保险机构未经国务院保险监督管理机构批准,擅自在中华人民共和国境内设立代表机构的,由国务院保险监督管理机构予以取缔,处五万元以上三十万元以下的罚款。

外国保险机构在中华人民共和国境内设立的代表机构从事保险经营活动的,由保险监督管理机构责令改正,没收违法所得,并处违法所得一倍以上五倍以下的罚款;没有违法所得或者违法所得不足二十万元的,处二十万元以上一百万元以下的罚款;对其首席代表可以责令撤换;情节严重的,撤销其代表机构。

【二】修改建议

将第 175 条修改为:

外国保险机构未经国务院保险监督管理机构批准,擅自在中华人民共和国境内设立代表机构的,由国务院保险监督管理机构予以取缔,处二十万元以上一百万元以下的罚款。

外国保险机构在中华人民共和国境内设立的代表机构从事保险经营活动的,由保险监督管理机构责令改正,没收违法所得,并处违法所得一倍以上五倍以下的罚款;没有违法所得或者违法所得不足二十万元的,处五十万元以上二百五十万元以下的罚款;对其首席代表可以责令撤换;情节严重的,撤销其代表机构。

【三】修改理由

由于现有规定的行政处罚过低，故适当提高处罚力度。

十七、第 176 条

【一】现行条文

投保人、被保险人或者受益人有下列行为之一，进行保险诈骗活动，尚不构成犯罪的，依法给予行政处罚：

（一）投保人故意虚构保险标的，骗取保险金的；

（二）编造未曾发生的保险事故，或者编造虚假的事故原因或者夸大损失程度，骗取保险金的；

（三）故意造成保险事故，骗取保险金的。

保险事故的鉴定人、评估人、证明人故意提供虚假的证明文件，为投保人、被保险人或者受益人进行保险诈骗提供条件的，依照前款规定给予处罚。

【二】修改建议

将第 176 条修改为：

投保人、被保险人、受益人有下列行为之一的，进行保险诈骗活动，尚不构成犯罪的，应按照《中华人民共和国行政处罚法》相关规定给予行政处罚：

（一）投保人故意虚构保险标的，骗取保险金的；

（二）编造未曾发生的保险事故，或者编造虚假的事故原因或者夸大损失程度，骗取保险金的；

（三）故意造成保险事故，骗取保险金的。

保险事故的鉴定人、评估人、证明人故意提供虚假的证明文件，为投保人、被保险人或者受益人进行保险诈骗提供条件的，依照前款规定给予处罚。

【三】修改理由

当前实务中，存在针对保险诈骗等不法行为法律制裁力度不够，不法投保人、被保险人屡次进行保险诈骗行为，性质恶劣且影响保险业的健康发展，因其尚不构成犯罪，就理应由明确的法律根据予以行政处罚。但由于本条规定的处罚依据不明确，致使对此类违法行为难以使用法律武器进行维权。因此，为了强化现行规定，针对上述行为的制裁，建议明确处罚的法律依据，具有行政处罚权的机关根据违法行为的事实、性质、情节以及社会危害程度进行行政处罚。并倡议在修改立法后，国务院各部、各委员会根据《行政处罚法》第 12 条授权制定相应实施细则。

同时，建议该条款应当明确行政处罚的种类及具体适用情形。并因该条规定的情形包括了"保险诈骗罪"，因此，应当结合刑法的规定，对行政处罚也明确规定。

十八、第 177 条

【一】现行条文

违反本法规定，给他人造成损害的，依法承担民事责任。

【二】修改建议

将第 177 条修改为：

保险机构、保险中介人或者其他保险活动的参与人违反本法规定，给相对人或者他人造成损害的，应当依法承担相应的民事责任。

【三】修改理由

本条规定的最大问题是责任主体不清，造成其适用的范围模糊。因此，必须明确规定其责任主体范围。

而且，加强对保险人监管的目的在于保护投保人、被保险人和受益人的利益，仅有行政处罚是不够的，还应当用民事责任的承担来填补遭受损失的投保人、被保险人或受益人以及第三人的利益损失。因此，若要切实保护受害人的利益，对于保险人的不法行为，在规定行政责任的同时，还必须规定相应的民事责任。

十九、第 178 条

【一】现行条文

拒绝、阻碍保险监督管理机构及其工作人员依法行使监督检查、调查职权，未使用暴力、威胁方法的，依法给予治安管理处罚。

【二】修改建议

建议删除本条。

【三】修改理由

此类违法行为，应当按照《治安管理处罚条例》予以处罚，故本条规定实为多余。

二十、第 179 条

【一】现行条文

违反法律、行政法规的规定，情节严重的，国务院保险监督管理机构可以禁止有关责任人员一定期限直至终身进入保险业。

【二】修改建议

将第 179 条修改为：

保险机构、保险中介机构的人员、个人保险代理人等违反法律、行政法规的规定，情节严重的，国务院保险监督管理机构可以根据有关责任人员之违法行为的严重程度，分别情况对其处以一定期限直至终身禁入保险业的处罚。

【三】修改理由

由于本条缺乏责任主体的规定，而且禁止有关责任人进入保险业的尺度过于笼统宽泛，因此，建议明确责任主体的范围，并区分具体情形分别规定限制期限或终身，否则可能导致监管权的滥用。

第八章　"附则"的修改建议

二十一、增加一条关于大病保险的规定

【一】修改建议

第　条　大病保险适用本法规定，法律、行政法规另有规定的，适用其规定。

【二】修改理由

自2012年实施以来，大病保险迅速发展，已经成为国家进一步提升居民医疗保障水平的一项重要举措。《国民经济和社会发展第十三个五年规划纲要》也明确提出，下一个五年，将"全面实施城乡居民大病保险制度"。作为一项关系民生的保险制度，大病保险的法律法规建设仍较为滞后，目前尚没有出台任何相关法律法规或部门规章。

从国家相关政策规定和实践操作情况来看，一方面大病保险由商业保险公司提供风险保障服务，采用商业保险的经营模式；另一方面大病保险具有较强的政策性，属于准公共产品，适用《保险法》时具有较多特殊之处，应出台专项行政法规加以规范。因此，建议在《保险法》附则部分中增加一条关于大病保险的规定，为后续制度建设提供上位法依据，具体放置在现行法第182条之后。

二十二、增加关于巨灾保险的规定

【一】修改建议

在第186条原第1款文后增加一款作为第2款，原第2款作为第3款：

国家建立有财政支持的巨灾保险制度，管理办法由国务院另行规定。

【二】修改理由

地震保险等巨灾保险法律制度已经列入了立法机关的议事日程，保险法上应有衔接性的规定。

《中华人民共和国保险法》第三次重大修订专家建议稿（纯法条版）

保险法学研究会修法专家组
整理人：任自力、刘嘉璐

对《中华人民共和国保险法》作如下修改：

一、将第2条修改为："本法所称保险，是指投保人根据合同约定，向保险人支付保险费，保险人对于合同约定的保险事故因其发生所致损失承担赔偿或给付保险金责任的风险转移行为。"

二、将第10条第3款修改为："保险人是指与投保人订立保险合同，并按照合同约定承担赔偿或者给付保险金责任的保险公司或其他保险组织。"

三、将第14条修改为："保险人接受了投保人提交的投保单并收取了保险费，尚未做出是否承保的意思表示，发生保险事故，符合承保条件的，保险人应按照保险合同承担赔偿或给付保险金责任；不符合承保条件的，保险人不承担保险责任，但应当退还已经收取的保险费。"

四、第15条增加第2款"投保人在解除合同前应当告知被保险人"，增加第3款"被保险人或第三人愿意继续交纳保费，向投保人支付解约金后，有权要求继续履行合同"。

五、将第16条修改为："订立保险合同，保险人就保险标的或者被保险人的有关情况提出询问的，投保人或被保险人应当如实告知。

投保人或被保险人故意或者因重大过失未履行前款规定的如实告知义务，足以影响保险人决定是否同意承保或者提高保险费率的，保险人有权解除合同。

前款规定的合同解除权，自保险人知道有解除事由之日起，超过三十日不行使而消灭。自合同成立之日起超过五年的，保险人不得解除合同；发生保险事故的，保险人应当承担赔偿或者给付保险金的责任。

投保人的告知义务限于保险人询问的范围和内容。保险人不得以投保人违反了对投保单询问表中所列概括性条款的如实告知义务为由解除合同，除非该投保人违反了概括性条款中具体询问内容。

投保人或被保险人故意不履行如实告知义务的，保险人对于合同解除前发生的保险事故，不承担赔偿或者给付保险金的责任，并不退还保险费。

投保人或被保险人因重大过失未履行如实告知义务，对保险事故的发生有严重影响的,保险人对于合同解除前发生的保险事故,不承担赔偿或者给付保险金的责任,但应当退还保险费。

保险人知道或应当知道投保人未如实告知的情况的,仍收取保险费或支付保险金的,保险人不得解除合同;发生保险事故的,保险人应当承担赔偿或者给付保险金的责任。

保险事故是指保险合同约定的保险责任范围内的事故。"

六、将第17条第1款修改为:"订立保险合同,采用保险人提供的格式条款的,保险人向投保人提供的投保单应当附格式条款,保险人应当以合理方式向投保人说明合同的内容,尤其是关于保险责任范围、除外风险、保险金赔偿或者给付标准、保险费收取方式及标准、有关收益的计算及给付标准和方式等重要内容。保险人未尽到上述说明义务的,投保人有权解除合同,并有权要求保险人承担损害赔偿责任。"

第2款修改为:"对保险合同中免除保险人责任的条款,保险人在订立合同时应当在投保单、保险单或者其他保险凭证上作出足以引起投保人注意的提示,并对该条款的内容以书面或者口头形式向投保人作出明确说明;未作提示或明确说明的,该条款不产生效力,但该条款所述为法律、行政法规规定的禁止性情形的除外。"

第3款修改为:"保险合同订立时,保险人在投保单或者保险单等其他保险凭证上,对保险合同中免除保险人责任的条款,以足以引起投保人注意的文字、字体、符号或者其他明显标志作出提示的,应视为其履行了前述第1款规定的提示义务。"

第4款修改为:"保险人对保险合同中有关免除保险人责任条款的概念、内容及其法律后果以书面或者口头形式向投保人作出常人能够理解的解释说明的,应视为其履行了前述第二款规定的明确说明义务。"

第5款修改为:"通过网络、电话等方式订立的保险合同,保险人以网页、音频、视频等形式对免除保险人责任条款予以提示和明确说明的,人民法院可以认定其履行了提示和明确说明义务。"

第6款修改为:"投保人对保险人履行了符合本条第4款要求的明确说明义务在相关文书上签字、盖章或者以其他形式予以确认的,应当认定保险人履行了该项义务。但另有证据证明保险人未履行明确说明义务的除外。"

七、将第18条第1款第(1)项修改为:"(一)保险人的名称、住所及联系方式;"

将第1款第(2)项修改为:"(二)投保人、被保险人的姓名或者名称、住所及联系方式,以及人身保险的受益人的姓名或者名称、住所及联系方式;"

将第3款修改为:

"受益人是指人身保险合同中由被保险人或者投保人指定的,或根据本法规定享有身故保险金请求权的人。投保人可以为受益人。"

在第 3 款后再增加一款作为第 4 款:

"除合同另有约定或法律另有规定外,保险事故发生后,受益人有权将保险金请求权转让给他人。"

八、将第 21 条修改为:"投保人、被保险人或者受益人知道保险事故发生后,应当及时通知保险人。故意或者因重大过失未及时通知,致使保险事故的性质、原因、损失程度等难以确定的,保险人对无法确定的部分,不承担赔偿或者给付保险金的责任,但保险人通过其他途径已经知道或者应当知道保险事故发生的除外。本法另有规定的,参照该规定处理。"

九、将第 22 条第 1 款最后增加一句:"但合同另有约定的除外。"

十、将第 23 条第 1 款修改为:"保险人收到被保险人或者受益人的赔偿或者给付保险金的请求后,应当及时作出核定;情形复杂的,应当自保险人初次收到索赔请求及投保人、被保险人或者受益人提供的有关证明和资料之日起三十日内作出核定,但合同另有约定的除外。保险人应当将核定结果通知被保险人或者受益人;对属于保险责任的,在与被保险人或者受益人达成赔偿或者给付保险金的协议后 10 日内,履行赔偿或者给付保险金义务。保险合同对赔偿或者给付保险金的期限有约定的,保险人应当按照约定履行赔偿或者给付保险金义务。"

十一、在第 29 条第 2 款后增加一句:"但再保险分出人拒绝向原保险的被保险人及受益人进行赔偿的除外。"

十二、将第 30 条修改为:"采用保险人提供的格式条款订立的保险合同,保险人与投保人、被保险人或者受益人对合同条款有争议的,应当按照通常理解予以解释。对合同条款有两种以上解释的,人民法院或者仲裁机构应当作出有利于被保险人和受益人的解释,但再保险合同除外。"

十三、将第 31 条第 2 款修改为:"除前款规定为,如投保人和受益人与被保险人存在合法经济利益,且被保险人同意投保人为其投保的,视为具有保险利益。"

在本条最后新增一款:"因投保人对被保险人不具有保险利益导致保险合同无效,保险人应当向投保人退还扣减相应手续费后的保险费。"

十四、将第 33 条第 2 款修改为:"未成年人的父母,与未成年人共同生活的祖父母及外祖父母,为未成年人投保人身保险,不受前款规定限制。但是,因被保险人死亡给付的保险金总和不得超过国务院保险监督管理机构规定的限额。"

十五、将第 34 条第 1 款修改为:"以死亡为给付保险金条件的合同,未经被保险人同意并认可保险金额的,不生效力。"

在本条最后增加三款,分别作为第 4 款、第 5 款、第 6 款。

第 4 款:"被保险人在合同成立后撤销本条第 1 款所规定的同意投保或者对保险金额的认可的,投保人、保险人应当解除合同。"

第 5 款:"被保险人同意并认可保险金额"可以采取书面形式、口头形式或者其他形式;可以在合同订立时作出,也可以在合同订立后追认。

第 6 款:"有下列情形之一的,应认定为被保险人同意投保人为其订立保险合同并认可保险金额:

(一)被保险人明知他人代其签名同意而未表示异议的;

(二)被保险人同意投保人指定的受益人的;

(三)有证据足以认定被保险人同意投保人为其投保的其他情形。"

十六、在第 36 条第 1 款后第 2 款前增加一款:"前款情形下,被保险人、受益人或者其他利益相关者代替投保人缴纳相应保险费的,保险人不得拒绝。"

十七、将第 37 条修改为:"合同效力依照本法第 36 条规定中止的,投保人提出恢复效力申请并同意补交保险费的,除被保险人的危险程度在中止期间显著增加外,保险人不得拒绝。

保险人在收到恢复效力申请后,30 日内未明确拒绝的,应认定为同意恢复效力。

保险合同自投保人补交保险费之日恢复效力。

自合同效力中止之日起满二年双方未达成协议或投保人未补交保险费的,保险人有权解除合同。

保险人依照前款规定解除合同的,应当按照合同约定退还保险单的现金价值。"

十八、将第 42 条第 1 款修改为:"被保险人死亡后,有下列情形之一的,依照《中华人民共和国继承法》的规定由被保险人的法定继承人作为法定受益人。第一顺序的法定继承人为第一顺序的法定受益人,第二顺序的法定继承人为第二顺序的法定受益人,被保险人的代位继承人为与被代位继承人同一顺序的法定受益人。由保险人按照法定受益顺序向法定受益人履行给付保险金的义务。

(一)没有指定受益人,或者受益人指定不明无法确定的;

(二)指定受益人先于被保险人死亡,没有其他指定受益人的;

(三)指定受益人依法丧失受益权或者放弃受益权,没有其他指定受益人的。"

十九、在第 43 条之后增加一条:"投保人或者被保险人指定数人为受益人,部分受益人在保险事故发生前死亡、放弃受益权或者依法丧失受益权的,该受益人应得的受益份额按照保险合同的约定处理;保险合同没有约定或者约定不明的,该受益人应得的受益份额按照以下情形分别处理:

(一)未约定受益顺序和受益份额的,由其他受益人平均享有;

(二) 未约定受益顺序但约定受益份额的，由其他受益人按照相应比例享有；

(三) 约定受益顺序但未约定受益份额的，由同顺序的其他受益人平均享有；同一顺序没有其他受益人的，由后一顺序的受益人平均享有；

(四) 约定受益顺序和受益份额的，由同顺序的其他受益人按照相应比例享有；同一顺序没有其他受益人的，由后一顺序的受益人按照相应比例享有。"

二十、将第44条第1款修改扩充为三款，原第2款成为第4款。前三款的条文拟定如下："以被保险人死亡为给付保险金条件的合同，自合同成立之日起二年内，被保险人自杀的，保险人不承担给付保险金的责任，但被保险人自杀时为无民事行为能力人的除外。

保险合同约定，自合同效力恢复之日起二年内，被保险人自杀，保险人不承担给付保险金的责任的，该约定无效。

保险人以被保险人自杀为由拒绝给付保险金的，由保险人承担举证责任。受益人或者被保险人的继承人以被保险人自杀时无民事行为能力或者系因合理原因无法辨认自身行为为由抗辩的，由其承担举证责任。"

二十一、将第45条原内容作为第1款，后面增加三款，作为第2款、第3款、第4款，具体如下："第2款：对于故意犯罪的认定，仅可依据刑事侦查机关、检察机关和审判机关的生效法律文书或者其他结论性意见。

第3款：保险人主张根据本条规定不承担给付保险金责任的，应当证明被保险人的死亡、伤残结果与其实施的故意犯罪或者抗拒依法采取的刑事强制措施的行为之间存在因果关系。

第4款：被保险人在羁押、服刑期间因意外或者疾病造成伤残或者死亡的，不适用本条规定。"

二十二、第46条增加一款作为第2款："费用补偿型的意外伤害保险和健康保险，不适用本条第1款的规定。"

二十三、第48条增加一款，作为第1款，原内容作为第2款保留。新增第1款："财产保险中，不同投保人就同一保险标的分别投保，保险事故发生后，被保险人有权在其保险利益范围内依据保险合同请求保险人赔偿或给付保险金。"

二十四、第49条在第1款之后增加一款作为第2款："保险标的的受让人已向投保人支付相应款项的，承继投保人的权利和义务。"

对原第3款进行修订，并在其后再增加两款，具体修改建议条款为："因保险标的的转让导致危险程度显著增加的，保险人自收到前款规定的通知之日起30日内，可以按照合同约定增加保险费或者解除合同。保险合同解除前发生保险事故的，保险人应当按约承担赔偿或者给付保险金责任。

增加保险费的，应自危险程度显著增加之时起计算。投保人不同意增加保险费的，保险人有权解除合同。保险人解除合同的，应当将已收取的保险费，按照合同约定扣除自保险责任开始之日起至合同解除之日止应收的部分后，退还投保人。

保险人知道或者应当知道危险程度显著增加后，仍按原标准继续收受保险费，或于危险发生后给付保险金的，丧失前项权利。"

二十五、第51条在第3款之后增加一款，作为第4款，原第4款作为第5款。新增加的条款拟定为："投保人、被保险人故意或重大过失违反安全维护义务而导致保险事故发生的，保险人有权解除保险合同，并有权主张全部或部分免责。保险合同约定依投保人、被保险人的过错程度而按比例给付保险金的，依其约定。"

二十六、第52条修改为："在合同有效期内，保险标的的危险程度显著增加的，投保人、被保险人应当及时通知保险人，保险人可以按照合同约定增加保险费或者解除合同。保险人解除合同的，应当将已收取的保险费，按照合同约定扣除自保险责任开始之日起至合同解除之日止应收的部分后，退还投保人。

投保人、被保险人未按照前款规定履行通知义务的，因保险标的的危险程度显著增加而发生保险事故的，保险人不承担赔偿保险金或者给付保险金的责任。

保险人与投保人可以在保险合同中对保险标的的危险程度显著增加的情形做出明确的约定。"

二十七、将第55条修改为："保险人在承保前，应当查明保险标的的市场价格，并据此确定保险价值。保险标的发生损失时，以实际损失为赔偿计算依据。

保险标的的市场价格不易确定，投保人和保险人可以约定保险标的的保险价值。保险标的发生损失时，以约定的保险价值为赔偿计算标准。

保险金额不得超过保险价值。超过保险价值的，超过部分无效，保险人应当退还相应的保险费。但是，因保险人违反第1款规定的审查义务而导致保险金额超过保险价值的，保险人应当按照保险金额赔付。

保险金额低于保险价值的，除合同另有约定外，保险人按照保险金额与保险价值的比例承担赔偿保险金的责任。"

二十八、（1）将第56条重复保险从保险法第二章保险合同第三节财产保险合同中移除，移入保险法第二章第一节一般规定中。

（2）对本条中的各款顺序进行调整，即将第4款关于重复保险的定义移置第1款，具体如下：

"重复保险是指投保人对同一保险标的、同一保险利益、同一保险事故分别与两个以上保险人订立保险合同，且保险金额总和超过保险价值的保险。

重复保险的投保人应当将重复保险的有关情况通知各保险人。

重复保险的各保险人赔偿保险金的总和不得超过保险价值。除合同另有约定外，各保险人按照其保险金额与保险金额总和的比例承担赔偿保险金的责任。

重复保险的投保人可以就保险金额总和超过保险价值的部分，请求各保险人按比例返还保险费。"

二十九、将第 60 条第 1 款修改为："因第三者对保险标的的损害而造成保险事故的，保险人自向被保险人赔偿保险金之日起，在赔偿金额范围内代位行使被保险人对第三者请求赔偿的权利。保险人行使代位求偿权的诉讼时效期间自其取得代位求偿权之日起算。保险人应以自己的名义行使保险代位求偿权。"

三十、将第 65 条修改为："责任保险是指以被保险人对第三人依法应负的赔偿责任为保险标的的保险。

责任保险的被保险人给第三人造成损害，被保险人未向该第三人赔偿的，保险人不得向被保险人给付保险金。

责任保险的被保险人给第三人造成损害，被保险人对第三人应负的赔偿责任确定的，第三人有权在保险金额范围内，就其应获赔偿部分直接向保险人请求给付保险金。

责任保险的被保险人通知保险人向第三人给付的，保险人应当直接向第三人给付保险金。

保险人有权就第三人的直接请求权主张责任关系与保险关系上的抗辩，但法律另有规定的除外。"

三十一、将第 66 条修改为："责任保险的被保险人因保险事故发生而被第三者提起仲裁或者诉讼的，被保险人应当及时通知保险人。经被保险人的请求，保险人有义务为其提供抗辩服务，或者承担其仲裁或诉讼费用以及其他必要的、合理的费用。

未经保险人参与，被保险人与第三者自行达成的和解协议不作为计算保险赔偿的依据，但是经被保险人通知，保险人拒绝参与或者恶意拒绝认可和解协议的除外。"

三十二、在第二章"保险合同"中第三节"财产保险合同"部分的最后增加一条，条款拟定为：

"责任保险的保险人承担垫付责任的，有权在垫付金额范围内行使向被保险人追偿。保险人在被保险人不能及时承担赔偿责任时，应垫付第三者支付的及时救助费用。

垫付责任是保险人在法律或合同规定的限额内就被保险人的侵权行为承担的替代赔偿责任。保险人垫付后有权向被保险人追偿。"

三十三、在第 37 条后增加一条："保险期间超过 1 年的人身保险合同，应当约定犹豫期。

犹豫期自投保人签收保险单之日起算，不得少于 20 日。

投保人在犹豫期内有权解除保险合同，保险人应当及时退还全部保险费。投保人未解除合同的,保险人对犹豫期内发生的保险事故应按约向被保险人或受益人支付保险金。

保险人应向投保人说明犹豫期。保险人在订立合同时已尽说明义务的,犹豫期自投保人签收保单之日起算;保险人在订立保险合同时未尽说明义务的,犹豫期自保险人实际履行说明义务时起算;如保险人能够证明是投保人的原因致使其未尽说明义务的,犹豫期自合同成立时起算。"

三十四、在第 45 条后增加一条,条款拟定为:"投保人为被保险人订立以死亡为给付保险金条件的保险合同,被保险人被宣告死亡后,受益人可以要求保险人按照保险合同约定给付保险金。

被保险人被宣告死亡之日在保险责任期间之外,但有证据证明下落不明之日在保险责任期间之内,保险人应当支付保险金。"

三十五、在第 56 条后增加一条,条款拟定为:"强制责任保险与商业责任保险发生竞合时,由强制责任保险的保险人优先赔偿,商业责任保险的保险人就超过强制责任保险限额的部分承担赔偿责任。

不同的商业责任保险发生竞合时,被保险人可选择任一保险人提出索赔,该保险人赔偿后可要求其他保险公司分摊责任;被保险人也可请求各保险公司按比例直接分摊责任。

责任保险与财产损失保险发生竞合时,由责任保险的保险人先承担赔偿责任,不足部分由财产损失部分的保险承担责任。

前三款所称的保险竞合,是指在同一保险期间内,因同一保险事故,数个不同性质的保险均须向同一被保险人履行保险金给付义务,且保险金额总和超过被保险人所受损失的情形。"

三十六、将第三章章名修改为:"保险组织"。

三十七、将第 68 条修改为:"设立保险公司应当具备下列条件:

(一)主要股东具有持续盈利能力,信誉良好,最近五年内无重大违法违规记录,净资产不低于人民币五亿元;

(二)有符合本法和《中华人民共和国公司法》规定的公司章程;

(三)有符合本法规定的注册资本;

(四)有具备任职专业知识和业务工作经验的董事、监事和高级管理人员;

(五)有健全的组织机构和管理制度;

(六)有符合要求的营业场所和与经营业务有关的其他设施;

(七)法律、行政法规和国务院保险监督管理机构规定的其他条件。

相互保险公司的设立条件,由国务院保险监督管理机构另行规定。"

三十八、将第 69 条修改为:"设立保险公司,其注册资本的最低限额为人民币五亿元。

国务院保险监督管理机构根据保险公司的业务范围、经营规模,可以调整其注册资本的最低限额,但不得低于本条第 1 款规定的限额。

保险公司的注册资本必须为实缴货币资本。

相互保险公司的注册资本应当符合国务院保险监督管理机构的具体规定。"

三十九、将第 79 条修改为:"保险公司在中华人民共和国境外设立保险类子公司、分支机构、代表机构,应当经国务院保险监督管理机构批准。"

四十、将第 84 条修改为:"保险公司有下列情形之一的,应当经保险监督管理机构批准:

(一)变更名称;

(二)变更注册资本;

(三)撤销分支机构;

(四)公司分立或者合并;

(五)修改公司章程;

(六)变更出资额占有限责任公司资本总额 5% 以上的股东,或者变更持有股份有限公司股份 5% 以上的股东;

(七)国务院保险监督管理机构规定的其他情形。"

四十一、将第 88 条修改为:"保险公司聘请或者解聘提供年度审计服务的会计师事务所及精算服务机构,应当向保险监督管理机构报告;解聘提供年度审计服务的会计师事务所及精算服务机构的,应当说明理由。"

四十二、将第 92 条修改为:"经营有人寿保险业务的保险公司被依法撤销或者被依法宣告破产的,其持有的人寿保险合同及责任准备金,必须转让给其他经营有人寿保险业务的保险公司;不能同其他保险公司达成转让协议的,由国务院保险监督管理机构指定经营有人寿保险业务的保险公司接受转让。

转让或者由国务院保险监督管理机构指定接受转让前款规定的人寿保险合同及责任准备金的,应当维护被保险人、受益人的合法权益。

被依法撤销或者被依法宣告破产的保险公司转让其持有的人寿保险合同及责任准备金给其他保险公司的,参与各方应当采取公告形式通知人身保险合同的投保人、被保险人和受益人。"

四十三、将第 94 条修改为:"保险公司,除本法另有规定外,适用《中华人民共和国公司法》的规定。

保险集团公司、相互保险公司、其他相互保险组织、保险交易所等其他保险组织的设立和经营活动,由国务院或者国家保险监督管理机构根据授权另行规定。"

四十四、将第 95 条修改为:"保险公司的保险业务范围:

(一)人身保险业务,包括人寿保险、年金保险、健康保险、意外伤害保险等保险业务；

（二）财产保险业务，包括财产损失保险、责任保险、信用保险、保证保险等保险业务；

（三）互联网保险业务；

（四）国务院保险监督管理机构批准的与保险有关的其他业务。

保险人不得兼营人身保险业务和财产保险业务。但是，经营财产保险业务的保险公司经国务院保险监督管理机构批准，可以经营短期健康保险业务和意外伤害保险业务。

经国务院保险监督管理机构和有关部门批准，经营人身保险业务的保险公司可以经营企业年金、职业年金等年金业务。

保险公司根据自身发展战略和业务需要，可以依法设立或者委托保险资产管理公司，对于其开展保险业务以外的可经营性资产实施专业化的经营管理。

保险公司应当在国务院保险监督管理机构依法批准的业务范围内从事保险经营活动。"

四十五、将第97条修改为："保险公司应当按照其注册资本总额的百分之十提取保证金，存入国务院保险监督管理机构指定的银行，除公司清算时用于清偿债务外，不得动用。

前款规定的资本保证金达到二亿元的，可以不再提取。"

四十六、将第98条修改为："保险公司应当依法提取各项责任准备金。保险公司提取责任准备金是以维持其偿付能力为目的，应当遵循保障被保险人利益、保证偿付能力的原则。

保险公司提取和结转责任准备金的具体办法，由国务院保险监督管理机构制定。"

四十七、将第101条修改为："保险公司应当具有与其经营中的风险程度相适应的最低偿付能力。保险公司偿付能力管理的具体办法，由国务院保险监督管理机构制定。"

四十八、将第102条删除。

四十九、将第105条修改为："保险公司应当按照国务院保险监督管理机构的规定办理再保险，并审慎选择再保险接受人。

再保险的管理办法，由国务院保险监督管理机构制定。"

五十、将第106条修改为："保险公司的资金运用必须稳健，遵循安全性原则。

保险公司的资金运用限于下列形式：

（一）银行存款；

（二）买卖债券、股票、证券投资基金份额等有价证券；

（三）投资不动产；

（四）发放贷款；

（五）依法对外担保；

（六）投资非上市企业股权；

（七）投资资产管理产品；

（八）以风险管理为目的运用金融衍生品；

（九）国务院规定的其他资金运用形式。

保险公司的保险资金用于发放贷款的，须符合以下条件之一：

（一）由银行或其他金融机构提供担保；

（二）以动产或不动产作为抵押；

（三）以有价证券作为质押；

（四）以人寿保险单作为质押；

（五）符合国务院保险监督管理机构规定的其他担保条件。

保险公司资金运用的具体管理办法，由国务院保险监督管理机构依照前三款的规定制定。"

五十一、将第110条修改为："保险公司应当按照国务院保险监督管理机构的规定，真实、准确、完整地披露财务会计报告、偿付能力信息、风险管理状况、保险产品经营情况等重大事项。"

五十二、将第112条修改为："保险公司应当按照国务院保险监督管理机构的规定建立保险营销员管理制度，加强对保险营销员的培训和管理。

保险公司与保险营销员之间的法律关系，按照双方所签订合同约定的权利和义务予以确认。"

五十三、将第115条修改为："保险公司开展业务，应当遵循公平竞争的原则，不得从事不正当竞争。

保险公司以共同保险方式经营保险业务，应当遵守自愿联合的原则，并符合国务院保险监督管理机构的规定。

有下列情形之一的，保险公司之间可以采用共保方式承保：

（一）承保巨灾损失风险的；

（二）根据法律、行政法规、部门规章或其他规范性文件，由政府部门或承担政府行政管理职能的组织推动实施的保险项目；

（三）有利于保护社会公共利益的；

（四）有利于提升对投保人、被保险人或受益人的服务的；

（五）其他经国务院保险监督管理部门核准的项目。"

五十四、增加一条："保险公司经营互联网业务，应当具备相应的专业技术人员和技术支持条件，并建立互联网保险活动的风险防范机制，保护投保人、被保险人和受益人的合法权益。

互联网保险业务的监督管理规则，由国务院保险监督管理机构制定。"

五十五、将第116条修改为："保险公司及其工作人员在保险业务活动中不得有下列行为：

（一）欺骗投保人、被保险人或者受益人；

（二）对投保人隐瞒与保险合同有关的重要情况；

（三）阻碍投保人履行本法规定的如实告知义务，或者诱导其不履行本法规定的如实告知义务；

（四）拒不依法履行保险合同约定的赔偿或者给付保险金义务；

（五）故意编造未曾发生的保险事故、虚构保险合同或者故意夸大已经发生的保险事故的损失程度进行虚假理赔，骗取保险金或者牟取其他不正当利益；

（六）挪用、截留、侵占保险费；

（七）委托未取得合法资格的机构或者个人从事保险销售活动；

（八）利用开展保险业务为其他机构或者个人牟取不正当利益；

（九）利用保险代理人、保险经纪人或者保险评估机构，从事以虚构保险中介业务或者编造退保等方式套取费用等违法活动；

（十）唆使、诱导保险代理人从事违背诚信义务的活动；

（十一）以捏造、散布虚假事实等方式损害竞争对手的商业信誉，或者以其他不正当竞争行为扰乱保险市场秩序；

（十二）泄露、出售或者非法向他人提供在业务活动中知悉的投保人、被保险人、受益人的商业秘密或者个人信息；

（十三）违反法律、行政法规规定的其他行为。"

五十六、在第五章标题与结构中增加保险公估人的规定。

五十七、将第117条修改为："保险代理人是根据保险人的委托，向保险人收取佣金，并在保险人授权的范围内代为办理保险业务的机构或者个人。

保险代理机构包括专门从事保险代理业务的保险专业代理机构和兼营保险代理业务的保险兼业代理机构。

个人保险代理人是依法取得从事保险代理业务资格，以个人名义开展保险代理活动，享有代理人的权利和承担代理义务的保险营销员。"

五十八、将第118条修改为："保险经纪人是接受委托，向被保险人提供防灾防损，或者风险评估、风险管理等咨询服务，或者基于投保人的利益，为投保人与保险人订立保险合同提供中介服务，并依法收取佣金的机构。

保险经纪人应当采取有限责任公司、股份有限公司等组织形式。"

五十九、增加一条保险公估人概念的规定：

"第　条：保险公估人是指接受委托，专门从事保险标的或者保险事故造成经济损失的评估、勘验、鉴定、估损理算等业务，并按约定收取报酬的机构。"

六十、将第 119 条修改为："保险代理机构、保险经纪人和保险公估人应当具备国务院保险监督管理机构规定的条件，取得保险监督管理机构颁发的相应的经营保险中介业务许可证，包括经营保险代理业务许可证、保险经纪业务许可证、保险公估业务许可证。"

六十一、将第 120 条修改为："设立保险专业代理机构、保险经纪人、保险公估人的注册资本的最低限额由国务院保险监督管理机构规定。"

六十二、将第 120 条第 2 款删除。

六十三、将第 121 条修改为："保险专业代理机构、保险经纪人、保险公估人的高级管理人员，应当品行良好，熟悉保险法律、行政法规，具有履行职责所需的经营管理能力，并在任职前取得保险监督管理机构核准的任职资格。"

六十四、将第 122 条修改为："个人保险代理人、保险代理机构的代理从业人员、保险经纪人的经纪从业人员、保险公估人的公估从业人员，应当具备国务院保险监督管理机构规定的资格条件，取得保险监督管理机构颁发的资格证书。"

六十五、将第 123 条修改为："保险代理机构、保险经纪人、保险公估人应当有自己的经营场所，设立专门账簿记载保险代理业务、保险经纪业务、保险公估业务的收支情况。"

六十六、将第 124 条修改为："保险代理机构、保险经纪人、保险公估人应当按照国务院保险监督管理机构的规定缴存保证金或者投保职业责任保险。未经保险监督管理机构批准，保险代理机构、保险经纪人、保险公估人不得动用保证金。"

六十七、将第 126 条修改为："保险人委托保险代理机构代为办理保险业务，应当与保险代理人签订委托代理协议，依法约定双方的权利和义务。

保险营销员从事保险代理业务的，应当与被代理的保险公司签订《个人保险代理合同》，约定保险代理的权利和义务。"

六十八、增加一条："第　　条　保险经纪人可以经营下列保险经纪业务：

（一）为投保人拟订投保方案、选择保险公司以及办理投保手续；

（二）协助被保险人或者受益人进行索赔；

（三）再保险经纪业务；

（四）为委托人提供防灾、防损或者风险评估、风险管理咨询服务；

（五）保险监督管理机构批准的其他业务。"

六十九、将第 127 条修改为："保险代理人根据保险人的授权代为办理保险业务的行为，由保险人承担责任。保险代理人没有代理权、超越代理权或者代理权终止后以保险人名义订立合同，使投保人有理由相信其有代理权的，该代理行为有效。但保险代理人擅自以保险人名义订立非保险合同的，由保险代理人自行承担法律责任。"

七十、将第128条修改为："保险经纪人从事保险经纪业务，应当与委托人签订书面委托合同，依法约定双方的权利义务及其他事项。委托合同不得违反法律、行政法规及保险监管机构的有关规定。

保险经纪人应当按照与委托合同当事人的约定收取佣金，任何单位和个人不得干预经纪人获得佣金的权利。

因其在办理保险业务中的过错，给投保人、被保险人造成损失的，保险经纪人依法承担赔偿责任。"

七十一、将第129条修改为："保险活动当事人、政府部门或其他单位和个人可以委托保险公估人等依法设立的独立评估机构或者具有相关专业知识的人员，对保险事故或者相关标的进行评估和鉴定。

接受委托，对保险事故或者相关标的进行评估和鉴定的机构和人员，应当依法、独立、客观、公正地进行评估和鉴定，任何单位和个人不得干涉。

前款规定的机构和人员，因故意或者过失给保险人、被保险人、委托人造成损失的，依法承担赔偿责任。"

七十二、将第130条修改为："保险佣金只限于向保险代理人、保险经纪人、保险公估人支付，不得向其他人支付。"

七十三、增加一条，并放在现行法第130条之后："第　条　保险专业代理机构、保险经纪人、保险公估人的分立、合并、变更组织形式、设立分支机构的，应当符合国务院保险监督管理机构规定的条件，并向保险监督管理机构备案。"

七十四、将第131条第（1）项、第（8）项修改为："保险代理人、保险经纪人、保险公估人及其从业人员在办理保险中介业务活动中，不得有下列行为：

（一）欺骗保险人、投保人、被保险人或者受益人，或者对保险产品进行引人误解或与事实不符的宣传、解释和说明等欺诈行为；

（八）利用业务便利为其他机构或者个人牟取不正当利益或者利用出售、转让等方式将其在业务活动中知悉的保险人、投保人、被保险人或受益人的商业秘密和信息非法提供给他人。"

七十五、第六章"总则"部分，增加一条：第　条："在国家对保险市场实行统一监督管理的前提下，依法设立保险行业协会等行业组织，实行行业内的自律性管理。"

七十六、增加有关第七章"保险行业组织"规定

七十七、增加一条："第　条：保险行业协会是由全体会员自愿加入而结成

的非营利性社会团体法人,是保险业的自律性组织。

保险行业组织接受中国保监会的业务指导、由社团登记管理机关进行监督管理。"

七十八、增加一条:"第　条　保险行业协会是中国保险行业的自律组织。保险公司应当加入保险行业协会。保险公司的分支机构应当加入地方性保险行业协会。

保险中介行业协会是各类保险中介人的行业自律组织。保险代理人、保险经纪人、保险公估人可以加入保险中介行业协会。

精算师、保险资产管理公司等特定行业群体可以自愿组建相应的行业协会。

全国范围的保险行业组织,其名称中应当冠以"中国"字样。地方性保险行业组织,其名称中应当冠以相应的地域称谓。"

七十九、增加一条:"第　条　保险行业组织是以会员章程为依据,开展相应的日常组织活动。

保险行业组织的权力机构为全体会员组成的会员大会。

保险行业组织设立会长1人、副会长若干人。会长、副会长由会员大会依据会员章程的规定从保险业内有较大影响和较高声望的行业专家中民主选举产生,年龄一般不超过65周岁。"

八十、增加一条:"第　条　保险行业组织的会员章程应当由全体会员通过会员大会制定并通过产生。

保险行业组织为实现其自律管理作用,应当履行如下职责:

1. 制订和实施本协会组织的行业自律规则,监督和检查全体会员及其从业人员在日常活动中履行自律规则的情况。对于违反自律规则的行为,依据会员章程而采取相应的自律处罚措施。

2. 制订保险行业的职业标准和业务规范,组织相关的保险从业人员的从业考试和业务培训,并对相关保险从业人员进行从业资格管理。

3. 依法维护全体会员的合法权益,并向保险监督管理机构或者相关的管理机构反映会员的建议和要求。

4. 教育和教育全体会员及其从业人员遵守法律、行政法规和自律规则。

5. 协调各会员间的保险业务活动,并开发建设有关业务信息的管理系统、收集和发布有关业务信息,向全体会员提供服务和交流,调解相关的保险业务纠纷。

6. 会员章程规定的其他职责。"

八十一、第六章变为第七章。

八十二、增加一条,并放置在现行法第133条之前:"第　条　为了促进保险业的合法、稳健运行,防范和化解保险业风险,保护投保人、被保险人和受益人的合法权益，促进保险业健康发展，国家对保险业实施监督管理。

保险业监督管理应当保护保险业的公平竞争，提高保险业竞争能力。"

八十三、将第134条修改为："保险监督管理机构依照本法和国务院规定的职责，遵循依法、公开、公正的原则，独立地对保险业实施监督管理，维护保险市场秩序，保护投保人、被保险人和受益人等保险消费者的合法权益。

本条第1款所述保险消费者是指以生活消费为主要目的而购买保险产品或享有保险金请求权的自然人。"

八十四、将第136条修改为："关系社会公众利益的保险险种、依法实行的强制保险险种的保险条款和保险费率，应当报国务院保险监督管理机构审批。其他保险险种的保险条款和保险费率，应当报保险监督管理机构备案。

保险条款和保险费率的审批和备案方法，由国务院保险监督管理机构制定。"

八十五、将第137条修改为："未使用或实质性变更经审批、备案的保险条款或保险费率，由国务院保险监督管理机构责令保险公司停止使用，并根据具体情形进行行政处罚。未使用或实质性变更经审批、备案的保险条款或保险费率损害投保人、被保险人、受益人权益的，由国务院保险监督管理机构责令保险公司承担赔偿责任。

保险公司使用向国务院保险监督管理机构审批、备案的保险条款和保险费率违反法律、行政法规或者国务院保险监督管理机构的有关禁止性规定的，由保险监督管理机构责令停止使用，限期修改；情节严重的，可以在一定期限内禁止申报新的保险条款和保险费率。"

八十六、将第139条修改为："对偿付能力不足的保险公司，国务院保险监督管理机构应当将其列为重点监管对象，并可以根据具体情况采取如下列措施：

（一）责令增加资本金、办理再保险；

（二）限制业务范围；

（三）限制向股东分红、股东转让股权；

（四）限制固定资产购置或者经营费用规模；

（五）闲置资金运用的形式、比例；

（六）限制增设分支机构；

（七）责令出售资产、转让保险业务；

（八）限制董事、监事、高级管理人员的薪酬水平；

（九）限制商业性广告；

（十）责令停止接受新业务。

责令保险公司转让保险业务的，保险业务转让方案应经国务院保险监督管理机构批准，转让方案自批准时生效，无须投保人、被保险人等同意。保险业务转让方案应由国务院保险监督管理机构和保险公司予以公告并载明转让生效的时间。因转让保险业务涉及的经营条件与承保之时发生显著变化，承接的保险公司要求调整保险费率或保险金额的，经国务院保险监督管理机构批准，可相应调整保险费率或保险金额。"

八十七、增加一条，放置在现行法第136条之后："第　条　国家鼓励保险公司的保险产品和保险服务的创新，对于创新类型的人身保险产品实行保护期制度。

创新类型的人身保险产品的保护期制度，由国务院保险监督管理机构和有关机构制定管理办法。"

八十八、删除第141~144条、第149条、第154条的"整顿"等文字表述；

八十九、将第155条修改为："保险监督管理机构依法履行职责，可以采取下列措施：

（一）对保险公司、保险代理人、保险经纪人、保险公估人、保险资产管理公司、外国保险机构的代表机构进行现场检查；

（二）进入涉嫌违法行为发生场所调查取证；

（三）询问当事人及与被调查事件有关的单位和个人，要求其对与被调查事件有关的事项作出说明；

（四）查阅、复制与被调查事件有关的财产权登记等资料；

（五）查阅、复制保险公司、保险代理人、保险经纪人、保险公估人、保险资产管理公司、外国保险机构的代表机构以及与被调查事件有关的单位和个人的财务会计资料及其他相关文件和资料；对可能被转移、隐匿或者毁损的文件和资料予以封存；

（六）查询涉嫌违法经营的保险公司、保险代理人、保险经纪人、保险公估人、保险资产管理公司、外国保险机构的代表机构以及与涉嫌违法事项有关的单位和个人的银行账户；

（七）对有证据证明已经或者可能转移、隐匿违法资金等涉案财产或者隐匿、伪造、毁损重要证据的，经保险监督管理机构主要负责人批准，申请人民法院予以冻结或者查封。

保险监督管理机构采取前款第（1）项、第（2）项、第（3）项措施的，应当经保险监督管理机构负责人批准；采取第（6）项措施的，应当经国务院保险监督管理机构负责人批准。

保险监督管理机构依法进行监督检查或者调查，其监督检查、调查的人员不得少于二人，并应当出示合法证件和监督检查、调查通知书；监督检查、调查的人员少于二人或者未出示合法证件和监督检查、调查通知书的，被检查、调查的单位和个人有权拒绝。"

九十、增加一条，放置在现行法第155条之后："第　条　保险行业组织的活动应当接受国务院保险监督管理机构的监督管理，保险监督管理机构有权对保险行业组织的设立、履行自律职责活动等进行监督、检查，纠正其违法行为。"

九十一、将第七章变为第八章。

九十二、将第159条修改为："违反本法规定，擅自设立保险公司、保险资产管理机构或者非法经营商业保险业务、变相经营商业保险业务的，由保险监督管理机构予以取缔，没收违法所得，并处违法所得一倍以上五倍以下的罚款；没有违法所得或者违法所得不足三十万元的，处三十万元以上一百五十万元以下的罚款。"

九十三、将第160条修改为："违反本法规定，擅自设立保险专业代理机构、保险经纪人、保险公估人，或者未取得经营保险代理业务许可证、保险经纪业务许可证、保险公估业务许可证从事保险代理业务、保险经纪业务、保险公估业务的，由保险监督管理机构予以取缔，没收违法所得，并处违法所得一倍以上五倍以下的罚款；没有违法所得或者违法所得不足十万元的，处十万元以上五十万元以下的罚款。"

九十四、建议将第161条修改为："保险公司违反本法规定，超出批准的业务范围经营的，由保险监督管理机构责令限期改正，没收违法所得，并处违法所得一倍以上五倍以下的罚款；没有违法所得或者违法所得不足二十万元的，处二十万元以上一百万元以下的罚款。逾期不改正或者造成严重后果的，责令停业整顿或者吊销业务许可证。"

九十五、将第163条修改为："保险公司违反本法第84条规定的，由保险监督管理机构责令改正，处十万元以上五十万元以下的罚款。"

九十六、将第164条修改为："保险公司违反本法规定，有下列行为之一的，由保险监督管理机构责令改正，处五万元以上三十万元以下的罚款：

（一）超额承保，情节严重的；

（二）为无民事行为能力人承保以死亡为给付保险金条件的保险的（父母为其未成年人投保以死亡为给付条件的情况除外）。"

九十七、将第165条修改为："违反本法规定，有下列行为之一的，由保险监督管理机构责令改正，处十万元以上五十万元以下的罚款；情节严重的，可以限制其业务范围、责令停止接受新业务或者吊销业务许可证：

（一）未按照规定提存保证金或者违反规定动用保证金的；

（二）未按照规定提取或者结转各项责任准备金的；

（三）未按照规定缴纳保险保障基金或者提取公积金的；

（四）未按照规定办理再保险的；

（五）未按照规定运用保险公司资金的；

（六）未经批准设立分支机构的；

(七）未按照规定申请批准保险条款、保险费率的。"

九十八、将第 166 条修改为："保险代理机构、保险经纪人、保险公估人有本法第 131 条规定行为之一的,由保险监督管理机构责令改正,处十万元以上五十万元以下的罚款;情节严重的,吊销业务许可证、责令停业整顿;"

九十九、将第 167 条修改为："保险代理机构、保险经纪人、保险公估人违反本法规定,有下列行为之一的,由保险监督管理机构责令改正,处十万元以上五十万元以下的罚款;情节严重的,责令停业整顿或者吊销业务许可证:

（一）未按照规定缴存保证金或者投保职业责任保险的;

（二）未按照规定设立专门账簿记载业务收支情况的;

（三）未按照规定动用保证金的。

保险专业代理机构、保险经纪人、保险公估人未按照规定的条件分立、合并、变更组织形式或者设立分支机构的,适用前款规定。"

一百、将第 168 条修改为："保险机构、保险中介机构违反本法规定,聘任不具有任职资格的人员的,由保险监督管理机构责令改正,处十万元以上五十万元以下的罚款。"

一百零一、将第 169 条修改为："保险机构、保险中介机构违反本法规定,转让、出租、出借其业务许可证的,由保险监督管理机构责令改正,没收违法所得,并处违法所得一倍以上五倍以下的罚款;没有违法所得或者违法所得不足二十万元的,处二十万元以上一百万元以下的罚款;情节严重的,责令停业整顿或者吊销业务许可证。"

一百零二、将第 171 条修改为："违反本法规定,有下列行为之一的,由保险监督管理机构责令限期改正;逾期不改正的,处五万元以上二十五万元以下的罚款:

（一）未按照规定报送或者保管报告、报表、文件、资料的,或者未按照规定提供有关信息、资料的;

（二）未按照规定报送保险条款、保险费率备案的;

（三）未按照规定披露信息的。"

一百零三、将第 172 条修改为："保险机构、保险中介机构违反本法规定,有下列行为之一的,由保险监督管理机构责令改正,处二十万元以上一百万元以下的罚款;情节严重的,限制其业务范围、责令停止接受新业务或者吊销业务许可证:

（一）编制或者提供报告、报表、文件、资料有虚假记载、误导性陈述或者重大遗漏的;

（二）拒绝或者妨碍依法监督检查的;

（三）未按照规定使用经批准或者备案的保险条款、保险费率的。"

一百零四、将第 173 条修改为:"保险公司、保险资产管理公司、保险专业代理机构、保险经纪人、保险公估人违反本法规定的,保险监督管理机构除分别依照本法第 161 条至第 172 条的规定对该单位给予处罚外,对其直接负责的主管人员和其他直接责任人员给予警告,并处五万元以上二十五万元以下的罚款;情节严重的,撤销任职资格。"

一百零五、将第 174 条修改为:"个人保险代理人违反本法规定的,由保险监督管理机构给予警告,可以并处二万元以下的罚款;情节严重的,处三万元以上十五万元以下的罚款。"

一百零六、将第 175 条修改为:"外国保险机构未经国务院保险监督管理机构批准,擅自在中华人民共和国境内设立代表机构的,由国务院保险监督管理机构予以取缔,处二十万元以上一百万元以下的罚款。

外国保险机构在中华人民共和国境内设立的代表机构从事保险经营活动的,由保险监督管理机构责令改正,没收违法所得,并处违法所得一倍以上五倍以下的罚款;没有违法所得或者违法所得不足二十万元的,处五十万元以上二百五十万元以下的罚款;对其首席代表可以责令撤换;情节严重的,撤销其代表机构。"

一百零七、将第 176 条修改为:"投保人、被保险人、受益人有下列行为之一的,进行保险诈骗活动,尚不构成犯罪的,应按照《中华人民共和国行政处罚法》相关规定给予行政处罚:

(一)投保人故意虚构保险标的,骗取保险金的;

(二)编造未曾发生的保险事故,或者编造虚假的事故原因或者夸大损失程度,骗取保险金的;

(三)故意造成保险事故,骗取保险金的。

保险事故的鉴定人、评估人、证明人故意提供虚假的证明文件,为投保人、被保险人或者受益人进行保险诈骗提供条件的,依照前款规定给予处罚。"

一百零八、将第 177 条修改为:"保险机构、保险中介人或者其他保险活动的参与人违反本法规定,给相对人或者他人造成损害的,应当依法承担相应的民事责任。"

一百零九、将第 178 条删除。

一百一十、将第 179 条修改为:"保险机构、保险中介机构的人员、个人保险代理人等违反法律、行政法规的规定,情节严重的,国务院保险监督管理机构可以根据有关责任人员之违法行为的严重程度,分别情况对其处以一定期限直至终身禁入保险业的处罚。"

一百一十一、增加一条:

"第　条　大病保险适用本法规定,法律、行政法规另有规定的,适用其规定。"

一百一十二、将第 186 条第 1 款后增加一款作为第 2 款，原第 2 款顺延为第 3 款：

"国家建立有财政支持的巨灾保险制度，管理办法由国务院另行规定。"

此外，需根据上述修订对本法的条文顺序作相应调整。

保险法前沿(第四辑)

研究综述

2015~2016年中国保险法学研究综述

王天凡　王洁琼

一、合理期待原则

有学者认为，保险合同作为特殊的一种合同，故保险合同也应使用合同法中合理期待原则。合同是在社会不断发展、分工逐渐明确的过程中产生的双方合意的资源交换。在早期的合同中，当事人大多数都为知识水平相差不多的单独的平等社会个体，但在社会形势急剧变化商人利益群体大批出现的同时，社会可以交换的资源也越来越丰富，保险业也就应运而生。商人们为了在保险这个行业中谋取更多的利益，因此更加青睐于相对简洁而且对自己有利的格式合同。但是很多势单力薄的普通消费者对于商业合同的复杂性难以理解，对自己的权利义务也很难有清楚的认知，因此在保险合同中就处在了相对弱势的一方。在这样的情况下，法官在运用法律规则之后仍不能很好地保障被保险人的利益时，合理期待原则就在司法实践中被法官运用从而保障公平。基廷提出的合理期待原则在美国法院已适用了多年，从中国目前被保险人与保险公司冲突越来越多的国情来看，合理期待原则的引入对于保险合同双方利益冲突的解决是非常可取的。当保险合同的被保险人一方在保险事故发生之后得不到充分补偿时，法院即可援引合理期待对合同的效力予以否认，不需要保险人对合同条款以及承保范围等做出解释，直接实现保险合同最终的目标，对被保险人进行赔偿。[1]

有学者对合理期待原则进行了研究，在格式化合同盛行的现在，契约自由并不能完全地得到保证，保险合同中的格式条款只是形式正义的体现，被保险人并不能从本质上真正体会到实质公平。合理期待的引入对于在保险领域实现实质正义有着极大的促进作用。保险人承保的危险应当以被保险人的合理期待为标准，对于合同中的某些限制性条款，应当以一个普通人的角度去看是否是合理的，而

---

[1] 马宁："保险法中的合理期待：从规则向原则的回归"，载《比较法研究》2015年第5期。

不是保险合同中只要有明确规定保险人就可以随意解释并试用。该原则其实是一种事后的救济，故它存在一定的滞后性，不能给予被保险人全程的保护。另外，如果合理期待原则被过度使用，那么保险合同中关于保险人的免责条款则没有存在的价值，因为它完全有可能在司法实践过程中由于法院适用合理期待原则而被判定为无效。而且由于合理期待并没有较为详尽细致的规定，法官对此也有较大的自由裁量权，到最后同样的案件可能导致不一样的结果。[1]

二、免责条款

免责条款是指投保人或被保险人因为故意或重大过失未履行如实告知义务导致事故时，保险人免除责任的条款。我国《保险法》第16条明确规定，保险事故若是因为被保险人故意或者重大过失未履行告知义务引起的，保险人则有解除合同的权利。有学者对此有不同的看法，首先，故意和重大过失有明显的不同，二者并不相同，故不可作相同的处理。故意是指被保险人明知自己要履行告知义务仍然隐瞒导致事故发生，而重大过失仅仅是由于被保险人未尽到一般人的注意义务从而导致了事故的发生，他主观上并不存在恶意；其次，保险法的出台实质上是为了对投保人由于突然性变故产生的损失进行补救，这样看来对被保险人的重大过失造成的事故进行理赔也符合保险法的理念，因为重大过失未履行告知义务导致事故一定程度上也是偶然性事件，应属于保险理赔范畴。最后，对被保险人的故意行为，保险人理应免责，但是对于重大过失的情节，保险人应在比例原则指导下根据被保险人的过错程度在相应的范围内免责，而不是完全免责。另外，保险事故发生后，保险人解除合同与免于给付保险金是两种不同的情况。解除合同必须是保险人对被保险人行使解除权发出解除通知后解除合同才有效，而且解除合同后有溯及力，合同处于无效状态而免于给付是在事故后保险人直接免责，只是终止后合同的将来状态是无效的。所以我国法院应对这两种情况有清晰地辨别，而不是将二者等同起来。[2]

---

[1] 王林清："保险法中合理期待原则的产生、适用及其局限性"，载《保险研究》2009年第5期。
[2] 蔡大顺："论重大过失行为之法律责任体系于保险法上的重构"，载《政治与法律》2016年第3期。

三、不可抗辩条款

《保险法》第 16 条第 3 款规定投保人故意或者因重大过失未履行前款规定的如实告知义务，足以影响保险人决定是否同意承保或者提高保险费率的，保险人有权解除合同。前款规定的合同解除权，自保险人知道有解除事由之日起，超过 30 日不行使而消灭。自合同成立之日起超过二年的，保险人不得解除合同；发生保险事故的，保险人应当承担赔偿或者给付保险金的责任。有学者认为该条在财产保险合同中也应该适用。这样有利于保险人在订立合同时更加仔细地审核投保人信息的真实性，从而使得保险公司更好的经营。另外虽然在财产保险中并不涉及人的生存价值问题，但是较大数额的赔偿金可能对投保人的基本生存有着关键性的作用。所以把财产保险合同也纳入其中很值得我国法律人深思。

对于投保人恶意欺诈骗保时该条还应适用吗？该条并没有将恶意诈骗排除在外，只要保险人在合同成立起两年内未发现投保人诈骗就要对被保险人进行赔偿。这是很多学者关注的问题，恶意骗保已经违反了《合同法》的诚信原则，同时也违背了保险的初衷，无论时间过了多久，保险人都有权对此提出解除权来维护自己的正当利益。《保险法司法解释二》草案中允许保险人对这类合同行使撤销权，但在正式出台的《保险法司法解释二》中却删掉了，在《保险法司法解释三》中也没有明确的规定，因此这也是《保险法》中明显的漏洞。有学者认为如果保险事故在合同成立之日起两年内发生了保险事故，则不可抗辩条款的适用期间应从保险事故发生之日起计算，这样对保险合同的双方都是有利的。[1]

四、保险人的说明义务

由于保险合同的其中一方当事人存在明显的优势地位，而且为了交易更加方便，保险公司越来越倾向于使用格式合同。《保险法》为了更好地保护弱势的被保险人一方的利益，在保险人免责条款方面给予严格的说明与提示义务。《保险法司法解释二》将免除条款、免赔额、免赔率、比例赔付或者给付等都纳入了《保险法》第 17 条中的免除保险人责任的条款之中，这样做的目的是为了让保险

---

[1] 孙宏涛："我国《保险法》中不可抗辩条款完善之研究"，载《政治与法律》2015 年第 7 期。

人将更多不利于被保险人的条款做出提示和说明,使被保险人对自己所签的合同有更好的理解,对自己的权利义务有明确的认知。但是有些学者认为,这样过度保护被保险人的法律会对司法实践有不利的影响,只要是有关保险人责任范围的认定问题就放到免责条款之中,最后的结果将会是保险人一方的说明提示义务越来越重,免除保险人责任的条款也将失去意义,保险人的举证责任也随之加重。

保险合同中关于保险人对无证驾驶、酒驾、超载等禁止性规定的免责事由,保险人是否需要对此作出说明与提示,引起了学者们的争议。主要有以下几种观点,(1) 对于严重地违反禁止性规定甚至触及犯罪的恶劣行为,被保险人应该有最基本的认识,因而保险人不必再多此一举对此作出说明;(2) 对于被保险人违反了禁止性规定但不影响合同继续履行的条款,保险人也应尽说明义务,但是在司法实践中对履行说明义务的举证责任可以适当减免;(3) 现实生活中并不是所有人对法律都有常识性认识,故保险人必须对这类禁止性规定的免责条款予以说明;(4) 对于禁止性规定,被保险人可能知道违反禁止性规定的法律后果,但是可能不知道违反禁止性规定后的保险人将免责,因此保险人要对此尽到足够的提示注意义务,但没必要做出说明。《保险法司法解释二》也采纳了这种观点。

有些学者对我国保险合同中保险人说明义务的制度完善提出了自己的观点,首先是我国法院要借鉴美国等法院的合理期待原则,即保险人利用行业优势获取不正当利益时,法院可以基于合同订立时被保险人的合理期待而作出对保险人不利的判决。在此原则之下,法院可以在满足合同订立时被保险人对保险人承保范围的合理期待作出裁决,而不是只考虑保险人是否对免责条款做了提示与说明。其次是建议我国保险行业建立保险监督管理机构,规范保险人对免责条款的说明提示义务,最大限度地为双方营造良好的交易环境。最后是完善冷静期制度,赋予合同相对方在一定期限内的反悔权,这个制度主要针对投保人,给予投保人一定的时间准确理解合同,全面知悉自己的权利义务,从而使交易更加的公平。[1]

五、投保人、被保险人的安全防范义务

《保险法》第 51 条第 3 款中规定,投保人、被保险人未按照约定履行其对保险标的的安全应尽责任的,保险人有权要求增加保险费或者解除合同。有学者对该款提出了质疑,是否在投保人、被保险人有轻微的过失违反合同约定,但并没

---

[1] 于永宁:"保险人说明义务的司法审查——以《保险法司法解释二》为中心",载《法学论坛》2015 年第 6 期。

有对保险标的造成损失的情况下，保险人也有权增加保费或解除合同？该款的规定过于模糊，因此有必要对此作出进一步的限制。即将投保人、被保险人对保险标的造成损失的程度以及主观上心理状态纳入考虑范围，当投保人、被保险人因为一般过失而导致轻微事故时，保险人还应履行赔偿义务，只有故意或重大过失不履行保障标的物安全导致重大事故时，保险人才有权按照第51条第3款增加保费或解除合同。保险标的的绝对安全是不可能存在的，只有搁置不用才有机会保障标的物绝对安全，但是在这种情况下投保就变得毫无意义。所以《保险法》规定的安全义务是指在投保人、被保险人在应尽职责之下的相对安全。故意和重大过失下致使保险标的发生的事故与当初承保人订立合同时情形明显不同，与当初的承保范围不一致，故保险人有权增加保费或解除合同。《保险法》这样规定也是为了更好的督促投保人、被保险人尽到自己的安全保障义务，从而更好地促进保险合同的履行。

另外对于《保险法》第51条第3款的规定有学者提出了更为明确的认识，该条的字面意思是如果投保人与被保险人不履行安全义务将承担由此产生的不利后果。但是这种不利后果必须是由投保人、被保险人不履行安全义务导致标的的危险增加而造成的，换言之，二者之间必须存在因果关系。对于违反安全义务之后的两种救济途径，应当有顺序之分。例如保险人可以在得知投保人或被保险人违反安全义务之后将增加保费的通知传达给投保人或被保险人，并给予其一定的合理期限来考虑是否接受，若不接受就解除双方的合同。[①]

六、危险通知义务

有学者认为，《保险法》第52条中危险程度显著增加而导致保险事故发生的几率增加，基于对诚信原则的遵守，投保人或被保险人应当及时将增加的危险通知保险人，以供保险人对此新情况进行风险评价。我国《保险法》中的危险增加的通知义务仅限于财产保险合同，但是在人身保险合同中同样存在着保险标的危险增加的可能性，因此在以后的立法实践中应该将通知义务统一适用于财产保险合同与人身保险合同，这样才能体现保险合同的公平性。[②]

[①] 张虹："保险相对人安全防范义务研究"，载《法学家》2014年第4期。
[②] 孙宏涛："我国《保险法》中危险通知义务完善之研究"，载《政治与法律》2016年第6期。

七、责任保险

我国《保险法》的责任保险的相关规定是在"分离原则"的指导下制定的，"分离原则"即责任保险的三者之间不是都存在法律关系，其中的受害人与保险人之间毫无法律关系可言。在保险事故发生之后，保险人与被保险人之间是保险合同关系，被保险人与受害人之间是侵权责任关系，两种关系之间无任何交集。有些学者认为这种分离原则在司法实践中有明显的弊端，首先对受害人而言，得不到及时的救济。在该原则指导下，事故发生后被保险人必须先从保险人处领取赔偿金才能向受害人进行赔偿，受害人并不能直接找保险人请求赔偿，这样的程序繁杂且效率极低，若是赔偿金被被保险人挪作他用，那么受害人的损害赔偿请求权就很难再实现了，这种情况下责任保险的目的并没有实现。对于解决这种弊端，学者们给予了三种不同的办法。（1）直接请求权模式，顾名思义即受害人可以跳过被保险人直接向保险人请求赔偿，要求其给付赔偿金。（2）参与权模式，为了保护保险人的利益，允许保险人在被保险人与受害人之间的侵权责任关系之中，了解具体事故的原因及处理结果，据此来对受害人进行保险赔偿。在保险人全面了解之后更好地保护自己的利益。（3）防御义务模式，在此模式下，保险人不仅要参与到责任关系之中而且要站在被保险人的立场来对受害人的赔偿请求权进行抗辩，来对抗受害者的赔偿请求。有学者认为我国《保险法》应采取第三种防御义务模式，原因有以下几个方面。首先，随着各种社会关系的展开，人们难以避免与别人发生冲突矛盾，而解决这些矛盾的有效办法之一就是进行诉讼，防御义务模式的优点在于事故发生之后保险人不仅能够代替被保险人对受害人进行金钱上的赔偿，而且可以代替被保险人出庭应诉减轻被保险人的诉累；其次，有利于保护保险人、被保险人和受害者三方的利益，保险人利用自身强大的优势可以与受害人进行很好的抗辩，抗辩成功则保险人不需要向受害者给付赔偿金，被保险人也不需要承担任何法律上的责任。抗辩失败，保险人在保险金额范围内给付赔偿金即可；最后，防御义务模式有利于将复杂的纠纷关系高效地作出处理，将原本的两大法律关系一并处理，节约了司法资源。如果保险人没有参与到侵权责任关系之中，那么他可能对最后的结果并不满意，导致保险人与被保险之间的冲突，不利于最终对受害人的赔偿。最主要的是保险人参与抗辩并不违背《保险法》诚实信用原则，在高效处理矛盾方面是一种很好的改革途径。因此我国责任保险法制改革完全可以借鉴这种模式。①

随着旅游业的迅猛发展，旅游责任险也越发受到旅行社的欢迎，但是在实践中也存在许多疑难问题。关于旅游责任险的赔偿是否包括违约责任导致的损失，我国立法也没有明确规定，学者们一直争论不休。有学者认为，责任保险的范围包含违约责任，民法上债务不履行以及侵权责任都属于责任保险的范围，而债务不履行责任又包括违约责任，因此，旅游责任险对违约责任造成的损失也应当负责；有学者认为违约金可以由当事人事先约定，如果由保险公司赔付的话可能超出实际损失的金额，这与保险法填补损失的理念相违背，故旅游责任险的承包范围不包含违约责任；还有学者认为，对于违约责任，保险人与旅游公司可以进行约定，在合同双方作出特别约定的情况下，违约责任可作为旅游责任险承保对象。②

有学者认为责任保险属于财产保险的范畴，保险公司承担的责任应该为补偿责任，当在实施侵害的第三者对受害人作出了赔偿，则承担旅游责任险的保险公司不再需要向受害者赔偿。财产保险具有补偿性，受害人并不能从其中获取额外的利益。③

八、保险中的过失相抵规则

《保险法》第 27 条规定当投保人或被保险人故意造成保险事故时，保险人可以行使解除权，不承担给付赔偿金的责任，但对于重大过失导致的保险事故，保险人是否有解除权，学者们的观点不一致。有学者认为重大过失在本质上没有造成对保险制度的破坏，故保险人还是要给付赔偿金的，但是要按照一定的比例来赔偿。投保人及被保险人作为保险消费者理应得到更好的交易保护。现代社会不仅对被保险人偶然性损失进行补偿，还对被保险人的过失性行为导致的损失进行赔偿，这样做能更好地体现保护保险消费者的理念。民法中经常采取"赔偿额与过失程度相符"的比例原则，在保险事故中法院也可采取过失相抵来判定保险人的赔偿比例。④

---

① 刘玉林："我国责任保险法制改革之路径选择"，载《保险研究》2015 年第 11 期。
② 韩长印："旅行社责任险的责任范围问题"，载《法学家》2016 年第 1 期。
③ 赵丹："浅论保险人在旅行社责任中应承担的保险责任"，载《现代交际》2015 年第 12 期。
④ 蔡大顺："论过失相抵规则在保险金给付中的适用"，载《保险研究》2015 年第 7 期。

九、保险合同的解除

在人身保险合同中被保险人是否有权解除合同,有学者认为被保险人不应该被赋予合同解除权,因为合同中保险人的相对方是投保人而不是被保险人,如果赋予被保险人合同解除权,那么就与合同具有相对性的特征相违背。如果被保险人在保险合同存续期间不同意以自己的生命安全作为合同的标的,被保险人可以通过撤销的方式退出合同。在投保人死后,由投保人的继承人代替投保人作为保险合同的当事人,相应的投保人的继承人享有了合同解除权。但若投保人的继承人不愿意继承时,被保险人或者受益人可以通过支付相应的价款赎买并取得投保人的权利和义务。[1]

十、医疗责任保险

近年来,我国医疗损害事件频发,医疗产品侵权案件所占比重日益增多,医患关系非常紧张,并且已经成为社会所关注的热点之一。医疗机构通过保险公司转移医疗风险是一个很好的解决纠纷的途径,但是在医疗责任险合同的实践过程中还存在较多的纠纷。有学者认为在这类合同的司法实践中,需要注意两方面的问题。其一,要平衡保护保险合同当事人的利益,不能单方面地偏向患者的利益,只有这样医疗保险才能长久的发展下去,否则保险公司最终会因为承受不了巨额的经济赔偿而破产倒闭,也不利于市场的良性发展。其二,保险公司要完善保险条款,并且履行严格的说明义务。在近几年出现的一些案例中我们发现,即使医疗机构在诊断治疗过程中并不存在任何过错,但保险公司还得对患者给付赔偿金。因此,保险公司可以将"被保险人及其医务人员对患者在诊疗护理期间的人身损害无过失,但由于发生医疗意外造成患者人身损害产生的民事赔偿责任"列为免责条款,在订立合同时予以明确说明。[2]

有学者认为,医疗责任保险的投入并不能真正为医院带来好处,而且由于各家公司承保的范围不一样,如果医院要对所有可能发生的医疗事故进行投保,则

---

[1] 杨德齐:"论保险合同解除权制度的体系建构",载《保险研究》2015年第2期。
[2] 张俊岩:"医疗责任保险合同纠纷与条款完善",载《保险研究》2015年第1期。

医院的保险费的负担会大大增加。另外对于医疗事故，医院大多采取私了的方式，因此保险公司也很难对其保险产品进行定价。对于医疗责任保险的发展，有学者给出了以下建议，在政府方面要完善相关的法律法规，对投保人和承保人的资格作出明确的限定。保险公司应当积极开发保险产品，提高自身的业务能力。医院也应当积极投保，利用保险公司的力量化解医患矛盾。[1]

十一、船舶碰撞险

我国的海运事业近年来发展繁荣，船舶碰撞发生的概率也就增大了，对于船舶碰撞险，有学者对此进行了研究。我国司法实践中直接碰撞与间接碰撞即未与他船发生实际碰撞但致使他船或他物发生损失的情形都属于船舶保险中承保的船舶碰撞责任范围。有些学者认为，在司法实践中法院应首先适用《海商法》，然后是《保险法》，最后才是《合同法》和其他法律。按照此观点则《海商法》明确规定船舶碰撞必须有实质性的接触，间接碰撞不属于碰撞范畴。对于船舶所拖物产生的碰撞责任，我国大多法院都把其排除在外，与船舶进行物理上连结的拖物不属于船舶的一部分，故不能将其视为船舶之间的碰撞，因此船舶所拖物产生的碰撞不属于船舶保险条款承保的责任范围。有些学者认为，船舶的所拖物虽然与船舶相对分离，但本质上还是受船舶的控制，所以当被保险的船舶行驶不当使所拖物发生碰撞事故时，保险人应当承担赔偿责任。[2]

十二、环境责任险

环境的治理在我国经济发展中是一个相对比较严重的问题，近年来环境事故频发，究其原因是相关企业为了节省成本对污染防治并没有投入很多，一味地以牺牲环境为代价进行生产，最终不仅导致环境被破坏，更影响了人们的身心健康。在我国，政府一般会以行政处罚的方式来对污染环境的企业进行惩罚，而该行政处罚通常以巨额罚金的形式体现，大型企业对此大笔的罚款也显得力不从心，对于一些小企业来说，巨额的罚款极可能导致其就此破产。环境责任险险种

---

[1] 张瑞纲、艳红、韩顺莉："基于平安建设视角的医疗责任保险发展研究"，载《上海保险》第11期。

[2] 周越："刍议人保《船舶保险条款》船舶碰撞的责任范围"，载《法制与社会》2016年第21期。

的成立为现阶段企业转嫁环境污染的风险提供了有效的途径。在这种环境保险的关系中，保险公司为企业承担了环境污染的责任，使受害者在企业无力赔偿的情况下也能得到赔偿。但是有学者认为，由于我国企业对自身造成的环境污染并没有深刻的认识，因此也不会主动为环境风险投保。鉴于这种情况，政府应采取强制措施强制企业投保。[①]

对于大力开展环境责任险，有学者提出了以下建议：（1）有关部门建议保险公司加大环境责任险的保障力度，使企业能够充分认识到投保带来的好处，从而自愿地为环境风险投保；（2）相关部门应对环境责任险进行大力宣传以提高保险公司的信任度，利用媒体宣传保险知识，使企业对环境责任险有深刻的了解；（3）在立法方面应建立完善的法律体系，让法律为环保责任险的应用保驾护航。[②]

十三、团体保险

在我国团体保险的对象是一定的团体，例如成员、配偶、父母和子女等，以集体名义投保并由保险人签发一份总的保险合同，保险人按合同规定向其团体中的成员提供保障的保险。但是这种团体保险诉讼案例逐年增长，它所暴露出的弊端也越来越严重，其中一个重要的问题就存在团体保险的格式合同条款当中。关于团体保险合同中的格式条款我国《保险法》第17条规定保险人需要向投保人履行说明义务，并没有提及被保险人。有学者认为，团体保险一般以被保险人的身体、生命为保险标的，属于人身保险合同，根据《保险法》第34条的规定，以死亡为给付保险金条件的合同，未经被保险人同意并认可保险金额的，合同无效。但在学者们的实物考察过程中发现法院并未明确强调在以死亡为给付保险金条件的团体保险合同中被保险必须同意这一条件，这样被保险人在不知情的情况下利益可能受到侵犯。为了确保被保险人对格式条款有明确的理解以及对自己切身利益的保护，学者们提出了如下的建议，在团体保险合同中，团体中的每个人都为投保人，也是被保险人，由团体授权一个与其有关系的人为代理人，该代理人向保险公司表达要投保的意愿。这样团体合同中每个人都是保险合同的当事人，保险人有义务就格式条款对其作出解释。[③]

---

① 甄静慧："环境污染责任险举步维艰"，载《南风窗》2013年第10期。
② 王康、孙健："环境责任保险投保意愿实证研究"，载《保险研究》2016年第5期。
③ 温世扬："论我国团体保险法制完善的路径选择——以要保人的资格规制为中心"，载《法学杂志》2016年第1期。

十四、交强险

有些学者认为我国的交通事故发生后对于交强险的适用存在许多不合理之处。首先,根据我国多年的审判实践表明,在交通事故发生后,无论被保险人是否在此次交通事故中承担责任,保险人都应当在责任限额内作出赔偿,法官判决此类案件中由谁承担责任的依据是当事人有无交强险,这与交强险保障交通事故后受害人得到依法赔偿的目的不相吻合;其次,在我国虽然交强险有不同的风险类别,但是在事故发生后无论被保险人的保险属于哪种风险类别,都提供一样费率的赔偿;最后,交强险的保费应当是由保险公司的有关部门调查研究后计算出来的,但在我国保险费是由保监会大致估算出来的,这样的保费计算方式存在很多不合理之处。[1] 交强险由于具有很强的政治性,法律强制性,它着重保护被机动车撞伤的一方受害者,而商业责任险注重保护被保险人的利益,二者侧重点不同,故交强险不属于责任险的范畴。[2]

十五、保险公司的组织形式

相互保险公司是所有参加保险的人为自己办理保险而合作成立的法人组织。在相互保险公司内没有股东,按照公司章程的规定投保人可作为法人的组成人员(会员),公司会员是保险人同时也是被保险人,公司根据合同进行赔付,从事相互保险活动。当保险合同终止时,会员与公司的保险关系随之消失。一般而言,相互保险公司主要由成员代表大会、董事会、监事会及经理层组成。这种相互保险公司不以营利为目的,在世界各国应用广泛,但是在近几年保险业又掀起了"非相互化"的浪潮,即保险公司的结构在本质上发生了变化,相互保险公司通过吸纳外部资金成为股份制保险公司。那么对于这种趋势我国应如何应对,2015年2月出台的《相互保险组织监管试行办法》给了保险业向相互保险发展的方向。有学者为完善我国相互保险的监管政策提出了自己的看法:其一,股份制保

---

[1] 林承铎、阎语:"道路交通事故中侵权责任与保险问题研究——以法经济学为视角",载《保险研究》2016年第5期。

[2] 张力毅:"政策性保险之政策目的如何融入司法裁判——以《交强险条例》第1条的司法适用为中心",载《华东政法大学学报》2016年第4期。

险组织与相互制保险公司各方面都有较大的不同，相互制保险公司决策更多的是靠会员的共同意志，因此学者们建议在保险监管机构的推动下相互制保险公司能建立起完善的自治机制；其二，相互制保险公司在特定的领域内才能发挥其优势，例如规模不大的非寿险领域、公司运营资本相对少的领域等。保险监督管理机构应对此做出正确的引导；其三，监管机构应当保障相互制保险公司的退出有合理的渠道，不能因为个别的退出而导致整个保险业的瘫痪；其四，虽然相互制保险公司的保险人与被保险人是一体的，但鉴于国外有保单持有者利益遭受损失的先例，我国的监督管理机构应着重保护保单持有者的赔偿问题，对赔偿机制做出进一步的完善。[1]

十六、未经被保险人同意的死亡保险合同效力

我国《保险法》第 34 条规定没有经过被保险人同意签订的合同是无效的。但是在司法实践中处理无效的方式有三种，但有学者认为这三种处理办法都有不合理之处：（1）保险人一方退还所有保险费，但这样就忽视了保险人已经履行合同的部分。这种保险合同被法律规定为自始无效，但是并不是只有保险事故发生后保险人支付赔偿金才是履行保险合同的方式，在合同订立后，保险人为维系该合同所做的付出也是在履行合同，所以单方面要求保险人返还保险费是不公平不合理的；（2）双方当事人均存在过错的，保险人承担主要赔偿责任，投保人相应地承担一部分责任。法院判决投保人承担部分责任的原因是投保人投保时应当知道须经过被保险人的同意，由于过失等并没有注意到这一点，所以投保人对于自己的过失行为应当承担责任。有学者认为，保险合同属于商业合同，普通的投保人对其专业性知识并不了解，并不知道其违法性，因此不能追究其责任；（3）保险人对自己的缔约过失承担全部赔偿责任，赔偿数额与保险金相同。这种做法显然是不合逻辑的，合同无效不仅要退还保险费还要给予赔偿金，而合同有效的情况下只给予赔偿金，这样显然是不合理的。[2]

---

[1] 何小伟、闫晓旭："国际保险业的'非相互化'：动因、影响及借鉴"，载《保险研究》2016 年第 5 期。

[2] 于海纯："未经被保险人同意的死亡保险合同效力研究"，载《法学家》2015 年第 6 期。

十七、保险损失的计量

对于保险事故发生后的实际损失如何计算，我国法律并没有明确规定，有学者提出了自己的观点，在计算保险标的价值时不应只考虑它现有的市场价值，保险标的的使用价值也是一个必须要考虑的因素。在签订保险合同的同时双方当事人应当就保险事故发生后被保险人实际损失的详细计算办法达成一致，以避免事故发生后的纠纷，如果没有约定或者约定并不明确，则根据被保险人对标的的使用价值来估算。[1]

十八、保险业务的实质判断

有学者认为，保险业务的判断标准有以下几个方面，（1）危险必须存在于该保险业务中，之后投保人将危险转移给保险人，由保险人来承担责任；（2）法律约束独立存在的被保险人向保险人的请求赔偿权；（3）保险业务必须具有射幸性，同时还具有遭受损失之后补偿性，但不是额外使其获得利益，所以赌博等事项并不在保险业务的范围内；（4）对价性与金钱给付，即投保人向保险人支付保险费，在事故发生后保险人为被保险人的损失支付赔偿金。[2]

十九、结　语

在广大学者们的共同努力之下，2015 年的保险法研究取得了较大的进步，在保险合同中投保人、被保险人安全防范义务、通知义务，合同解除权方面都有非

---

[1] 康雷闪："我国保险损失计量规则之反思与重构——以美国司法裁判中对'实际现金价值'的解读为借鉴"，载《保险研究》2015 年第 10 期。
[2] 曹顺明、赵鹏："论'保险业务'的实质判定标准——兼析经营延保、救援服务是否构成非法经营保险业务"，载《保险研究》2015 年第 9 期。

常明显的体现，这不仅对我们以后保险法的研究奠定了基础，更为将来的司法实践提供了明确的指导。

但是，所有的学术成果都不是一蹴而就的，学术的探索是一个漫长而艰巨的过程，我们需要用发展的眼光去看待保险法研究的不足之处，相信在诸多学者的共同探索之下保险法会变得越来越完善。

保险法前沿(第四辑)

保险法人物
......

邹海林　研究员

邹海林，男，1963 年 8 月生，中国社会科学院法学研究所研究员，法学研究所商法研究室主任。主要研究领域是保险法、破产法、担保法、物权法及债权法。兼任中国保险法学研究会副会长、中国社会科学院研究生院法学系教授、中国国际贸易仲裁委员会金融专业仲裁员、北京仲裁委员会仲裁员和涉外仲裁员等。

1985 年毕业于北京大学，获经济法专业法学学士学位；1988 年毕业于中国社会科学院研究生院，获民法专业法学硕士学位；1998 年毕业于中国社会科学院研究生院，获民法专业法学博士学位。

邹海林研究员 1991 年 3～11 月在河北省雄县人民法院锻炼并曾任代理审判员，1988 年后在中国社会科学院法学研究所从事民商法学研究。1992～1993 年，在美国 Lewis and Clark Law School 做访问学者，研习美国保险法；1994 年 5～7 月，在日本东京大学法学院做客员研究员，研习日本社会保障法。1994 年后，重点关注我国破产法的重新制定，作为"三届"全国人大财经委员会的破产法起草工作组的成员，积极参加了破产法新草案的编订。在法学研究所工作期间，历任助理研究员、副研究员，曾任法学研究所民法研究室副主任。曾兼任澳门科技大学法学院教授，讲授保险法。

代表性著作主要有：《责任保险论》《社会保险改革与法制发展》《债权担保的理论与实务》《保险法教程》《保险法》《债权担保的方式和应用》等。

温世扬　教授

温世扬，男，1964年11月生，江西省赣州市人，法学博士，现为中南财经政法大学法学院教授、博士生导师，兼任《法商研究》编辑部常务副主编、中国民法学研究会副会长、中国保险法研究会副会长、国家司法考试命题专家委员会委员、湖北省人民检察院专家咨询委员会委员。

1984年毕业于西南政法学院法律系，获法学学士学位；1988年毕业于武汉大学法学院，获民法学硕士学位；1996年获武汉大学法学博士学位。自1988年起在武汉大学法学院任教，先后任助教（1988）、讲师（1991）、副教授（1995）、教授（2000）、博士生导师（2001），并先后兼任教研室主任、副系主任、副院长。

主要从事物权法、保险法等领域的教学、研究工作，曾出版《物权法要论》《物权法通论》《物权理论探索与立法探讨》等专著，主编《保险法》《物权法教程》等教材；在《中国法学》《法学研究》《法商研究》《法学评论》《法学家》《现代法学》等刊物上发表学术论文80余篇，主持国家社科基金项目和省部级科研项目多项，多次获省部级优秀研究成果奖励；2008年入选教育部"新世纪优秀人才"资助计划。

稿　　约

《保险法前沿》丛书由中国保险法学研究会主办、知识产权出版社出版。由施文森、江朝国、王利明、赵旭东、张新宝等著名学者或专家担任顾问，由江平先生担任编委会主任，由尹田主编，任自力执行主编。

本丛书一年一辑，立足于保险法学，兼及侵权法、保险学等其他相关学科，旨在对保险法学领域的重大理论、实务前沿问题展开深入、及时、敏锐、多角度的分析，全面推进中国保险法制研究工作。其常设栏目有：年度法制报告、名家专论、专题研究、审判前沿聚焦、域外保险法、研究综述、保险法人物等。

为把《保险法前沿》这个学术平台办好，特向您约稿，稿件篇幅以8000～15 000字为宜，注释体例请参照《法学研究》注释体例。用Word电子版发到本刊编辑部邮箱（cninsurance@126.com）即可。稿件一经评审采用，即赠送样书2册，折抵稿酬。

谢谢您惠赐稿件！

祝身体健康，研究愉快！

《保险法前沿》编辑部

2016年8月30日